李林启　主编

JISUANJIRUANJIAN ZHUZUOQUAN
BAOHUZHIDU SHIZHENGYANJIU

计算机软件著作权
保护制度实证研究

中国政法大学出版社

2023·北京

图书在版编目（ＣＩＰ）数据

计算机软件著作权保护制度实证研究/李林启主编. —北京：中国政法大学出版社，2023.10
ISBN 978-7-5764-1153-9

Ⅰ.①计…Ⅱ.①李…Ⅲ.①软件－著作权－登记制度－研究－中国Ⅳ.①D923.414

中国国家版本馆 CIP 数据核字(2023)第 213468 号

出　版　者　中国政法大学出版社

地　　　址　北京市海淀区西土城路 25 号

邮寄地址　北京 100088 信箱 8034 分箱　邮编 100088

网　　　址　http://www.cuplpress.com (网络实名：中国政法大学出版社)

电　　　话　010-58908586(编辑部) 58908334(邮购部)

编辑邮箱　zhengfadch@126.com

承　　　印　固安华明印业有限公司

开　　　本　720mm×960mm　　1/16

印　　　张　22.25

字　　　数　380 千字

版　　　次　2023 年 10 月第 1 版

印　　　次　2023 年 10 月第 1 次印刷

定　　　价　88.00 元

计算机软件著作权保护制度实证研究

主　编：李林启

副主编：康东书　程　桦　郭　玲

撰稿人：(以姓氏笔画为序)

王雅斌　付琪琪　朱亚珍　李　力

李林启　郭　玲　康东书　程　桦

目 录

绪　论

科技改变世界，计算机软件作为科技创新的主体，是国民经济和社会信息化的重要基础。随着计算机网络技术飞速发展，计算机软件产业的发展程度对一个国家社会经济的影响越来越大。经济新常态下，计算机产业仍具有广阔的市场需求，再加上政府政策支持，计算机软件行业必将迎来更大的发展机遇。计算机软件产业在增进经济发展和社会进步的同时，也打破了原有法律体系所建立的利益平衡。面对高价值软件市场，很多人必然会抄袭模仿软件，造成软件市场混乱。所以，加强软件的知识产权保护，是保障计算机软件行业良好发展的前提。计算机软件的法律保护问题，最初在 20 世纪 60 年代由德国学者提出，之后引起了各国的广泛关注。此后，英国、美国、德国等国家的许多学者提出了多种保护方案。为了探讨合理保护计算机软件的法律途径，协调各国软件知识产权保护法律制度间的差异，实施软件知识产权国际保护，世界知识产权组织（WIPO）也成立了专门工作小组，做了大量工作，并于 1978 年发表了《保护计算机软件示范法条》，[1] 1983 年出台了《计算机软件保护条约（草案）》，[2] 以期建立软件的国际保护制度。[3] 经过 20 世纪 60

---

〔1〕 20 世纪 70 年代早期，根据联合国大会的要求，世界知识产权组织召集专家组成了一个工作小组研究软件知识产权的国际保护。经过研究，工作小组建议以缔结新国际公约的方式来保护软件知识产权，这项公约的主要内容包括两方面：一是建立国际注册制度，二是对公约成员国国内软件保护法的制定提出最低要求。显然，该公约能否缔结取决于多数国家是否具有相应的软件保护法。为了促进这一前提条件的成立，世界知识产权组织于 1978 年出台了《保护计算机软件示范条款》，以供各国制定软件保护法规时参考使用。这组示范条款兼有专利法、著作权法、反不正当竞争法以及商业秘密法的特点，实际是针对软件的单独立法，不过各国对这组示范条款并无多大响应。

〔2〕 为了适应建立软件知识产权国际保护的要求，世界知识产权组织于 1983 年提出《计算机软件保护条约（草案）》，供各国专家讨论。该草案仍然是在现有专利保护制度和著作权保护制度之外的针对软件的单独立法，响应的国家仍然不多。大多数西欧以及匈牙利学者认为，最好还是从现有的国际条约中寻找适合保护软件知识产权的条约，而现有的两项版权公约也许就能完成这个任务，美国

年代到 80 年代的探索，特别是随着美国在 1976 年和 1980 年两次修订《版权法》，明确用版权法保护计算机程序，已经形成了采用著作权法保护软件知识产权的国际潮流，世界上大多数国家和地区都逐步建立起软件的著作权保护制度。[1]欧共体 1991 年《计算机程序法律保护指令》的发布，则可视为这一国际潮流正式形成的标志。[2]1994 年的《与贸易有关的知识产权协议》[3]和 1996 年的《世界知识产权组织著作权条约》都明确将软件纳入文字作品范畴，对其提供保护。目前世界范围内对软件采取著作权保护的通行模式，专利法、商业秘密法等也从某些侧面对其进行辅助保护。[4]

一、计算机软件采取著作权保护模式的理由

21 世纪是网络信息时代，计算机软件技术成为信息产业的核心，其具有科技含量高、经济价值大的特点。软件产业日新月异，迅猛发展，与之相伴随的软件知识产权保护问题日益突出。由于软件属于"累积性技术创新"成果的"功能性作品"，其独有的特性使得传统知识产权的各大法律都难以对其提供最准确全面的保护。计算机软件受著作权保护已然成为事实，之所以选择

（接上页）尤其倾向于该意见。学者们认为，任何一项新的国际条约都要有比较广泛的成员国参加才有实际意义。目前大多数发展中国家的软件产业尚不发达，甚至尚未成型，这些国家自然就对软件知识产权的国际保护没有兴趣，不会积极参加这种国际条约。而在原有国际条约中增加保护软件权利的条款，或对原有条款作出可用以保护软件权利的解释，则可能使参加国际保护的国家更为广泛。

〔3〕 寿步编著：《计算机软件著作权保护》，清华大学出版社 1997 年版，第 36 页。

本页〔1〕 黄勤南、尉晓珂主编：《计算机软件的知识产权保护》，专利文献出版社 1999 年版，第 25 页。

〔2〕 由于在采用著作权法保护软件知识产权的实践中，欧共体各成员国立法存在不少差异，将影响统一内部市场的建立，欧共体部长理事会于 1991 年 5 月通过《关于计算机程序法律保护的指令》，表明了欧共体对软件知识产权保护的客体范围、保护对象、权利所有人、反向工程等一系列敏感问题的立场。该指令不但对其成员国，而且对全世界的软件知识产权保护的立法工作和司法实践具有重大影响，实际上成了采用著作权法保护软件知识产权这一国际潮流正式形成的标志，欧洲主要发达国家的计算机软件保护也统一进入版权保护的体系。参见沈仁干主编：《著作权实用大全》，广西人民出版社 1996 年版，第 930 页。

〔3〕 1994 年 4 月，世界贸易组织签署了《与贸易有关的知识产权协议》。该协议中第 10 条第 1 款明确规定了计算机程序属于文字作品，受到《伯尔尼公约》的保护，该协议成了第一个给予计算机软件版权保护的国际条约，标志着计算机软件的版权保护成为国际化的主流模式，并为全球范围内的其他国家的软件知识产权保护提供了示范。参见沈仁干主编：《著作权实用大全》，广西人民出版社 1996 年版，第 785~796 页。

〔4〕 李林启、康东书、郭玲：《计算机软件著作权保护制度研究》，光明日报出版社 2021 年版，第 19 页。

采取著作权保护模式，其原因是多方面的。

（一）保护的方便性和可行性

计算机软件是一种创造，它是研制人员通过设计、编码、调试等一系列步骤而完成的程序系统，同时也是借助文字符号表达特定内容的特殊作品。这种作品尽管在形式上与传统的文学艺术作品有所不同，即应用这些程序必须通过计算机，但它们之间也有相似之处：软件中的文档部分基本属于原来就可以享有版权的作品，这是无可非议的，而以符号表示的软件源代码和目标程序实质上也是用特殊方式表达人思想的作品。因此，只要计算机软件本身不是抄袭或复制的，并且有独创性，就可以把它看作是智力创作成果，它就应当受到版权法的保护。

除了软件本身的可版权性以外，还考虑到著作权的方便性、可行性等特点可以简单方便地使大多数软件作品处于著作权法的保护之下。此外，著作权法保护作品的历史较长，已经形成了比较完备的保护体系和国际著作权保护网，如果对计算机软件采用著作权法保护，很多国家只需对原版权法略作修改，增加一个受保护客体就可以使软件权利人在世界范围内获得保护，而建立全新的国际制度来保护软件需要花费大量的时间。[1]

（二）保护的及时性和广泛性

世界上多数国家在版权产生的问题上采取"无手续主义"，即版权根据创作出作品的事实而产生。虽然有些国家和地区规定有版权注册登记手续，但登记并非获得版权的必要条件。也就是说，一旦计算机软件开发完成，其版权就自然产生，这使得软件所有权人可以尽早享有其权利。而且，一旦他人侵犯版权，版权所有权人就可以直接请求法院或有关机关对侵权行为予以制裁。由此可见，软件的版权保护方法花费少、手续简便、生效快，与计算机软件产业的发展速度是相适应的。

此外，虽然当今世界各国倾向于用著作权法保护软件，但有不少国家是迫于美国等软件产业发达国家的压力，为了尽快与国际接轨，才选择将著作权法作为保护软件的法律制度。正如波普尔所说："我们绝不可以因为一个一

---

〔1〕　［西班牙］德利娅·利普希克：《著作权与邻接权》，联合国译，中国对外翻译出版公司2000年版，第24页。

般解释符合于所有的记载，就认为它已经被证实了。"〔1〕各国在学术研究和司法实践中已经明确意识到，把软件纳入著作权法进行调整并不具有天然的合理性，更多的是少数国家出于自身利益考虑而强行推销制度的结果。

但不可否认，由于传统著作权保护本身的要求和特点，其在软件的保护问题上存在各种缺陷。学界通常认为存在以下几点弊端：第一，著作权法所提供的保护范围对软件来说是不充分的，体现软件工具性的程序构思、程序技巧等无法得到保护，而这些却往往是比程序代码更重要的技术成果，通常体现了软件开发中的主要创造性贡献；第二，对传统的著作权保护制度来说，如何合理界定软件作品表达形式的具体范围是一个不易处理的问题，因为软件往往具有"思想和表达混合性"，难以区分软件的思想与表达；第三，传统著作权法对精神权利的保护不利于软件的发展，一方面软件（主要是源代码）不必公开就可享受著作权保护，而源代码对于软件技术的进步和交流具有重要的意义，另一方面软件作品的作者有权保持作品完整性，而软件合法用户虽然享有一定的修改权，但也仅限于为自己使用的需要而修改，并且不能把修改后的软件提供给他人使用；第四，著作权保护只考虑阻止复制，不像专利保护那样同时保护软件的使用，但软件的核心价值在于使用权，软件开发者的利益也是通过软件的使用来实现的；第五，对软件作品来说，传统著作权法提供的保护期限过长，这是没有必要的，反而会阻碍技术进步；第六，著作权法提供的侵权制裁措施太轻，主要是民事赔偿，很少涉及刑罚，而软件的工具性使其经济价值极高，如果惩罚太轻将起不到相应的作用；第七，在软件操作界面保护、程序模块保护、软件的合理使用等方面，著作权法保护模式也存在明显的缺陷。〔2〕传统著作权保护制度的不足，使得各国纷纷对软件保护模式进行多方面的探索。目前，很多国家已经形成了以著作权法保护为主，辅之以专利法、商业秘密法、合同法、反不正当竞争法的多重知识产权保护模式，学者们对于软件知识产权的保护模式也提出了建立软件保护的工业版权制度、〔3〕并

---

〔1〕 苏力：《制度是如何形成的》，中山大学出版社 1999 年版，第 131 页。

〔2〕 参见徐家力："计算机软件知识产权保护所面临的挑战及对策"，载《信息网络安全》2006年第 2 期。

〔3〕 有学者提出"橙区理论"，主张对软件保护专门立法，建立软件保护的工业版权制度，把对软件的版权保护方法和专利保护方法结合起来，取二者之长，去二者之短，形成一种新的软件保护制度。参见郑成思：《知识产权与国际贸易》，人民出版社 1995 年版，第 427 页。

行建立分别针对传统作品版权和工业版权两项保护制度[1]等多种不同看法。

二、国外计算机软件著作权保护的立法模式

立法模式是一个意义十分宽泛和使用频率非常高的术语，关于它的定义也是见仁见智。一般认为，立法模式是指采用何种立法形式，即是采用统一法典形式，还是采用单行法律、法规的形式，抑或兼采两者。立法模式是一个国家创制法律的有机整体，对整个立法活动具有现实的拘束作用。[2]各个国家基于其各自的不同情况，对计算机软件著作权保护的立法模式选择也有所不同，主要可分为三种类型：

（一）通过修订著作权法明确计算机软件为著作权保护对象

该种立法模式是根据计算机软件的特点，对本国的著作权法进行适当的修订和补充，明确用著作权法保护计算机软件。菲律宾是世界上首个在著作权法中明文规定保护计算机程序的国家，其在 1972 年《菲律宾知识产权保护法》中，明确将软件作为"文学艺术作品"的一类，列入著作权保护的对象。在版权法中明确规定保护计算机软件的国家还有美国（1980 年）、匈牙利（1983 年）、澳大利亚（1984 年）、多米尼加（1984 年）、印度（1984 年）、日本（1985 年）、法国（1985 年）、马来西亚（1987 年）、新加坡（1987 年）、印度尼西亚（1987 年）、西班牙（1987 年）、加拿大（1988 年）等多数国家和地区。

美国是最早提出利用著作权保护计算机软件的国家，美国版权局在 1964 年表示，虽然尚不能确定软件是否具有版权，但可以根据《美国版权法》接受软件的版权登记，而让法院去对具体案件中版权的有效性作出判断。[3] 1976 年 10 月，美国国会通过了版权法修正案，对"文字作品"作了非常宽泛的界定，虽然未明确将软件作为保护客体，但事实上涵盖了软件作品，从

---

〔1〕 有学者认为，并行地建立分别针对传统作品版权和工业版权两项保护制度，对于软件保护所遇到的困难和矛盾，可能是一种根本性的解决方案。参见应明、孙彦：《计算机软件的知识产权保护》，知识产权出版社 2009 年版，第 31 页。

〔2〕 江国华：《立法：理想与变革》，山东人民出版社 2007 年版，第 255 页。

〔3〕 U. S. Copyright Office, *Circular 61-- Copyright Registration for Computer Programs* (1964), reprinted in Copyright Society, 1964, p. 361.

而为软件的著作权保护提供了立法的依据。[1]众议院关于 1976 年《美国版权法》的报告明确表示，《美国版权法》定义中的文字作品包括计算机数据库和计算机软件，只要它们体现了编程者对于思想观念的原创性表达。[2]1980 年美国国会对著作权法进行了详细的修改，在修改后的该法第 101 条给出了计算机软件的法律定义，从而在立法上明确了软件著作权保护的权利客体地位。作为判例法国家，美国法院在司法实践中，根据版权法的规则和原理，将其灵活地、创造性地运用于具体的判例之中来不断完善软件的版权法保护。在1992 年美国联邦法院判决的"Altai 案"中，法官创造性地提出了一种"抽象—过滤—比较"三步认定软件是否侵权的方法。此判例为区分软件思想和表达的界限、指导软件著作权侵权的认定提供了依据。该案确定的三步判定法为美国法律界所普遍接受和运用。通过大量计算机软件的司法判例，美国建立起了软件版权法保护的法律制度。作为世界头号的软件生产大国，美国极力推崇版权法保护模式，在其带动和影响下，发达国家纷纷修改版权法。[3]

（二）专门制定与版权法配套的补充性法规保护计算机软件

专门制定与版权法配套的补充性法规保护计算机软件是采用著作权保护计算机软件的国家所采取的另一种立法模式，采用这种做法的有韩国（1987年）、巴西（1987 年）等。

韩国是进口美国计算机软件较大的市场之一，多年来，美国一直要求韩国为软件或程序提供法律保护，尤其要求韩国以版权法来提供这种保护。1987 年 1 月，韩国颁布了单行的《韩国计算机程序保护法》，该法于 1987 年7 月生效。由于《韩国计算机程序保护法》不是韩国版权法的组成部分，即使将来韩国参加了《保护文学和艺术作品伯尔尼公约》（以下简称《伯尔尼公约》）或《世界版权公约》，也不会自动保护其他国家的程序作品。美国的软件要在韩国得到保护，还必须另行与其缔结专门的软件保护双边协定。因此，美国许多开发软件的大公司（如 IBM）均对韩国的这一立法表示了明

---

[1] 根据 1976 年《美国版权法》第 101 条的规定，文字作品是指以文字、数字或其他词语性或数字性符号或标记表达的作品，而不论该作品是以书籍、期刊、手稿、录音制品、影片、磁带、磁盘、磁卡等方式体现出来。该定义中的以"数字""数字符号或标记"表达的作品，实际上已经涵盖了软件作品。

[2] US 94th Congress: House Report No. 94-1476, 54 (1976).

[3] 李明德："美国《版权法》对于计算机软件的保护"，载《科技与法律》2005 年第 1 期。

显的不满。《韩国计算机程序保护法》规定，只有在 1987 年 1 月 15 日之后在韩国"出版"的计算机程序，才受到保护。该法给"出版"下的定义是："由程序权的合法所有人（或经该人同意）复制并发行的、足够数量的、能满足公众一般需要的程序拷贝。"这就表明，凡是未公开发行的（或虽公开发行但未在韩国公开发行的）计算机程序，统统不受保护。该法规定所有人可享有的程序性权利包括：在计算机上使用其程序的权利、复制权、演绎权、发行权及出版权。从上述第一项权利看，可以说这部法律是一部"工业版权法"或边缘保护法。韩国实际上是世界上第一个以单行工业版权法保护计算机程序的国家。这部法律还特别规定了任何形式的"程序语言"或"程序规则"均不受保护。[1]随着韩国对知识产权的重视程度日益提升，知识产权事业发展迅速，为进一步促进知识产权保护相关法律的先进化，韩国"知识产权保护政策协议会"提出对《韩国计算机程序保护法》进行修订。2009 年，韩国将《韩国计算机程序保护法》并入了《韩国著作权法》。

（三）以判例、命令等方式确认计算机程序为著作权保护对象

以判例、命令等方式确认计算机程序为著作权保护对象是采用著作权保护计算机软件的国家所采取的又一种立法模式，采取这种模式的国家主要有阿根廷、奥地利、智利、厄瓜多尔、爱尔兰、以色列、意大利、墨西哥、荷兰、新西兰、瑞典、瑞士、泰国、土耳其和委内瑞拉等20多个国家。[2]这些国家的法律没有明确提及计算机程序受版权保护，但法院倾向于用版权保护计算机程序，并通过判例予以明确。政府也明确赞成对软件进行保护，将版权法作为计算机软件保护的基本形式。

知识产权制度的演进和变迁需要考虑到历史和现实的政治、经济等因素对其所产生的制约和影响，计算机软件的著作权保护亦然。从政治上看，法律制度的变迁来源于寻求保护其利益与思想的不同利益集团之间的互动与冲突的协调。由于利益集团的博弈，国家很有可能在路径依赖的影响下形成次优的法律体系。计算机软件的著作权保护兴起于美国。起初，软件主要是通过商业秘密的方法进行保护的，版权和专利都还没有介入这一领域，当时美国国会通过建立一个全新的法律制度来专门保护软件无疑处在最佳的立法时

---

[1] 郑成思：《计算机、软件与数据的法律保护》，法律出版社 1987 年版，第 130~131 页。
[2] 邹忭："世界各国计算机软件版权保护概况"，载《电子知识产权》1992 年第 10 期。

机，保护的途径也将存在很大的选择范围。但由于政策制定者们难以预测和掌握新兴制度在未来可能出现的种种问题，美国遂将软件纳入已经成熟的版权法的保护体系。美国的著作权法在国内业已较为成熟和完备，软件本身具有的作品属性和版权法的自动保护原则都极其适合当时快速发展急需保护的软件业；另一方面，从国际化角度看，大多数建立软件产业的国家业已颁布著作权法，且均是《伯尔尼公约》和《世界版权公约》的成员国，采用著作权保护，无需缔结新的多边公约。于是美国为了保持其在全球软件业的龙头位置，投入大量的精力，经过强硬的国际谈判迫使许多国家遵循了它的道路。现在全球大部分国家已经修订版权法来保护软件，《与贸易有关的知识产权协议》（以下简称 TRIPS 协议）也明确了软件的版权保护成为国际惯例。自从菲律宾于 1972 年成为世界上第一个以成文的著作权法保护软件的国家以来，很多国家都加强了对软件著作权保护的研究工作和立法司法活动，并逐步走上相同的法制轨道。在目前世界各国的软件知识产权保护体系中，大多以著作权法保护为主，以专利法、商标法及其他法律的保护为辅，为软件提供综合保护。[1]

三、我国计算机软件著作权保护的立法模式

随着中国特色社会主义法律体系的形成，我国已经建立了比较完备的著作权保护制度。与绝大多数国家的选择一样，在计算机软件的保护方面，我国也用著作权保护制度作为计算机软件保护的基本手段。构成我国软件著作权保护的法律基础是我国的《著作权法》[2]和我国已经参加的国际版权公约等。[3]我国在建立计算机软件著作权保护制度时，采取了比较特别的立法形式，即在《著作权法》中作出原则规定，把计算机软件作为一类作品纳入著作权保护体系。同时，《著作权法》规定由国务院制定计算机软件保护办法，具体规定计算机软件著作权保护制度。

---

〔1〕 应明、孙彦：《计算机软件的知识产权保护》，知识产权出版社 2009 年版，第 2~17 页。

〔2〕 《著作权法》即《中华人民共和国著作权法》，为论述方便，全书所涉及的我国法律法规全部省略"中华人民共和国"字样，下不赘述。

〔3〕 寿步："中国计算机软件著作权保护的回顾与展望"，载《暨南学报（哲学社会科学版）》2010 年第 6 期。

（一）我国计算机软件著作权保护立法的缘起和发展

我国的知识产权制度由来已久，但关于软件的知识产权保护出现较晚。作为传统的东方大国，我国在清朝末年资本主义萌芽时期曾产生过著作权法、专利法规等最早的知识产权制度，并在民国时期得到了修改完善，但因为受制于当时中国的社会性质，这些法律并没起到多大社会作用。新中国建立初期，受到长期的"左倾"思想影响，知识产权制度也未能形成。我国系统的知识产权制度建立较晚但发展很快，改革开放后，我国于 1983 年、1985 年、1991 年、1993 年先后实施了《商标法》《专利法》《著作权法》《反不正当竞争法》，1985 年我国加入《巴黎公约》，1992 年加入《伯尔尼公约》和《世界版权公约》，在短短十年时间里初步建立起了基本的知识产权法律体系。这在很大程度上依赖和效仿了外国业已形成的立法成果，软件的知识产权保护也是如此。

20 世纪末，人类迈入信息科技时代，软件产业在美国等发达国家迅速发展壮大，经济全球化和国际一体化潮流使得我国的信息产业迅速地起步并融入世界范围的竞争和合作中。与美国等发达国家相比，我国的软件产业发展相对落后，知识产权保护很大程度上也受到美国和国际条约的影响和限制。特别是在 20 世纪 90 年代，在中美频繁的知识产权问题磋商和谈判中，我国最终确立了以《著作权法》保护软件的模式。在 1990 年制定的《著作权法》中，我国首次明确将软件纳入著作权的保护客体范围。[1]1991 年国家版权局颁布《著作权法实施条例》，对软件的著作权作了更详细的规定。1991 年，国务院颁布《计算机软件保护条例》，对软件的概念、权利主体、客体、权利内容、取得、限制、侵权及法律责任等作了较为系统的规定，这成为我国第一部计算机软件知识产权保护的专门行政法规。1992 年机电工业部发布了《计算机软件著作权登记办法》，规定了软件著作权登记制度的具体内容。

加入世界贸易组织后，我国全面加强了对计算机软件知识产权保护法律体系的建设，分别从基本法律、司法解释和行政规章等方面对软件保护的法

---

[1] 1990 年《著作权法》第 3 条规定："本法所称的作品，包括以下列形式创作的文学、艺术和自然科学、社会科学、工程技术等作品：（一）文字作品；（二）口述作品；（三）音乐、戏剧、曲艺、舞蹈作品；（四）美术、摄影作品；（五）电影、电视、录像作品；（六）工程设计、产品设计图纸及其说明；（七）地图、示意图等图形作品；（八）计算机软件；（九）法律、行政法规规定的其他作品。"

律制度进行了完善。2001 年，国务院发布了新修改的《计算机软件保护条例》，2002 年 1 月正式施行，2002 年 8 月国务院颁布了《著作权法实施条例》，2002 年 2 月，我国国家版权局制定了行政规章《计算机软件著作权登记办法》并于同年开始实行。2011 年、2013 年，我国对《计算机软件保护条例》又进行了两次修订。至此，我国初步建立起计算机软件著作权保护的法律体系。

（二）我国计算机软件著作权保护立法模式的选择及其原因

我国在建立计算机软件著作权保护制度时，采取了比较特别的立法形式，即在《著作权法》中作出原则规定，把计算机软件作为一类作品纳入著作权保护体系；同时，规定由国务院制定计算机软件保护办法，具体规定计算机软件著作权保护制度。[1]我国对软件著作权的保护，来源于《著作权法》的规定。在 1990 年 9 月颁布的《著作权法》中，计算机软件被明确列为受《著作权法》保护的作品，《著作权法》第 3 条中规定了著作权法保护的作品类型，第（八）项即为"计算机软件"。[2]同时，1990 年《著作权法》第 53 条规定，计算机软件的保护办法由国务院另行规定。1991 年 6 月 4 日，由机械电子工业部起草、国务院颁布的《计算机软件保护条例》就是根据《著作权法》的授权制定的行政法规。之所以采取这种立法形式，主要是基于以下几个方面的原因：

首先，便于更好地对计算机软件进行保护。对软件的著作权保护采取在《著作权法》中作原则性规定，进而单独制定行政法规的模式，有利于更好地反映计算机软件固有的特点。计算机软件与著作权法中的其他作品相比，有其本身的特点，通过制定一个专门法规，便于反映计算机软件固有的特点，对《著作权法》关于作品保护的规定根据需要进行一些调整，采取适当的保护措施。这种立法模式也便于对计算机软件保护的增补，由于当时国际上对

---

〔1〕 郑成思："试论我国版权法修订的必要性"，载《著作权》1994 年第 3 期。

〔2〕 信息产业界一般认为，计算机软件等于计算机程序加上相关文档。自计算机程序 20 世纪中叶问世、软件产业 20 世纪 60 年代兴起后，给著作权保护带来问题的并不是与计算机程序相关的文档，而是计算机程序本身。因为文档本来就属于《著作权法》第 3 条第（一）项所列"文字作品"的范畴，所以在我国《著作权法》第 3 条第（八）项中原本只需列明"计算机程序"。但是，由于 20 世纪 80 年代末、90 年代初中国软件法律保护的立法工作是由当时的信息产业主管部门机械电子工业部主导的，因此，在中国《著作权法》立法时作为作品类型名称列入的是信息产业界惯用的术语"计算机软件"。

软件知识产权实施法律保护的经验尚不成熟，对不少具体问题还存在争论，而我国的经验则更少，作为一个专门条例，一旦需要增补时牵涉面比较小，修订的手续相对简单。与全国人民代表大会通过的法律比较，国务院制定的行政法规进行修订的手续相对简单，便于今后积累经验、逐步完善。当条件成熟以后，它也可以成为稳定性更高的法律。此外，单独制定行政法规还可以根据实践需要规定著作权保护以外的其他保护措施，有效地保护计算机软件。

其次，受国际环境的影响。考虑到软件不同于我国《著作权法》所保护的传统作品的若干特点，同时参照 1986 年《韩国计算机程序保护法》和 1987 年《巴西软件法》为软件法律保护单独立法的模式，[1]我国的软件立法一开始并未打算采取著作权保护的方式，而是准备采取单独立法的模式，并且也按照这种思路进行立法的起草工作。[2]不过我国软件著作权保护的立法进程，有着美国施加影响的明显痕迹。在 1989 年的中美知识产权谈判中，两国于 5 月 19 日达成谅解备忘录，中国政府承诺：鉴于国际社会已经形成了采用著作权法保护软件的国际性潮流，中国将制定符合国际惯例的著作权法，其中计算机程序将作为特殊种类的作品予以保护。[3]因而，我国对软件的著作权保护最终采取了在《著作权法》中作原则性规定，进而在《著作权法》之外单独制定行政法规的模式。

最后，与当时立法工作主导部门有关。中国对软件的法律保护没有采取美国和日本等发达国家直接在著作权法中添加若干条款的立法模式，而是采取比较特殊的立法模式，与当时由机械电子工业部主导相关立法的历史背景有重要关系。当年中国软件法律保护的立法工作不是由著作权法的起草机构——作为国家著作权行政管理部门的国家版权局主导，而是由机械电子工业部主导，使得中国对软件的著作权保护最终采取了虽然纳入著作权法保护体系但不是在《著作权法》中直接添加若干条款，而是在《著作权法》之外单独制定行政法规的模式，这种立法模式延续至今。[4]

---

〔1〕　应明："计算机软件的版权保护问题"，载《电子知识产权》2011 年第 10 期。

〔2〕　黄勤南主编：《新编知识产权法教程》，法律出版社 2003 年版，第 141 页。

〔3〕　参见《中华人民共和国政府与美利坚合众国政府关于保护知识产权的谅解备忘录》（1992 年 1 月 17 日）第 3 条第 6 款。

〔4〕　寿步："中国计算机软件著作权保护的回顾与展望"，载《暨南学报（哲学社会科学版）》2010 年第 6 期。

第一章

计算机软件著作权保护立法演进实证考察

　　计算机软件的开发生产于 20 世纪 60 年代开始渐成气候，并以惊人的速度发展成熟。这期间，如何寻求一个完善有效的法律体系对计算机软件的知识产权进行保护，一直是一个国际性话题。世界各国都在适合本国国情的前提下，提出了各种有特点的法律保护措施，我国对此也进行了一系列探索和实践。但是，由于计算机软件自身的特殊性，加之当年我国计算机软件法律保护的立法工作由机械电子工业部主导，立法进程中有着外来压力施加影响的明显痕迹，这使得我国计算机软件著作权保护的立法模式较为特殊，除了在《著作权法》中作出原则性规定之外，还根据《著作权法》的授权单独制定了《计算机软件保护条例》。著名法学家奥利弗·霍姆斯指出："为了探究法律制度的真谛，我们必须了解它的过去、现在以及未来。"[1]随着我国法制的完善及《著作权法》的修订，我国《计算机软件保护条例》也经历了一个不断发展完善的过程。从 1990 年的《著作权法》到 1991 年的《计算机软件保护条例》，从 2001 年的《计算机软件保护条例》到 2011 年的《计算机软件保护条例》，再到 2013 年的《计算机软件保护条例》，我国计算机软件著作权保护制度在不同的立法规定中逐步转变，不断完善。[2]法律条文本身具有实证分析所要求的基本特征，对法条亦可进行实证分析。[3]以我国计算机软件保护在不同时期的立法为研究对象，对法条规定进行实证分析，有利于了解计算机软件著作权保护的形成与发展过程，理清其发展的脉络，对于我们研究计算机软件著作权保护制度具有重要的意义。

---

[1]　See Oliver Wendell Holmes, The Common Law, Brown and Company, 1881, p.137.

[2]　李林启、康东书、郭玲：《计算机软件著作权保护制度研究》，光明日报出版社 2021 年版，第 18 页。

[3]　白建军："法条与法理的实证分析——以刑法分则为例"，载《法学家》2001 年第 3 期。

一、1991 年《计算机软件保护条例》：软件保护有法可依

为保护计算机软件著作权人的权益，调整计算机软件在开发、传播和使用中发生的利益关系，鼓励计算机软件的开发与流通，促进计算机应用事业的发展，依照《著作权法》的规定，国务院制定了《计算机软件保护条例》，该条例于 1991 年 5 月 24 日国务院第 83 次常务会议通过，1991 年 6 月 4 日通过国务院令 84 号发布，1991 年 10 月 1 日起施行。1991 年《计算机软件保护条例》分为总则、计算机软件著作权、计算机软件的登记管理、法律责任及附则 5 章，共 40 条。该条例定义了计算机程序、文档、软件开发者、软件著作权等软件相关主体的身份，并肯定了计算机软件的著作权。依《计算机软件保护条例》第 3 条规定，计算机程序指的是利用计算机等具有信息处理能力的装置执行的代码化指令序列，或者可以被自动转换成代码化指令序列的符号化指令序列或者符号化指令序列来得到某种结果。计算机程序包括源程序和目标程序。同一程序的源文本和目标文本应当视为同一作品。文档是用自然语言或者形式化语言所编写的文字资料和图表，用来描述程序的内容、组成、设计、功能规格、开发情况、测试结果及使用方法，如程序设计说明书、流程图、用户手册等。软件开发者可以从两个层次理解：第一层次，软件开发者是法人或者非法人单位，它们可以为完成软件开发提供工作条件，并能对软件承担法律责任；第二层次，软件开发者是公民，公民满足独立完成软件开发的条件，并能对软件承担法律责任。《计算机软件保护条例》规定，对软件享有著作权的单位和公民是软件著作权人。该条例还对软件的客体、主体、权利和内容、权利的归属、权利的限制、权利的保护期、软件的登记管理以及对软件著作权的侵权行为和纠纷的处理作出了系统的规定。[1]根据 1991 年《计算机软件保护条例》有关软件登记的规定，[2]电子工业部于 1992 年 4 月 6 日颁布实施了《计算机软件著作权登记办法》，该办法分别对软件登记的主体、客体范围、登记的基本类型、申请手续、审批程序、异议及复审程序、登记机构的性质与职责、登记的费用和有关的时间限制等都作了

---

〔1〕 孙建红："计算机软件的著作权保护"，载《中国出版》1992 年第 11 期。

〔2〕 1991 年《计算机软件保护条例》第 8 条规定："国务院授权的软件登记管理机构主管全国软件的登记工作。"

详尽的规定，是条例的具体实施办法之一。

（一）1991 年《计算机软件保护条例》的意义

20 世纪 90 年代，中国软件著作权保护的立法进程基本上是向国外学习同时又不断受到外来压力的过程。随着计算机软件技术的不断创新，计算机软件产业随之不断发展。由于我国在计算机软件方面，没有专门的法律对计算机软件进行保护，导致站在创新前沿的软件开发者屡遭侵权折磨，严重影响了软件开发者的创作热情，不利于计算机软件产业的健康发展。[1]对此，学界强烈呼吁保护软件开发者的合法权益。国家对学者的意见持支持观点，1991 年，国务院根据《著作权法》制定了《计算机软件保护条例》。1991 年国务院颁布的《计算机软件保护条例》，是根据我国《著作权法》所制定的第一部计算机软件知识产权保护的专门行政法规。全国各地的省政府、市政府可根据《计算机软件保护条例》结合本地计算机软件产业的发展情况，制定具有针对性的相关法规。《计算机软件保护条例》充分结合了软件的技术特点和我国软件产业的发展情况，对软件的概念、权利主体、客体、权利内容、取得、限制、侵权及法律责任等作了较系统的规定，为我国软件的保护提供了基本的法律依据。《计算机软件保护条例》是保护计算机软件的专门性法律，大大提高了计算机软件在我国的法律地位。

1991 年《计算机软件保护条例》的颁布和实施，标志着长期以来我国计算机软件知识产权保护无法可依的状况已经结束，发展软件产业的法律环境将逐步地建立起来，为以后完善软件产业的法律体系提供法律基础。除了著作权这一主要的法律保护形式外，我国在涉及软件知识产权的其他几个方面保护的立法也取得了很大进展。随着 1992 年我国《专利法》的修改，"专利审查指南"中对含有计算机程序的发明专利申请的审查原则也作了较大修正，对过去较模糊的一些概念给出了较清晰的解释，已达到与国外主要专利局基本一致。1993 年 2 月修改的《商标法》使软件产品及技术服务的注册商标获得更有效的保护。特别是 1993 年 9 月，我国颁布了《反不正当竞争法》，该法第 10 条关于保护商业秘密的规定，为计算机软件中内含的未有技术等信息的保护提供了法律依据。可以说，我国软件知识产权保护的立法经过几年的

---

[1] 戴琳、刘婷婷："评我国计算机软件的法律保护"，载《云南大学学报（法学版）》2004年第 5 期。

努力，已经达到较全面和较高的水平。

没有软件知识产权保护所提供的良好法律环境，就不可能发展软件产业，这个在世界各国实践中已被证明的规律，同样也被我国实践所证实。1991 年《计算机软件保护条例》的颁布和实施，为保护计算机软件著作权人的权益，调整计算机软件在开发、传播和使用中发生的各种利益关系，鼓励软件的开发、流通和应用，起到了积极的推动作用。由于软件法律保护的实施，软件开发人员的智力劳动成果开始得到社会尊重，大量新生力量加入软件开发和应用创意队伍中来。由于软件的价值得到保护，软件企业在产品开发等方面的投资能够得到回报，大量专门从事软件开发、销售等业务的软件企业纷纷成立，甚至许多硬件厂商也看好软件业务，转向或投入大量人力物力于软件业务。条例实施后的几年间，我国软件产业改变了过去发展迟缓的状况，取得了长足的进展，并形成了一定的规模。过去软件卖不出价的局面有所扭转，许多国产优秀软件产品脱颖而出，逐步呈现出科研成果向产品化、商品化转化的良好态势，有些软件更是漂洋过海，进入国际市场。

（二）1991 年《计算机软件保护条例》的创新

在 1991 年《计算机软件保护条例》中，尽管有不少条款明显来源于《美国版权法》，但仍具有其创新性，主要表现为：一是规定"在本条例发布以后发表的软件，可向软件登记管理机构办理登记申请"，[1]"向软件登记管理机构办理软件著作权的登记，是根据本条例提出软件权利纠纷行政处理或者诉讼的前提"。[2]这意味着，在 1991 年 6 月 4 日《计算机软件保护条例》发布之前发表的美国软件不能在中国申请著作权登记，一旦发生与这些软件相关的著作权纠纷，美国软件的著作权人在中国既不能申请行政处理，也不能到法院起诉。只有 1991 年 6 月 4 日之后发表的美国软件才能在中国获得实质性的保护，而且这种保护还必须以办理软件著作权登记作为前提。二是规

---

〔1〕　1991 年《计算机软件保护条例》第 23 条规定："在本条例发布以后发表的软件，可向软件登记管理机构办理登记申请，登记获准之后，由软件登记管理机构发放登记证明文件，并向社会公告。"

〔2〕　1991 年《计算机软件保护条例》第 24 条规定："向软件登记管理机构办理软件著作权的登记，是根据本条例提出软件权利纠纷行政处理或者诉讼的前提。软件登记管理机构发放的登记证明文件，是软件著作权有效或者登记申请文件中所述事实确实的初步证明。"

定软件著作权的保护期为 25 年，截止于软件首次发表后第 25 年的 12 月 31 日。保护期满前，软件著作权人可以向软件登记管理机构申请续展 25 年，但保护期最长不超过 50 年。对于软件开发者的开发者身份权，其保护期不受限制。[1]

　　针对上述两个问题，美国在 1991 年开始的中美知识产权谈判中向中国施加了巨大压力。在 1992 年 1 月 16 日签署的中美两国政府关于保护知识产权的谅解备忘录中，美国在上述两方面的要求得到了满足。中国承诺：第一，中国将加入保护文学、艺术作品的《伯尔尼公约》，加入保护唱片制作者防止其唱片被擅自复制的《日内瓦公约》，且以上公约适用"国际条约优先原则"，但中国在公约允许的情况下声明保留的条款除外；第二，按照《伯尔尼公约》《日内瓦公约》，对中国《著作权法》及其《实施条例》作相应修改，并颁布新的条例，使之与公约和中美谅解备忘录一致；增强对软件的保护，并且按照公约的规定，保护不要求履行手续，保护期为 50 年。据此，中国国务院在 1992 年 9 月 25 日发布的《实施国际著作权条约的规定》中规定，"外国计算机程序作为文学作品保护，可以不履行登记手续，保护期为自该程序首次发表之年年底起五十年"，外国软件著作权人因此享有了"超国民待遇"。在中美谅解备忘录于 1992 年 3 月 17 日生效后，上述两个问题对外国软件著作权人已没有问题，但对中国软件著作权人却依然存在。针对这种内外保护水平的差异，中国软件著作权人又感到了"不公平"。第一个问题后来通过 1993 年 12 月 24 日最高人民法院发布的《关于深入贯彻执行〈中华人民共和国著作权法〉几个问题的通知》得到解决，该通知规定，凡当事人以计算机软件著作权纠纷提起诉讼的，经审查符合《民事诉讼法》第 108 条规定，无论其软件是否经过有关部门登记，人民法院均应予以受理。[2]第二个问题后来在

---

　　〔1〕　参见 1991 年《计算机软件保护条例》第 15 条。

　　〔2〕　最高人民法院《关于深入贯彻执行〈中华人民共和国著作权法〉几个问题的通知》（法发〔1993〕44 号）第 3 条规定："计算机软件著作权案件，按分工由各级人民法院民事审判庭受理（设立知识产权审判庭的，由该庭受理）。凡当事人以计算机软件著作权纠纷提起诉讼的，经审查符合《中华人民共和国民事诉讼法》第一百零八条规定，无论其软件是否经过有关部门登记，人民法院均应予以受理。由于计算机软件著作权保护的技术性和专业性强，人民法院审理此类案件时，应注意征询有关部门和专家的意见，对需要鉴定的，应请由有关专家组成的软件技术鉴定组织就技术方面的问题作出鉴定。"

2001 年修改《著作权法》和《计算机软件保护条例》时得到了解决。[1]

二、2001 年《计算机软件保护条例》：软件保护重大修改

2001 年《计算机软件保护条例》于 2001 年 12 月 20 日通过国务院令 339 号发布，2002 年 1 月 1 日起施行。条例分为总则、计算机软件著作权、软件著作权的许可使用和转让、法律责任及附则 5 章，共 33 条。与 1991 年《计算机软件保护条例》相比，第 3 章内容由 1991 年条例的"计算机软件的登记管理"改为"软件著作权的许可使用和转让"。

（一）2001 年《计算机软件保护条例》的修改背景

1999 年，在中国加快就加入世界贸易组织与美国进行双边谈判的背景下，全国首例软件终端用户因用盗版成被告案——"微软诉亚都案"引起了中国传媒和全社会的广泛关注，该案涉及最终用户使用未经授权软件是否承担法律责任的问题，在中国知识产权界引发了一场论战。[2] 1999 年 12 月，法院从诉讼程序的角度作出裁定，驳回了微软公司对北京亚都科技集团的起诉，并没有就软件最终用户使用未经授权软件是否构成侵权和如何承担侵权责任

---

〔1〕 2001 年《计算机软件保护条例》第 14 条规定："软件著作权自软件开发完成之日起产生。自然人的软件著作权，保护期为自然人终生及其死亡后 50 年，截止于自然人死亡后第 50 年的 12 月 31 日；软件是合作开发的，截止于最后死亡的自然人死亡后第 50 年的 12 月 31 日。法人或者其他组织的软件著作权，保护期为 50 年，截止于软件首次发表后第 50 年的 12 月 31 日，但软件自开发完成之日起 50 年内未发表的，本条例不再保护。"

〔2〕 以寿步教授为代表的论战一方坚持"合理保护论"，主要观点包括：①在遵守相关"世界水平"的前提下，中国的知识产权保护水平应当与中国的经济科技社会文化发展水平相适应。②根据著作权法原理，著作权本来并不延伸到最终用户对侵权作品的使用，所以最终用户使用未经授权软件本来也不构成侵权。③在最终用户使用未经授权软件问题上，法律保护水平的"第一台阶"是不将软件侵权的最终界限延伸到任何最终用户，TRIPS 协议就属于"第一台阶"；一些发达国家和地区将软件侵权的最终界限延伸到部分最终用户，这是"第二台阶"；将软件侵权的最终界限延伸到所有最终用户、只要使用未经授权软件就构成侵权，这是"第三台阶"。④坚决反对在中国实行"第三台阶"即超世界水平的保护。⑤根据 1991 年《软件条例》追究最终用户责任的法律依据不足。论战另一方的主要观点是：①软件的特殊性决定了对其保护应不同于传统作品，不仅要禁止违法复制和销售，而且要延伸到最终用户，禁止软件最终用户的非法复制和非法使用。②软件最终用户使用软件时的复制行为可能侵犯著作权人的复制权，既然软件是著作权法的保护对象，著作权法有必要作出调整以规范软件最终用户的行为。③1991 年《软件条例》已经对软件最终用户问题作出了规定，已经达到了"第三台阶"的保护水平。参见寿步："合理保护知识产权是中国的必然选择"，载《上海交通大学学报（哲学社会科学版）》2006 年第 2 期。

问题作出实体判决。以"微软诉亚都案"引发的论战和对知识产权的重新思考为契机，中国国内各界开始反思知识产权，开始注重以维护本国利益、寻求权利人利益与公众利益的平衡作为建构知识产权法律制度的基点。此后，中国领导人提出了"尊重并合理保护知识产权"的重要论断，并在国际知识产权保护方面倡导："应根据新的形势，对知识产权保护等方面的国际规则作出适当的调整。在切实保护知识产权的同时，按照市场规律，使知识产权的保护范围、保护期限和保护方式，有利于科技知识的扩散和传播，有利于各国共享科技进步带来的利益。"[1]在 2002 年 3 月全国人民代表大会和中国人民政治协商会议全国委员会开会期间，一些全国人大代表和全国政协委员认为，对中国软件保护水平问题，应当重视各界呼声，顺应民意，他们为此分别提出了议案和提案。这些舆论引起了最高人民法院的重视。[2]2002 年 10 月 15 日起施行的最高人民法院《关于审理著作权民事纠纷案件适用法律若干问题的解释》第 21 条规定："计算机软件用户未经许可或者超过许可范围商业使用计算机软件的，依据著作权法第四十七条第（一）项、《计算机软件保护条例》第二十四条第（一）项的规定承担民事责任。"从该条款看，最终用户是否承担侵权的民事责任应区分其为"商业使用"还是"非商业使用"，因此，软件侵权的最终界限只延伸到部分最终用户。可见，20 世纪末，国内各界对知识产权开始进行反思，从国家政策定位的高度审慎思考软件的著作权保护，不再对外来压力盲目妥协，而是重点关注国家利益和公众利益的维护。

（二）2001 年《计算机软件保护条例》的修改内容

我国知识产权第一轮立法处于计划经济时代，很多条文均带着深深的计划经济"烙印"。随着市场经济体制的建立与发展，一些具有计划经济色彩的条文与社会公民权利平等、市场公平竞争原则相矛盾，这些条文阻碍市场经济的健康发展，不利于市场经济体制的运行，需要进行修改。我国相继加入了一系列知识产权条约，如 1992 年 10 月 15 日，正式成为《伯尔尼公约》的成员国，1992 年 10 月 30 日，正式成为《世界版权公约》的成员国，我国成为国际知识产权大家庭的一员，而国内知识产权法很多条文又与国际条约相

---

〔1〕 2000 年 8 月 5 日时任中华人民共和国主席江泽民在北戴河会见诺贝尔奖获得者的讲话；2000 年 11 月 16 日江泽民在文莱首都斯里巴加湾举行的亚太经合组织领导人非正式会议上的讲话。

〔2〕 蒋志培编著：《知识产权法律适用与司法解释》，中国法制出版社 2002 年版，第 91 页。

冲突。国内知识产权法与国际条约的冲突，对我国知识产权法的实行产生冲击，我国的知识产权法急需修改。再者，高新技术的发展对传统的知识产权法提出了新要求，也对传统的知识产权制度提出了挑战。2001 年 12 月，我国正式加入了世界贸易组织（WTO），为了履行承诺，国内知识产权法必须与 TRIPS 协议基本一致。在上述背景之下，《计算机软件保护条例》进行了修改。《计算机软件保护条例》对计算机软件著作权的保护从整体上提高水平。

三、2011 年《计算机软件保护条例》：软件保护形式修改

为进一步深入贯彻依法治国基本方略，维护社会主义法制统一，全面推进依法行政，根据经济社会发展和改革深化的新情况、新要求，国务院在对行政法规进行 4 次全面清理的基础上，再次对截至 2009 年底现行的行政法规共 691 件进行了全面清理。经过清理，2011 年 1 月 8 日国务院公布了《关于废止和修改部分行政法规的决定》[1]，决定对 7 件行政法规予以废止，对 107 件行政法规的部分条款予以修改。

2011 年国务院决定修改的行政法规中，包括对《计算机软件保护条例》的修改，其第 114 条规定，对《计算机软件保护条例》中引用的法律、行政法规条文序号作出修改，[2]将第 25 条中的"依照《著作权法》第四十八条的规定确定"修改为"依照《著作权法》第四十九条的规定确定"。第 26 条中的"可以依照《著作权法》第四十九条的规定"修改为"可以依照《著作权法》第五十条的规定"。第 27 条中的"软件著作权人可以依照《著作权法》第五十条的规定"修改为"软件著作权人可以依照《著作权法》第五十一条的规定"。

---

〔1〕 国务院《关于废止和修改部分行政法规的决定》，2010 年 12 月 29 日国务院第 138 次常务会议通过，2011 年 1 月 8 日中华人民共和国国务院令第 588 号公布，自公布之日起施行。

〔2〕 国务院《关于废止和修改部分行政法规的决定》之所以对《计算机软件保护条例》中引用的法律、行政法规条文序号作出修改，是因为 2010 年 2 月 26 日，第十一届全国人民代表大会常务委员会第十三次会议通过《全国人民代表大会常务委员会关于修改〈中华人民共和国著作权法〉的决定》，决定对《著作权法》作如下修改："一、将第四条修改为：'著作权人行使著作权，不得违反宪法和法律，不得损害公共利益。国家对作品的出版、传播依法进行监督管理。'二、增加一条，作为第二十六条：'以著作权出质的，由出质人和质权人向国务院著作权行政管理部门办理出质登记。'"决定自 2010 年 4 月 1 日起施行，《著作权法》根据决定作修改并对条款顺序作调整后，重新进行了公布。

由此可见，2011 年《计算机软件保护条例》较 2001 年计算机软件保护条例无实质性的变化，只是因相关法律法规的修改而做了相应的修改。

四、2013 年《计算机软件保护条例》：软件保护适时修改

2013 年 1 月 16 日，国务院第 231 次常务会议通过《关于修改〈计算机软件保护条例〉的决定》，2013 年 1 月 30 日公布，自 2013 年 3 月 1 日起施行。《关于修改〈计算机软件保护条例〉的决定》对 2011 年《计算机软件保护条例》作如下修改：将第 24 条第 2 款修改为"有前款第一项或者第二项行为的，可以并处每件 100 元或者货值金额 1 倍以上 5 倍以下的罚款；有前款第三项、第四项或者第五项行为的，可以并处 20 万元以下的罚款"。

《计算机软件保护条例》第 24 条第 2 款是对侵犯软件著作权行政责任中罚款的规定，根据第 24 条第 1 款的规定："除《中华人民共和国著作权法》、本条例或者其他法律、行政法规另有规定外，未经软件著作权人许可，有下列侵权行为的，应当根据情况，承担停止侵害、消除影响、赔礼道歉、赔偿损失等民事责任；同时损害社会公共利益的，由著作权行政管理部门责令停止侵权行为，没收违法所得，没收、销毁侵权复制品，可以并处罚款；情节严重的，著作权行政管理部门并可以没收主要用于制作侵权复制品的材料、工具、设备等；触犯刑律的，依照刑法关于侵犯著作权罪、销售侵权复制品罪的规定，依法追究刑事责任：（一）复制或者部分复制著作权人的软件的；（二）向公众发行、出租、通过信息网络传播著作权人的软件的；（三）故意避开或者破坏著作权人为保护其软件著作权而采取的技术措施的；（四）故意删除或者改变软件权利管理电子信息的；（五）转让或者许可他人行使著作权人的软件著作权的。"也就是说，未经软件著作权人许可，侵犯软件著作权，同时损害社会公共利益的，著作权行政管理部门可以责令停止侵权行为没收违法所得，没收、销毁侵权复制品，可以并处罚款。2013 年《计算机软件保护条例》第 24 条第 1 款没有对 2011 年《计算机软件保护条例》第 24 条第 1 款进行改动，仅修改了第 2 款的罚款数额。

依据 2011 年《计算机软件保护条例》第 24 条第 2 款的规定，复制或者部分复制著作权人的软件的，或者向公众发行、出租、通过信息网络传播著作权人的软件的，可以并处每件 100 元或者货值金额 5 倍以下的罚款；故意避开或者破坏著作权人为保护其软件著作权而采取的技术措施的，故意删除

或者改变软件权利管理电子信息的，转让或者许可他人行使著作权人的软件著作权的，可以并处 5 万元以下的罚款。2013 年《计算机软件保护条例》主要对罚款的数额做了修改：一是对于复制或者部分复制著作权人的软件的，或者向公众发行、出租、通过信息网络传播著作权人的软件的，由"可以并处每件 100 元或者货值金额 5 倍以下的罚款"修改为"可以并处每件 100 元或者货值金额 1 倍以上 5 倍以下的罚款"，增加了罚款金额的下限，即"货值金额 1 倍以上"；二是对于故意避开或者破坏著作权人为保护其软件著作权而采取的技术措施的，故意删除或者改变软件权利管理电子信息的，转让或者许可他人行使著作权人的软件著作权的，由"可以并处 5 万元以下的罚款"修改为"可以并处 20 万元以下的罚款"，提高了罚款的金额。不论是增加罚款金额的下限，还是提高罚款的金额，均体现了《计算机软件保护条例》对我国社会经济发展、计算机软件特点以及我国软件产业发展实际水平的考虑，更有利于打击计算机软件著作权侵权行为。

五、将修订《计算机软件保护条例》：软件保护不断加强

加强知识产权保护是推动科技创新和文化繁荣发展的重要举措。党中央、国务院始终高度重视知识产权保护。习近平总书记指出："要加大知识产权保护力度，提高侵权代价和违法成本，震慑违法侵权行为""要完善知识产权保护相关法律法规"。时任总理李克强强调："知识产权是发展的重要资源和竞争力的核心要素""要强化知识产权保护，鼓励创新创造"。著作权是知识产权的重要组成部分。现行《著作权法》规定了我国著作权保护领域的基本制度，于 1991 年施行，经 2001 年、2010 年两次修改，对鼓励作品的创作和传播，保护创作者、传播者、使用者等的合法权益，促进我国文化和科学事业的发展与繁荣，发挥了重要作用。近年来，随着我国经济社会发展，著作权保护领域出现了一些新情况、新问题，亟待通过修改完善《著作权法》予以解决。2012 年 12 月，国家版权局报请国务院审议《著作权法（修订草案送审稿）》。由于各方对送审稿许多内容存在较大争议，2017 年 12 月，国家版权局对送审稿进行了修改，形成送审稿修改稿重新报请审查。原国务院法制办会同国家版权局对送审稿修改稿作了修改。党和国家机构改革后，重新组建的司法部又会同中央宣传部进一步修改，形成了《著作权法修正案（草案）》。2020 年 4 月 26 日，第十三届全国人民代表大会常务委员会第十七次

会议对《著作权法修正案（草案）》进行了初次审议。2021 年 7 月 14 日，宪法和法律委员会召开会议，根据常委会组成人员的审议意见和各方面意见，对草案进行了逐条审议。7 月 30 日，宪法和法律委员会召开会议，再次进行审议。2020 年 11 月 11 日，第十三届全国人民代表大会常务委员会第二十三次会议通过关于修改《著作权法》的决定，自 2021 年 6 月 1 日起施行。

如前所述，我国对计算机软件著作权的保护，采取的是比较特别的立法形式，即在《著作权法》中作出原则规定，将计算机软件作为一类作品纳入著作权保护体系；同时，规定由国务院制定计算机软件保护办法，具体规定计算机软件著作权保护制度。因此，《著作权法》的修改，必然涉及计算机软件著作权保护的问题，国务院会适时对《计算机软件保护条例》进行修改，与新的《著作权法》等法律进一步做好衔接。

2020 年《著作权法》的修改中，涉及计算机软件著作权保护的主要有技术措施和侵权的法律责任。[1]《著作权法》第 3 条规定，作品是指文学、艺术和科学领域内具有独创性并能以一定形式表现的智力成果。《著作权法》第 3 条第 8 款规定的计算机软件属于作品。[2] 根据《著作权法》第 2 条规定，中国公民、法人、非法人组织的作品，不论是否发表，依照本法享有著作权。计算机软件著作权人可以是个人和单位。

2020 年《著作权法》第 49 条规定，为保护著作权和著作权有关的权利，权利人可以采取技术措施。计算机软件著作权保护可以采取保护措施。根据《著作权法》第 49 条的规定，技术措施，是指用于防止、限制未经权利人许可浏览、欣赏作品、表演、录音录像制品或者通过信息网络向公众提供作品、表演、录音录像制品的有效技术、装置或者部件。《著作权法》第 49 条规定，未经权利人许可，任何组织或者个人不得故意避开或者破坏技术措施，不得以避开或者破坏技术措施为目的制造、进口或者向公众提供有关装置或者部件，不得故意为他人避开或者破坏技术措施提供技术服务。2013 年《计算机软件保护条例》第 24 条第 1 款第（三）项将"故意避开或者破坏著作权人为保护其软件著作权而采取的技术措施"列为侵权行为，与《著作权法》第 49 条

---

〔1〕 参见于雯雯：《网络著作权侵权责任研究》，知识产权出版社 2020 年版，第 192 页。

〔2〕 参见李显冬主编：《法学概论》（第 3 版）首都经济贸易大学出版社 2017 年版，第 228 页。

规定的技术措施相衔接。但是，2013 年的仅规定有关技术措施的侵权行为。[1]修订《计算机软件保护条例》应重点关注计算机软件保护的技术措施。

《著作权法》第 52 条和 2013 年《计算机软件保护条例》第 23 条都规定了以下侵权行为，承担停止侵害、消除影响、赔礼道歉、赔偿损失等民事责任：[2]一是未经著作权人许可，进行发表；二是未经合作者许可，将与他人合作创作的作品当作自己单独创作的作品发表；三是没有参与创作，在他人作品上署名的；四是未经著作权人许可，翻译作品的。《著作权法》第 52 条第（七）项和第（八）项的侵权行为进一步完善了 2013 年《计算机软件保护条例》规定的民事责任情形，其中的第（八）项明确规定未经计算机软件著作权人许可，出租其作品须承担民事责任。将来修订的《计算机软件保护条例》可把《著作权法》第 52 条第（七）项作为重点内容研究。《著作权法》第 53 条和 2013 年《计算机软件保护条例》第 24 条都规定有下列侵权行为，应当根据情况，承担民事责任：侵犯行为同时损害公共利益的，由主管著作权的部门责令停止侵权行为，予以警告，没收违法所得，没收、无害化销毁处理侵权复制品以及主要用于制作侵权复制品的材料、工具、设备等，违法经营额 5 万元以上的，可以并处违法经营额 1 倍以上 5 倍以下的罚款；没有违法经营额、违法经营额难以计算或者不足 5 万元的，可以并处 25 万元以下的罚款。构成犯罪的，依法追究刑事责任：一是未经著作权人许可，复制、发行、通过信息网络向公众传播其作品的；二是未经著作权人许可，故意避开或者破坏技术措施的；三是未经著作权人许可，故意删除或者改变作品。[3]《著作权法》第 53 条第（六）项规定，故意制造、进口或者向他人提供主要用于避开、破坏技术措施的装置或者部件的，或者故意为他人避开或者破坏技术措施提供技术服务的，丰富了 2013 年《计算机软件保护条例》第 24 条规定的计算机软件著作权侵权行为的内容，为将来修订的《计算机软件保护条例》提供法律基础。2013 年《计算机软件保护条例》第 25 条规定，侵犯软件著作权的赔偿数额，依照《著作权法》第 49 条的规定。2020 年《著作权

---

[1]　王迁："立法修改视角下的技术措施保护范围"，载《中外法学》2022 年第 3 期。

[2]　参见石宏："《著作权法》第三次修改的重要内容及价值考量"，载《知识产权》2021 年第 2 期。

[3]　梁军主编：《知识产权法》，电子科技大学出版社 2019 年版，第 83 页。

法》第 54 条明确规定了侵犯著作权的赔偿数额。[1]因此，2013 年《计算机软件保护条例》第 25 条须进行修改。在将来修订的《计算机软件保护条例》中，对 2013 年《计算机软件保护条例》第 25 条规定修改为侵犯软件著作权的赔偿数额，依照《著作权法》第 54 条的规定。

---

〔1〕 杜颖、稣乌："2020 年《著作权法》第五十四条的理解与适用"，载《中国版权》2021 年第 4 期。

第二章

计算机软件相关概念解析与实证检视

计算机是一种用于高速计算的电子计算机器，可以进行数值计算，又可以进行逻辑计算，还具有存储记忆功能，也是一种现代化智能电子设备，能够按照程序运行，自动、高速处理海量数据。计算机是 20 世纪最先进的科学技术发明之一，对人类的生产活动和社会活动产生了极其重要的影响，并以强大的生命力飞速发展。计算机的应用领域从最初的军事科研应用扩展到社会的各个领域，已形成了规模巨大的计算机产业，带动了全球范围的技术进步，由此引发了深刻的社会变革，计算机已遍及一般学校、企事业单位，进入寻常百姓家，成为信息社会中必不可少的工具。互联网将世界各地的计算机连接在一起，从此进入了互联网时代。计算机网络化彻底改变了人类世界，人们通过互联网进行沟通、交流（OICQ、微博等）、教育资源共享（文献查阅、远程教育等）、信息查阅共享（百度、谷歌）等，特别是无线网络的出现，极大地提高了人们使用网络的便捷性，未来计算机将会进一步向网络化方向发展。计算机由硬件系统和软件系统所组成，没有安装任何软件的计算机称为"裸机"。1969 年美国 IBM 公司率先实行"价格分离"政策，将计算机软件和硬件分开出售，使软件从硬件中分离出来成为商品并得到了迅速发展，促成了软件产业的形成。[1] 这一变化体现了随着计算机技术的发展，其领域分化逐渐精细。在计算机软件与计算机硬件经历了由初期的一起发售到后来的相互分离后，计算机软件由此逐步形成了软件市场。[2] 在此之后，采用汇编语言以及其他语言编写的计算机控制系统、应用系统等能够应用于不同的机器，也即不同机器可以使用一个相同的控制系统。在全球经济信息一

---

〔1〕 何越峰："美国计算机程序专利保护的历史演进"，载国家知识产权局条法司编：《专利法研究》，水利水电出版社 2005 年版，第 40 页。

〔2〕 赵涛主编：《国际技术贸易》，首都经济贸易大学出版社 2019 年版，第 238~239 页。

体化进程中，在以互联网经济为代表的全球经济增长中，计算机软件已被广泛应用于社会中的各个领域。法律概念是法律思考过程以及价值判断、利益衡量之简约称谓，[1]是解决法律问题所必需的和必不可少的工具。没有限定严格的专门概念，我们就不能清楚和理性地思考法律问题。没有概念，我们便无法将我们对法律问题的思考转变为语言，也无法以一种可以理解的方式把这些思考传达给他人。[2]判断和论证的逻辑起点是概念，对基本概念的论述和厘清，是理论研究和实践运用的基础，对计算机软件著作权保护制度的研究亦然。《计算机软件保护条例》总则章对计算机软件及其相关用语的含义进行了明确，其第 2 条规定，本条例所称计算机软件，是指计算机程序及其有关文档。基于此，笔者首先对计算机软件、计算机程序、文档等相关概念进行分析，并通过实践中的案例予以检视，以期对我国计算机软件著作权的保护有所裨益。

一、计算机软件的界定及实证检视

随着科技的进步，各种计算机技术、网络技术的飞速发展使得计算机的发展进入一个快速而又崭新的时代，计算机已经从功能单一、体积较大发展到了功能复杂、体积微小、资源网络化。计算机的未来充满了变数，性能的大幅度提高是不可置疑的，而实现性能的飞跃却有多种途径。[3]不过性能的大幅提升并不是计算机发展的唯一路径，计算机的发展还应当变得越来越人性化，同时也要注重环保等。随着微型处理器的出现，计算机中开始使用微型处理器，使计算机体积缩小了，成本降低了，变成了现在家家户户都有的微型计算机。计算机微型处理器以晶体管为基本元件，随着处理器的不断完善和更新换代的速度加快，计算机结构和元件也发生了很大的变化。光电技术、量子技术和生物技术的发展，对新型计算机的发展具有极大的推动作用。另一方面，软件行业的飞速发展提高了计算机内部操作系统的便捷度，计算机外部设备也趋于完善。集成电路的发展也为微型计算机的出现奠定了基础，

---

[1] Oertmann, *Interesse und Begriff in der Rechtswissenschaft*, 1931. 转引自王泽鉴：《民法总则》，中国政法大学出版社 2001 年版，第 32~33 页。

[2] [美] E. 博登海默：《法理学：法律哲学与法律方法》，邓正来译，中国政法大学出版社 1999 年版，第 486 页。

[3] 冯景文：《电气自动化工程》，光明日报出版社 2016 年版，第 205 页。

这一技术将计算机的核心部件——中央处理器集成在电路芯片上，使得计算机的体积更小、更轻便。加之技术的飞速发展使得软件更丰富、性能更优越、使用愈加简便，相同配置的成本也更低。[1]计算机理论和技术上的不断完善促使微型计算机很快渗透到全社会的各个行业和部门中，并成为人们生活和学习的必需品。计算机人工智能化是未来发展的必然趋势，现代计算机具有强大的功能和运行速度，但与人脑相比，其智能化和逻辑能力仍有待提高。[2]人类不断在探索如何让计算机能够更好地反映人类思维，使计算机能够具有人类的逻辑思维判断能力，可以通过思考与人类沟通交流，抛弃以往的依靠通过编码程序来运行联保计算机的方法，直接对计算机发出指令，这些都离不开计算机软件。

（一）计算机软件的概念

计算机软件，也称软件，是指计算机系统中的程序以及程序实现和维护时所必需的文档总称，程序是对计算任务的处理对象和处理规则的描述，文档是为了便于了解程序所需的阐明性资料。[3]根据《计算机软件保护条例》的规定，软件并不只包括可以在计算机上运行的电脑程序，与这些电脑程序相关的文档，一般也被认为是软件的一部分。简单地说，软件就是程序加文档的集合体。从计算机组成的角度看，软件是计算机系统的逻辑部件，控制硬件运行，发挥计算机效能，处理各种计算。从计算机软件保护的角度看，软件是程序及其相关文档的完整集合。其中程序是按事先设计的功能和性能要求编写的指令序列，文档是与程序开发、维护和使用有关的图文材料。因此，程序并不等于软件，程序只是软件的组成部分。正如程序与其相关文档共同构成软件，计算机系统的硬件和软件也互为依存，互相配合，共同完成人们预先设计好的操作或者动作。[4]软件是用户与硬件之间的接口界面，用户主要是通过软件与计算机进行交流。软件是计算机系统设计的重要依据，为了方便用户，为了使计算机系统具有较高的总体效用，在设计计算机系统时，必须通盘考虑软件与硬件的结合以及用户的要求和软件的要求。计算机

〔1〕 刘音、王志海主编：《计算机应用基础》，北京邮电大学出版社 2020 年版，第 18~20 页。

〔2〕 陈芳跃主编：《数理学科导论》，西安电子科技大学出版社 2015 年版，第 13~14 页。

〔3〕 时巍、董毅主编：《计算机应用技术项目教程》，冶金工业出版社 2016 年版，第 28 页。

〔4〕 刘纬、刘军、李伟波主编：《软件工程》，武汉大学出版社 2020 年版，第 1 页。

软件被应用于世界的各个领域，对人们的生活和工作都产生了深远的影响。软件在计算机系统中起到指挥、管理作用。计算机系统工作与否，做什么以及如何做，都是通过软件来完成的。从软件制作过程来看，软件开发是根据用户要求创建出软件系统或者系统中软件部分的过程，是包括需求捕捉、需求分析、设计、实现和测试等环节的系统工程。计算机软件多用于某种特定目的，如控制一定生产过程，使计算机完成某些工作。计算机软件兼有文字作品的表达形式和实用工具的功能性两种属性，是人类智力劳动成果。计算机软件的核心在于算法，算法是一种智力活动的规则，是对数据施以处理步骤，对数据结构进行操作，解决问题的方法和过程。软件是算法运行于规则并体现出的技术效果，是用硬件支持的源代码作用于外设来实现功能。算法通常针对解决某一类问题而进行设计，具有其特定的目的，如设计筛选出符合一定条件数据的算法，通过计算机运行得以实现。依托算法与软件运行的高效率，随着我们将其运用到更多的活动中，对于软件与算法投入的智力劳动也越来越多。[1]软件在运行时，能够提供所要求功能和性能的指令或计算机程序集合。其次，计算机软件研制开发复杂且生命周期短。软件的生命周期指的是从提出软件开发要求直到该软件废弃不用的整个时期。从时间线上软件的生命周期可以分为若干阶段，且每个阶段都有明确的任务，通过逐步完成各个阶段的任务，使规模较大和管理复杂的软件开发变得容易管理和控制。这若干阶段可归纳为三个时期：软件定义时期、开发时期和维护时期。[2]计算机软件研发复杂，工作量大，周期长，投资成本高，但复制、改编极其容易且成本低、费用小、时间短。由于其实用性特征，计算机软件的生命周期短，随着计算机技术的发展，人们的需求不断提高，软件需要不断更新和升级，软件更新的周期将会越来越短。[3]

（二）计算机软件的分类

计算机软件是一系列按照特定顺序组织的电脑数据和指令的集合，根据不同标准可以有不同的划分。如从流通方式与法律特点看，计算机软件可以分为商业软件、开源软件和公有软件三类。按照应用区分，可分为系统软件

---

〔1〕 ［印］卡尔提克·霍桑纳格：《算法时代》，蔡瑜译，文汇出版社 2020 年版，第 154 页。
〔2〕 石冰主编：《软件工程》，中国科学技术大学出版社 2017 年版，第 8 页。
〔3〕 董雪兵：《软件知识产权保护制度研究》，浙江大学出版社 2009 年版，第 11 页。

和应用软件两大类，下面简单介绍下系统软件和应用软件。

　　系统软件是各类操作系统，如 Windows、Linux、UNIX 等，还包括操作系统的补丁程序及硬件驱动程序，都是系统软件类。系统软件是负责控制和协调计算机及其外部设备、支持应用软件开发和运行的一类计算机软件。计算机系统软件保障着计算机按照用户的意愿正常运行，满足用户使用计算机的各种需求，帮助用户管理计算机和维护资源，执行用户命令、控制系统调度等任务。[1] 系统软件负责管理计算机系统中各种独立的硬件，使得它们可以协调工作。系统软件使得计算机使用者和其他软件将计算机当作一个整体而不需要顾及底层的每个硬件是如何工作的。[2] 系统软件为计算机使用提供最基本的功能，但并不针对某一特定应用领域。一般来讲，系统软件包括操作系统和一系列基本的工具，比如编译器、数据库管理、存储器格式化、文件系统管理、用户身份验证、驱动管理、网络连接等方面的工具。系统软件具体包括各种服务性程序（如诊断程序、排错程序、练习程序等）、语言程序（如汇编程序、编译程序、解释程序）、操作系统、数据库管理系统等四类。[3]

　　与系统软件相对应，应用软件是为了某种特定的用途而被开发的软件，不同的应用软件根据用户和所服务的领域提供不同的功能。应用软件直接对接用户的需求，可供用户通过不同的程序设计语言，或是各种程序设计语言编制的应用程序的集合进行适用，以满足不同领域的用户需求，帮助用户解决难题或者提高工作效率。它可以是一个特定的程序，比如一个图像浏览器，也可以是一组功能联系紧密、可以互相协作的程序的集合，比如微软的 Office软件，也可以是一个由众多独立程序组成的庞大的软件系统，比如数据库管理系统。[4] 应用软件是为满足处在不同领域的用户的实际应用需求而提供的软件，其种类和数量随着计算机应用领域的不断扩展而与日俱增。[5] 应用软件与我们的日常生活密切相关，工具软件、游戏软件、管理软件等都属于应用软件类，较常见的应用软件有文字处理软件如 WPS、Word 等、信息管理软

〔1〕　屈晓、钟燕梅：《计算机组装与维护》，重庆大学电子音像出版社 2020 年版，第 11~12 页。

〔2〕　陈卓然等编著：《大学计算机基础教程》，国防工业出版社 2013 年版，第 58 页。

〔3〕　白中英、戴志涛主编：《计算机组成原理》，科学出版社 2013 年版，第 13 页。

〔4〕　李杰、于枫编著：《大学计算机基础》，中国水利水电出版社 2015 年版，第 16 页。

〔5〕　刘音、王志海主编：《计算机应用基础》，北京邮电大学出版社 2020 年版，第 34 页。

件、辅助设计软件如 AutoCAD、实时控制软件如极域电子教室等。

（三）计算机软件保护的条件

伴随着计算机技术的迅猛发展，软件技术也在快速发展。作为人类智慧的表现，计算机软件具有工具性和作品性。在对计算机软件的开发过程中，实现了表现形式和思想内涵的结合，由于两者的相互结合、相互渗透，以至于很难对其进行区分和界定。此外，强大的国际通用性也是计算机软件的一大特点。计算机软件还具有更新换代快、更新周期短的特点。软件的开发成本很高，其成本主要体现在人力成本上，即需要投入巨大的人力物力进行开发，包含开发者们的心血与智力劳动。[1]当前较为复杂的商业软件一般是由开发团队进行开发而非个人。开发过程中，软件开发团队随时可能会出现人员变动，而著作权人大多数是固定的。对计算机软件著作权的保护贯穿整个软件从开发到实施的过程。在软件编码阶段，开发人员通过对所涉及的阶段进行具体化落实，以实现软件的总体功能以及细节化的处理。换言之，详细设计、编码、升级和维护等阶段，是开发人员需要投入最多精力的阶段，也是其智力劳动成果的最主要体现，更是软件著作权人想要保护的部分。著作权法要保护的，不仅仅是开发人员的智力成果，还有其为了开发软件而所付出的巨额成本。但事实上，计算机软件开发成果的复制却极易被掌握，复制成本也很低，这些都使得对计算机软件知识产权的保护难度不断增大。经济活动中，越来越多的侵权人通过各种途径盗用软件获取暴利，因复制成本相对原版较低，盗版软件广为流通且价格低于正版软件，对正版软件造成了极大的冲击。这种行为不仅侵犯了软件开发人的劳动成果，打击了他们开发软件的积极性，而且严重扰乱了社会市场经济秩序，加大了我国保护智力成果的难度，不利于计算机软件产业的稳定发展。加强对计算机软件知识产权的保护，减少计算机软件产业的损失，不仅有利于科技进步，更能促进社会经济有序、健康发展，为促进计算机软件产业创新发展提供有力的保障力量。截至 2022 年 10 月，在中国裁判文书网上以"计算机软件著作权"为关键词进行检索：2020 年 1094 件，2021 年 1081 件，2022 年 456 件。目前，大部分国家在对计算机软件知识产权进行保护时都采用《著作权法》。我国《著作权

---

[1] 参见刘纬、刘军、李伟波主编：《软件工程》，武汉大学出版社 2020 年版。

法》明确将计算机软件列为保护对象，国务院更是通过制定《计算机软件保护条例》加大对计算机软件知识产权的保护力度。然而，不是任何计算机软件都可以成为《计算机软件保护条例》的保护对象，享有著作权保护。计算机软件要成为本条例的保护对象，享有著作权保护需要具备一定的条件。根据《计算机软件保护条例》第4条、第6条的规定，计算机软件保护的条件可分为积极条件和消极条件。

1. 计算机软件保护的积极条件

计算机软件保护的积极条件，即计算机软件保护的内容。主要体现在《计算机软件保护条例》第4条，该条规定，受本条例保护的软件必须由开发者独立开发，并已固定在某种有形物体上。

首先，软件必须是由开发者独立开发。独立开发，是指开发者依靠自身的智慧和能力进行创造性的劳动开发。独立开发又称独创性或原创性（originality），即不是复制、抄袭、翻译他人已开发的软件。[1]计算机软件要成为《计算机软件保护条例》的保护对象，享有著作权保护，必须是由开发者独立开发，这一规定源于著作权保护对作品原创性的要求。一般认为，享有著作权保护的作品必须具备原创性，抄袭、复制他人的软件排除在法律保护的范围之外。原创性是版权法的一个核心概念，要求作品具备原创性才能获得版权保护是保证版权法目的实现的重要前提。[2]作为作品的一种，软件要获得著作权法的保护，首先应当具备独创性。相比于文字作品、美术作品等普通作品，软件的独创性要求相对较低，只要求软件是由开发者独立开发，并非抄袭剽窃他人的结果就行。至于软件中是否体现了开发者的独立个性，则不作硬性要求。对此，《计算机软件保护条例》第29条明确规定："软件开发者开发的软件，由于可供选用的表达方式有限而与已经存在的软件相似的，不构成对已经存在的软件的著作权的侵犯。"[3]世界各个国家和地区的立法例一般将原创性作为作品可版权性的核心要件。例如，现行《美国版权法》（1976年）第102条规定，作品要获得版权保护，需要具备原创性，并且必须固定在有形表达载体上；《德国著作权法与邻接权法》第2条第2款规定作品应当

---

〔1〕赵涛主编：《国际技术贸易》，首都经济贸易大学出版社2019年版，第240页。

〔2〕卢海君："论作品的原创性"，载《法制与社会发展》2010年第2期。

〔3〕梁军主编：《知识产权法》，电子科技大学出版社2019年版，第77页。

是"个人的智力创作成果",作品要获得版权保护需要具备独创性。《日本著作权法》第2条第(1)款第(i)项规定,作品是对思想或者情感通过创造性方式表达的产品,并且该产品属于文学、科学、艺术或者音乐的领域。虽然成为整个著作权保护制度构造中处于核心地位的基本要素,然而,对于什么是原创性,理论上仍有不同的认识。一种意见认为,原创性包含两层意思:一是作品是由作者独立创作完成的;二是作品要有一定的创作高度。另一种意见认为,原创性仅指作品是作者独立创作完成的,只要作品是作者自己独立创作完成,而不是抄袭他人的,不管作品是否与其他作品相同或者相似,也不管作品本身的质量和水平如何,都满足著作权法的要求,可以享有著作权保护。[1]独创性是仅就作品的表现形式而言的,而不涉及作品中包含或反映的思想、信息和创作技法。独创性也并不限于原始作品。改编、翻译、注释、编辑或整理已有作品而产生的演绎作品,尽管不是绝对独立构思的产物,但仍然是经过一定的创作活动产生的,而不是对改编、翻译、注释、编辑或整理同一部已有作品而产生的另一部演绎作品的完全的或实质的模仿,因而也具有独创性。独创性与作品的文学、艺术或科学价值的大小无关,一幅由儿童独立完成的书法作品,即使艺术价值很小也具有独创性。[2]

创造性是个极度难以捉摸且主观的概念,如果将创造性包含在可版权性之中,可能会不适当的提高作品获得版权保护的门槛,可能造成原告获得版权保护的程序障碍,而版权法的立法历史表明,立法者并没有意图将创造性作为可版权性的必要要素。[3]基于此,《计算机软件保护条例》第4条的规定体现了后一种观点,实际生活中,除个别特殊情况外,计算机软件只要是由开发者独立开发完成而不是抄袭或者剽窃他人开发的软件的,就必然具有一些最起码的创造性,或者说个性,而且也不会与其他软件作品相同或者相似。

其次,软件必须已经固定在某种有形物体上。计算机软件的核心思想是一种设计思想,其本身没有有形物质实体,只有将这种思想附着在某种有形载体上,才能使人们感知其存在,供人们在一定的条件下,反复地、稳定地加以利用。因此,软件固定在有形载体上(如纸带、磁带、磁盘上或只读存

---

[1] 卢海君:"原创性 vs. 创造性",载《电子知识产权》2009年第2期。

[2] 谢慧主编:《经济法》,重庆大学出版社2020年版,第154页。

[3] Russ VerSteeg, "Sparks In The Tinderbox: Feist, 'Creativity', And The Legislative History Of The 1976 Copyright Act", *56 U. Pitt. L. Rev.*, p. 549 (Spring, 1995).

储器中），是其受法律保护的重要条件之一。[1]计算机软件要成为《计算机软件保护条例》的保护对象，享有著作权保护，除了必须是由开发者独立开发外，还要求软件必须已经固定在某种有形物体上。作品是著作权法保护的对象，具有无体性，即作品的存在不具有一定的物质形态，不占有一定的空间，作品是"抽象物"，这是作品区别于有体物的根本特性。另一方面，如果我们要赋予作者对其作品的财产权利，就要求作品不能仅仅内在于人的主观精神世界，它必须为人们所感知，即必须借助物质载体才可以给作品以外部的"定在"，作为著作权法保护对象之作品必须"栖身"于物质载体，载体为作品存在所必不可少。根据作品载体的物理特性，可以将作品载体分为固定载体和瞬间载体。固定载体是指作品附着之载体为有形的物质，固定载体所承载的作品，具有时空变换的特点，也就是说，在作品创作完成后的任何时候，人们可以通过这些固定载体去认知作品。瞬间载体是指作品所附着之载体为无形的物质，瞬间载体转瞬即逝，其承载的作品不具有时空变换的特点，一般而言，如果没有身临作者创作的现场，他人将无法感知瞬间载体所承载的作品，除非通过固定载体瞬间将载体所承载的作品固定下来。[2]

固定载体与瞬间载体的区分在著作权法中具有重要意义。固定载体所承载的作品，为各国著作权法所保护。但是，对于瞬间载体所承载的作品，如果没有通过其他固定载体复制下来，一些国家将不予保护。《伯尔尼公约》第2条第2款规定："本联盟各成员国法律有权规定仅保护表现于一定物质形式的文学艺术作品或其中之一种或数种。"《伯尔尼公约》实际上是将以瞬间载体为原始载体的口述作品是否应以被固定载体固定下来作为保护的条件授权各国自行规定。对于受著作权法保护的作品是否需要固定下来的要求，一般而言，大陆法系国家并不要求作品必须被固定，不论作品的原始载体为固定载体还是瞬间载体，均受著作权法保护。但是，普通法系国家对作品均有固定标准要求，也就是说，除非以某种物质形式固定下来，否则作品将不受保护。[3]1988年《英国著作权法》第3条第（2）项规定，在以书写或其他方式记录下来之前，任何文学、戏剧或音乐作品都不享有版权；《美国版权法》第102

---

〔1〕 赵涛主编：《国际技术贸易》，首都经济贸易大学出版社2019年版，第240页。
〔2〕 杨述兴："论作品与载体的关系"，载《知识产权》2012年第6期。
〔3〕 J. A. L. Sterling, *World Copyright Law*, Sweet & Maxwell, 1999, p. 247.

条（a）款规定，任何作品，必须固定在有形的、可以复制或者可以其他方式传播的介质上，才能享有版权。大陆法系多数国家的版权法并无要求作品固定下来才能享有版权的规定。

相较于传统作品来讲计算机软件的结构和功能更为复杂，这也正是计算机软件相较于传统作品在认定是否构成侵权问题上更为复杂的原因。由于代码的隐蔽性和复杂性，司法实践中通常无法直接对软件进行对比，需要委托鉴定机构进行专业的比对。一个好用的软件依赖于良好的组织架构和高效率的算法，在计算机软件著作权侵权案件中，侵权人一般针对软件的类型、功能、用户界面、后台结构进行抄袭，或者仅仅作微小改动。可以说，软件是否相似并不仅仅取决于外观，其功能的实现是一个动态的过程，原告在主张他人侵权的时候一般会通过提供截图的方式，来证明两个软件构成相似。然而对于软件是否构成相似，要根据软件的源代码、框架结构、功能等方面进行综合评价。普通作品只要求具备可复制性，因此未被固定下来，但以某种有形形式表现并能进行复制的作品，例如口述作品，可以受著作权法保护。与普通作品不同的是，软件必须具备固定性，即已固定在某种有形物体上，实践中通常是固定在硬盘、SD 卡等某种存储介质上。我国《著作权法》并没有作品必须固定下来才能享有著作权保护的规定，《计算机软件保护条例》第4 条规定是在《著作权法》规定基础上对软件提出的进一步要求，软件只有固定在某种有形物体上才能获得著作权保护，这里的有形物体是指一定的储存介质。著作权法所指作品必须以某种客观表达形式、有形载体表现出来，能够为他人所感知和利用，不能仅停留在作者的智力创作活动阶段。如附着于文字、图形、声音、动作等能够为人们的感官所感知的载体中的作品才是《著作权法》所保护的作品。作品只有具有了客观的表现形式，才能被复制，才有被保护的意义。[1]存在于软件开发者头脑中的软件设计思想或者软件内容本身都不能获得著作权保护，只有将软件的内容通过客观手段表达出来，能够为人所感知时，才能获得著作权保护。若软件开发者头脑中的创作思想未通过外化的形式表达出来，就无法被他人感知，不能得到著作权法的保护。因此，《计算机软件保护条例》规定，受保护的软件必须固定在某种有形物体上，如计算机硬件中固定在存储器或磁盘、磁带等计算机外部设备上，也可

---

[1] 李钟、于立彪主编：《企业知识产权管理基础》，知识产权出版社 2020 年版，第 123 页。

以是其他的有形物，如纸张等。纵观人类历史，随着生产力的发展，作品载体的范围也在不断扩大，这是不争的事实。可以这样说，作品载体范围扩大的历史，就是一部人类科技进步的历史。根据技术的发展过程，将软件固定在有形物体上大致有以下做法：一是文档记录，以文字或者符号在纸上记录、表现计算机程序。二是机械记录，以机械方式记录、表现计算机程序，如早期的打孔纸带、打孔卡等形式，目前这种方式已经基本被淘汰。三是磁、光、电记录，以磁、光、电技术在磁带、磁盘、磁鼓、光盘等物质载体上记录软件，是计算机软件最主要的固定形式，其中磁盘、光盘发展最快，使用最多。磁盘主要分为硬盘和软盘两种。光盘是一种比较先进的存储载体，在容量、可靠性、存取方便性和寿命性能方面都优于磁盘和其他载体。用于记录计算机软件的光盘主要是光盘只读存储器。[1]

案例 2-1　北京新浪互联信息服务有限公司与北京天盈九州网络技术有限公司不正当竞争纠纷案[2]

再审申请人北京新浪互联信息服务有限公司（简称新浪公司）因与被申请人北京天盈九州网络技术有限公司（简称天盈九州公司）、第三人乐视网信息技术（北京）股份有限公司（简称乐视公司）侵犯著作权及不正当竞争纠纷一案，不服北京知识产权法院［2015］京知民终字第 1818 号民事判决（简称二审判决），向本院申请再审。本院于 2020 年 7 月 31 日作出［2018］京民申 4678 号民事裁定，提审本案。本院依法组成合议庭，于 2020 年 8 月 24 日公开开庭审理了本案，新浪公司的委托诉讼代理人张某、王某岩，天盈九州公司的委托诉讼代理人刘某焱，乐视公司的委托诉讼代理人刘某到庭参加了诉讼，本案现已审理终结。

本案再审法院认为：根据新浪公司的再审主张、天盈九州公司的答辩意见及乐视公司的陈述意见，本案再审的争议焦点在于涉案赛事节目是否构成以类似摄制电影的方法创作的作品。因各方当事人对电影类作品的构成要件存在较大争议，故法院首先对电影类作品的构成要件进行分析，在此基础上，判断涉案赛事公用信号所承载的连续画面是否构成以类似摄制电影方式创作

---

〔1〕 徐玉麟主编：《计算机软件保护条例释义》，中国法制出版社 2002 年版，第 12~13 页。

〔2〕 参见"北京新浪互联信息服务有限公司与北京天盈九州网络技术有限公司不正当竞争纠纷案"，最高人民法院［2020］京民再 128 号民事判决书。

的作品。认定某一客体是否构成电影类作品，既要考虑相关作品是否属于文学、艺术和科学领域内的智力创作，是否具有独创性，是否可复制，还要考虑相关作品是否表现为摄制在一定介质上，借助适当装置放映或者以其他方式传播的连续画面。本案中，各方当事人对电影类作品构成要件的争议主要在于如何界定著作权法对电影类作品独创性的要求以及如何理解电影类作品定义中规定的"摄制在一定介质上"。

本案生效裁判认为：涉案赛事节目构成我国著作权法保护的电影类作品，而不属于录像制品。新浪公司关于涉案赛事节目构成以类似摄制电影的方法创作的作品的再审主张部分成立，并足以支持其再审请求。虽然一审判决未根据当事人的主张对涉案赛事节目所属的作品类型作出认定存在瑕疵，但在认定其构成作品的基础上，认定天盈九州公司的涉案行为侵害了新浪公司对涉案赛事节目享有的"著作权人享有的其他权利"并据此部分支持了新浪公司的诉讼请求，上述裁判结果正确，故本院在纠正一审判决上述瑕疵的基础上，对其判决结果予以维持。

此外，计算机软件要成为《计算机软件保护条例》的保护对象，享有著作权保护，还要求其必须逻辑合理。这是因为，逻辑判断功能是计算机系统的基本功能，计算机运行过程实际上是按照预先安排，不断对信息随机进行的逻辑判断的智能化过程。因此，受著作权法保护的计算机软件作品必须具备合理的逻辑，并以正确的逻辑步骤表现出来，才能达到软件的设计功能。毫无逻辑性的计算机软件，不能计算出正确结果，无论是对于开发者还是用户来说都没有实际意义。由此可知，受著作权法保护的计算机软件作品必须具备合理的逻辑思想，并以正确的逻辑步骤表现出来，才能达到软件的设计功能。毫无逻辑性的计算机软件，不能计算出正确结果，也就毫无价值。[1]从我国当前计算机软件开发设计情况来看，计算机软件的开发对逻辑语言的严谨性要求较高，在逻辑性的支持下可以加强语言的逻辑推理。在逻辑的支持下如果软件开发设计中遇到问题，可以通过计算机逻辑语言的应用进行处理，有利于更好地提升软件开发设计能力。在计算机软件的实际设计中，不可避免的会对软件进行维护与升级等，而在对软件的处理中容易遇到各种难

---

〔1〕 郑国辉主编：《著作权法学》，中国法制出版社 2012 年版，第 205 页。

题，如果计算机软件设计的基础语言逻辑性不强，必然会导致编程人员无法对软件系统编程的逻辑结构进行分析，降低计算机软件维护和升级效率。针对这种情况，软件设计师需要重新编写逻辑语言和软件程序，导致计算机软件开发设计成本加大和资源浪费。因此，计算机软件开发设计中，需要保证开发设计结构效果，并关注到后期的维护。[1]因此，计算机软件开发还应逻辑合理。

2. 计算机软件保护的消极条件

计算机软件保护的消极条件，即计算机软件著作权保护的排除内容。《计算机软件保护条例》第 6 条规定："本条例对软件著作权的保护不延及开发软件所用的思想、处理过程、操作方法或者数学概念等。"也就是说，软件开发的思想、处理过程、操作方法或者数学概念等与计算机软件分别属于主客观两个范畴。把具有独创性的表达与软件开发过程中的思想、处理过程、操作方法以及进入公有领域的数学概念等区分开来。某种思想可以用多种形式进行表达，若思想属于著作权法保护的范围，那么人们便无法正常表达与交流了。具体来说，计算机软件著作权保护的排除内容包括两种情况：一是内容本身就不能成为知识产权保护的对象，如思想、数学概念；二是内容本身不能成为著作权保护对象，但是可以通过其他方式得到知识产权保护，如处理过程和操作方法如果构成专利法中的技术方案，可以得到专利保护。

案例 2-2　江苏银邦信息技术有限公司与招商银行股份有限公司无锡分行侵害计算机软件著作权纠纷案[2]

在本案中，法院认为，根据民事诉讼法，当事人对自己提出的主张，有责任提供证据，法律另有规定的除外。当事人未能提供证据或者证据不足以证明其事实主张的，由负有举证责任的当事人承担不利的后果。银邦公司提交其银邦 SD-KEYMOA 以及银邦手付通计算机软件登记证书，可证明其为相关计算机软件著作权人。但就其侵权主张，银邦公司举证严重不足，缺乏证明力，具体理由如下：就证据而言，银邦公司主张侵权主要证据之一，招商银行手机银行软件运行界面截图，该界面是软件程序运行的结果，而非程序

---

〔1〕　李欣："基于语言逻辑的计算机软件开放设计策略"，载《信息系统工程》2022 年第 6 期。

〔2〕　参见"江苏银邦信息技术有限公司与招商银行股份有限公司无锡分行侵害计算机软件著作权纠纷案"，江苏省高级人民法院〔2018〕苏民终 1091 号民事判决书。

本身。与银邦公司的相关计算机软件相比，虽均有手机支付功能，但在主界面、栏目名称、排列方式中存在应用名称、图标、证书管理界面构成及组件名称等诸多的不同。该软件运行界面显然不具有判断软件是否相同的证明力。主要证据之二，上知鉴定意见是对专利独立权利要求各技术特征项的比对分析，鉴定结论为招商银行方案未全面覆盖专利独立权利要求的全部技术特征，上知鉴定意见并不涉及对银邦公司主张的银邦 SD-KEYMOA 以及银邦手付通计算机软件与 51 型全能优 KEY 手机银行系统客户端软件之间相同性的比对。根据《计算机软件保护条例》第 6 条的规定，本条例对软件著作权的保护不延及开发软件所用的思想、处理过程、操作方法或者数字概念等。银邦公司主张侵权所依据的两项证据均只在于强调招商银行手机银行采用数字签名技术（SSL 证书登录），以及数字证书加密码的登录方式的功能特征，而不是对软件之间相同性的证明，对其所主张计算机软件侵权比对不具有证明效力。

（1）思想、数学概念等不能成为知识产权保护的对象。如若思想可以被著作权法保护，则会出现思想垄断的情况，在此情况下对于人类文明的发展便会形成桎梏。例如在文章的书写过程中，结构通常是对其整体的安排、组织，文章内容往往根据结构进行完善，通常代表了作者一定的创造力。实际当中，若没有经过一定的方式进行外化表达，则不受著作权法的保护。[1]"思想与表达二分法"是著作权法上的一项基本制度和基本原则，被称为"著作权法最基本的格言"，[2]该原则将作品分为思想与表达两方面，著作权法只保护对于思想观念的独创性表达，而不保护思想观念本身。与普通作品一样，软件的独创性要求仅针对该软件所使用的具体表达，软件中体现的思想则不要求具备独创性。思想与表达二分法作为限制著作权客体的一种制度设计，19 世纪在美国正式出现，1976 年《美国版权法》第 102 条（b）规定，在任何情形之下，不论作者在作品中是以何种方式加以描述、表达、展示或显现的，对原创作品的版权保护都不扩及作品中的一切属于想法、程序、过程、系统、操作方法、概念、原理及发现的部分。随着国际贸易的持续深入和版权保护合作的不断增强，思想与表达二分法逐渐成为国际公认的版权规则，

---

〔1〕 戚涌、董新凯主编：《新时代知识产权发展与变革》，知识产权出版社 2020 年版，第 262 页。

〔2〕 Feist Publications, Inc. v. Rural Telephone Serv. Co., 499 U. S. 353（1991）.

被各国的司法实践与著作权法律普遍认可。计算机软件开发中，思想是开发软件涉及的方案、构思技巧和功能，我国的《计算机软件保护条例》第6条明确规定，对计算机软件的保护不延伸到软件开发的思想等，这是我国立法中比较直接地体现了思想和表达二分法的理论。而二分法适用的关键在于准确划分作品中的思想和表达，即准确地在作品中受保护的对象和不受保护的对象之间划分界限。[1]在国际上，思想表达二分法并不是一个独一无二的概念，《德国著作权法》采用"内容与形式"这对颇有哲学意味的概念来表示。按照雷炳德教授的解释，内在形式是在作品创作人头脑中形成的，用以展示作者独特的思维、理解与想象方式，包括计划、思想的连贯性、证明过程、发展过程、人物形象的勾勒、场景或构图的发展、构思与构图等。[2]在司法实践中，法官进行计算机软件著作权侵权类型案件的判断时，其说理依据和裁判依据通常会涉及思想与表达二分原则。因思想的传播有利于社会知识的发展，开发者的思想一旦公开就不再受到保护，有利于他人能够知悉并利用开发者的奇思妙想进行软件开发与研究，也有利于知识的传承，增加人类社会的知识储备与思想碰撞，并能为他人所用，因而思想不受保护。而表达因为包含着软件开发者的智力成果，是开发者的脑力劳动价值的体现，只有保护其个人的智力成果，才有利于鼓励大众的创作热情，进一步促进创新发展。网易公司诉多益公司侵害计算机软件著作权纠纷案正是司法实践中思想与表达二分法的具体适用。

案例2-3　网易公司诉多益公司侵害计算机软件著作权纠纷案[3]

该案中争议焦点之一，是原告所主张的游戏元素，是否受到著作权法的保护，由于原告以其游戏程序代码庞杂和保护商业秘密为由，并没有提供程序代码和文档，因此法院通过对比游戏视频光盘、游戏界面截图等证据进行对比。本案中，原告主张游戏规则以及主要元素相同而构成侵权。然而软件是否构成侵权，并非直接通过比较相似度来进行判断，在此之前，要先区分思想的部分和表达的部分。原告所提交的对比材料中如游戏背景故事、游戏

---

〔1〕 梁军主编：《知识产权法》，电子科技大学出版社2019年版，第22页。
〔2〕 付继存：《著作权法的价值构造研究》，知识产权出版社2019年版，第145页。
〔3〕 参见"广州多益网络股份有限公司、广州网易计算机系统有限公司商业贿赂不正当竞争纠纷"，广东省高级人民法院［2017］粤73民终436号民事判决书。

体系及规则、门派名称装备技能名称等等可以用文字表达的部分，属于思想。而思想不受到保护，比如游戏中用以实现特效的参数等，可以视为作者的表达，只要实现该效果的参数不同，亦足以反映了游戏软件程序的不同。通过对文字表述的涉案游戏的游戏规则进行比对，以评定涉案游戏软件的异同性。经比对，被告的游戏规则与原告游戏的游戏规则不完全相同。比如同一名称的法术，虽然名称相同，但其使用条件、效果均不相同，而要实现这一差异，必须设定不同的程序逻辑以及相应参数。开发人员对程序和参数的设定不相同，可以视为作者表达上的不同。对此，法院认为，被告游戏与原告游戏软件的表达不完全相同，被告行为不构成侵犯计算机软件著作权。游戏软件与影视作品和文学艺术作品在作品类型方面有诸多类似，例如都是通过设置游戏剧情、人物关系以及操作方式等要素，让用户进行娱乐体验。不同的是还有大部分计算机软件作品偏向于实用性，开发者的思想就是软件所要实现的功能。

概念是反映事物本质属性的思维形式，所谓本质属性是指它构成某种事物的基本特征，这种属性只为这类事物所具有，它是一种事物区别于另一种事物的根本依据。数学概念是在人类历史发展过程中逐步形成和发展的，其是人脑对现实对象的数量关系和空间形式的本质特征的一种反映形式，即一种数学的思维形式。计算机软件开发中，数学概念等属于计算机软件基本理论的范围，是设计开发软件不可或缺的理论依据，属于社会公有领域，不能为个人专有。《计算机软件保护条例》明确规定，不保护计算机软件开发所用的数学概念等。也就是说利用他人已有的数学概念等开发自己的软件，并不构成侵权。这一规定看似是侵权行为的排除理由，实际当中并不是侵权行为逃避责任的依据。

案例2-4 广州花生日记网络科技有限公司与成都世联达科技有限公司、赵某华不正当竞争纠纷案[1]

在本案中，被告答辩称，从著作权保护的角度来说，首先，原告花生日记公司与我方经营的软件是相互独立的软件，我方没有仿冒其软件，没有侵

---

［1］ 参见"广州花生日记网络科技有限公司与成都世联达科技有限公司、赵某华不正当竞争纠纷案"，四川省成都高新技术产业开发区人民法院［2018］川0191民初17161号民事判决书。

犯原告花生日记公司的软件著作权；其次，我方与原告花生日记公司为自己发布的软件命名的行为是一种软件开发思想的体现和展示，即使我方的思想和原告花生日记公司的思想发生默契及相似，但根据《计算机软件保护条例》第6条的规定，不应当对两个软件在开发软件所有的思想领域予以有区别的保护。最后，我方之所以选用"花生日记"来表达自己命名发布的软件，是基于我方独特的软件开发思想，可供选用的表达方式有限，我方的行为不构成对已经存在软件的著作权的侵犯。经法院查明，最终认定本案中，原告花生日记公司所举证据足以证明其开发的"花生日记"应用软件自发表至今已在相关购物类应用软件领域拥有一定市场影响力，其应用软件标识使用的"花生卡通形象"图标与"花生日记——少花钱，多生钱"文字名称为相关公众所知悉。被告赵某华作为相同领域应用软件的提供者，其在原告花生日记公司提供的"花生日记"应用软件下架期间，未经许可将原运营软件"聚省联盟"的名称标识改为相应一致的标识，导致相关公众混淆，误认为其提供的应用软件为案涉"花生日记"应用软件并发生大量下载，其行为违反了经营者在市场竞争过程中应遵循的诚实信用原则，主观恶意明显，构成擅自使用他人有一定影响的商品名称、包装、装潢等相同或者近似的标识的不正当竞争行为。

（2）处理过程、操作方法等不能成为著作权保护对象。设计程序所实现的处理过程、操作方法等，是软件设计到实现过程中必不可少的、基本的方式方法，将其排除在著作权保护的对象之外有利于软件的创新发展，同时减少软件开发中不必要的限制。处理过程、操作方法表现的是完成某项功能的程序，这些内容本身不能成为著作权保护对象，但是可以通过其他方式得到知识产权保护，如处理过程和操作方法如果构成专利法中的技术方案，可以得到专利保护。专利法规定，当技术方案同时满足新颖性、创造性和实用性时，方能考虑就该技术方案授予专利权。其中，首先要检验的是实用性。实用性和技术效果是息息相关的，技术效果是实用性的前提。技术效果是解决方案要达到的目标，也就是说，技术效果决定了技术方案是否行之有效，是否解决了技术问题，问题的解决是否达到了既定的效果，该效果是否具有实用价值，没有效果就谈不上实用，有了效果，再看该效果是否有实用价值。换言之，在确定了技术效果有实用价值之时，实用性也就确定了。接着再检验该方案是否满足新颖性和创造性的要求，也只有在满足实用性的前提下，解决方案的技术性才能被确定，也才能将该方案进一步的与公知技术和现有技术作比较，从而判断该技术方案是否满足新颖性，在确定新颖性后，技术效果又成为创造性的审查标准之一，由此决定创造性的高度，从而决定专利权的高度，即属于发明专利或实用新型专利。所以说，技术效果是处理过程和操作方法可专利性的起点，同时也是终点。这也就意味着两个计算机软件以同一处理过程或者操作方法并不一定就是相同的。

案例 2-5　任某、北京墨致信息技术有限公司侵害计算机软件著作权纠纷[1]

上诉人任某与上诉人北京墨致信息技术有限公司（以下简称墨致公司）因双方之间侵害计算机软件著作权纠纷一案，均不服北京知识产权法院（以下简称原审法院）于 2020 年 12 月 30 日作出的 [2018] 京 73 民初 464 号民事判决，向本院提起上诉。

原审法院认定事实：2017 年 7 月 19 日，国家版权局颁布软件名称为"图像分析与评估软件 [简称：分析评估软件] V1.0"软件的著作权登记证书，载明著作权人为"北京墨致信息技术有限公司"，开发完成日期 2017 年 3 月 1 日，首次发表日期"未发表"，权利取得方式"原始取得"，权利范围"全部权利"，登记号"2017SR381477"。证书后附软件源代码文档。2018 年 3 月 26 日，墨致公司法定代表人肖某和任某签订《股权转让协议》，协议主要约定墨致公司于 2015 年 12 月 4 日在北京经济技术开发区设立，由任某和肖某合资经营，注册资金为 100 万元，其中任某占 10% 股权，任某愿意将其占公司 10% 的股权转让给肖某，肖某愿意受让。在任某将其所占墨致公司的股权转让给肖某之前，任某曾担任该公司的监事一职。域名为"renwei.net"的网站由任某注册，注册时间为 2014 年 5 月 9 日。2018 年 4 月 25 日，墨致公司的法定代表人肖某向北京市国立公证处提出证据保全公证申请。肖某在公证员和公证处工作人员的监督下，使用该处台式电脑，连接互联网，清除历史记录及缓存后，进行了以下主要操作：在 www.bing.com 输入"知乎任卫"进行搜

---

〔1〕　参见"任某、北京墨致信息技术有限公司侵害计算机软件著作权纠纷案"，最高人民法院 [2021] 最高法知民终 1246 号民事判决书。

索，点击"任卫—知乎—发现更大的世界"，进入后点击"renwei.net"，显示标题为"简易的深度学习标注、训练和测试平台"的文章，并在文章下方回复评论中附上链接 https://github.com/wadefelix/ROIDeawer。点击该页面中的网址 https://github.com/wadefelix/ROIDrawer，进入该网站依次点击其中的"Branch：lavavel"和"master"，依次点击"Cloneordownload""DownloadZIP"，将文件下载，名称为"ROIDrawer-master.zip"。针对以上公证过程，北京市国立公证处出具了［2018］京国立内民证字第 1092 号公证书（以下简称第1092 号公证书）。任某向墨致公司投递的入职简历显示其电子邮箱为 renwei@livemylife.com，并附网址 https://github.com/wadefelix。

本案二审阶段的争议焦点为：涉案软件作品的著作权归属；任某的行为是否构成侵权、应承担何种责任。本案中，涉案软件源代码被上传至 GitHub网站，任某对此解释为：其出于保存源代码的考虑在开发初期将源代码同步保存在 GitHub 网站。考虑到软件开发行业中，在软件开发过程中保存源代码的副本为通常做法，涉案软件的开发工作早于墨致公司的成立时间，任某的上述解释具有合理性，本院予以采信。据此，可以认定任某在涉案软件开发过程中将源代码上传至 GitHub 网站是出于开发工作需要，因此导致涉案软件源代码被公开是任某执行工作任务导致的结果。虽然墨致公司主张其从未授权任某公开涉案软件的源代码，但是没有证据表明墨致公司内部对于软件源代码的保存设有规章制度。墨致公司对于员工开发软件等工作行为也应当进行相应的日常管理，但墨致公司在整个软件开发过程中对于任某的行为没有提出异议，墨致公司当时对任某的行为很可能持默许态度，至少持放任态度，墨致公司本身对此具有明显过错。诉讼发生后任某在一审开庭审理前已经删除了 GitHub 网站上的源代码，及时制止了损害结果。任某作为涉案软件的实际开发者，在源代码中提供自己的信息等行为，亦不构成对发表权和信息网络传播权的侵害。

《计算机软件保护条例》第 6 条规定，对软件著作权的保护不延及开发软件所用的思想、处理过程、操作方法或者数学概念等。依据上述规定，软件开发思路等不受软件著作权保护，因此，墨致公司主张的涉案文章公布了涉案软件的技术开发思路而侵害涉案软件著作权，不能成立，不予支持。

二、计算机程序的定义及实证检视

计算机程序带有明显的工具性技术特征，具有很强的专用性特点，著作权法对此保护力度不强。另外，软件具有生命周期短、更新换代快的特点，这和著作权保护的期限长不相适应。所以，不少国家在著作权法下还制定了专门保护计算机软件的单行条例，针对计算机软件的特点，给予更完善的保护。[1]根据我国《计算机软件保护条例》第2条的规定，计算机软件是指计算机程序及其有关文档。该条明确了条例保护对象的内容和范围，即《计算机软件保护条例》所保护的计算机软件，不仅包括计算机程序，还包括和计算机程序有关的文档。

（一）计算机程序的概念

《计算机软件保护条例》第3条对条例中常用词语的含义进行了明确，其第（一）项对计算机程序的定义作了规定，计算机程序，是指为了得到某种结果而可以由计算机等具有信息处理能力的装置执行的代码化指令序列，或者可以被自动转换成代码化指令序列的符号化指令序列或者符号化语句序列。可见，计算机程序具有以下特征：

1. 计算机程序具有可执行性

计算机程序的可执行性指的是它必须按照一定的计算机指令语法编制，并且可能被信息处理设备执行。不具有可执行性的指令序列或者语句序列不是计算机程序。计算机程序能够实现一定的功能，但是它本身并不能直接实现这些功能，而必须通过一定的执行装置才能实现程序的功能，这些装置包括计算机和其他具有信息处理能力的装置。因而，计算机程序必须可以由计算机等具有信息处理能力的装置执行。算法是编写程序代码的主要依据，算法设计中的每个步骤都应是所使用的高级语言能够描述的操作。[2]计算机程序的可执行性在世界诸多国家的版权法中都有所体现，如《美国版权法》要求，计算机程序能够"直接或间接用于计算机"；《日本著作权法》提出，计算机程序是"为使电子计算机发挥功能、并可运算"；《澳大利亚版权法》的提法是，计算机程序是"使具有信息处理能力的机器执行特定的任务"。我国

---

〔1〕 曹鸿星、杨桂莲编著：《品牌管理和知识产权保护》，知识产权出版社 2019 年版，第 181 页。

〔2〕 赵全利主编：《单片机原理及应用教程》，机械工业出版社 2020 年版，第 14 页。

《计算机软件保护条例》规定，计算机程序必须是"可以由计算机等具有信息处理能力的装置执行"。

关于程序赖以运行的机器或装置的提法值得注意，有的称计算机或电子计算机，有的称具有信息处理能力的机器，还有的提到了电子数据处理设备。通常认为，计算机由运算器、控制器、存储器、输入装置、输出装置等五大部分构成。从对程序进行法律保护的角度看，输入装置和输出装置并不重要。程序实际是在由运算器和控制器组成的中央处理器（CPU）中运行。因此，程序运行的物质基础即机器或装置中只要具备 CPU 的功能，就符合了运行程序的要求。所以，虽然习惯上将程序称为计算机程序，但程序并不仅仅限于在计算机上运行，只要是具有信息处理能力的装置即可。因而，《计算机软件保护条例》中的"计算机"为广义的计算机，即以计算机为主的一切具有信息处理能力的装置。这样的理解既体现了程序主要应用于计算机上这一客观事实，又不排除程序应用在计算机以外的具有信息处理能力的装置上的现实情况和发展前景。[1]

2. 计算机程序具有序列性

通常，计算机程序要经过编译和链接而成为一种人们不易理解而计算机理解的格式，然后运行。计算机程序是可以被执行的代码化指令序列、可被自动转换成代码化指令序列的符号化指令序列或者符号化语句序列。一个计算机程序就是一系列指令的集合。计算机程序通过指令的顺序，使计算机能按所要求的功能进行精确运行。我国《计算机软件保护条例》规定了程序的三种形态：代码化指令序列、符号化指令序列和符号化语句序列。即计算机程序是一系列代码化指令序列，或者可以被自动转换成代码化指令序列的符号化指令序列或者符号化语句序列。

（1）代码化指令序列。代码化指令序列是能被计算机直接识别并执行的二进制代码（由两个基本字符"0""1"组成的代码），它规定了计算机能完成的某一操作。二进制代码是计算机语言中唯一能被计算机直接识别和执行的语言，因而执行速度最快，但它的缺点是编写程序不便，直观性差，阅读困难，修改、记忆和调试费力，而且不具有可移植性。

（2）符号化指令序列。汇编语言就是符号化指令序列，汇编语言是一种

---

[1]　寿步编著：《计算机软件著作权保护》，清华大学出版社 1997 年版，第 66 页。

符号化的机器语言。为了便于理解和记忆，采用帮助人们记忆的英文缩写符号（也称指令助记符）来代替机器语言指令代码中的操作码，用地址符号来代替地址码，这种用指令助记符和地址符号来编写的指令称为汇编语言。它与机器语言指令之间基本上是一一对应的。汇编语言也是从属于特定的机型，也是面向机器的语言，与机器语言相差无几，但不能被机器直接识别与执行。由于汇编语言采用了助记符，因此，它比机器语言直观，便于记忆和理解，也比机器语言程序易于阅读和修改。随着现代软件系统越来越庞大复杂，大量高级语言如 C 语言、C++等也应运而生。但由于汇编语言更接近机器语言，能够直接对硬件进行操作，生成的程序与其他的语言相比具有更高的运行速度，占用更小的内存，因此在一些对于时效性要求很高的程序、许多大型程序的核心模块以及工业控制方面，汇编语言仍大量应用。

（3）符号化语句序列。由于机器语言或汇编语言对机器的依赖性大，它们都不能离开具体的计算机指令系统，并且编写程序复杂，效率低，通用性差。因此出现了一种面向过程的程序设计语言，这种语言称为高级语言，高级语言就是指符号化语句序列。1954 年，第一个完全脱离机器硬件的高级语言——Fortran 问世。1954 年到现在，共有几百种高级语言出现，有重要意义的有几十种，影响较大、使用较普遍的有 Fortran 语言、BASIC 语言、C 语言、Foxpro 等。由于高级语言的书写方式更接近人们的思维习惯和表达习惯，这样的程序更便于阅读和理解，出错时也容易检查和修改，给程序的调试带来很大的方便。高级语言容易为人们所接受，这样使得非计算机专业人员能够使用计算机，大大地促进了计算机的广泛应用和普及。

3. 计算机程序具有目的性

计算机程序的目的性，即执行计算机程序能够得到某种结果。从计算机运行的角度来看，程序是指一系列按照特定顺序组成的计算机数据和指令的集合（也称机器指令），是将源程序翻译后得到的机器指令程序，也称目标程序。基于此，程序是为了实现某一功能，通过利用计算机高级语言编制的，经转换成指令序列，在没有错误的基础上，才能在计算机中正常运行，运行后就可以得到相对应的结果，如实现对计算机的管理、为用户提供服务等。[1]人们编制计算机程序的目的就是实现一定的功能，得到某种结果。如果运行一个

---

〔1〕 肖明主编：《大学计算机基础》，中国铁道出版社 2019 年版，第 92 页。

"程序"得不到任何有实质意义的结果,从技术角度和法律保护角度来说,该"程序"是未完成的或者尚未形成作品的,就不能成为《计算机软件保护条例》保护的对象。

为了一个程序运行,计算机需要加载程序代码,可能还要加载数据,从而初始化成一个开始状态,然后调用某种启动机制。计算某一个复杂问题的运算程序是一个程序,如果它是由若干模块或若干子程序所组成,则各模块或子程序都可单独视为一个程序,因为它们各自运行后都可得到某种结果。因此,从理论上说,这些独立的模块或子程序都可以作为一个程序进行版权登记。当然,这里所说的得到某种结果,应是经过一定的数据处理过程之后的最终结果,而不是指在计算机内部的动作,即数据处理过程中的每个个别的结果。

实践中,计算机软件著作权人为实现软件与机器的捆绑销售,将软件运行的输出数据设定为特定文件格式,不属于软件的程序组成部分,也不属于计算机软件著作权的保护范围。最高人民法院发布的指导案例 48 号:北京精雕科技有限公司诉上海奈凯电子科技有限公司侵害计算机软件著作权纠纷案,就属于此类案件。

案例 2-6 北京精雕科技有限公司诉上海奈凯电子科技有限公司侵害计算机软件著作权纠纷案[1]

原告北京精雕科技有限公司(以下简称精雕公司)诉称:原告自主开发了精雕 CNC 雕刻系统,该系统由精雕雕刻 CAD/CAM 软件(JDPaint 软件)、精雕数控系统、机械本体三大部分组成。该系统的使用通过两台计算机完成,一台是加工编程计算机,另一台是数控控制计算机。两台计算机运行两个不同的程序需要相互交换数据,即通过数据文件进行。具体是:JDPaint 软件通过加工编程计算机运行生成 Eng 格式的数据文件,再由运行于数控控制计算机上的控制软件接收该数据文件,将其变成加工指令。原告对上述 JDPaint 软件享有著作权,该软件不公开对外销售,只配备在原告自主生产的数控雕刻机上使用。2006 年初,原告发现被告上海奈凯电子科技有限公司(以下简称

---

[1] 参见最高人民法院指导案例 48 号:"北京精雕科技有限公司诉上海奈凯电子科技有限公司侵害计算机软件著作权纠纷案",最高人民法院审判委员会讨论通过,2015 年 4 月 15 日发布。

奈凯公司）在其网站上大力宣传其开发的 NC-1000 雕铣机数控系统全面支持精雕各种版本的 Eng 文件。被告上述数控系统中的 Ncstudio 软件能够读取 JDPaint 软件输出的 Eng 格式数据文件，而原告对 Eng 格式采取了加密措施。被告非法破译 Eng 格式的加密措施，开发、销售能够读取 Eng 格式数据文件的数控系统，属于故意避开或者破坏原告为保护软件著作权而采取的技术措施的行为，构成对原告软件著作权的侵犯。被告的行为使得其他数控雕刻机能够非法接收 Eng 文件，导致原告精雕雕刻机销量减少，造成经济损失。故请求法院判令被告立即停止支持精雕 JDPaint 各种版本输出 Eng 格式的数控系统的开发、销售及其他侵权行为，公开赔礼道歉，并赔偿损失 485 000 元。奈凯公司辩称：其开发的 Ncstudio 软件能够读取 JDPaint 软件输出的 Eng 格式数据文件，但 Eng 数据文件及该文件所使用的 Eng 格式不属于计算机软件著作权的保护范围，故被告的行为不构成侵权。请求法院驳回原告的诉讼请求。

该案中，法院经审理查明：原告精雕公司分别于 2001 年、2004 年取得国家版权局向其颁发的软著登字第 0011393 号、软著登字第 025028 号《计算机软件著作权登记证书》，登记其为精雕雕刻软件 JDPaintV4.0、JDPaintV5.0（两软件以下简称 JDPaint）的原始取得人。奈凯公司分别于 2004 年、2005 年取得国家版权局向其颁发的软著登字第 023060 号、软著登字第 041930 号《计算机软件著作权登记证书》，登记其为软件奈凯数控系统 V5.0、维宏数控运动控制系统 V3.0（两软件以下简称 Ncstudio）的原始取得人。奈凯公司在其公司网站上宣称：2005 年 12 月，奈凯公司推出 NC-1000 雕铣机控制系统，该数控系统全面支持精雕各种版本 Eng 文件，该功能是针对用户对精雕 JDPaintV5.19 这一排版软件的酷爱而研发的。精雕公司的 JDPaint 软件输出的 Eng 文件是数据文件，采用 Eng 格式。奈凯公司的 Ncstudio 软件能够读取 JDPaint 软件输出的 Eng 文件，即 Ncstudio 软件与 JDPaint 软件所输出的 Eng 文件兼容。

法院生效裁判认为：计算机软件著作权的保护范围是软件程序和文档。本案中，Eng 文件是 JDPaint 软件在加工编程计算机上运行所生成的数据文件，其所使用的输出格式即 Eng 格式，是计算机 JDPaint 软件的目标程序经计算机执行产生的结果。该格式数据文件本身不是代码化指令序列、符号化指令序列、符号化语句序列，也无法通过计算机运行和执行，对 Eng 格式文件的破解行为本身也不会直接造成对 JDPaint 软件的非法复制。此外，该文件所记录的数据并非原告精雕公司的 JDPaint 软件所固有，而是软件使用者输入雕刻加工信息而生成的，这些数据不属于 JDPaint 软件的著作权人精雕公司所有。因此，Eng 格式数据文件中包含的数据和文件格式均不属于 JDPaint 软件的程序组成部分，不属于计算机软件著作权的保护范围。据此，上海市第一中级人民法院于 2006 年 9 月 20 日作出［2006］沪一中民五（知）初字第 134 号民事判决：驳回原告精雕公司的诉讼请求。宣判后，精雕公司提出上诉。上海市高级人民法院于 2006 年 12 月 13 日作出［2006］沪高民三（知）终字第 110 号民事判决：驳回上诉，维持原判。

（二）同一计算机程序的源程序和目标程序为同一作品

需要注意的是，现代的计算机程序一般具有源程序（源代码）文本和目标程序。源程序，是指未经编译的，按照一定的程序设计语言规范书写的、人类可读的文本文件。《计算机软件保护条例》中"可以被自动转换成代码化指令的符号化指令序列或符号化语句序列"是指"源程序"，它是开发者编写的。目标程序为源程序经编译可直接被计算机运行的机器码集合，用汇编语言编写成的程序称为汇编语言程序，或称源程序。将源程序翻译成机器代码的过程称为"汇编"，翻译后的代码程序称为目标程序。汇编过程可分为人工汇编和机器汇编，人工汇编将源程序由人工查表方式翻译成目标代码，然后把目标代码写入单片机中进行调试运行，这种通过人工查表翻译指令的方式称为"人工汇编"。机器汇编是将源程序输入计算机后，由汇编程序编译成机器代码。[1]《计算机软件保护条例》中规定的"代码化指令序列"是指目标程序，它是供机器直接运行的。由于目标程序为源程序通过编译系统或汇编系统自动生成的，该过程不存在新的"创作""开发"，二者是一体的。因此，《计算机软件保护条例》第 3 条第（一）项后半段规定"同一计算机程序的源程序和目标程序为同一作品"，应受到同等保护。通常，源程序不能提供给用户，提供给用户的只是目标程序。[2]一般来讲，调试程序包括编译和链接等操作。首先编译程序对编程者编写的源程序进行语法检查，然后编程者根据编译过程中的错误提示信息，查找并改正源程序的错误后再重新编译，

---

〔1〕　黄金明主编：《单片微型计算机原理与接口技术——基于 STC15W4K32S4 单片机》，中国矿业大学出版社 2019 年版，第 105 页。

〔2〕　邹忭、孙彦主编：《案说计算机软件保护条例》知识产权出版社 2017 年版，第 11 页。

直到没有语法错误为止。编译程序将源程序转换为目标程序，大多数程序设计语言往往还要使用链接程序把目标程序与系统提供的库文件进行链接以得到最终的可执行文件。在链接过程中，若程序使用了错误的内部函数名，将会引起链接错误。对于经过成功编译和链接并最终顺利运行结束的程序，编程者还要对程序运行的结果进行分析，只有得到正确结果的程序才是正确的程序。[1]

相关计算机软件著作权纠纷案中，常涉及对源程序或者目标程序的比对，以确定是否构成侵权。通常情况下，被告拒绝提供被控侵权软件的源程序或者目标程序，且由于技术上的限制，无法从被控侵权产品中直接读出目标程序，在这样的情形下，法院应多角度考察相关软件的情况，以确定侵权是否成立。如在石某林诉泰州华仁电子资讯有限公司侵害计算机软件著作权纠纷案中，原、被告软件在设计缺陷方面基本相同，而被告又无正当理由拒绝提供其软件源程序或者目标程序以供直接比对，考虑到原告的客观举证难度，可以判定原、被告计算机软件构成实质性相同，由被告承担侵权责任。

案例 2-7　石某林诉泰州华仁电子资讯有限公司侵害计算机软件著作权纠纷案[2]

该案中，原告石某林诉称，2000 年 8 月 1 日，其开发完成 S 型线切割机床单片机控制器系统软件。2005 年 4 月 18 日获得国家版权局软著登字第035260 号计算机软件著作权登记证书，证书载明软件名称为 S 型线切割机床单片机控制器系统软件 V1.0（以下简称 S 系列软件），著作权人为石某林，权利取得方式为原始取得。被告泰州华仁电子资讯有限公司（以下简称华仁公司）未经许可，长期大量复制、发行、销售与石某林计算机软件"S 型线切割机床单片机控制器系统软件 V1.0"相同的软件，严重损害其合法权益。2005 年 12 月 20 日，泰州市海陵区公证处出具 [2005] 泰海证民内字第 1146号公证书一份，对石某林以 660 元价格向华仁公司购买 HR-Z 线切割机床数控控制器（以下简称 HR-Z 型控制器）一台和取得销售发票（No.00550751）

---

〔1〕　占跃华、符传谊、毕传林主编：《C 语言程序设计》，北京邮电大学出版社 2019 年版，第 2页。

〔2〕　参见最高人民法院指导案例 49 号："石某林诉泰州华仁电子资讯有限公司侵害计算机软件著作权纠纷案"，最高人民法院审判委员会讨论通过，2015 年 4 月 15 日发布。

的购买过程，制作了保全公证工作记录，拍摄了所购控制器及其使用说明书、外包装的照片 8 张，并对该控制器进行了封存。故诉请判令华仁公司停止侵权，公开赔礼道歉，并赔偿原告经济损失 10 万元、为制止侵权行为所支付的证据保全公证费、诉讼代理费 9200 元以及鉴定费用。

被告华仁公司辩称，其公司 HR-Z 型线切割机床控制器所采用的系统软件系其独立开发完成，与石某林 S 型线切割机床单片机控制系统应无相同可能，且其公司产品与石某林生产的 S 型线切割机床单片机控制器的硬件及键盘布局也完全不同，请求驳回石某林的诉讼请求。

一审中，法院委托江苏省科技咨询中心对下列事项进行比对鉴定：（1）石某林本案中提供的软件源程序与其在国家版权局版权登记备案的软件源程序的同一性；（2）公证保全的华仁公司 HR-Z 型控制器系统软件与石某林获得版权登记的软件源程序代码相似性或者相同性。后江苏省科技咨询中心出具鉴定工作报告，因被告的软件主要固化在美国 ATMEL 公司的 AT89F51 和菲利普公司的 P89C58 两块芯片上，而代号为 "AT89F51" 的芯片是一块带自加密的微控制器，必须首先破解它的加密系统，才能读取固化其中的软件代码。而根据现有技术条件，无法解决芯片解密程序问题，因而根据现有鉴定材料难以作出客观、科学的鉴定结论。二审中，法院根据原告石某林的申请，就以下事项组织技术鉴定：原告软件与被控侵权软件是否具有相同的软件缺陷及运行特征。经鉴定，中国版权保护中心版权鉴定委员会出具鉴定报告，结论为：通过运行原、被告软件，发现二者存在如下相同的缺陷情况：（1）二控制器连续加工程序段超过 2048 条后，均出现无法正常执行的情况；（2）在加工完整的一段程序后只让自动报警两声以下即按任意键关闭报警时，在下一次加工过程中加工回复线之前自动暂停后，二控制器均有偶然出现蜂鸣器响声两声的现象。二审法院另查明：原、被告软件的使用说明书基本相同。两者对控制器功能的描述及技术指标基本相同；两者对使用操作的说明基本相同；两者在段落编排方式和多数语句的使用上基本相同。经二审法院多次释明，华仁公司始终拒绝提供被控侵权软件的源程序以供比对。

法院生效裁判认为，根据法律规定，当事人对自己提出的诉讼请求所依据的事实有责任提供证据加以证明。本案中，石某林主张华仁公司侵犯其 S 系列软件著作权，其须举证证明双方计算机软件之间构成相同或实质性相同。一般而言，石某林就此须举证证明两计算机软件的源程序或目标程序之间构成相同或实质性相同。本案中，由于存在客观上的困难，石某林实际上无法提供被控侵权的 HR-Z 软件的源程序或目标程序，并进而直接证明两者的源程序或目标程序构成相同或实质性相同。但石某林提供的现有证据能够证明被控侵权的 HR-Z 软件与石某林的 S 系列软件构成实质相同，这是基于 HX-Z 和 HR-Z 软件存在共同的系统软件缺陷，根据计算机软件设计的一般性原理，在独立完成设计的情况下，不同软件之间出现相同的软件缺陷概率极小，而如果软件之间存在共同的软件缺陷，则软件之间的源程序相同的概率较大。同时结合两者在加电运行时存在相同的特征性情况、HX-Z 和 HR-Z 型控制器的使用说明书基本相同、HX-Z 和 HR-Z 型控制器的整体外观和布局基本相同等相关事实，法院认为石某林提供的现有证据能够形成高度盖然性优势，足以使法院相信 HX-Z 和 HR-Z 软件构成实质相同。同时，由于 HX-Z 软件是石某林对其 S 系列软件的改版，且 HX-Z 软件与 S 系列软件实质相同。因此，被控侵权的 HR-Z 软件与石某林的 S 系列软件亦构成实质相同，即华仁公司侵犯了石某林享有的 S 系列软件著作权。

综上，根据现有证据，同时在华仁公司持有被控侵权的 HR-Z 软件源程序且无正当理由拒不提供的情形下，应当认定被控侵权的 HR-Z 软件与石某林的 S 系列软件构成实质相同，华仁公司侵犯了石某林 S 系列软件著作权。江苏省高级人民法院于 2007 年 12 月 17 日作出［2007］苏民三终字第 0018 号民事判决：一、撤销江苏省泰州市中级人民法院［2006］泰民三初字第 2 号民事判决；二、华仁公司立即停止生产、销售侵犯石某林 S 型线切割机床单片机控制器系统软件 V1.0 著作权的产品；三、华仁公司于本判决生效之日起 10 日内赔偿石某林经济损失 79200 元；四、驳回石某林的其他诉讼请求。

三、文档的概念及实证检视

《计算机软件保护条例》第 3 条第（二）项规定："文档，是指用来描述程序的内容、组成、设计、功能规格、开发情况、测试结果及使用方法的文字资料和图表等，如程序设计说明书、流程图、用户手册等。"文档描述和规定了软件设计和实现的细节，说明使用软件的操作命令。文档也是软件产品的一部分，没有文档的软件就不能称其为软件。软件文档的编制有相当大的工作里，在软件开发工作中占有突出的地位。高质量、高效率地开发、分发、管理和维护文档对于转让、变更、修正、扩充和使用文档，对于充分发挥软件产品的效益有着重要的意义。

（一）计算机软件中文档的形式

计算机软件中，文档是软件开发使用和维护中的必备资料，具体是指与软件系统及其软件工程过程有关联的文本实体。与计算机程序需要安装到计算机内部不同的是，计算机软件中的文档不需要进行安装，文档常见的类型包括软件需求文档、设计文档、测试文档、用户手册等，其中需求文档、设计文档和测试文档一般是在软件开发过程中由开发者写就的，而用户手册等非过程类文档是由专门的非技术类写作人员写就的。一份常见的计算机软件文档应当包括封面、目录、正文、注释和附录等，正文包括软件开发计划、软件需求规格说明、接口需求规格说明、接口设计文档、软件设计文档、软件产品规格说明、版本说明文档、软件测试计划、软件测试报告、计算机系统操作员手册、软件用户手册、软件程序员手册、计算机资源综合保障文档等。在软件的生产过程中，总是伴随着大量的信息需要记录和使用。因此，软件文档在产品的开发生产过程中起着重要的作用。提高了软件开发过程的能见度，把开发过程中发生的事件以某种可阅读的形式记录在文档中，管理人员可把这些记载下来的材料作为检查软件开发进度和开发质量的依据，实现对软件开发的工程管理。提高开发效率，软件文档的编制使得开发人员能对各个阶段的工作进行周密思考、全盘权衡，从而减少返工。并且可在开发早期发现错误和不一致的地方，便于及时加以纠正，记录开发过程中的有关信息，便于协调以后的软件开发、使用和维护。[1]文档作为对软件系统的精确描述，能提高软件开发的效率，保证软件的质量，而且在软件的使用过程中有指导、帮助、解惑的作用，尤其在维护工作中，文档是不可或缺的资料。

文档常见的形式主要有可行性研究报告、用户需求报告、总体设计说明、详细设计说明、程序流程图、测试分析报告、用户使用手册等。早期的软件文档主要指的是用户手册，是对软件系统界面元素的设计、规划和实现过程的记录，以此来增强系统的可用性。随着软件行业的发展，软件文档也常在软件工程师之间用作沟通交流，沟通的信息主要是有关所开发的软件系统。

---

〔1〕　郑人杰等编著：《软件工程概论》，机械工业出版社2020年版，第365~366页。

文档的呈现方式有很多种，1991年《计算机软件保护条例》对文档的编写语言作了规定，即文档是用自然语言或者形式化语言所编写的文字资料和图表，[1]面向用户的软件文档通常采用自然语言编写，而软件开发单位内部提供的文档中，有些采用自然语言编写，有些设计文档则采用形式化语言编写。所谓形式化语言是指用数学公式的形式严格地按照一定规则表达的自然语言。采用形式化语言编写软件设计文档时对于软件设计构思的说明比较准确和精炼，不容易引起歧义或者误解，有利于程序的编写。现行《计算机软件保护条例》删去了"用自然语言或者形式化语言所编写"，主要是因为，随着技术的不断发展，文档的编制方式越来越多，已经不限于使用自然语言或者形式化语言编写，目前编制文档的方式包括使用幻灯、动画等。[2]

（二）计算机软件中的文档享有双重保护

计算机软件中的文档具有作品的特征，软件作品自创作完成就自动获得著作权保护，这降低了法律保护的门槛，使计算机软件更容易获得保护。著作权法保护的作品包括计算机软件，很多用著作权法保护计算机软件的国家认为，软件中的程序说明书和辅助材料等用文字、图表表达的部分，可以通过著作权法中传统的文字、绘图作品得到保护，因此一般只在著作权法或者其他相关法规中规定计算机程序的保护，而没有对文档进行特别规定。事实上，用著作权法保护计算机软件，在一定程度上也与计算机软件的特征和快速发展的特点相契合。计算机软件中的文档具有作品的特征，软件作品自创作完成就自动获得著作权保护，这降低了法律保护的门槛，使计算机软件更容易获得保护。有关的国际公约，如世界贸易组织 TRIPS 协议、世界知识产权组织《版权条约》等，也都使用计算机程序的概念，而不使用计算机软件的概念。在我国《计算机软件保护条例》的制定及修改中，也有意见认为，计算机软件中的文档表现为文字资料和图表等，可以直接作为《著作权法》中的文字作品获得著作权保护，没有必要对其进行特别的规定。只有计算机程序与《著作权法》中规定的其他作品相比具有自身的特点，才需要通过条

---

〔1〕 1991年《计算机软件保护条例》第3条第（二）项规定："（二）文档：指用自然语言或者形式化语言所编写的文字资料和图表，用来描述程序的内容、组成、设计、功能规格、开发情况、测试结果及使用方法，如程序设计说明书、流程图、用户手册等。"

〔2〕 徐玉麟主编：《计算机软件保护条例释义》，中国法制出版社2002年版，第10页。

例对其著作权保护进行规定。因此，建议条例只规定对计算机程序的保护，相应地把条例的名称也改为计算机程序保护条例。计算机软件中的文档的表现形式是文字和示意图等，均属于著作权规定的作品的表现形式。根据我国《计算机软件保护条例》的规定，其保护对象确定为包括计算机程序及其文档的计算机软件，这样，从我国目前的立法规定来看，文档实际上享有双重保护：一是与相应的程序一起构成计算机软件，受到本条例的保护；二是可以根据《著作权法》的规定，作为文字作品得到保护。我国之所以在《计算机软件保护条例》中对计算机软件中的文档进行保护，主要是基于以下考虑：

首先，由于计算机软件包括计算机程序和文档，而文档可以作为文字作品和图形作品而明确地受著作权的保护。计算机程序与其文档的关系非常密切，有时候甚至密不可分。文档与一定的程序相联系，是编制程序的依据，是对程序的补充说明，离开了相应的程序，文档虽然也能单独存在，但作为一个作品却不完整，缺乏独立存在的意义。而程序是形式化语言，离开了文档则很难阅读，甚至无法操作，其设计的依据和精髓都体现在文档中，通过阅读文档，可以较快地把握程序的功能和特点，如果文档被他人掌握，则很容易编制出功能类似甚至功能更强的程序。由于文档与相应程序的紧密关系，如果条例仅保护程序本身，而不对文档提供同等的保护，则很可能达不到保护程序的目的。

其次，将计算机软件分为计算机程序与相关文档具有价值方面的理由。价值是以人为测量向度的，是一个主观范畴，反映了人与外在对象的满足与被满足关系。计算机软件作为一门科学，需要按照科学知识的演进途径，从粗放向精细，从缺陷到严密，在前人奠定的知识高度上不断、持续发展，满足人们向未知世界进行积极探索的需求。计算机文档与源程序等使用自然语言表达的作品是以人获取知识为价值目标的。人们通过对上述内容的主动接近与吸收，能够了解特定计算机软件的功能、操作方法等知识。在此基础上，人们可以进行改进与更新，推进知识无限增长，计算机程序与文档在满足人的需求上的不同指向反映了两者具有不同价值。

第三章

计算机软件著作权具体权项实证检视

　　著作权权项，即著作权内容，是指由著作权等相关法律所确认和保护的、由作者或其他著作权人所享有的权利。一般认为，著作权的内容分为两类：一类是精神权利，即人身权，与作者的身份密切相关，专属作者本人，一般情况下不能转让；另一类是经济权利，即财产权，是作者利用其作品获益的权利，可以授权许可他人使用，也可以转让。人身权与财产权密切相关，然而又可以相互独立。与文字作品相比，计算机软件具有明显的实用性和技术性特征，是一种实用工具。因此，在规定计算机软件著作权内容时，既应当按照《著作权法》的一般规定，对软件著作权人进行保护，防止他人的不法侵害，同时，也应当考虑到软件的特殊性，在设计具体内容时区别对待。我国《著作权法》第 10 条规定，著作权包括发表权、署名权、修改权等 17 项人身权和财产权，[1]计算机软件虽然属于《著作权法》所保护的一类作品，

---

　　[1]　《著作权法》第 10 条规定："著作权包括下列人身权和财产权：（一）发表权，即决定作品是否公之于众的权利；（二）署名权，即表明作者身份，在作品上署名的权利；（三）修改权，即修改或者授权他人修改作品的权利；（四）保护作品完整权，即保护作品不受歪曲、篡改的权利；（五）复制权，即以印刷、复印、拓印、录音、录像、翻录、翻拍、数字化等方式将作品制作一份或者多份的权利；（六）发行权，即以出售或者赠与方式向公众提供作品的原件或者复制件的权利；（七）出租权，即有偿许可他人临时使用视听作品、计算机软件的原件或者复制件的权利，计算机软件不是出租的主要标的的除外；（八）展览权，即公开陈列美术作品、摄影作品的原件或者复制件的权利；（九）表演权，即公开表演作品，以及用各种手段公开播送作品的表演的权利；（十）放映权，即通过放映机、幻灯机等技术设备公开再现美术、摄影、视听作品等的权利；（十一）广播权，即以有线或者无线方式公开传播或者转播作品，以及通过扩音器或者其他传送符号、声音、图像的类似工具向公众传播广播的作品的权利，但不包括本款第十二项规定的权利；（十二）信息网络传播权，即以有线或者无线方式向公众提供，使公众可以在其选定的时间和地点获得作品的权利；（十三）摄制权，即以摄制视听作品的方法将作品固定在载体上的权利；（十四）改编权，即改变作品，创作出具有独创性的新作品的权利；（十五）翻译权，即将作品从一种语言文字转换成另一种语言文字的权利；（十六）汇编权，即将作品或者作品的片段通过选择或者编排，汇集成新作品的权利；（十七）应当由著作权人享有

但由于软件的特殊性,《计算机软件保护法》第 8 条规定了软件著作权人享有发表权、署名权、修改权、复制权、发行权、出租权、信息网络传播权、翻译权以及应当由软件著作权人享有的其他权利等 9 项权利,[1]其关于软件著作权内容的规定与《著作权法》有诸多不同之处。通过对大量计算机软件著作权侵权案的汇总分析,可以发现,计算机软件著作权侵权主要发生在工业生产、游戏开发、医疗器械、网络运营等领域,诉讼主体双方多为公司,个人作为一方诉讼主体的较少。此外,从侵权形式来看,各项权利并非单独予以主张,复制权、发行权往往与信息网络传播权同时主张,其间也会涉及出租权、修改权等,但复制权、发行权为主要的维权内容,对于是否构成侵权,大都采用"接触+实质性相似"模式进行认定。此外实践中,有法院认为侵权软件侵犯发行权、信息网络传播权的行为前提为复制行为,认定侵犯发行权及信息网络传播权的同时已对侵犯复制权的行为予以认定,侵犯复制权的行为被发行权和信息网络传播权行为予以吸收,进而对侵犯复制权的行为不再单独认定。[2]但是,从不同权利的内容来看,一个侵权事实会侵犯到多个权利,复制权与发行权、信息网络传播权从要素界定、侵权行为内容等方面存在不同之处,当然,从权利外观上来讲,在著作权人提出侵犯复制权的诉讼请求时,就应当从是否构成复制行为这一角度进行分析,复制行为尽管是发行或信息网络传播行为的前置行为,但由于其有自身的特性,被吸收,可能会导致侵权行为无法得到完整评价,反而不利于计算机软件著作权的保护。本

(接上页) 的其他权利。著作权人可以许可他人行使前款第五项至第十七项规定的权利,并依照约定或者本法有关规定获得报酬。著作权人可以全部或者部分转让本条第一款第五项至第十七项规定的权利,并依照约定或者本法有关规定获得报酬。

〔1〕《计算机软件保护条例》第 8 条规定:"软件著作权人享有下列各项权利:(一)发表权,即决定软件是否公之于众的权利;(二)署名权,即表明开发者身份,在软件上署名的权利;(三)修改权,即对软件进行增补、删节,或者改变指令、语句顺序的权利;(四)复制权,即将软件制作一份或者多份的权利;(五)发行权,即以出售或者赠与方式向公众提供软件的原件或者复制件的权利;(六)出租权,即有偿许可他人临时使用软件的权利,但是软件不是出租的主要标的的除外;(七)信息网络传播权,即以有线或者无线方式向公众提供软件,使公众可以在其个人选定的时间和地点获得软件的权利;(八)翻译权,即将原软件从一种自然语言文字转换成另一种自然语言文字的权利;(九)应当由软件著作权人享有的其他权利。软件著作权人可以许可他人行使其软件著作权,并有权获得报酬。软件著作权人可以全部或者部分转让其软件著作权,并有权获得报酬。"

〔2〕参见"北京元图智慧科技有限公司、刘桥喜、王平等与北京龙软科技股份有限公司侵害计算机软件著作权纠纷案",最高人民法院(2020)最高法知民终 1639 号民事判决书。

章主要对计算机软件著作权的内容进行实证考察，通过对各个权限的分析，探析不同权限的特性，以体现软件的技术性及实用性。

一、计算机软件著作权内容的特殊性

网络时代的发展，使世界联通成为可能，不同系统的运行与传播，计算机软件在其间发挥着重要的作用，计算机软件著作权作为时代的产物，具有明显的时代特色。[1] 计算机软件与一般文字作品虽然同属《著作权法》保护的作品，但其与文字作品存在诸多区别，主要表现在创作目的、使用语言、法律保护手续等方面。创作目的上，编制计算机软件的主要目的是使用软件功能，完成一定任务，取得一定结果，如控制计算机、控制工业生产过程、控制生产设备、完成某些特定工作等。文字作品则是为了人们阅读欣赏，满足人们精神文化生活需要，或者传播知识，帮助人们提高认识世界的能力；使用语言上，计算机软件使用的语言是符号化、代码化语言，其表现力、表现形式十分有限。而文字作品使用人类自然语言，表现力十分丰富，表现形式没有什么局限；保护手续上，《著作权法》保护文字作品，是采取"自动保护原则"，即受法律保护不需要履行任何法律手续，根据《著作权法》，对计算机软件虽也采用自动保护原则，但要求软件著作权人"履行登记手续"。我国《计算机软件保护条例》第7条规定，软件著作权人可以向国务院行政管理部门认定的软件登记机构办理登记，软件登记机构发放的登记证明文件是登记事项的初步证明，虽然登记不是取得软件著作权的前提，但登记是软件著作权人依法提出软件侵权行政处理或者法律诉讼、对抗侵权者的有力证据。另外，登记含有"审查"的意思，即判断软件产品是否具有"原创性"，不具原创性的软件，知识产权主管部门将不予登记。因此，计算机软件登记对软件的法律保护具有重要意义。由于计算机软件自身的特性，使得其与《著作权法》中的一般作品相比，在内容上具有一定的特殊性。[2]

（一）计算机软件著作权人享有的各项权利未明确区分为人身权和财产权

从世界各国的立法来看，在著作权的内容上，有两种立法例：一是大陆

---

〔1〕 李静："'保留地'之辩——论新著作权法下信息网络传播权的限制"，载《电子知识产权》2004年第5期。

〔2〕 李林启、康东书、郭玲：《计算机软件著作权保护制度研究》，光明日报出版社2021年版，第46页。

法系国家，一般规定著作权包括人身权与财产权；二是英美法系国家，著作权仅为财产权，著作权中的人身权按一般人格权由普通法保护，在著作权法上并不规定人身权。

著作人身权，又称精神权利，是与著作财产权相对的一个概念。作品不但具有经济价值，还体现了作者独特的人格、思想、意识、情感等精神状态，作者对作品中体现的人格和精神享有的权利就是著作人身权。[1]日常生活中，对同一个主题，不同的人会表达不同的思想和情感，对于表现方式的选择都是高度个性化的。这种高度个性化，又反了每位作者独特的气质、思维方式、生活经验和感情世界。这些特点，要么是与生俱来的，要么是有个人独特的后天教育和经验所造就的，总之是与众不同的，因为没有两个人的内心世界会完全相同。按照大陆法系的著作权法理论，著作权法首先要保护的就是这种蕴含在作品中的作者独特的人格利益。大陆法系国家的思想家将作品首先视为作者人格的延伸和精神的体现，而绝不仅仅是一般的财产。而作者创作作品的过程，就是表现作者独特的思想、感情、意志和人格的过程。从某种意义上说，作品是作者精神和人格的产物。也正因如此，传统大陆法系著作权理论认为著作权是一种天赋人权，他并不是国家法律所创造的权利，而是作者因创作行为自然而然想要的权利，法律只是承认和保护这种人权而已。[2]正是基于这种理论，大陆法系著作权法保护的首先是作者的著作人身权，其次才是作者的著作财产权。《法国知识产权法典》在"著作权的性质"中明确宣示：作者的权利包括具有智力精神性质的内容以及具有财产性质的内容，显然是将著作人身权放在了第一位。《伯尔尼公约》也明确规定了两项著作人身权：署名权和保护作品完整权。[3]著作人身权是指与作者的身份密切相关，专属作者本人，其具有著作权上一般人身权的特征，一般情况下不可转让和继承。我国《著作权法》对此虽然没有明确规定，但仍然可以从《民法通则》对人身权的一般规定中推出这一结果。在高度重视著作人身权的德国，

---

〔1〕　王迁：《著作权法》，中国人民大学出版社2015年版，第144页。

〔2〕　如《法国知识产权法典》规定，对于外国人的作品，无论该外国人的所在国是否对法国的作品提供互惠保护，均保护作品中的完整权和署名权。这即是将著作权视为天赋人权的表现。

〔3〕　《伯尔尼公约》第6条之2规定："不受作者经济权利的影响，甚至在上述经济权利转让之后，作者仍保有要求表明其作品作者身份的权利，并有权反对其作品的任何有损其声誉的歪曲、割裂和其他更改，或其他损害行为，该权利在作者去世后应至少保留到作者经济权利期满为止。"

甚至不允许著作财产权的转让，只能许可。即使是在英美法系国家，精神权利也不能转让，只能放弃。[1]

我国《著作权法》采用大陆法系的做法，著作权包括人身权与财产权两部分。《著作权法》第 10 条规定了发表权、署名权、修改权和保护作品完整权等四项权利，一般认为，均属人身权。从外国的著作权法看，人身权并不限于这四项。有些国家还规定了表明作者身份权、作品收回权。表明作者身份权是指，要求被承认为作品作者的权利。作品收回权，是指作品发表后，由于思想或情感上的改变，作者不希望作品继续在社会上流传，作者有权在适当赔偿损失的前提下收回已经发表的作品。收回权被认为是赋予作者的一个极端的权利，只有在保护精神权利比较典型的国家才能见到，如法国、德国、意大利规定了作品收回权。[2]在世界各国著作权法中，全部规定上述六项人身权的并不多见。法国规定了全部的六项权利，大多数国家只是规定其中的四项或者五项。

由于计算机软件著作权的特殊性，《计算机软件保护条例》在规定软件著作权人的权利时，没有像《著作权法》那样把软件著作权人所享有的各项权利明确地分为人身权和财产权，而是概括地规定"软件著作权人享有下列各项权利"，且除了对自然人创作的软件进行继承时不允许继承其署名权外，在对软件著作权进行许可、转让、对其保护期进行限制或者在对法人或者其他组织所享有的软件著作权进行承继时，[3]不再对软件著作权的各项权利区别对待，而是一视同仁。这是因为，一般来说，创作作品的目的往往是为了表

---

〔1〕 如《英国版权法》第 87 条规定："精神权利可以通过权利人签署的书面文件加以放弃。"第 94 条规定："精神权利是不得转让的。"《美国版权法》有类似规定，该法的 160A 条（e）款规定："该法规定的精神权利不可转让，但作者可通过签署书面文件而明确同意放弃。该放弃权利的文件应当指明其针对的作品和用途。"

〔2〕 通常情况下，要行使作品收回权必须符合一定的条件，例如作者有正当理由、作者应事先通知作品著作财产权受让人或被许可人、作者应公平合理地赔偿对方的经济损失等。作品收回权实际上是收回曾经转让或许可出去的权利，而不是作品或其有形载体本身，只是收回权利的实际效果是使作品不再以有形或无形方式进一步在市场上流通。如果收回该作品影响社会公共利益，则不允许收回。参见宁立志主编：《知识产权法》，武汉大学出版社 2006 年版，第 101 页。

〔3〕《计算机软件保护条例》对自然人创作的软件进行继承时不允许继承其署名权，其第 15 条第 1 款规定："软件著作权属于自然人的，该自然人死亡后，在软件著作权的保护期内，软件著作权的继承人可以依照《中华人民共和国继承法》的有关规定，继承本条例第八条规定的除署名权以外的其他权利。"

达一种思想，给人们提供一种精神享受，这种思想在作品中的表达是连贯的、完整的。而开发软件的主要目的是为了使用，而不是为了欣赏，其功能是第一位的。因此，软件开发完成后一般都要发表，都要投入实际的运行，否则，就失去了开发软件的意义。至于是由软件著作权人自己发表，还是授权他人发表，对软件著作权人并没有实质性影响。既然开发软件是为了使用，其使用价值就大于欣赏价值，在实践中，软件实质上是按产品进行使用和交易的，作为产品来说，产品的署名权是可以许可或者转让的，这与作品的署名权不同。在最高人民法院审理的上诉人安徽吉特迈自动化科技有限公司、陶某明与被上诉人马鞍山市三源工业自动化科技有限公司（以下简称三源公司）等侵害计算机软件著作权纠纷案中，计算机软件的署名权便与发行权、复制权等权利由三源公司经营部全部转让给马鞍山市三源公司，由三源公司就机床软件享有著作权。[1]软件作为一种产品，在使用中，为了完善软件功能、提高软件性能，往往需要经常对软件进行修改，不仅软件著作权人要对其进行修改，而且，购买软件的消费者，为了适应其应用环境也可能需要对该软件进行必要的修改。通过转让获得软件的受让人，为了把该软件做进一步的利用，也需要对其进行修改。由此可见，对软件的修改不一定都由软件著作权人实施，这与著作权法关于修改权的规定是不同的。[2]

（二）计算机软件不存在作品完整性

《著作权法》第10条规定，保护作品完整权，即保护作品不受歪曲、篡改的权利。歪曲是指故意改变事物的真相或内容，篡改则是用作伪的手段对作品进行改动或曲解。需要注意的是，多数国家将"可能对作者的声誉造成损害"作为侵犯作品完整权的要件，这是为了防止作者在其作品仅被轻微改动，尚不足以影响其声誉时过多的提起诉讼。我国虽然没有规定这一要件，但完全可以用此来解释"歪曲"和"篡改"，即如果对作品的修改实质性地改变了作者在作品中原本要表达的思想、感情，导致作者声誉受到损害，即是对保护作品完整权的侵犯。例如，对于拆迁中的"钉子户"事件，某评论

---

[1] 参见"安徽吉特迈自动化科技有限公司、陶某明与马鞍山市三源工业自动化科技有限公司、马鞍山市海德机床制造厂侵害计算机软件著作权纠纷案"，最高人民法院［2020］最高法知民终286号民事判决书。

[2] 徐玉麟主编：《计算机软件保护条例释义》，中国法制出版社2002年版，第27页。

家撰文同时对住户和开发商进行批评，而报社在刊登时完全删除了批评开发商的段落。报社的行为改变了评论家作品表达的原意，会使读者误认为评论家完全站在开发商的立场，由此会对评论家的声誉造成损害，即为典型的侵犯保护作品完整权的行为。在极端重视著作人身权的法国，就作品完整权的保护已经达到了无以复加的程度。作者在作品完整权受到侵害而起诉时，甚至不需要证明他人对作品的使用行为已经或者可能损害其声誉，因为《法国知识产权法典》对于侵犯保护作品完整权采取主观标准，由作者自行判断这项权利确实受到了侵犯。换言之，对于某种使用作品的行为是否侵犯保护作品完整权，不允许用使用者、公众甚至法院的判断代替作者自己的判断。当然，基于合理作品的需要，保护作品也要受到必要的限制。例如，建筑设计者创作完成建筑作品之后，建筑者可以根据实际需要进行必要的改动，并不构成对保护作品完整权的侵犯。[1]

对计算机软件而言，由于开发软件更注重其功能性，不像作品那样要求其表达的思想要连贯、完整，软件也就不存在作品完整性的问题。因此，《计算机软件保护条例》第8条规定的软件著作权人享有的各项权利中，没有保护作品完整权。不同的是，同样都是修改权，《著作权法》第10条将修改权规定为修改或者授权他人修改作品的权利，《计算机保护条例》第8条将修改权解释为对软件进行增补、删节，或者改变指令、语句顺序的权利。从上述条文不同的内容来看，《著作权法》对修改权与保护作品完整权进行了区分规定，而《计算机软件保护条例》中，增补、删节、改变指令、改变语句顺序的行为在一定程度上与保护作品完整权中的篡改行为具有相同的含义。可以说，《计算机软件保护条例》中的修改权从语义角度来讲，与《著作权法》中保护作品完整权的部分含义产生了重合。

（三）没有规定软件著作权人的展览权、表演权或放映权

《著作权法》第10条规定，展览权，即公开陈列美术作品、摄影作品的原件或者复制件的权利。表演权，即公开表演作品，以及用各种手段公开播送作品的表演的权利。放映权，即通过放映机、幻灯机等技术设备公开再现

---

[1] 如《意大利著作权法》第20条规定："对于建筑作品而言，作者不能反对未完成建筑而对其进行必要的改动，也不能阻止对已建造完成的建筑作品的必要改动。如果国家相关机构认为该建筑作品具有重要的艺术价值，这种改动应当委托建筑作品的作者进行研究和实施改动。"

美术、摄影、视听作品等的权利。现行《计算机软件保护条例》第8条在软件著作权人享有的各项权利中，没有规定软件著作权人的展览权、表演权和放映权。

展览权是指公开展出美术作品、摄影作品的原件和复制件的权利，主要是指对美术作品、摄影作品的公开陈列和展览。展览必须是针对不特定的多数人，如果仅是供家庭或本单位内部少数人欣赏，则不能算作展览。在版权法中列出此项权利的国家，对它的适用范围及其他解释，甚至表达"展览权"时所使用的词汇，也不尽相同。[1]表演权的特点在于必须以公开的方式进行，面向不特定的多数人。根据《著作权法》第10条第（九）项规定："表演权，即公开表演作品，以及用各种手段公开播送作品的表演的权利。"表演既可以由著作权人自己行使，也可以许可他人行使，或将表演权转让给他人。表演，既包括现场表演，[2]也包括机械表演。[3]近年来随着传播技术的发展，还出现了远距离传送表演以及通过计算机网络由使用人自由选取和互动式传输的方式再现表演。表演是一项创作性的活动，表演者借助声音、表情、动作来表现作品，使观众以声情并茂、生动形象的方式更加充分的感知和理解作品。不同表演者的水平和风格迥异，从而带来极具个性的享受。表演权对于音乐、戏剧、曲艺、舞蹈等形式作品的著作权人有重要的意义，他们主要是通过行使表演权来实现其财产权的。[4]放映权的核心是公开再现，与展览、表演权不同，放映权需要借助相应的技术设备，放映的前提是需要有能

---

〔1〕 如《日本版权法》中使用"览示权"，著作人享有公开展示其美术作品或尚未发行的摄影作品等原作的专有权，排除了文学作品、戏剧作品、音乐作品等享有展览权的可能性；《新加坡版权法》规定，作者或其他版权人只有权控制为商业目的而将其作品公开展出的行为；《美国版权法》规定的展览权则适用于绝大多数版权保护客体——文学作品、音乐作品、戏剧作品、哑剧作品、图片、摄影作品、一切美术作品、电影或录像中的单个静止镜头等。不论对这些作品的展出是商业性的还是非商业性的，版权人都有控制权。联合国教科文组织和世界知识产权组织认为，美术作品的"展览权"应包括作者或其他版权人享有作品在展览会上，在其他公共场所，在电影或电视中展出的控制权，但如果电影或电视中出现的美术品，是经版权人同意而放置在公共场所，而后又被拍摄的，则该版权人不再享有控制权。参见邹瑜、顾明主编：《法学大辞典》，中国政法大学出版社1991年版，第12页。

〔2〕 所谓现场表演，是指演出者运用演技，向现场观众表现作品的行为，包括诗歌、戏剧、音乐、舞蹈、曲艺的表演。

〔3〕 所谓机械表演是指以物质载体的形式，如唱片、影片、激光唱片、激光视盘等向公众传播被记录下来的表演的方式。机械表演可以打破时间、地域的限制，再现表演。

〔4〕 郑国辉主编：《著作权法学》，中国法制出版社2012年版，第77页。

够进行播放的作品，如著作权作品不具备播放条件或不属于著作权法所涵摄的作品范围，便无法以放映权主张保护著作权。

1991年《计算机软件保护条例》中，在规定软件著作权人的使用权时包括了以展示等方式使用软件的权利。[1]所谓对软件进行展示，是指公开陈列软件原件或者复制件（复制品），并显示其功能和性能的行为，包括公开展览和公开演示。由于著作权法规定有"表演权"，因此，有人认为，软件著作权人也应当享有表演权（或者展示权）。因为一个软件开发完成后，为了吸引用户购买，软件开发人员往往要在公开场合展示自己的软件，通过公开展示或者演示，让社会公众了解该软件都有哪些功能、怎样操作、性价比如何，从而起到广而告之的作用，这在许多高技术博览会上非常普遍。通过这种公开展示、表演，往往能把软件的功能和性能表现出来，也能把软件的技术特征和部分技术秘密公之于众。因此，这种权利只能归软件著作权人享有。现行《计算机软件保护条例》没有规定软件著作权人的展览权、表演权及放映权，主要是因为软件与美术作品不同，其主要的功能是使用而不是欣赏，从某种意义上来说，"公开展示"或者"公开表演"是软件著作权人发表其软件的一种方式，因此，没有必要就软件的展示单独给软件著作权人设计一项权利。[2]同时，计算机软件只有在特定的设备中运行，才能发挥其作用，计算机软件主要的表现形式便是源代码，而作为代码，并非如美术作品那样具有一定的观赏性，并通过展览、放映等来进行传播。计算机软件大多内嵌于机器设备中，外在有形载体只是其存在的一种方式，计算机软件没有载体，便无法发挥其程序作用，可以说，计算机软件尽管作为著作权的客体进行保护，但其表现形式与美术作品、视听作品等相比，大不相同。因此，基于不同的特性，计算机软件著作权并不包括展览权、表演权及放映权。

---

〔1〕 1991年《计算机软件保护条例》第9条规定："软件著作权人享有下列各项权利：（一）发表权：即决定软件是否公之于众的权利；（二）开发者身份权：即表明开发者身份的权利以及在其软件上署名的权利；（三）使用权：即在不损害社会公共利益的前提下，以复制、展示、发行、修改、翻译、注释等方式使用其软件的权利；（四）使用许可权和获得报酬权，即许可他人以本条第（三）项中规定的部分或者全部方式使用其软件的权利和由此而获得报酬的权利；（五）转让权，即向他人转让由本条第（三）项和第（四）项规定的使用权和使用许可权的权利。"

〔2〕 徐玉麟主编：《计算机软件保护条例释义》，中国法制出版社2002年版，第27~28页。

案例 3-1　福建水立方三维数字科技有限公司与琨朗国际贸易（上海）有限公司等侵害计算机软件著作权纠纷案[1]

该案中，福建水立方三维数字科技有限公司（以下简称水立方三维公司）作为"产科护理虚拟仿真软件"和"产科 AR 增强现实实训软件系统"的著作权人，主张被诉侵权软件中的动画效果侵犯了其软著的放映权。最高人民法院受理案件后，通过对计算机软件定义中各个要素的分析认为，动画画面或动画脚本既不属于计算机程序、也不属于文档，在确认水立方三维公司不主张琨朗国际贸易（上海）有限公司（以下简称琨朗公司）及复理公司复制抄袭权利软件源代码的前提下，认为动画画面不属于计算机软件的保护范畴，不能主张案涉软件著作权的放映权，进而驳回上诉，维持原判。针对本案，从法律规定上来说，《计算机软件保护条例》并未将放映权作为软件著作权的权利之一，在特别法优于一般法的原则下，以放映权主张软件著作权本就超越了法律的既有规定；从侵犯客体的类型上来看，动画画面作为著作权范畴下的作品，可以进行播放及公开再现，动画画面非计算机程序亦非文档，在肯定其作品属性的同时，作为摄影或视听作品更能符合其表现形式。

二、计算机软件著作权人的发表权

人们若希望他人知道自己，便会通过一定的方式表明自己的身份，比如，通过自我介绍向他人表明自己的姓名、籍贯、工作情况等，以此"推销"自己让他人知道其存在。同理，发表是权利表示的一种方式，通过发表，可以使自身的智力成果为公众所知，从而昭示自身权利，可以说，实现著作权的首要及根本环节便是行使发表权。[2]与自我介绍不同的是，自我介绍不论是面向个人还是面向多人，其范围是有所界定的，自我介绍所涉及的主体是特定公众，而发表所面向的主体则为不特定公众，且不论公众是否已知悉计算机软件的内部构造及设计原理。发表权是软件著作权人的首要权利，对于一般作

---

〔1〕　参见《福建水立方三维数字科技有限公司与琨朗国际贸易（上海）有限公司、复理智能科技（上海）有限公司、衢州职业技术学院侵害计算机软件著作权纠纷案》，最高人民法院〔2019〕最高法知民终 773 号民事判决书。

〔2〕　李杨："论发表权的'行使'——以发表权的权能构造为切入点"，载《法律科学（西北政法大学学报）》2015 年第 6 期。

品而言，其是作者的思想、观念、情感、理想、主张、价值观的反映，是否发表应当由作者自己决定。有时作者完成作品的创作之后，基于某些原因暂时不想发表，希望在某一特定时刻在特定场合通过某种特定方式发表。作者的这种意愿必须获得充分尊重，任何人不得违背作者意愿擅自发表作品。然而，对于法人或者其他组织来说，如果其开发完成一个软件后，不行使其发表权，则对其软件著作权的保护就无从谈起。这是因为，法人或者其他组织所享有的软件著作权的保护期限是从软件首次发表后开始计算的，已开发完成的软件如果不发表，则软件著作权是不受保护的，其各项权利只能是潜在的、期待的权利。

（一）发表权的涵义

发表权的行使是《计算机软件保护条例》第 8 条第 1 款第（一）项规定，发表权，即决定软件是否公之于众的权利，包括是否公开发表、何时发表、在何处发表、以种方式发表等。[1]在软件成为公众周知的材料之前，软件作为智力劳动的成果属个人秘密，只有开发者才能决定是否发表。

发表，既包括正式发表又包括非正式发表。发表的构成要素有：一是软件必须被一定范围的公众感知。构成发表的首要条件是向软件著作权人以外的公众公布其软件，使软件被公众感知，如果仅仅是研制者或审定人、鉴定人、登记人等感知不能称为发表，软件著作权人把自己的软件提供给其亲属、朋友，也能称为发表。公之于众的途径比较多，可以采用在公开的学术会议上宣讲、出售、出版、展览、报刊上发表、网上传播、公开使用等方式，把软件的原件或者复制件予以展示，让公众知晓。至于公众是否实际知悉或关注被发表的软件，无关紧要。二是必须是软件著作权人自己的愿望，是否公之于众并不取决于听众或者观众的数量多少，很多情况下是取决于软件著作权人的主观意向与提供软件的方式。最高人民法院《关于审理著作权民事纠纷案件适用法律若干问题的解释》第 9 条规定，公之于众是指著作权人自行或者经著作权人许可，将作品向不特定的人公开，这一解释将著作权人决定发表的意志作为"公之于众"的构成要件。根据这一解释，任何"未经著作权人许可"而首次向公众披露作品的行为都不是软件的发表。三是必须有一定的复本。软件通过报刊或连同硬件可大量复制，只有复制品达到一定数量

---

[1] 王迁：《著作权法》，中国人民大学出版社 2015 年版，第 146 页。

时才构成复制。[1]

此处，需要明晰的是，发表与发表权的关系，即发表并不等于发表权。首先，从词性上界定，发表作为动词，是权利人实施的某项行动，即将计算机软件通过某种方式、某种途径进行公示，使公众知悉。发表权作为名词，是著作权人依法因计算机软件所享有的一项权利，权利人可以根据自己的意愿行使该权利，将计算机软件公之于众或不公之于众，该权利以权利人的意志为转移。其次，从二者的关系上来看，发表权是计算机软件著作权人在法律上所享有的法定权利，发表权不论是否行使，不影响著作权人对发表权的享有，发表是发表权的外在表现形式，通过发表行为，使权利人的权利得以行使，即积极性的发表权和禁止性的发表权。发表不仅包括主动的发表，还包括被动的发表，主动的发表是权利人主动将计算机软件向不特定主体公示，或以授权的方式许可他人进行公示。被动的发表是指未经权利人的许可，将本不进行公之于众的著作权客体予以发表，也正因为存在不同性质的发表行为，从而产生发表权是否遭到侵害的判断。

（二）"公之于众"的认定

从发行权的界定来看，公之于众是直接决定是否发行的关键因素。如著作权人决定将计算机软件进行发表，便需要将该计算机软件向公众予以公示，而非单纯的宣布将该计算机软件进行发表。反之，著作权人不发表该计算机软件，便不会将该软件向公众发布，正如上文提到，未向公众发布的，可能涉及商业秘密或个人秘密。由此看来，公之于众仍然包含两个方面，一方面是公之于众，另一方面是不公之于众，这是权利人独立意志的体现。公之于众的特征也体现在两个方面。首先，公之于众的对象是不特定的主体，即是与权利人无任何人身或劳动关系的主体，如果计算机软件公之于众的对象是开发者公司的职工，那么该发表行为便极具局限性，一旦发生侵权行为，也会急剧扩大侵权主体的范围，会造成权利的滥用，反而不利于知识产权的传播与保护，背离知识产权确立的初衷。其次，公之于众所强调的是计算机软件公开的行为，肯定的是公开的这一事实行为，该公开行为并不要求所有公众知悉该计算机软件，也就是说，公众知悉与否并不影响公之于众行为的成

---

〔1〕　刘稚主编：《著作权法实务与案例评析》，中国工商出版社 2003 年版，第 220 页。

立，不论其是否知道自身的侵权行为，意图逃避责任均会主张其不知道相关权利，因此侵权行为并不以侵权人不知道为由而免除其侵权责任，否则，软件著作权将无法得到应有的保护，导致侵权行为的泛滥频发，作为体现国家创新能力的智力成果的知识产权便无法得到应有的保障与发展。

在实践中，对于计算机软件侵权案件，各级法院在审理时均会对主张保护的计算机软件的权利状态、权利归属、开发完成时间、首次发表时间及登记颁证时间等事实进行认定，以确定主体诉讼资格及是否构成侵权。广州乐网数码科技有限公司与中国联通网络通信有限公司广东省分公司侵害计算机软件著作权纠纷一案，就是以发表时间确定是否侵权的典型案例。

案例3-2　广州乐网数码科技有限公司与中国联通网络通信有限公司广东省分公司侵害计算机软件著作权纠纷案[1]

本案由广州知识产权法院一审，案号为［2015］粤知法著民初字第18号。广州乐网数码科技有限公司（以下简称乐网公司）作为原告，就"集中受理系统"计算机软件侵权提起诉讼，中国联通网络通信有限公司广东省分公司（以下简称联通公司广东省分公司）为被告，同时联通公司广东省分公司就该系统提起反诉。乐网公司为"乐网运营商全业务全流程互联网化受理软件V1.0"计算机软件的著作权人，联通公司广东省分公司为"管理系统"计算机软件著作权人，由华工公司受托开发。一审中，乐网公司主张联通公司广东省分公司侵犯其计算机软件著作权，要求停止侵害、撤销著作权登记、赔偿损失并赔礼道歉。联通公司广东省分公司反诉主张乐网公司侵犯其计算机软件著作权，同样要求停止侵害、撤销著作权登记、赔偿损失并赔礼道歉。一审法院经过审理查明，乐网公司提交的软著登字第0775510号《计算机软件著作权登记证书》显示"乐网受理"软件的著作权人为乐网公司，开发完成日期为2014年2月28日，首次发表日期为2014年3月15日，权利取得方式为原始取得，证书落款时间为2014年7月28日。经过对双方软件的源代码进行比对，乐网公司和联通广东省分公司双方均确认"集中受理系统"源代码与"管控系统"软件的部分源代码构成实质性相似，乐网公司员工在华工

---

［1］　参见"广州乐网数码科技有限公司与中国联通网络通信有限公司广东省分公司侵害计算机软件著作权纠纷案"，广东省高级人民法院［2018］粤民终243号民事判决书。

公司场所工作导致相关人员有接触对方源代码的可能，以及双方陈述的开发情况，存在一方抄袭另一方诉争源代码的情况。一审法院通过对 330 版本软件建档日期的确认，建档时间为 2013 年 11 月 22 日。经抽样比对，330 版本软件源代码与乐网公司提交的"集中受理系统"源代码的相似程序达到 80% 左右，即在 2013 年 11 月 22 日，联通公司广东省分公司已持有大部分诉争源代码。此外，结合本案证据发现，从 2013 年 11 月 13 日 11 时 41 分黄某发出的电子邮件看，联通公司广东省分公司在此前已部署了"助销系统"软件和"集中受理系统"，与联通分公司所述于 2013 年 10 月 21 日在全省范围内试运行"管控系统"软件相符，以此证明 2013 年 11 月 13 日前"管理系统"软件已运行。因此，通过计算机软件发表运行的前后时间来看，经过"接触+实质性相似"的对比分析，一审法院认为，乐网公司的软件系统侵犯了联通公司广东省分公司的计算机软件著作权，从而判决驳回乐网公司的诉讼请求，进而判决乐网公司承担侵犯联通公司广东省分公司计算机软件著作权的侵权赔偿责任，并撤销软著登字第 0775510 号《计算机软件著作权登记证书》登记的"乐网运营商全业务全流程互联网化受理软件 V1.0"软件中关于集中受理平台软件的部分。

乐网公司不服一审判决，向广东省高级人民法院提起上诉，请求撤销一审判决，改判支持其一审诉讼请求。二审法院通过对新证据的分析，在确认一审法院查明事实的基础上，认为联通公司广东省分公司已经提交了大量证据，充分证明了相关诉争软件委托华工公司开发的全过程，且相关诉争软件已经在 2013 年 10 月 21 日正式推广，说明该软件试运行版本至迟在 2013 年 10 月 21 日前已经完成。从而认为该时间明显早于乐网公司《计算机软件著作权登记证书》上所记载的 2014 年 2 月 28 日，联通公司广东省分公司享有包含集中受理系统在内的"管控系统"软件的著作权，进而判决驳回上诉，维持原判。

三、计算机软件著作权人的署名权

《计算机软件保护条例》第 8 条第 1 款第（二）项规定，署名权，即表明开发者身份，在软件上署名的权利，署名权是软件著作权人的核心权利。[1]

---

〔1〕　王迁：《著作权法》，中国人民大学出版社 2015 年版，第 149 页。

软件著作权人的署名表明了该软件的开发者及其著作权的归属。通常，只有软件著作权人才有权在其开发完成的软件上署名，如无相反证明，在软件上署名的自然人、法人或者其他组织是软件著作权人。署名权最早被确定在《伯尔尼公约》第 6 条之 2 第 1 款中，各国著作权法在规定著作权的内容时，均有署名权，但表述上可能会存在区别，日本称为姓名表示权；德国称为著作权人身份确认权；英国称为表明作者或导演身份权。以日本为例，《日本著作权法》第 19 条规定的为姓名表示权，即作者有权在自己作品的原件上署自己的真名或假名，或者作者在向公众提示或者传播组品时，作者享有将自己的真名或者假名展现或不展现的权利。[1]尽管不同国家的称谓不同，但从该权利的解释和目的上看，都是为了身份的表明及著作权人地位的确认。

（一）署名权的作用与价值

署名权作为计算机软件著作权人享有的法定权利，它是开发者或著作权人与计算机软件作品连接的重要桥梁，也是著作权人与其他公众连接的重要纽带，没有署名权，即使再具有独创性的软件产品，因没有主体的指向，其也无法发挥应有的创新及经济价值。

1. 表明作用

对计算机软件作品的开发者而言，署名权有助于表明其作为作者的身份地位，明确来源，这不仅是现代知识产权法律赋予的法律行为，也是自古至今自然而成的事实行为，否则，在没有知识产权法律确定作者署名权的时代，著名的画家、书法家、诗人便无法使现代人知悉其才能与风采，如倘若李白未在其诗词中注明"太白"，其真迹《上阳台帖》亦不会令世人视若珍宝，世人更无法体会到他那诗词的磅礴之气。署名不仅体现了软件著作权人劳动的结晶，同时通过署名，也体现了对其自身劳动成果的肯定与尊重。

2. 指向作用

对于计算机软件而言，署名可以直接表明计算机软件与开发者之间的关系，具有直接指向性。计算机软件尽管可以自行运行，但是计算机软件不会凭空产生，亦无法自动实施某些行为，计算机软件即使再具有智能性，也没

---

[1] 《十二国著作权法》翻译组：《十二国著作权法》，清华大学出版社 2011 年版，第 370～373 页。转引自李伟民："视听作品作者署名权新论——兼评《著作权法修改草案》'作者精神权利'的修改"，载《知识产权》2018 年第 5 期。

有思想，不会进行思考，因此，没有开发者，没有权利人，计算机软件便没有存在的前提和基础，也无法对外表现出应有的价值。简单来说，对于计算机软件作品，通过署名权以确定创作与被创作关系，从而明确知识产品的支配者。

3. 联通作用

再次，对于公众而言，署名权的对外作用就体现在与公众的关系上，通过发表权的行使使得计算机软件作品得以公之于众，但是，公之于众并不代表公众已知悉该计算机软件的权利归属，因为，未经著作权人许可将计算机软件公之于众的行为也可能构成发表权的行使，侵权者可能并未将著作权人予以披露，在未署名的情况下无法确定权利归属，不仅导致对计算机软件作品著作权的侵犯，也是对开发者劳动的不尊重。因此，署名权的行使，不论是法定作者抑或是推定作者，对于社会公众，可以向其公示权利的存在状态，这不仅是公众知情权的体现，也是诚实信用原则在网络时代的重要体现。

（二）署名权的内容

著作权人所享有的署名权，并非简单地将自己的名字署于或不署于作品之上。也就是说，署名权之下，不仅软件著作权人有表明身份的权利，还有决定是否署名的权利，甚至还有禁止性的权利。

通常认为，软件著作权人署名权的内容包括下列几项：一是在必要的场合表明开发者身份的权利，并且有权禁止其他不是开发者的人宣称其是开发者。这里所说的必要场合包括软件技术鉴定会、展示软件的展销会、博览会、技术交易会、推销软件的商业广告、有关软件的新闻报道、软件登记的申请文件和登记公告、软件转让或者许可合同、软件成果的获奖证书等。张某奎与北京五一嘉峪科技有限公司、姜某之间的侵害计算机软件著作权纠纷案，便就是否表明作者身份，是否应当认定侵犯署名权而经历了两级法院审理。二是作者有权决定在软件上署名的方式，软件著作权人有权在自己的软件上署真名、假名或者不署名。[1]作者不署名，或署根本无法表露身份的假名，其目的在于不表明作者身份。因此，不表明作者身份权利，也是署名权的应有之义，但其并不意味着作者放弃了署名权或不享有署名权，这是权利人行使

---

〔1〕　如《西班牙知识产权法》第14条规定，作者有权决定是否以其真名、假名、匿名或以其他方式发表作品。

署名权的一种方式[1]，相反作者可以日后在软件上署名。[2]在作者为多人的情况下，署名的方式应包含对署名顺序的安排。在实践中因署名顺序发生的纠纷，有约定的按约定确定署名顺序，没有约定的，可以按照创作软件付出的劳动、作品排列、作者姓氏笔画等确定署名顺序。在署名时，软件著作权人可以在软件中编写一段程序，使得软件运行时在屏幕上或者打印出的资料中显示出自己的姓名或者名称，也可以在软件产品的外包装上署名。三是作者有权禁止他人在自己的软件上署名，有权禁止自己的名字被署到他人的软件上，这是最常见的抄袭或者冒名行为。如果未参与创作者在他人的软件上署名，构成对作者署名权的侵犯。因此，抄袭他人软件不单侵犯著作财产中的复制权，也侵犯了著作人身权中的署名权，因为抄袭实际上是在他人作品之上署上自己的名字。正如前文所述，侵权行为的发生，并非仅侵犯某一个权利，侵权行为的实施往往伴随着多种著作权项下权利的侵害。最高人民法院审理的东莞市晟鼎精密仪器有限公司与东莞市普赛特检验设备有限公司之间的侵害计算机软件著作权纠纷一案，便是侵犯多种权利，普赛特公司所使用的软件与晟鼎公司享有著作权的软件构成实质相似，侵权软件上也标有"shengding"字样，但在生产、销售过程中并没有表明晟鼎公司作为著作权人的身份，在侵害其复制权与发行权的同时，也侵害了署名权。四是署名权的内容还要求他人在使用作者的作品时，应当署上作者的姓名。我国《著作权法》规定，在一般情况下，使用他人的作品，应当指明作者姓名、作品名称，但是，当事人另有约定或者由于作品使用方式的特性无法指明的除外。一般情况下，公众靠软件上的署名来推断作者的身份，但如果出现了有利的证据，能够证明没有署名的人是真正的作者，这时，对作者的认定就应当按照创作的实际情况而不是按照署名决定作者的身份。[3]

---

[1] 冯晓青："试论著作权中的署名权"，载《知识产权》1993 年第 5 期。

[2] 如《意大利著作权法》第 21 条规定，匿名和署上笔名作品的作者随时有权披露身份。

[3] 李雨峰：《中国著作权法：原理与材料》，华中科技大学出版社 2014 年版，第 77 页。

案例 3-3　张某奎与北京五一嘉峪科技有限公司、姜某侵害计算机软件著作权纠纷案[1]

本案中，张某奎为《格蠹汇编》中软件、文字等在内作品的著作权人。张某奎一审中提起诉讼，主张北京五一嘉峪科技有限公司（以下简称五一嘉峪公司）未经张某奎允许，擅自在"i 春秋"网站上通过《格蠹汇编—软件调试经典案例集锦》课程使用，侵犯了其软件著作权中的复制权、署名权、出租权、信息网络传播权。两被告均答辩称张某奎没有证据证明其为案涉软件的著作权人，没有实施侵犯其著作权的行为。一审中，就诉争事实，法院对五一嘉峪公司是否侵害了张某奎对涉案《格蠹汇编》实验资料中相关数据文件的作品著作权，五一嘉峪公司是否侵害了张银奎对涉案《格蠹汇编》实验资料中相关计算机程序的软件作品著作权等争议焦点进行了审理。通过对证据的分析，法院认为，张某奎的格蠹汇编实验资料可以在其个人网站 advd-bg. org 下载，姜某曾向张某奎请教过实验资料的内容，确认实验资料由张某奎提供。2014 年 11 月 30 日上传于 www. csdn. net 社区的"格蠹汇编的实验材料"记载来源于张某奎的个人网站。在没有相反证据的情况下，可以认定张某奎是《格蠹汇编》实验资料的作者。姜某未经张某奎许可，复制张某奎享有著作权的相关软件，包括 AcsVio. exe/AcsVio. cpp（对应课时 2）、DdeKill-er. exe（对应课时 5）、ImBuggy. exe 和 realbug. c/realbug. sys（对应课时 7）以及 filetrap. exe/filetrap. cpp，EmuLoop. exe/EmuLoop. cpp，五一嘉峪公司在自己的官方网站上将其作为收费课程的配套实验材料，购买该收费课程的学员可以在其选定的时间和地点获得该软件，学员可以作为实验操作演练使用。五一嘉峪公司的上述行为侵害了张银奎对涉案软件作品享有的复制权、信息网络传播权。关于出租权，一审法院认为姜晔将张银奎享有著作权的实验资料作为其自制课程的教学素材提供给学员使用，并不以出租软件为主要目的。关于署名权，一审法院认为，姜某在讲课中已经提到《格蠹汇编》是张某奎编写的，张某奎并未举证证明五一嘉峪公司和姜晔存在其他侵害署名权的行为，从而对于侵害出租权和署名权的主张未予以支持。

张某奎因不服上海知识产权法院［2020］沪 73 知民初 414 号民事判决

---

［1］　参见"张某奎与北京五一嘉峪科技有限公司、姜某侵害计算机软件著作权纠纷案"，最高人民法院［2021］最高法知民终 1414 号民事判决书。

书，向最高人民法院提起上诉，张某奎上诉请求包括作品的署名权和出租权被侵害而未被认定等。二审法院通过审理认为，姜某在讲课中已经提到《格蠹汇编》由张某奎编写，已经表明了作者身份。同时结合其他事实，驳回了张某奎的上诉请求。

案例 3-4　东莞市晟鼎精密仪器有限公司与东莞市普赛特检验设备有限公司、曾某莲侵害计算机软件著作权纠纷案[1]

东莞市晟鼎精密仪器有限公司（以下简称晟鼎公司）作为"视频接触角测定仪软件"计算机软件著作权人，主张东莞市普赛特检验设备有限公司（以下简称普赛特公司）、曾某莲侵害了其计算机软件著作权的署名权、复制权、发行权。东莞市普赛特检验设备有限公司因不服广州知识产权法院作出的［2020］粤73知民初275号民事判决，提起上诉。一审中，经过将权利软件与侵权软件应用程序进行对比，二者在各运行界面的整体布局、构图比例、背景颜色、字体大小、功能模块分布、按键设置、下拉菜单栏设置、操作方式、其中包含的四种算法等诸多细节均保持一致，包括管理员密码均为"shengding"，仅在应用程序图标及版权信息一栏有所区别：晟鼎公司涉案软件的应用程序图标为灰白色加橙色的椭圆形图标，应用程序版权信息显示"ContactAnglemeterVersion1.0Copyright（C）2014东莞市晟鼎精密仪器有限公司"；被诉侵权软件的图标为绿色水滴状图标，版权信息显示"ContactAnglemeterVersion1.0Copyright（C）2014仪器设备有限公司"。同时审理发现，被诉侵权软件的版权信息不明，未完整显示开发者名称，与计算机软件开发的正常做法不符，且普赛特公司也无法说明该软件的具体来源与实际开发者。广东知识产权法院认为普赛特公司与晟鼎公司为同一城市、相同行业的同业竞争者，且晟鼎公司拥有一定的业内知名度，生产并公开销售装载有涉案软件的"视频接触角测定仪"，普赛特公司有极大可能性接触到晟鼎公司的涉案软件，且被诉侵权软件与晟鼎公司涉案软件构成实质性近似。普赛特公司未经许可制造、销售装载有被诉侵权软件的"水滴角测试仪"，且未标明软件的开发者名称，侵害了晟鼎公司对涉案软件享有的署名权、复制权和发行权，

---

　　〔1〕　参见"东莞市晟鼎精密仪器有限公司与东莞市普赛特检验设备有限公司等侵害计算机软件著作权纠纷案"，最高人民法院［2021］最高法知民终1210号民事判决书。

进而判决其立即停止复制、发行侵害涉案软件著作权的行为，在其官网首页上就侵害涉案软件著作权一事刊登声明、消除影响并向晟鼎公司赔偿经济损失及维权合理费用。

二审中，普赛特公司上诉称，应当通过源代码的比对来确定被诉侵权软件和涉案软件是否具备同一性。对此最高人民法院在确认一审查明事实的基础上认为，普赛特公司销售的涉案产品上使用了被诉侵权软件，但不能提供该软件的源代码与晟鼎公司提交的涉案软件源代码进行比对，故无法基于两软件源代码是否相同或实质性近似作侵权比对。认为原审法院按照举证规则合理分配举证责任，并根据两软件的运行界面、运行结果等可视化内容认定涉案软件与被诉侵权软件构成实质性近似，难言不当，普赛特公司的上诉理由不能成立，进而驳回普赛特公司的上诉请求，判决驳回上诉，维持原判。

四、计算机软件著作权人的修改权

计算机软件是《著作权法》规定的作品形式之一，《著作权法》的各项规定可以认为是总括性的内容，对于各个作品的认定和保护具有基础性的作用。《计算机软件保护条例》是单独针对计算机软件的规定，可以说，《著作权法》的相关内容是《计算机软件保护条例》适用的前提。

（一）计算机软件修改权的含义

《计算机软件保护条例》第8条第1款第（三）项规定，修改权，即对软件进行增补、删节，或者改变指令、语句顺序的权利。《著作权法》规定，修改权是指修改或者授权他人修改作品的权利。根据有关解释，修改是对作品内容做局部的变更以及文字用语的修正。[1]从文字表达上来看，《著作权法》关于修改权的规定与《计算机软件保护条例》关于修改权的规定，是不相同的，前者仅规定了修改的主体，即著作权人或享有著作权人授权的其他主体。后者对于修改权的规定，则结合了计算机软件的特性，将具体的行为方式予以列举，以便修改行为的认定。因此，结合《著作权法》和《计算机软件保护条例》，计算机软件的修改权可以解释为著作权人或者经过著作权人授权的主体对于计算机软件进行增补、删节或者改变指令、语句顺序的权利。这不

---

〔1〕　胡康生主编：《中华人民共和国著作权法释义》，法律出版社2002年版，第43页。

仅符合计算机软件著作权的私权性质，同时也与《著作权法》关于侵权行为认定相互照应。未经授权对计算机软件进行修改，该行为便侵犯了著作权人依法具有的修改权。最高人民法院审理的北京龙软科技股份有限公司与北京元图智慧科技有限公司等侵害计算机软件著作权纠纷一案，正是由于元图公司未经著作权人龙软公司的授权，擅自对权利软件进行修改，从而被认定侵害了龙软公司的修改权。

软件著作权人对其软件享有修改的权利，修改权行使的主体可以是软件著作权人，也可以由软件著作权人委托或者授权他人行使，只是经软件著作权人同意或者授权修改软件时，应当注明软件著作权人的名称。对软件的修改主要是对软件进行增补、删节或者改变指令、语句顺序，其目的是提高、完善原软件作品，增强软件功能，改善软件性能，适应某种应用环境的需要。需要注意的是，软件的更新换代非常快，因此对软件的修改往往也非常频繁，甚至几天就要修改一次，这与一般作品有很大不同。修改软件，包括修改未发表的软件和修改已发表的软件。在开发阶段，软件著作权人可以任意修改其软件，而对他人不会产生任何影响。对已经发表的软件进行修改，往往是为了弥补其存在的缺陷，或者是为了升级其软件版本。因此，计算机软件的修改，呈现出与其他作品修改不同的特征。首先，计算机软件的修改方式多样。计算机软件是指计算机程序及其文档，从《计算机软件保护条例》对于计算机程序的解释可以看出，计算机程序主要是代码化指令。从修改的内容上看包括增补、删节或者改变指令、语句顺序，那么就计算机软件的修改不仅包括对代码进行增补、删节，还包括改变计算机程序的指令，此外，调整指令前后的顺序，计算机软件的运行也会得出不同的结果，因此相较于其他作品，计算机软件修改的方式更加多样；其次，计算机软件修改的成本低、难度低。以美术作品为样本，倘若需要对美术作品进行修改，可能需要将该作品的表现形式、外在形态、颜色构图等进行改动，花费的精力和成本较高。但纵观计算机软件的修改，计算机软件研发的代码及指令是需要大量的科技人才研发者通过智力劳动花费大量的时间和精力，同时需要多次的运行试验才能实现计算机软件的真正运行，进而投入使用或生产。在修改上，成本及难度就大大降低，由于运行的内容是代码或指令，只需要将原有代码或指令的某一部分进行调整修改，成本及难度较研发过程低。最后，网络及科技的迅速发展，催生许多新产品新技术，计算机软件以代码指令运行的方式进行使用，为了顺应科技时代的需要，计算机软件就要根据不同的需要、不同的系统甚至不同的运行环境进行修改以更新系统、升级软件，以保证计算机软件的稳定运行。同时由于修改的成本低、难度低，也催生了侵权者修改计算机软件指令等行为，以加速占领新市场获得经济利益。

（二）修改权与保护作品完整权、改编权的辨析

在计算机软件著作权范围下讨论修改权问题，不能仅仅局限于《计算机软件保护条例》关于修改权的规定，而应当从《著作权法》的范围内去探析修改权的表达目的及意义。通过与《计算机软件保护条例》及《著作权法》关于著作权人权利的列举中可以发现，《著作权法》中著作权人的权利不仅包含修改权，还包括保护作品完整权和改编权，不管是三者的名称或是表达的含义，均有"改"的意义，但计算机软件范畴中并没有保护作品完整权和改编权，此处便有必要对修改权与其他两者进行分析，从而得出三者的不同及计算机软件著作权中仅规定修改权的原因。

1. 修改权与保护作品完整权

《著作权法》第10条第1款第（四）项对保护作品完整权进行了规定，即保护作品完整权是保护作品不受歪曲、篡改的权利。《计算机软件保护条例》将修改权解释为软件进行增补、删节或者改变指令、语句顺序的权利。从上述两部法律的表述来看，保护作品完整权的侵权形式为歪曲、篡改，歪曲有故意改变或曲解之意，篡改有改动原文或曲解原意的意思，从上述两个词语的解释来看，保护作品完整权的行为后果为对作品进行了改变从而导致作品反映的不是作者的本意。对于计算机软件，如果指令化代码受到了修改或者前后顺序遭到了改变，自然得出的运行结果与原有结果不相符合。结合计算机软件的特性，分析修改权与保护作品完整权的含义，可以发现，将保护作品完整权的行为适用于计算机软件中，对于计算机软件的歪曲、篡改，那就是对于代码化指令的故意改变，从而在指令运行时无法达到原有指令所指向的结果。因此可以认为，根据修改权的规定，对计算机软件的修改行为已经涵盖了保护作品完整权的行为，这可能也是为何《计算机软件保护条例》与《著作权法》关于修改权内涵的解释不同的原因。

2. 修改权与改编权

修改权与著作财产中的改编权不同，改编权中的改编行为，是指根据原

作品的基本表达,创作出新的作品。《著作权法》将改编权解释为改变作品,创作出具有独创性的新作品的权利。从该规定可以看出,改编权所产生的作品是具有独创性的,独创性是判定知识产权智力成果的关键,具有独创性的作品便会具有独立的著作权,与原作品分属于两个不同的作品。因此,对作品进行修改的结果一旦产生了新作品,就不再是修改行为,而是改编行为了。但计算机软件有着不同于其他作品的特殊性,它根据指令进行运行,一旦指令改变,那么所产生的就是不同的结果,如果在计算机软件著作权领域中规定改编权,那么通过简单的指令修改和调整,得出的新指令可能就是具备独创性的新作品,因此,在计算机软件中,只规定修改权而没有改编权,不仅基于计算机程序指令修改的难度成本低,还基于计算机程序独特的运行特性。否则,被侵犯的计算机软件著作权人的智力成果以及付出的劳动便无法得到应有的保障,还会造成侵权行为的泛滥。

案例 3-5　北京龙软科技股份有限公司与北京元图智慧科技有限公司、刘某喜、卢某陶等侵害计算机软件著作权纠纷案[1]

本案中,原告北京龙软科技股份有限公司(以下简称《龙软公司》)为"龙软地测空间管理信息系统 V3.0"计算机软件的著作权人,权利软件首次发表日期是 2007 年 9 月 13 日,登记证书落款日期是 2008 年 2 月 28 日。被告北京元图智慧科技有限公司(以下简称元图公司)使用的软件为"元图地测地理信息系统—试用版.exe",即被诉软件。本案被告刘某喜、卢某陶、王某、熊某、贲某东曾为龙软公司的工作人员,签订劳动合同、知识产权确认及保护协议和竞业禁止协议,后离职,任职于元图公司。原告龙软公司通过提供大量证据,证明被告侵权软件的使用事实、权利软件与侵权软件的对比情况、被告的任职及接触权利软件的可能性等。一审法院通过对事实及证据的分析,认定被诉软件与权利软件构成实质性相似,同时结合被告的任职、离职及股权占有情况,认定刘某喜等人具有接触权利软件源程序和目标程序等核心内容的条件和可能性,而且他们还是元图公司高级管理人员或股东,因此推定元图公司具有接触和掌握权利软件源程序和目标程序等核心内容的

---

　〔1〕　参见"北京龙软科技股份有限公司与北京元图智慧科技有限公司、刘某喜、卢某陶等侵害计算机软件著作权纠纷案",最高人民法院〔2020〕最高法知民终 1639 号民事判决书。

可能性。同时一审法院对被告的侵权行为进行具体认定，关于修改权，一审法院认为元图公司、刘某喜、卢某陶、王某、熊某、贲某东未经龙软公司许可，擅自对权利软件进行增补、删节等操作，并制作出与权利软件实质性相似的被诉软件，已然侵犯了龙软公司对权利软件享有的修改权。后北京知识产权法院做出的［2017］京73民初1260号民事判决书，认定被告元图公司、刘某喜、卢某陶、王某、熊某、贲某东侵犯了龙软公司的计算机软件著作权，判决其停止涉案侵害龙软公司的"龙软地测空间管理信息系统V3.0"计算机软件著作权，在《中国知识产权报》《中国矿业报》《中国矿业网》上刊登致歉声明，公开向龙软公司赔礼道歉并共同赔偿龙软公司经济损失。

元图公司、刘某喜等不服一审判决，向最高人民法院提起上诉，称权利软件与侵权软件不构成相同或实质相似，要求撤销原审判决，改判驳回龙软公司全部诉讼请求或发回重审。最高人民法院经过审理认为，被诉软件与权利软件运行结果在主功能运行界面、数据处理、数据表信息和特征性漏洞等方面均具有不合理的相同之处，在元图公司无正当理由拒不提交被诉软件源代码的情形下，结合被诉软件开发时间距离刘某喜、卢某陶、王某、熊某、贲某东自龙软公司离职时间较为接近的事实，应认定被诉软件与权利软件构成实质相同，构成侵权，进而驳回上诉，维持原判。

五、计算机软件著作权人的复制权

《计算机软件保护条例》第8条第1款第（四）项规定，复制权，即将软件制作一份或者多份的权利。在构成版权的权利集合中，版权作品的排他性复制权是最为基本的成分，[1]是版权所有人决定实施或不实施复制行为或者禁止他人复制其受保护作品的权利。在著作权实践中，复制是使用作品的最主要方式，行使复制权而获得的收入是作者经济收益的主要来源。传统作品的复制可以采用手抄、复写、印刷、复印、照相、翻拍、录音、录像等形式。计算机软件中的文档，本身就是一种文字资料，因而可以用传统的复制手段进行复制。程序的载体可以是磁盘、光盘、只读存储器（ROM）、随机存取存

---

〔1〕　［美］谢尔登·W.哈尔彭、克雷格·艾伦·纳德、肯尼思·L.波特：《美国知识产权法原理》，宋慧献译，商务印书馆2013年版，第80页。

储器（RAM）等，因而，程序的复制除了传统的手段之外，还可以是把程序存储到磁盘、光盘或者固化在存储器中。把软件从所在的一种载体转载到任何一种现存的有形载体上的行为，即在不改变软件表现形态的前提下再现该软件，都是对软件的复制。

（一）复制的特征

英文中的复制可以表示为"Copy"或"Reproduce"，但二者所表达的含义并不同，"Copy"不仅有复制之意还有抄袭改编的意思，"Reproduce"从单词构成中还有"produce"，即生产制作之意，根据我国对于复制权的认定来看，制作一份或多份的行为中的复制应当重点体现制作之意，故"Reproduce"更能反映我国对于复制认定的内涵。[1]基于此，复制的特征便具有分析的语义基础。

（1）复制是一种作品的再现形式。复制所对应的就是粘贴，计算机软件中的文档或程序通过行为人的复制，运用到其他设备或产品中，从而通过非原装渠道再现作品，以另外一种形式再现出来。之所以存在复制行为，在于有权复制可以使得作品能够传播，使通过智力创造活动所产生的作品能够为更多公众所了解、知悉并得到运用，进而发挥知识产权的财产价值，因此，仅有一份作品必然会阻碍传播与发展，通过复制行为再现作品，是著作权人传播作品的途径之一，以在具备权利控制力的前提下发挥计算机软件的经济价值。

（2）复制是一种非创造性的行为。[2]创造性行为是侵权与否的分水岭，如果被诉侵权的计算机软件具有独创性的特征，而不是简单的重复，那么该软件可能就不会被认定为抄袭或复制。相反，如果被诉计算机软件的文档或程序在权利软件的基础上并没有增加新的内容或二者没有区别，那么，该软件就不具备创造性。判断计算机软件创造性可以从以下三个方面进行分析：第一，计算机软件程序前后结构表现是否一致，第二，判断计算机程序或文档的内容是否经过加工处理，第三，判断计算机软件是否为基于现实情况、基于现有知识所进行的综合分析、创新表达。[3]最后，复制是具有竞争性质

---

[1] 张佳华："计算机软件著作权刑事保护视域下'复制'行为的司法认定"，载《浙江工商大学学报》2022年版第3期。

[2] 吴汉东：《著作权合理使用制度研究》，中国政法大学出版社1996年版，第168~169页。

[3] 冯晓青、付继存："著作权法中的复制权研究"，载《法学家》2011年第3期。

的行为。因为复制是基于原件的复制，故而复制件有与原件同等的作用和价值，通过使用复制件，同样可以实现原件的功能，进而原件与复制件之间便存在了竞争的关系。同时，侵权行为人复制计算机软件的目的和初衷就是为了在竞争关系中占据优势地位，导致著作权人的市场地位遭到侵害。

（二）临时复制的界定

《计算机软件保护条例》对于部分复制的行为进行了认定，但是，对于临时复制，并没有涉及。临时复制与永久复制相对应，永久复制就是将复制的计算机软件进行固定，使载体与计算机软件产生稳定联系，从而可以再现作品，此种行为必然就属于《著作权法》及《计算机软件保护条例》中所规制的复制行为。而临时复制，是在浏览或缓存过程中获得的储存并短暂再现作品，临时复制会随着载体的关闭或者机器的停止而被自动删除，临时复制并不存在稳定性的固定。

关于临时复制是否构成复制，部分发达国家认为，复制是任何形式的复制，包括直接或间接、永久或暂时的复制，但我国学界普遍认为不构成复制行为。原因在于，临时复制并不会对著作权人的利益造成损害，因为网络用户并未使用该复制进行商业或非个人的经营使用，临时复制是系统自身的信息采集及暂时保存，应当采用技术措施对该行为进行规制。《计算机软件保护条例》第 24 条第 1 款规定了故意避开或者破坏著作权人为保护其软件著作权而采取的技术措施的属于侵害计算机软件著作权的侵权行为，当然如果该临时复制的行为属于对技术措施的避让或破坏，自然要承担相应的侵权责任，但是对于举证责任及证据证明力的认定则需要更加严谨细致。

（三）复制权侵权的认定

复制权是软件著作权人最基本又是最重要的权能，这是因为，随着计算机技术的发展，软件的载体越来越多，软件的复制手段越来越多样化，而复制过程却越来越简单易行，因此，非法复制他人软件的行为也就十分普遍。为了保护软件著作权人的合法权益，必须严格控制对软件的复制，除了法律、行政法规另有规定外，只要未经软件著作权人的许可，无论是改变程序载体的复制，还是改变程序存储方式的复制，都应当属于侵权行为。接触加实质性相似作为知识产权侵权行为认定的重要规则,[1]在计算机软件侵权认定中尤为明显。

在实践中,计算机软件著作权复制权侵权行为多发生于计算机程序的复制,计算机软件著作权人往往采用取证的方式固定侵权事实,司法实践在进行认定时,大多会采用鉴定的方式,对权利软件与被诉软件的源代码与目标代码进行对比,以此分析两者间的相似度。但凡涉及侵害计算机软件著作权纠纷,均会涉及复制权,复制权是计算机软件侵权中最频繁、侵犯率最高的权利。北京市高级人民法院审理的北京合力亿捷科技股份有限公司与北京容联七陌科技有限公司、蔡某彬之间的侵害计算机软件著作权纠纷案、由广州知识产权法院一审、最高人民法院二审的奥腾公司与广东斯泰克电子科技有限公司的侵害计算机软件著作权纠纷案、苏州市中级人民法院审理的奥托恩姆科技有限公司与瑞鼎机电科技(昆山)有限公司侵害计算机软件著作权纠纷案及前述各个案例中,均涉及复制权侵权行为,其中北京合力亿捷科技股份有限公司与北京容联七陌科技有限公司等之间的纠纷就是适用"接触加实质性相似"的侵权认定标准来认定侵权行为。

案例3-6 北京合力亿捷科技股份有限公司与北京容联七陌科技有限公司等侵害计算机软件著作权纠纷案[2]

北京合力亿捷信息技术公司是本案通信计算机软件的著作权人,北京合力亿捷科技股份有限公司(以下简称亿捷科技)与北京合力亿捷信息技术公司签订计算机软件排他许可合同,约定双方互相排他性地许可对方使用己方的已有计算机软件或未来产生的计算机软件,并且己方仍然可以使用被许可的计算机软件。本案被告蔡某彬任职于亿捷科技公司,参与计算机软件研发并持有亿捷科技公司的股份,后从亿捷科技公司离职并签订竞业禁止协议,包括从亿捷科技公司离职后2年内不得在与亿捷科技公司从事的呼叫中心行业相同或相近的企业及与亿捷科技公司在呼叫中心业务竞争关系的企业内工作或合作,从亿捷科技公司离职后2年内,不能直接地或间接地通过任何手

---

〔1〕 张佳华:"计算机软件著作权刑事保护视域下'复制'行为的司法认定",载《浙江工商大学学报》2022年第3期。

〔2〕 参见"北京合力亿捷科技股份有限公司与北京容联七陌科技有限公司等侵害计算机软件著作权纠纷案",北京市高级人民法院〔2019〕京民终79号民事判决书。

段为自己、他人或任何实体的利益或与他人或实体联合，以拉拢、引诱、招用或鼓动之手段使亿捷科技公司其他成员离职或挖走亿捷科技公司其他成员。蔡某彬离职后，便成立被告北京容联七陌科技有限公司（以下简称容联七陌公司），担任法定代表人。北京知识产权法院在一审审理中，原告亿捷科技公司主张被告容联七陌公司侵犯了其计算机软件著作权，要求停止复制、通过信息网络传播涉案软件的行为，并立即删除和销毁涉案软件及其源代码。经过对涉案软件与权利软件的对比分析，工业和信息化部软件与集成电路促进中心知识产权司法鉴定所分析后认为权利软件代码的 19 个代码文件与公证书代码中的相应源代码文件相比，具有相同代码。权利软件的前端代码与合力亿捷科技公司、合力亿捷信息技术公司公证获得的被诉软件的前端代码相比，相同或实质相同的代码行数占比较高，构成实质性相似。根据法院比对的结果，权利软件的后端代码与法院调取代码相比，相同或实质相同的代码行数亦占有一定的比例，且二者在开发者及开发时间、注释内容、文件命名、目录结构等个性化信息存在完全相同或基本相同的情况，已经超出了巧合的范畴。此外，容联七陌公司、蔡某彬亦认可在开发被诉软件时使用了权利软件的部分内容，但是进行了修改。因此，一审法院认为，权利软件与被诉软件已构成实质性相似。蔡某彬曾在合力亿捷科技公司任职，有机会接触到合力亿捷科技公司所有的或者被许可使用的软件，而蔡某彬为容联七陌公司的法定代表人，故容联七陌公司亦具有通过蔡某彬接触到权利软件的可能性。容联七陌公司、蔡某彬的行为符合侵害著作权的"接触加实质性相似"要件。容联七陌公司、蔡某彬均实施了对权利软件的复制行为，侵害了权利软件的复制权，进而判决其承担侵权赔偿责任。

因容联七陌公司、蔡某彬不服一审判决，向北京市高级人民法院提起上诉，主张实质性相似认定事实错误，二审法院经过审理后认为，容联七陌公司、蔡某彬在原审诉讼过程中对抽样比对方法及比对方案均表示认可，亦无证据表明原审法院的比对过程或结论存在明显错误。《竞业禁止协议》未对"企业通信业务类全部知识产权"作出明确约定，依据现有证据也难以得出呼叫中心业务属于"企业通信业务类全部知识产权"的明确结论，本院难以认定容联七陌公司、蔡某彬的使用行为获得了著作权人的许可，也不足以证明蔡某彬有权使用权利软件，进而认为一审判决关于侵权的认定正确，驳回了容联七陌公司和蔡某彬的上诉请求。

案例 3-7　奥腾公司与广东斯泰克电子科技有限公司侵害计算机软件著作权纠纷案[1]

奥腾公司系本案诉争 Protel99SE 软件的 Protel 软件的开发者、版权所有人。根据广东省广州市南沙区综合行政执法局软件检查登记表显示，广东斯泰克电子科技有限公司（以下简称斯泰克公司）在其经营场所复制并使用了两套 Protel99SE 软件，用于产品的设计和开发，属于商业性使用。但奥腾公司经核查数据库，未发现斯泰克公司有相应的购买记录，故奥腾公司主张斯泰克公司存在未经许可，复制、使用奥腾公司享有著作权的涉案软件的侵权行为。斯泰克公司主张不存在侵犯奥腾公司著作权的事实，认为是由于员工对业务不熟悉，希望通过自行练习的方式增进业务能力，从网络上自行下载安装了相关软件的初始版本进行个人学习。一审法院通过审理认为，斯泰克公司的营业范围包括电子元件及组件制造等，且斯泰克公司对外招聘的多个岗位中均明确要求熟练使用 Protel 软件，被诉侵权软件是在工作时间从斯泰克公司办公场所的办公电脑上查出，斯泰克公司未经奥腾公司许可在其计算机设备上安装被诉侵权软件的行为侵害了奥腾公司对涉案软件享有的复制权。

广州知识产权法院作出［2020］粤 73 知民初 1551 号民事判决书后，原被告均不服判决，提起上诉。因奥腾公司就判决赔偿金额过低为由提起上诉，与论述重点关联较小，故此处着重阐述斯泰克公司上诉主张其未侵犯奥腾公司复制权的请求。二审法院以斯泰克公司是否实施了侵害奥腾公司享有权利的涉案软件复制权的行为作为争议焦点之一进行审理，认为涉案 Protel 软件是电子设计自动化软件，用于辅助进行印制电路板（PCB）设计，斯泰克公司经营范围包括电子元件及组件制造及电子、通信与自动控制技术研究、开发，斯泰克公司在其招聘信息中对于部分岗位员工的要求为熟练使用涉案 Protel 软件，足以证实涉案 Protel 软件客观上与斯泰克公司的经营活动相关。此外，涉案软件是在斯泰克公司办公场所、其员工办公电脑中发现。涉案软件的下载、使用并非仅用于员工个人学习，而是基于工作需要，具有商业目的，员工未经许可下载、使用涉案软件的行为不符合《计算机软件保护条例》第 17 条规定的合理使用的情形。斯泰克公司作为本领域经营主体，明知涉案软件系奥

---

[1]　参见"奥腾公司与广东斯泰克电子科技有限公司侵害计算机软件著作权纠纷案"，最高人民法院［2022］最高法知民终 51 号民事判决书。

腾公司享有著作权的软件，未经许可，下载并以商业目的使用盗版的涉案软件，已构成著作权侵权，从而驳回了斯泰克公司的上诉请求。

案例 3-8　奥托恩姆科技有限公司与瑞鼎机电科技（昆山）有限公司侵害计算机软件著作权纠纷案[1]

原告奥托恩姆科技有限公司（以下简称奥托恩姆公司）系 MDaemon 系列软件作品的作者，依法享有著作权。MDaemon 软件是全球领先的邮件服务器商业收费软件。原告通过系统命令检测到，被告瑞鼎机电科技（昆山）有限公司（以下简称瑞鼎公司）主办的公司官方网站 www. colytech. com 正在使用"MDaemon9. 5. 1"软件，该软件由原告于 2006 年发布。据调查，原告销售系统上未见被告购买记录，被告也从未取得原告的授权许可，被告在经营活动中擅自复制、安装、商业使用，其行为侵犯了原告的计算机软件著作权的复制权。通过对事实及双方提交证据进行审理，法院认为本案中奥托恩姆公司通过使用 telnet 指令方式远程连接被控侵权邮件服务器域名目标服务器端口，以查询服务器所提供服务相关软件的信息，该检测方式和检测结果均具有客观性，在被控侵权方瑞鼎公司未能提供相反证据推翻该结果的情况下，应当认定其证明力。依据上述方式检测结果显示，瑞鼎公司邮件服务器主机使用了涉案 MDaemon9. 5. 1 计算机软件。且瑞鼎公司邮件服务器主机的 telnet 指令反馈值中并不存在"UNREGISTERED"字样，故足以判断其使用的涉案软件并不在试用期内。鉴于瑞鼎公司未能提供使用涉案 MDaemon9. 5. 1 计算机软件的合法依据，法院依法认定瑞鼎公司的涉案行为属于未经许可，复制并商业性使用涉案 MDaemon9. 5. 1 计算机软件，侵犯了奥托恩姆公司依法享有的计算机软件著作权。判决瑞鼎公司立即停止侵权行为并赔偿经济损失。

六、计算机软件著作权人的发行权

《计算机软件保护条例》第 8 条第 1 款第（五）项规定，发行权，即以出售或者赠与方式向公众提供软件的原件或者复制件的权利。发行与复制不同，以出售或赠与的方式提供作品，发行直接产生的后果是计算机软件作品原件

---

[1]　参见"奥托恩姆科技有限公司与瑞鼎机电科技（昆山）有限公司侵害计算机软件著作权纠纷案"，苏州市中级人民法院［2015］苏中知民初字第 00113 号民事判决书。

或复制件所有权的转移，[1]通过发行行为，实则是计算机软件著作权人行使所有权的方式，它与许可或转让并不相同，许可、转让并不必然导致所有权的丧失，权利人可以将部分或全部权利进行处分，而发行便会导致所有权项下的各种权利的转移。

（一）发行行为的认定

要构成著作权法意义上的发行行为，应当符合以下几个条件：首先，该行为应当面向"公众"提供作品的原件和复印件。著作权法意义上的发行又被称为"公开发行"，它仅指向不特定的公众提供作品的原件或复制件的行为。相反，非公开性地提供作品原件或复制件不构成发行行为。其次，该行为应当以转移作品有形物质载体所有权的方式提供作品的原件或复制件。在传统著作权法理论中，只有导致公众获得作品原件或复制件的行为才能构成发行行为。《著作权法》将发行权定义为"向公众提供作品的原件或者复制件的权利"已暗示了这一意思。这是因为"原件"就是作品首次被固定在有形物质载体之上形成的，而"复制件"指通过复制行为，作品被固定在其他物质载体之上。换言之，无论是"原件"还是"复制件"，均指"作品"加"有形物质载体"。"提供作品原件或者复制件"就是指提供固定着作品的有形物质载体，也即转移有形物质载体的行为。这也是"发行"行为区别于"表演""广播"和"展览"等行为的关键所在。公开朗诵诗歌、演唱歌曲、展览油画，或通过无线、有线系统向公众传送作品虽然也能使公众欣赏到作品的内容，但不能使公众获得作品的原件或有形复制件，因此，这些行为并非发行行为。与此相对应，发行权的意义也就在于，公众如欲长期、反复欣赏、阅读任何形式的作品，必须首先获得作品的复制件或在个别情况下获得原件。因此，著作权人可以通过行使发行权自行或许可他人向公众提供作品复制件，并从公众支付的价款中获得经济回报。在网络出现之前，能够使公众得以获得作品原件或复制件的行为只能是在市场中出售、出租或出借作品的有形载体，即作品的有形复制件或原件。因此，典型的广义发行行为是书店销售书籍、音像店销售、出售唱片和录像带等，而出售、出租或出借，均会导致作品有形载体所有权或占有的转移。在此基础上，包括我国在内的许

---

〔1〕 王迁："论出售软件序列号和破解程序的行为定性"，载《法学》2019 年第 5 期。

多国家也将出租行为从广义发行行为中区分出来，即将转移作品有形载体所有权的行为界定为狭义上的发行，将有偿临时转移作品有形载体占有的行为定义为"出租"。

软件著作权人享有的发行权，是指软件著作权人为了满足公众的合理需要，通过印刷、出售、进出口、赠与等方式向公众提供原件或者一定数量的软件复制品的权利。向公众提供软件原件的情况是极为罕见的，因为毕竟原件只有一份，所以发行权主要是用于控制向社会公众提供软件复制件的行为。软件著作权人的发行权包括是否发行、何时发行、在何地发行、以什么方式发行、向谁发行等内容。由于软件的易复制性，软件著作权人可以自行制作软件复制品，然后再向软件批发商或者零售商发行，或者将软件复制品赠与他人。这一点与一般作品的著作权人所享有的发行权不同，通常，一般作品的作者虽然有发行权，但是作者自己并不能直接印刷、发行其作品，往往要委托有出版资质的单位代为发行。

（二）发行权用尽规则的适用

"发行权用尽原则"也被称为"首次销售原则"或"权利穷竭原则"，其意是指著作权人或者获其授权的被许可人出售作品原件或复制件之后，该原件或复制件的受让人后续的发行行为就不再受著作权发行权的限制。[1]发行权用尽原则原本仅在传统的作品中适用，为了促进作品的自由流通，提高市场活跃程度。[2]但是由于数字化技术的普及改变了作品的存储与传播方式，这使得该原则的适用基础在网络环境中发生改变，对于计算机软件著作发行权是否用尽的认定产生了挑战，也有不同的声音。认为不适用发行权用尽规则的学者主张"发行权"与"所有权"的处分权能之间的冲突在网络环境下不复存在，发行权用尽原则的存在基础丧失。[3]有学者认为发行权用尽原则可以扩展至网络领域，理由是转售可以压缩侵权软件的生存空间，提高消费者的福利，[4]有利于减少权利滥用行为对消费者福利产生的负面影

〔1〕　崔国斌：《著作权法原理与案例》，北京大学出版社 2014 年版，第 397 页。

〔2〕　孙那："论数字作品发行权用尽原则的最新发展——以 Tom Kabinet 案为研究对象"，载《出版发行研究》2021 年第 1 期。

〔3〕　王迁："论网络环境中的'首次销售原则'，载《法学杂志》2006 年第 3 期。

〔4〕　陶乾："数字出版物二次交易技术评析"，载《现代出版》2017 年第 1 期。

响。[1]但是，分析计算机软件的表现形式及利用形式，不论是出售还是赠与，最终都是为了计算机软件的利用，同时保障计算机软件著作权人的利益，因此，计算机软件的发行与其他作品的发行，最大的区别便是使用空间的不同，计算机软件的使用空间在于数字网络，但两者都是将原件或复制件提供给公众，并在拥有发行权前提下控制有偿使用和有偿下载的行为，最终所达到的效果没有区别，[2]故而，可以认为，计算机软件著作权应当适用发行权用尽规则。

与复制权相似，计算机软件的发行权也是被侵犯频率较高的权利，正如前文所分析的那样，计算机软件著作权侵权案件大多发生在公司之间，但侵犯发行权的前提是享有计算机软件的著作权，否则便无法主张相应权利。由于公司的商业性质是发行权遭受侵害的关键因素之一，也正是由于公司的营利性质，更需要通过向公众提供复制品以获取利润。广东省高级人民法院审理的广州乐游动漫科技有限公司与广州市腊山动漫科技有限公司之间的侵害计算机软件著作权纠纷案及北京知识产权法院审理的东方匹克（北京）科技有限公司与北京中科鼎拓信息技术有限公司、北京网信未来信息技术有限公司、张某等的侵害计算机软件著作权纠纷案均为通过制造、销售复制品的形式侵犯发行权的典型案例。

案例 3-9　广州乐游动漫科技有限公司与广州市腊山动漫科技有限公司侵害计算机软件著作权纠纷案[3]

本案一审原告广州乐游动漫科技有限公司（以下简称乐游公司）为"RabbitforChild 兔子机游戏软件 V1.4"计算机软件著作权的所有人，乐游公司委托代理人在被告广州市腊山动漫科技有限公司（以下简称腊山公司）的店铺内购买了一款游戏机，取得盖有广州市腊山动漫科技有限公司财务专用章的收据。庭审中，经现场拆封乐游公司提交的公证购买封存实物，内有被诉侵权产品"兔兔跑酷"游戏机一台，腊山公司确认为其销售。经当场开机、使用装载乐游公司计算机软件的游戏机和被诉侵权产品游戏机，比对显示，

---

〔1〕　初萌："论发行权用尽原则在网络领域的适用"，载《私法》2019 年第 2 期。

〔2〕　陈全真："数字作品发行权用尽的解释立场及制度协调"，载《出版发行研究》2021 年第 9 期。

〔3〕　参见"广州乐游动漫科技有限公司与广州市腊山动漫科技有限公司侵害计算机软件著作权纠纷案"，广东省高级人民法院 ［2018］粤民终 1620 号民事判决书。

两者各自运行其装载的计算机软件时，开机运行时的游戏界面、游戏版本、游戏模式、角色选择、游戏场景、游戏操控等均一致，选择任一场景操控游戏时显示的画面、背景音乐、同一操控方式时出现的游戏状态均相同。经审查，法院认为乐游公司系"RabbitforChild 兔子机游戏软件 V1.4"计算机软件开发者，该软件自 2014 年 3 月 10 日开发完成后且进行了著作权登记，目前在软件著作权保护期内。乐游公司依法享有该软件的著作权。他人未经乐游公司许可，不得复制或者部分复制该软件，亦不得向公众发行、出租、通过信息网络传播该软件。被诉侵权产品游戏机所载软件与乐游公司涉案软件构成实质性相似，乐游公司的上述软件以装载在游戏机中的形式向公众提供复制件予以发行，该行为未获得乐游公司的授权、许可，侵害了乐游公司对涉案软件享有的复制和发行权，应当承担停止侵害、消除影响、赔礼道歉、赔偿损失等民事责任。

　　一审判决作出后，被告腊山公司不服判决内容，上诉至广东省高级人民法院，其主张需要对被诉软件与涉案软件的源程序进行比对且有合法来源进而要求撤销一审判决，驳回乐游公司的全部诉讼请求。广东省高级人民法院审理后认为，两软件目标程序实质性相似并不能必然得出两者的源程序构成实质性相似，但是，本案两款游戏在包括游戏模式、游戏场景、游戏操控、角色选择等画面表达，甚至连游戏版本均一致的情况下，两者的源程序构成实质性相似具有高度可能性。一审法院当庭得出的上述比对结果，足以证明乐游公司主张的被诉软件与涉案软件的源程序构成实质性相似的待证事实具有高度可能性，故本案无须再进一步进行被诉软件与涉案软件源程序的比对。腊山公司主张被诉侵权产品并非其制造而是来源于案外人"王某平"。经查，腊山公司本案提交的相关证据无法形成完整的证据链条支持其上述主张，其证据仅能证明腊山公司与案外人存在交易的情况，无法体现与其所主张的"王某平"的关联性，其亦未申请该"王志平"出庭作证，故应承担举证不能的法律后果。因此，广东省高级人民法院未支持腊山公司的上诉请求，认为一审法院判决腊山公司侵犯了乐游公司的复制权、发行权，应当承担侵权责任，认定事实清楚，适用法律正确，予以维持。

案例 3-10　东方匹克（北京）科技有限公司与北京中科鼎拓信息技术有限公司、北京网信未来信息技术有限公司、张某等侵害计算机软件著作权纠纷案[1]

东方匹克（北京）科技有限公司（以下简称匹克公司）系"一卡通应用密钥管理系统"软件著作权的所有人，2017 年匹克公司与北京网信未来信息技术有限公司（以下简称网信公司）签订门禁一卡通设备合同，为"首都医科大学附属北京天坛医院迁建工程一卡通项目"所用，为此，匹克公司研发了与此设备配套的软件，并取得"北京通卡及普国密 CPU 卡一卡通应用密钥管理系统软件 V1.0"软件计算机软件著作权登记证书。在与网信公司合同执行过程中，匹克公司在项目现场发现一部分不是匹克公司供货的设备，并且这些设备使用了匹克公司研发的软件，经匹克公司核实，发现该批货物为北京中科鼎拓信息技术有限公司（以下简称鼎拓公司）供应，鼎拓公司股东与高管系涉案项目负责人张某之妻，张某和项目另一技术人员孙某川在项目执行过程中无故离开公司岗位，现为鼎拓公司负责涉案项目的设备安装、调试等工作。匹克公司认为鼎拓公司通过不正当手段取得匹克公司的软件，并用于销售和非法牟利，鼎拓公司、张某和孙某川共同侵犯了匹克公司对涉案软件享有的署名权、复制权、发行权和修改权，故而向北京知识产权法院提起诉讼。

原被告双方通过举证质证，法院审理后认为，本案的争议焦点在于各被告的涉案行为是否构成侵权，但其前提要件在于匹克公司是否享有其所主张的涉案加密软件的著作权。匹克公司虽主张《采购合同》中约定的型号为 PK-KSV1.0 的加密软件系其独立开发并享有著作权，但从各方当事人陈述来看，该软件属于嵌入式软件类型，应当与相应的硬件设备和项目需求相配套，而匹克公司所提交的计算机软件著作权登记证书所载明的软件名称与该加密软件的特定型号和名称不符，登记的开发完成日期亦早于采购合同签订日期以及订货通知单等形成日期，无法证明其所主张的权利软件与涉案项目所约定使用的加密软件具有对应关系。匹克公司所提交的"北京通"战略合作协议和软件定制开发协议时间均早于涉案项目招标启动时间以及合同履行时间，

---

〔1〕　参见"东方匹克（北京）科技有限公司与北京中科鼎拓信息技术有限公司、北京网信未来信息技术有限公司、张某等侵害计算机软件著作权纠纷案"，北京知识产权法院［2018］京 73 民初 1017 号民事判决书。

协议的相对方并非涉案项目的参与方，不足以证明其开发协议中所约定的软件开发工作和最终成果即对应于涉案项目的 PK-KSV1.0 加密软件。最终法院以匹克公司所提交的在案证据尚不足以证明其系涉案一卡通加密软件的独立开发者，未就其权属证明尽到充分的举证义务，认定匹克公司无法证明系涉案加密软件著作权人，其所提出的各被告涉案行为构成侵权的诉讼请求亦不能成立，进而驳回了匹克公司的起诉。

七、计算机软件著作权人的出租权

《计算机软件保护条例》第 8 条第 1 款第（六）项规定，出租权，即有偿许可他人临时使用软件的权利，但是软件不是出租的主要标的的除外。《著作权法》允许著作权人享有出租权，即有偿许可他人临时使用视听作品和计算机软件的权利，但是计算机软件不是出租的主要标的的除外。[1] 出租权只适用于视听作品和计算机程序，这样规定一方面源于 TRIPS 协议，另一方面是出于实际需要：电影作品和计算机程序同其他类作品相比极易被复制，如果不在出租环节加强著作权人的控制能力，其受到的损害将大大超过其他类作品。[2]

（一）出租权的构成要件

1. 出租权以有权为前提

出租权的行使分为有权行使和无权行使，有权行使是行为人享有计算机软件的著作权，可以行使法律赋予的各项权利，通过有偿许可的方式，准许被许可方临时使用计算机软件。无权行使出租权便是侵害著作权的行为，无权行使同样是通过许可他人临时使用计算机软件，并获得一定的报酬，虽然行为符合出租权的行为外观，但是，由于行为人并不享有出租计算机软件的著作权或未经权利人授权其有权行使该权利或转让计算机软件著作权仅部分转让权利，出租权并未转让，从而导致对计算机软件出租权的侵害。无权利或无授权便无法行使该权利，这不仅是所有权的依法延伸，更是基于知识产

---

[1]《著作权法》第 10 条第 1 款第（七）项规定，"出租权，即有偿许可他人临时使用视听作品、计算机软件的原件或者复制件的权利，计算机软件不是出租的主要标的的除外"。
[2] 郑国辉主编：《著作权法学》，中国法制出版社 2012 年版，第 76 页。

权产品对行为人行使权利的特殊性要求。广东唯品会信息科技有限公司与甄某誉之间的侵害计算机软件著作权纠纷便是以软件为主要标的物将软件有偿许可他人临时使用侵害著作权人出租权的典型案例。

2. 出租权以有偿许可为形式

就有权出租进行讨论，出租是将其所有的计算机软件准予他人临时使用。以最常见的汽车租赁为例，租赁公司作为汽车的所有人或有权占有人，对汽车具有占有、使用、处分、收益的权利，人们因生活需要，临时使用该汽车，便需要与租赁公司签订汽车租赁合同，以此获得租赁汽车的使用权。同理，计算机软件的临时使用，是著作权人或被授权人行使许可权的结果，只有获得了许可，才可以使用计算机软件。需要明确的是，出租权中的许可与《计算机软件保护条例》第 8 条第 2 款的许可不同，[1]二者的区别主要在于许可内容，第 8 条第 2 款中的许可内容是软件著作权，包括第 8 条第 1 款规定的各项权利，出租权是许可的内容之一。出租权中的许可，可以将其简单理解为要约与承诺，要约与承诺的内容仅仅为计算机软件的临时使用，而不涉及其他软件著作权，即没有许可，便没有临时使用计算机软件的权利。商品具有价值和使用价值，作为知识产权智力成果的计算机软件同样具有财产价值，交换是自古以来的商业活动，从物物交换到货币交换，其目的都是满足自身生活的需要，暂且不论计算机软件的合理使用，从商业使用的角度分析，使用计算机软件的目的就是让其发挥作用，以达到自身生产经营获得利润的目的，那么，作为凝聚开发者劳动的计算机软件作品，人们在使用时，自然需要支付一定的对价作为劳动与智力的交换。

3. 出租权以临时为条件

关于临时含义的解释，《汉语大辞典》有"临到事情发生的时候"和"暂时、短期、非正式"两种释义，从出租权的规定上可以看出，出租权中的临时应当是第二种即暂时、短期的含义。暂时、短期与长期相对应，即许可他人使用计算机软件不是没有期限无限制的使用，而是在许可协议或约定中已经明确使用的时间，具有使用起止期限，否则无限期的使用与权利转让便无意义，出租权存在的意义便也不复存在，计算机软件亦无法最大程度地发

---

[1] 《计算机软件保护条例》第 8 条第 2 款规定："软件著作权人可以许可他人行使其软件著作权，并有权获得报酬。"

挥其经济效能。

4. 出租权以保留为限度

出租权以保留为限度，是以发行权作为参照来说的。出租权保留的是对于计算机软件的所有权，发行权通过出售或赠与的方式使其丧失了对计算机软件原件或复制件的所有权，而出租权并不转移所有权，只是有期限的转移占有，即使用不等于所有，这也是为何出租权中以使用作为行为要件，如若所有二字，那么出租权与发行权仅在所有期限上有所不同，实质的权利转移并无区别。

（二）出租权的例外规定

《计算机软件保护条例》作为《著作权法》的配套法规，也赋予了软件著作权人软件出租权，只是在规定软件著作权人享有出租权的同时，还规定了一种例外情况，即软件不是出租的主要标的的，软件著作权人不享有出租权。所谓"计算机软件不是出租的主要标的"，指出租物中除计算机软件外，还有其他物品，例如计算机硬件或者其他设备，且其他物品是出租的主要标的。计算机软件不是出租的主要标的的，不适用出租权的规定，这时出租的软件无须经过其著作权人的许可。软件不是出租的主要标的，通常指在出租计算机硬件时，预装在计算机硬件上的软件。没有安装软件的计算机是无法使用的，这是常识。基于这种常识，法律规定了出租中的例外情况，这样规定就把一般物品的出租与软件的出租区别开来。

计算系统包括硬件和软件两部分，硬件是指存储器、运算器和控制器等物理设备，软件是指使得计算机运行所需要的各种程序、说明书等。硬件是计算机的物质基础，没有硬件，软件便没有运行的前提和基础，硬件和软件是相辅相成的。软件一般分为系统软件和应用软件，系统软件是指对整个计算机系统进行管理、调度、监控、维护的软件，即为其他程序提供服务的程序的集合。[1]出租带有软件的计算机，该计算机可能只有操作系统，也可能包括操作系统和应用软件，在这两种情况下操作系统软件的著作权人都不可以主张出租权，因为此时操作系统的功能是使得计算机可以发挥运行应用软件的作用，租赁的目的不是获得系统本身而是希望可以运用系统，同时操作

---

[1]　左美云、邝孔武主编：《信息系统开发与管理教程》，清华大学出版社2006年版，第35页。

系统软件被固化到计算机中后不能被再次复制，不能从计算机中独立出来单独加以使用。固化到计算机硬件中的操作系统软件即是"计算机软件不是出租的主要标的"所指的情形。不过出租权仅是利益补偿机制的一种途径，虽然操作系统软件的著作权人在这种情况下不能享有出租利益，但其可以通过其他利益补偿机制享有经济利益。而应用软件就是满足人们不同的需要而设计的，人们出租载有应用软件的计算机，目的是获得对应用软件的使用从而获得对其需求的满足，此时出租针对的是应用软件的使用价值。因此，在出租带有操作系统软件的计算机时，操作系统软件并不是出租的主要标的。而其他系统软件和应用软件则不是计算机运行所必需的，它们的作用是满足人们对不同功能的需求，出租载有这类软件的计算机时，软件应属于出租的主要标的。

案例 3-11　广东唯品会信息科技有限公司与甄某誉侵害计算机软件著作权纠纷案[1]

原告广东唯品会信息科技有限公司（以下简称唯品会公司）网站软件系统主要由唯品会网站商品展示系统软件及唯品会网站用户管理系统软件构成。唯品会公司开发完成唯品会网站用户管理系统软件 V1.3，并进行了著作权登记，依法享有该软件的著作权。用户管理系统软件主要用于用户数据生成及管理、用户订单生成及管理、优惠发放、物流追踪回馈，用户必须注册唯品会用户账号，并以注册的账号、密码登录后才可使用。用户协议是唯品会公司授权注册人使用且仅其个人使用软件的授权文件，用户账号是用户管理系统软件识别用户的标识，也是唯品会公司根据用户协议发放给授权用户的使用权凭证，该凭证不得转让，也不得用于其他商业用途。唯品会公司作为唯品会网站用户管理系统软件的著作权人，拥有出租权等权利，从未允许未经授权、未签约的用户使用唯品会网站用户管理系统软件。被告甄某誉在淘宝网站上经营网店并出售唯品会网站账号密码，帮助未经授权的人对唯品会网站进行非法登录和使用。

广东知识产权法院经审理认为唯品会公司通过为用户创建设置密码保护

---

[1]　参见"广东唯品会信息科技有限公司与甄某誉侵害计算机软件著作权纠纷案"，广州知识产权法院［2015］粤知法著民初字第 106 号民事判决书。

的个人账号，授权用户使用涉案软件，同时要求用户须接受相应的服务条款，是其行使著作权的一种实现方式。通过涉案软件，用户凭个人账号和相对应的密码即可登录唯品会网站，并可享受唯品会网站提供的电子商务服务和购买优惠等用户权利，因此，用户个人账号密码实质上是被授权使用涉案软件的权利凭证。按照用户在注册过程中接受的条款内容，用户账号密码是被禁止转让的。但是，甄某誉通过信息网络将唯品会网站用户账号密码进行销售，无论所售账号密码是其自己注册获取的还是从他人处获取的，该行为将引致涉案软件的非授权使用，属侵害唯品会公司对该软件享有的著作权，故而判决甄某誉停止销售唯品会网站用户管理系统软件的用户账号和密码并赔偿损失。

八、计算机软件著作权人的信息网络传播权

《计算机软件保护条例》第 8 条第 1 款第（七）项规定，信息网络传播权，即以有线或者无线方式向公众提供软件，使公众可以在其个人选定的时间和地点获得软件的权利，这是修改后的条例给软件著作权人新增加的一项权利。该权利的重心在于公众可以在选定的时间和地点接触到作品，它离不开公众对其的选择。[1]信息网络最初仅指以计算机电子设备为终端的计算机互联网，随着网络技术和通信技术的发展，电信网、广播电视网、互联网通过技术改造，呈现互联互通、资源共享的姿态，即所谓的"三网融合"，信息网络的范围因此得以扩展。2021 年施行的最高人民法院《关于审理侵害信息网络传播权民事纠纷案件适用法律若干问题的规定》第 2 条明确指出："本规定所称信息网络，包括以计算机、电视机、固定电话机、移动电话机等电子设备为终端的计算机互联网、广播电视网、固定通信网、移动通信网等信息网络，以及向公众开放的局域网络。"版权的保护方式就是赋予版权人控制作品传播方式的专有权，在网络环境下，当作品通过网络向公众传播时，法律应当赋予著作权人一种直接的控制作品在网络上传播的权利，这种权利就是信息网络传播权。

---

　　〔1〕　蒋舸："著作权直接侵权认定中的'用户感知'因素——从复制权到信息网络传播权"，载《环球法律评论》2021 年第 2 期。

（一）信息网络传播权的内容及侵权认定

软件作为一种数字化作品，在互联网上的传播更是十分普遍，因此，修改后的条例也为软件著作权人相应地增加了信息网络传播权。软件著作权人信息网络传播权的权利内容包括两个方面：一是许可权，即任何组织和个人通过信息网络向公众提供软件，应当取得软件著作权人的许可。有学者认为，再次提供的行为同样可能构成侵犯信息网络传播权，它仍然属于在互联网空间向社会公众提供作品的行为，该行为可能违背著作权人的意愿，使得许可范围外的公众在个人选定的时间地点接触到计算机软件作品。[1]二是获酬权，即通过信息网络向公众提供他人的软件的，应当向权利人支付报酬。因为通过信息网络传播，可以使计算机软件在网络交互式传播时代发挥其满足公众需求的价值，从而使开发者或著作权人的劳动得到奖励。正如洛克对劳动与财产关系的论述，他认为："如果没有劳动，土地的多寡就只有很小的价值。"[2]基于此，对于信息网络传播权的侵权认定标准便根据服务器、社会公共、权利再现等因素，衍生出服务器标准、用户感知标准、实质替代标准、实质呈现标准等。

信息网络传播权以信息网络作为依托，否则，便无法构成信息网络传播的侵权行为。因此，侵害信息网络传播权的行为主体大多是从事在线计算机技术的组织。对于侵权行为的认定，根据互联网主体的不同，分为直接侵权和教唆、帮助侵权。根据最高人民法院《关于审理侵害信息网络传播权民事纠纷案件适用法律若干问题的规定》，信息网络传播权的直接侵权行为指的是通过上传到网络服务器、设置共享文件或者利用文件分享软件等方式，将作品置于信息网络中，使公众能够在个人选定的时间和地点以下载、浏览或者其他方式获得的行为。对于该内容的解释，学界认为采用的侵权认定标准就是服务器标准。也就是说直接侵权是主动将侵权作品上传到信息网络空间、使不特定公众能够获取的行为。教唆侵权行为、帮助侵权行为针对的是虽未实施直接将侵权作品置于公共网络空间的侵权行为，但为之提供帮助或者对其构成教唆的情形。[3]在实践中，由于侵权主体大多为企业、公司，因而，

---

〔1〕 刘银良："论服务器标准的局限"，载《法学杂志》2018年第5期。
〔2〕 ［英］洛克：《政府论（下篇）》，叶启芳、瞿菊农译，商务印书馆2012年版，第23页。
〔3〕 初萌："智能时代信息网络传播权的边界及其治理"，载《知识产权》2022年第2期。

侵权的主动性便更加明显，当然，对于行为人主张其不知情或不懂法，并不是其承担侵权责任的豁免理由。由于教唆、帮助侵权行为是基于直接侵权行为来认定的，因而，在司法实践中需要对网络服务商的过错进行认定。北京萝卜特科技有限公司与北京力天无限网络技术有限公司、苏宁云商集团股份有限公司侵害计算机软件著作权纠纷、株式会社光荣库特魔游戏与北京三鼎梦软件服务有限公司侵害计算机软件著作权纠纷均为侵害著作权人信息网络传播权的案例。

（二）信息网络传播权与复制权的关系

信息网络传播权与复制权从概念及内容表达上来看并没有任何的联系，二者的产生时间也不尽相同，信息网络传播权是随着时代的发展而产生的权利，复制权是自知识产权产生而产生，二者本身并无任何关联。但是，在信息网络传播过程中，行为人需要将计算机软件作品上传至系统或服务器，这一上传行为，便使复制与网络传播产生了联系。然而，复制权和信息网络传播权毕竟属于两个不同的权利，二者并不重合，因此有必要对二者的关系进行辨析。

1. 信息网络传播权与复制权的区别

首先，二者的重心不同。信息网络传播权的行为重点在于提供，进而使得公众可以接触到计算机软件作品，复制权的重点在于制作，至于公众是否可以接触到该作品，暂且不论。复制将作品进行了固定，进而产生原件与复制件，即尽管将作品复制到服务器的硬盘中，但未向公众提供或网站未开放，那么该行为仅构成复制，而非信息网络传播。其次，二者的侵权认定方式不同，对于信息网络传播权侵权，仅需要确定公众是否可以在其选定的时间地点获取或使用该计算机软件，而复制权侵权，则需要对权利软件和被诉侵权软件进行比对，判定被诉软件是否具有独创性，在关键内容上是否与权利软件相同或相似，进而判定二者是否构成实质性相似。此外，在授权内容上，复制权与信息网络传播权属于不同的权利，在签订许可或转让合同中，如需对两者进行授权，便需要同时对其进行明确，明确授权及转让内容，否则，如仅授权信息网络传播权而未涉及复制权，在权利行使的过程中便有侵犯权利人复制权的可能性。

2. 信息网络传播权与复制权的联系

可以说，在计算机软件领域，进行信息网络传播不可能仅就原件进行，交互式网络传播的一个重要步骤就是复制，如果复制和传播行为同时侵犯了复制权和信息网络传播权，那么自然应当对侵犯复制权和侵犯信息网络传播权的行为进行认定。从另一个角度来讲，复制的行为是为了让公众能够在选定的时间地点内接触到计算机软件，该行为可以看做是一种传播的前置行为，有学者认为未经许可复制的行为给权利人造成损害，可以认为被未经许可进行交互式网络传播给权利人造成的损害所吸收，便无需再对侵害复制权造成的损害进行认定。[1]故二者在前后顺序上的联系直接决定了侵权责任的认定与承担，在实际司法过程中，便需要对行为人的权利范围及复制行为的限度进行审查，以便确定责任的承担。

案例 3-12　北京萝卜特科技有限公司与北京力天无限网络技术有限公司、苏宁云商集团股份有限公司侵害计算机软件著作权纠纷案[2]

本案诉争软件为"圣火令连城诀（CastleWar）"游戏软件，该软件的著作权通过著作权人无锡圣火令科技有限公司（以下简称圣火令公司）将包括"圣火连城诀 CastleWar（夺城奇兵）"在内的若干游戏及圣火令公司开发的其他全部游戏作品（统称为圣火令游戏）在全球范围内的信息网络传播权及为上述环境下传播使用所必要的复制权、发行权及侵权维权权利、诉讼权利独家授权于快乐米（北京）信息技术有限公司（以下简称快乐米公司）。快乐米公司有权以任何方式转授权给第三方，后快乐米公司出具授权书，声明将包含"圣火连城诀（CastleWar）"在内的圣火令游戏在全球范围内的信息网络传播权及为上述环境下传播使用所必要的复制权、发行权等非独家授权给北京萝卜特科技有限公司（以下简称萝卜特公司），同时，同意将圣火令游戏的侵权维权权利、诉讼权利独家授权给萝卜特公司，萝卜特公司有权以自己名义对任何侵犯圣火令游戏信息网络传播权等合法权益的行为进行法律追究。萝卜特公司有权以自己的名义提起相关诉讼，并获得经济赔偿。授权有效期自授权书签署之日起至快乐米公司发出终止授权止。因此，萝卜特公司作为原告就著作权侵权事宜以北京力天无限网络技术有限公司（以下简称力天无限公司）、苏宁云商集团股份有限公司（以下简称苏宁云商公司）为被告

---

〔1〕　王迁："复制权与信息网络传播权的关系"，载《湖南师范大学社会科学学报》2022 年第 2 期。

〔2〕　参见"北京萝卜特科技有限公司与北京力天无限网络技术有限公司、苏宁云商集团股份有限公司侵害计算机软件著作权纠纷案"，北京市高级人民法院（2018）京民终 383 号民事判决书。

向北京知识产权法院提起诉讼。一审法院经过审理后认为，根据萝卜特公司提交的著作权证书、圣火令公司出具的授权书和声明书、快乐米公司出具的授权书，能够形成完整的证据链证明萝卜特公司经授权享有涉案软件的非独家信息网络传播权，且其有权以自己的名义单独针对侵害涉案软件信息网络传播权的行为提起诉讼。根据在工业和信息化部 ICP/IP 地址/域名信息备案管理系统上的查询结果，苏宁云商公司为涉案网站的主办方。根据本案中查明的事实，涉案游戏软件下载页面显示软件来源于 www.anzhi.com（安智网），故可以认定苏宁云商公司并非涉案软件的直接提供者，而是搜索链接网络服务的提供者。苏宁云商公司未经许可提供涉案软件的链接，侵犯了萝卜特公司对涉案软件的信息网络传播权。涉案软件下载时显示来源于 www.anzhi.com（安智网），其主办方为力天无限公司。结合力天公司提供的证据，综合考虑本案中的证据及相关查明的事实，认定涉案软件由力天无限公司上传提供，其已构成直接侵权。从而判决力天无限公司与苏宁云商公司已构成共同侵权，应当承担相应的法律责任。

力天无限公司不服一审判决，向北京市高级人民法院提起上诉，北京市高级人民法院确认萝卜特公司有权对侵害涉案软件信息网络传播权的行为提起诉讼，同时认定经第 17034 号公证书所公证的事实，苏宁云商公司作为 www.suning.com 所有者和经营者，其在网站上提供了涉案软件的下载服务。涉案软件系通过在 www.suning.com 网站上搜索获得，虽然下载涉案软件时显示来源于 www.anzhi.com 网站，但 www.suning.com 网站上显示的搜索结果系唯一，且存在有关该软件的内容介绍，故苏宁云商公司作为链接服务提供者对链接的作品进行了主动的选择、编辑，对涉案作品的传播存在应知的过错。网络服务提供者明知或应知网络用户利用网络服务侵害信息网络传播权，未采取删除、屏蔽、断开链接等必要措施，或者提供技术支持等帮助行为的，构成帮助侵权行为。网络服务提供者接到权利人以书信、传真、电子邮件等方式提交的通知，未及时采取删除、屏蔽、断开链接等必要措施的，应当认定其明知相关侵害信息网络传播权的行为。萝卜特公司曾向苏宁云商公司的邮箱中发送了涉案软件的权利证明、侵权链接地址，要求删除涉案软件，该邮箱系 www.suning.com 网站上所公布的邮箱，但苏宁云商公司未及时采取删除、屏蔽、断开链接等必要措施，其行为构成对涉案软件信息网络传播权的侵害，故而驳回力天公司的上诉，维持原判。

案例 3-13 株式会社光荣库特魔游戏与北京三鼎梦软件服务有限公司侵害计算机软件著作权纠纷案[1]

本案一审同样由北京知识产权法院审理，一审法院根据株式会社光荣库特魔游戏（以下简称光荣特库摩游戏）提交的经公证认证购买的软件光盘，结合我国版权局著作权登记、光荣特库摩游戏企划书等证据材料相互印证，形成了完整的证据链条，认定光荣特库摩游戏是《信长之野望创造》计算机软件的著作权人。经当庭勘验，光荣特库摩游戏提交的正版游戏软件与〔2016〕京中信内证经字 09191 号公证书中下载的被控侵权游戏软件对比表，显示两款游戏软件运行过程中进入游戏时显示的均为 KT 商标、koei 商标标识，游戏主菜单的画面、文字及其排列完全相同，游戏中的剧本选择菜单、剧本背景及介绍、地图模式、城市模式、剧情、各人物的人物图鉴及美术形象、相关人物容貌修改特典、工作人员介绍等情况完全相同。北京三鼎梦软件服务有限公司（以下简称三鼎梦软件公司）在其经营管理的 3DMGAME 网站中单独设置《信长之野望 14：创造 3DM 简体中文硬盘版 v5.0》游戏软件的主题网页，明确承认该游戏软件系其制作，而"下载说明"中记载该游戏制作和发行均为 KOEITECMOGAMESCO.LTD，即光荣特库摩游戏。点击 3DMGAME 网站提供的链接下载得到的文件大小与三鼎梦软件公司网站中的记载一致，且解压后的文件夹及文件均以 3DM 的名称命名。经实际运行游戏软件进行比对，确认《信长之野望 14：创造 3DM 简体中文硬盘版 v5.0》即为光荣特库摩游戏享有著作权的《信长之野望创造》游戏软件的破解版。由此一审法院认定，三鼎梦软件公司未经许可通过信息网络上传了光荣特库摩游戏享有著作权的游戏软件，使公众可以在其个人选定的时间和地点获得该作品，侵害了光荣特库摩游戏对其作品所享有的信息网络传播权。

二审中，三鼎梦软件公司以涉案游戏软件不应受到我国法律保护，不构成侵权为由提起上诉，北京市高级人民法院经过审理后明确了光荣特库摩游戏的著作权人地位，同时认为在三鼎梦软件公司未提交证据证明其仅提供网

---

〔1〕 参见《株式会社光荣库特魔游戏与北京三鼎梦软件服务有限公司侵害计算机软件著作权纠纷案》，北京市高级人民法院〔2018〕京民终 177 号民事判决书。

络服务且无过错且光荣特库摩游戏已提供证据证明其存在侵权行为的情况下，判决驳回上诉，维持原判。

九、计算机软件著作权人的翻译权

《计算机软件保护条例》第 8 条第 1 款第（八）项规定，翻译权，即将原软件从一种自然语言文字转换成另一种自然语言文字的权利。翻译权是著作权财产权利中一项非常重要的权利，包括我国的许多国家都在著作权法中对其进行了规定，国际公约中也有对翻译权的规定。[1]现代社会，随着经济的发展、科技的进步，国家间经济、文化、科学技术研究等领域的交流与合作越来越普遍。翻译作为交流的中介，将发挥越来越大的作用。翻译权作为著作权人的一项财产权利，尤其在国际版权贸易中，会给权利人带来丰厚的经济利益。

（一）计算机软件翻译权的变迁

我国于 1992 年加入《伯尔尼公约》与《世界版权公约》。1991 年《著作权法》第 10 条对于作者人身权和财产权进行了保护，复制、表演、播放、展览等使用作品的权利被统一称为"使用权与获得报酬权"。同时，第 12 条对于翻译作品的保护进行了规定，翻译、注释、改编、整理的行为被视作创作演绎作品的行为，相关行为应当尊重原作的著作权。这样，翻译的行为被规定于演绎行为之下，翻译作品与改编作品等共称为演绎作品。1991 年实施的《计算机软件保护条例》基于《著作权法》的规定，第 9 条规定了软件著作权人享有的各项权利，包括发表权、开发者身份权、使用权、使用许可权和获得报酬权及转让权，其中使用权涉及翻译内容，即在不损害社会公共利益的前提下，以复制、展示、发行、修改、翻译、注释等方式使用其软件的权利。2001 年，《著作权法》进行第一次修正。其中，第 10 条采用列举的立法方式，将著作权中的经济权利分类为 12 项权利，翻译权作为一项"将作品从一种语言文字转换成另一种语言文字的权利"被规定于第（十五）项当中。

---

〔1〕《伯尔尼公约》第 8 条规定："受本条约保护的文学艺术作品的作者，在对原作享有权利的整个保护期内，享有翻译和授权翻译其作品的专有权利。"《世界版权公约》第 5 条第 1 款规定："公约保护的财产权还包括作者翻译或授权他人翻译受本公约保护的作品，以及出版和授权他人出版上述作品译本的权利。"

2001 年《著作权法》修改后,《计算机软件保护条例》也被同步修改,同样以列举的方式将翻译权作为一项权利单独规定在著作权人享有权利的范围内。至此,我国《著作权法》及《计算机软件保护条例》对于翻译权的保护框架基本被确定下来,随后的第 2 次修正、第 3 次修正,翻译权原有条款被立法者保留下来。

(二) 翻译权的内涵

翻译权是软件著作权人享有的一项财产权利,它既可以由软件著作权人自己行使,也可以由软件著作权人授权他人行使,未经软件著作权人的许可,擅自翻译软件的行为,就可能构成对翻译权的侵犯。对软件的翻译可以分成两种情形:一种是对软件的程序中所涉及自然语言的翻译,对程序中自然语言的翻译,主要是对程序中所涉及的提示信息等人机对话方面的自然语言进行翻译,使软件在不改变其功能的前提下,就可以让使用另一种自然语言的人们理解并使用该软件。在我们国家,最常见的对计算机软件的翻译就是汉化补丁。汉化补丁,就是指能将某种国外软件的操作界面翻译成中文的程序,并使该软件能够处理汉字信息,即对其进行"汉化",可以使使用汉语的人们能够理解并操作该软件。另一种是对软件的文档进行翻译,是指把编制文档所使用的一种自然语言翻译成另一种自然语言。这与一般文字作品的翻译是完全相同的。由此可见,对软件进行翻译,一般情况下,只是将软件所涉及的自然语言进行翻译,并不使该软件增加新的功能。因此,可以从以下两个维度理解翻译权的内涵:第一,计算机软件著作权人的翻译权受法律保护,著作权人可以自己翻译或授权他人翻译作品;第二,翻译已有作品的行为会产生基于演绎作品的著作权,翻译作品的独创性在一定程度上受制于原作品的独创性。译者应尊重原作品的著作权,使用原作品需获得原著作权人的许可,并向其支付报酬。同时,第三方使用翻译作品时,需同时征求原作者与演绎作者的许可,并向二者支付报酬。[1]

需要注意的是,把软件中的程序从一种编程语言转换成另一种编程语言,并不是《计算机软件保护条例》中翻译权的内涵,也就是说,把用一种编程语言编写的程序,重新用另一种编程语言编写,并不是一种翻译,而是软件

---

〔1〕 尹锋林、赵旖鑫:"挑战与应对:机器翻译的发展与翻译权行使的未来",载《科技与法律(中英文)》2021 年第 3 期。

产业中所指的"软件移植"。软件移植是软件产业特有的一种情况。在计算机软件领域，常用的计算机语言有十几种，软件移植的实质是程序移植，就是把用一种计算机程序语言编写的程序，用另一种计算机程序语言重新编写，从而生成一个新的程序，以便在不同的计算机和不同的操作系统下运行。这个程序在功能和性能上可以做到与原来的程序完全相同。软件移植时一般是参照原软件的源程序代码直接编写程序，省去了系统分析、总体设计、详细设计等重要开发步骤，比重新设计，开发一个新软件要容易得多，因而也特别容易引起软件著作权纠纷。[1]

十、计算机软件著作权人的其他权利

《计算机软件保护条例》第 8 条第 1 款第（九）项规定，软件著作权人享有的权利还包括应当由软件著作权人享有的其他权利。

前述列举了软件著作权人享有的八项权利，但用列举的方法是不能穷尽软件著作权人的权利的。同时，软件的新的使用方式层出不穷，无论如何都是列举不全的。著作权立法有一个一般原则，凡是没有进行明文限制，其权利归作者。因此，各国著作权法对作者权利的规定都是开放式的，不限于明文列举的项目。软件技术发展很快，软件著作权可能还会出现新的权利，因此，增加这样一个兜底条款。一方面可以将上述没有包括的内容涵盖进去，弥补前几项没有罗列全面的缺憾。另一方面也可以为今后形势的发展留有余地，同时还可以为司法部门进行司法解释提供解释空间。《著作权法》和《计算机保护条例》保护权利人经济利益的方式是赋予权利人一系列专有权利，它并不是彰显权利人所拥有权利的多寡，而是在于对他人的行为进行控制。[2]但是，关于该兜底条款的性质如何，学界还存在争议，兜底条款的适用条件也应当具有严格的限制条件。

（一）其他权利兜底条款的性质认定

不论是《著作权法》还是《计算机软件保护条例》，对于著作权人的权利，均设有兜底条款，也就是说法律没有穷尽列举著作权人的权利，但为了

---

〔1〕　徐玉麟主编：《计算机软件保护条例释义》，中国法制出版社 2002 年版，第 40~41 页。
〔2〕　宋雅馨："网络环境下著作权权项兜底条款的适用研究"，载《网络信息法学研究》2020 年第 1 期。

解决现实中出现的问题，为了保障著作权人应有的权利，进而设置该条款。那么，未明确的权利《著作权法》应当如何规定，其他权利的确定是否超出法定范围，学界中存在着不同的声音。有学者认为，著作权人的权利应当遵循法定原则，不得被随意扩大，开发者享有何种权利，应当有法律明确规定，著作权法及计算机保护条例不得随意改变作者或开发者的权利范畴，不得扩展或缩小。同时，立法者不得随意将应由立法机关决定的事项变由司法机关决定，否则就打破了立法与司法的权利分立与制衡。[1]但有学者认为，兜底条款并未打破知识产权法定主义，没有违背知识产权法定主义的要求，认为兜底条款是原则与例外的关系，设置兜底条款不仅有助于弥补立法的缺陷，还可以增强《著作权法》及《计算机保护条例》的适应性和稳定性。[2]

法律的滞后性是现实立法所不能避免的问题，不论是出台司法解释还是对于法律进行修改，究其原因都是无法适应社会的发展情况。《著作权法》和《计算机软件保护条例》对于其他权利的兜底性规定，相当于给社会实践留下了一个出口，在面临现实存在的多种多样的侵权行为时，在无法对其侵权内容进行准确定性时，在不符合列举权利的行为构成时，兜底条款的适用可以有效解决法律适用困难问题，这不仅是法律适应性的体现，也有效保障了著作权人的应有权利。湖南快乐阳光互动娱乐传媒有限公司与上海视畅信息科技有限公司著作权权属、侵权纠纷一案就是在侵权事实无法适用具体权利构成时，适用了其他权利进行认定的案例。

（二）其他权利兜底条款的适用

兜底条款的适用并非随意适用，也并非没有明确规定的权利就适用。认定构成其他权利，需要有较既有权利更为严格谨慎的条件，否则会造成对著作权保护的滥用，不仅不利于著作权的保护还会造成社会的不安定。需要明确的是，兜底条款应当是除了发行权、信息网络传播权、出租权等权利之外的权利，如果侵权行为已经符合前述权利的构成要件，那么直接适用已有的权利规定即可，其他权利相当于补充适用。

对兜底条款的适用需要进行以下三个方面的考量：

---

〔1〕 刘银良：“著作权兜底条款的是非与选择”，载《法学》2019 年第 11 期。
〔2〕 张俊发：“论著作权权项设置中兜底条款的适用”，载《知识产权》2018 年第 12 期。

（1）被诉侵权行为已经具备计算机软件著作权侵权的基本特征及构成要件。[1]如果尚且不符合侵害著作权的行为构成要件，那么适用兜底条款也就丧失了合理性基础，即该行为首先应当是著作权法意义上的作品使用行为。其次，该作品的使用未得到著作权人的授权许可或未向著作权人支付相应的报酬。最后，使用行为对于权利人的计算机软件著作权造成了侵害，使用行为与侵害结果具有因果关系。

（2）被诉侵权行为对权利人的合法权益造成的损害应当由《著作权法》及《计算机软件保护条例》予以保护，前提是在穷尽既有的权利仍然不能对被诉行为进行规制。

（3）适用《著作权法》及《计算机软件保护条例》的兜底条款不会加重社会公众、网络服务经营者及相关从业人员对自身行为合法性的识别义务。[2]正如湖南快乐阳光互动娱乐传媒有限公司与上海视畅信息科技有限公司著作权权属、侵权纠纷案中对于长沙市中级人民法院对于其他权利条款适用所进行的分析，就是根据上述因素进行展开，从而采用兜底条款对侵权行为进行规制。

案例 3-14　湖南快乐阳光互动娱乐传媒有限公司与上海视畅信息科技有限公司著作权权属、侵权纠纷案[3]

本案一审由长沙市中级人民法院审理。本案中涉案电视节目《快乐大本营》第 29 期（2015 年 1 月 3 日~2015 年 7 月 18 日）的作品类别为类似摄制电影方法创作的作品，著作权人为湖南广播电视台，涉案节目《快乐大本营》第 20150314 期和第 20160326 期片尾截图均显示："本节目由湖南广播电视台出品，网上本节目只能在芒果 TV 观看，本节目信息网络传播权由湖南快乐阳光互动娱乐传媒有限公司独占享有。"湖南广播电视台向湖南快乐阳光互动娱乐传媒有限公司（以下简称快乐阳光公司）出具《授权书》称，授权人已将湖南广播电视台卫星频道自有版权电视节目和电视剧，通过信息网络向公众

---

〔1〕　宋雅馨："网络环境下著作权权项兜底条款的适用研究"，载《网络信息法学研究》2020 年第 1 期。

〔2〕　张俊发："论著作权权项设置中兜底条款的适用"，载《知识产权》2018 年第 12 期。

〔3〕　参见"湖南快乐阳光互动娱乐传媒有限公司与上海视畅信息科技有限公司著作权权属、侵权纠纷案"，湖北省高级人民法院［2017］湘民终 325 号民事判决书。

传播、广播（包括但不限于网络直播、实时转播、延时转播等）之权利独家授予快乐阳光公司，授权期限为自 2011 年 3 月 7 日起至 2016 年 6 月 30 日止。快乐阳光公司有权单独以自己的名义维权，未经快乐阳光公司书面许可，任何人、任何网站不得以任何形式转播湖南广播电视台享有版权的电视节目和电视剧。上海视畅信息科技有限公司（以下简称上海畅视公司）经营的"看客影视"网站在直播界面中播放了快乐阳光公司享有信息网络传播权的《快乐大本营》节目内容，快乐阳光公司主张其未经授权播放了节目内容，侵犯了其著作权。综合案件证据及事实，一审法院认为本案被诉侵权行为能否以《著作权法》第 10 条第 1 款第（十七）项规定的"应当由著作权人享有的其他权利"予以规制，应当综合以下因素考虑：第一，被诉侵权行为未经权利人授权许可，亦未支付相应报酬，实质上属于盗播涉案权利作品的行为，该行为已具备著作权侵权的基本特征及一般构成要件；第二，被诉侵权行为对权利人合法权益造成的不合理损害是显而易见的，受到侵害的法益虽不能归入《著作权法》明列的任一有名权项下，但对其予以保护属《著作权法》应有之意，亦符合其立法目的；第三，鉴于被诉侵权行为对权利人权益损害的显著性，适用《著作权法》的原则性条款加以调整并不会加重网络经营者及相关从业人员对自身行为合法性的识别义务。基于上述因素，一审法院认为，为充分有效地保护权利人合法权益，当事人有权适用的《著作权法》第 10 条第 1 款第（十七）项"应当由著作权人享有的其他权利"对本案被诉侵权的网络同步播放行为予以规制。

一审判决后，上海视畅公司向湖南省高级人民法院提起上诉，湖南省高级人民法院经过审理后，总结争议焦点为快乐阳光公司对涉案作品是否享有著作权法所规定的兜底权利、上海视畅公司是否侵害了快乐阳光公司的著作权、原判决确定的赔偿数额是否合理。为此，二审法院认为，根据湖南广播电视台出具的《授权书》，快乐阳光公司独家享有涉案作品通过信息网络向公众传播、广播（包括但不限于网络直播、实时转播、延时转播等）之权利。该权利有别于《著作权法》第 10 条第 1 款第（一）至（十六）项所列举的广播权、信息网络传播权等权利，故其应属于《著作权法》第 10 条第 1 款第（十七）项规定的"应当由著作权人享有的其他权利"的调整范围。一审法院的相关认定并无不当。侵害著作权的本质是侵害权利人对其作品的专有控制权，主要是非权利人未经许可（擅自）行使他人著作权的行为。上海视畅公司的行为本质上系通过"看客影视"软件播放涉案作品，扩大了涉案作品的传播范围，分流了权利人的客户和网络流量，超出了权利人对涉案作品本来的控制范围，侵害了权利人对涉案作品著作权专有权的控制。因此，上海视畅公司未经快乐阳光公司的许可播放涉案作品，违背了快乐阳光公司的意愿，损害了快乐阳光公司的合法权益，侵害了快乐阳光公司的著作权。故二审判决驳回了上海视畅公司的上诉，维持原判。

著作权归属制度是确认作品权利人的重要制度。在现代著作权保护制度的诞生与发展过程中，著作权归属制度的发展演变是一个决定性的变量，著作权归属于作者意味着现代著作权法的产生，著作权归属制度的变化则往往影响着一个国家著作权保护制度的发展方向，并形成丰富多样的著作权归属安排。计算机软件著作权作为一种民事权利，应当归属于一定的民事主体。著作权归属指的是著作权的诸项权利该归谁享有，也就是对著作权权利主体的确认。计算机软件著作权的归属是指谁有权获得计算机软件著作权，或者该计算机软件应该归属于谁所有。[1]确定计算机软件著作权的归属，必须明确三个基本问题：一是必须明确计算机软件开发者和计算机软件著作权人两者在概念上的统一和分离。计算机软件开发者是指实际组织、进行开发工作、提供工作条件的完成软件开发，并对软件承担责任的法人或者非法人单位，或者依靠自己具有的条件完成软件开发，并对软件承担责任的自然人。具体地讲，软件开发者包含个人和单位两种情况，软件著作权人则是指依法对软件享有权利的单位和个人。《计算机软件保护条例》第9条第1款规定，软件著作权属于软件开发者，本条例有专门规定者从其规定，就是说，软件著作权人和软件开发者在一般情况下是统一的，但是在某些特殊情况下有可能又是分离的。因此在确认其归属问题时，不能简单地把软件开发者视为软件著作权人。[2]二是必须明确契约在先的原则，也就是依法约定高于法定的一般原则。对于合作开发、委托开发和计划开发的计算机软件必须遵循这一原则，即

---

〔1〕 李林启、康东书、郭玲：《计算机软件著作权保护制度研究》，光明日报出版社2021年版，第72页。

〔2〕 陈廉芳："计算机软件著作权的归属及侵权行为分析"，载《江西图书馆学刊》2008年第1期。

合同中对软件著作权归属问题有约定的，以约定为准；没有约定的，按法定一般原则确立。三是必须明确在职职工开发的计算机软件的归属原则，特别是法律未作明确规定为单位或个人所有的灰色区域的计算机软件著作权的归属原则。

一、计算机软件著作权归属的一般原则

纵观世界各国著作权立法，对于作品著作权归属的法律规定反映了各国著作权保护制度的立法理念。从著作权的立法来看，是按照以经济为重点和以人权为重点两条不同的法律主线发展的，这两条法律主线形成了两种不同的权利体系模式：一种是以英国、美国等国家为代表的"版权体系"，另一种是以法国、德国等国家为代表的"作者权体系"。[1]从著作权归属制度来看，"版权体系"国家和"作者权体系"国家首先在著作权归属问题上都采取了同一原则，即著作权归属于作者，而且几乎所有情况下都允许作者和作者之外的主体约定著作权归属。"版权体系"国家和"作者权体系"国家在著作权归属问题上的不同之处在于多人创作完成的作品，尤其是存在雇佣关系、投资关系和委托创作关系时两个体系的，国家立法对著作权归属采用了不同的处理方案。[2]我国采用的是以作者原则为基本原则，以特殊为补充，以合同为例外。著作权属于作者是归属的基本原则，但是根据《著作权法》第11条，在一定情况下，法人或者其他组织视为作者。此外还有职务作品和委托作品的规定，他们虽然均不是作者，但是依照法律规定也可以获得作品的著作权。《计算机软件保护条例》第9条第1款规定："软件著作权属于软件开发者，本条例另有规定的除外。"实践中，计算机软件著作权归属于软件开发者，但也存在合作开发软件、委托开发软件、职务软件等情况，这些情况需要根据法律法规的规定确定软件著作权的归属。

（一）一般情况下软件著作权属于软件开发者

软件著作权属于软件开发者是我国《计算机软件保护条例》关于软件原始归属的一般规定，该规定与世界上大多数国家的规定相同。特别是《伯尔尼公约》，更以保护作者（开发者）的权利为宗旨，以作者的著作权为主要原始归属。软件开发者享有著作权于软件开发完成时。软件开发者既可以是法

---

〔1〕 黎淑兰："著作权归属问题研究"，华东政法大学 2014 年博士学位论文。
〔2〕 曹新明："我国著作权归属模式的立法完善"，载《法学》2011 年第 6 期。

人或者非法人单位，也可以是自然人。但两类开发者有一个共同的特点，即都应是实际组织、进行、完成开发工作的，仅仅从事一些辅助性工作的单位或公民，不能成为开发者，也就不能享有软件著作权。开发者的确认，一般是根据其在软件上的署名，即署名者享有软件著作权。《伯尔尼公约》对此作了如下的规定，只要作者的姓名以通常方式出现在作品上，又无相反证据证明其不实，则须将其视为作品的真正作者，并可以在其他成员国出现侵权行为时予以起诉。如果作者使用的姓名系假名，则只要它能清楚确定作者的身份，也适用本款。[1]因此，如果要证明非署名者是软件开发者，必须有相反的证明，我国《计算机软件保护条例》亦有相关规定。[2]

案例 4-1　长沙米拓信息技术有限公司与河南省工程建设协会侵害计算机软件著作权纠纷案[3]

本案中，长沙米拓信息技术有限公司（以下简称米拓公司）称，其于2009 年自主开发了"MetInfo 企业网站管理系统"，并取得国家版权局颁发的计算机软件著作权登记证书，备受用户好评。米拓公司依法享有该软件著作权。法院认为，米拓公司提供的软著登字第 4765819 号《计算机软件著作权登记证书》载明：软件名称为米拓企业建站系统（简称 MetInfo）v7.0，著作权人为米拓公司，开发完成日期为 2019 年 7 月 26 日，首次发表日期为 2019年 8 月 3 日，权利取得方式为原始取得，权利范围为全部权利，登记号为2019SR1345062，该证书落款日期为 2019 年 12 月 11 日。根据《计算机软件保护条例》第 5 条规定，软件开发者享有著作权。米拓公司提供了涉案建站软件的著作权登记证书，工程建设协会不能提供反证，据此法院认定该软件著作权人为米拓公司。

（二）特殊情况下软件著作权依约定或者由法律规定

我国《计算机软件保护条例》规定，中国公民和单位对其所开发的软件，

---

［1］ 何红锋、翁瑞琪、孙小红："软件著作权讲座之六　软件著作权的归属"，载《软件》1995年第 12 期。

［2］《计算机软件保护条例》第 9 条规定："软件著作权属于软件开发者，本条例另有规定的除外。如无相反证明，在软件上署名的自然人、法人或者其他组织为开发者。"

［3］ 参见"长沙米拓信息技术有限公司与河南省工程建设协会侵害计算机软件著作权纠纷案"，最高人民法院［2021］最高法知民终 1547 号民事判决书。

不论是否发表，不论在何地发表，均依法享有著作权。外国人的软件首先在中国境内发表的，依照本条例享有著作权。外国人在中国境外发表的软件，依照其所属国同中国签订的协议或者共同参加的国际条约享有的著作权，也依法受到保护。但有一些特殊情况，需根据软件著作权人的约定或者由法律对其规定。对于外国人及外国作品实行国民待遇原则，是包括我国在内的世界绝大多数国家普遍采用的一项原则。在著作权法的领域内，国民待遇原则应包括两个方面的含义：一是指一国对在该国境内的外国人创作的作品提供的保护应当遵守国民待遇原则；二是指对外国作品的国民待遇。[1]《伯尔尼公约》第 3 条规定了作品的连结点，这一规定是为了从作品来源的层面上确定究竟哪些作品受到公约的保护。《伯尔尼公约》第 3 条第 1 款按照两种标准来确定其保护的范围。[2]其一，公约按照属人标准，规定属于公约成员国国民的作者，不论其作品是否已经发行，也不论在哪一国发行，其作品受到公约的保护。这一规定的连结点是作者的国籍。其二，公约按照属地标准来规定其保护作品的范围，此时的连结点是作品的首次发行地。在第一种情况下，只考虑作者的国籍；在第二种情况下，必须考虑作品的首次发行地。在作者不具有成员国国籍的情况下，就只能考虑第二个连结点，也就是作品的首次出版地。现行《著作权法》第 2 条首先是区分"中国公民、法人或者其他组织"与"外国人、无国籍人"。随后再根据"外国人、无国籍人"的所属国或居住地国与中国的关系，区分为两种情况——与中国有条约关系和与中国没有条约关系。从《伯尔尼公约》的国内适用的角度来看，中国作为《伯尔尼公约》的成员国，中国作者与其他《伯尔尼公约》成员国的作者，他们的作品不论是否出版，都应受《伯尔尼公约》的保护。而那些与中国没有条约关系的国家的作者，显然都是非《伯尔尼公约》成员国的国民，必须具备出版地连结点才能受公约保护。[3]现行《著作权法》第 2 条规定了作品国籍。其第 1 款规定的是"中国自然人、法人或其他组织的作品"，明显是按照属人

---

〔1〕　参见曾赞新："浅析我国著作权法对外国人作品的法律保护的冲突"，载《研究生法学》1997 年第 3 期。

〔2〕　《伯尔尼公约》第 3 条第 1 款："本公约给予的保护适用于：（a）属于本联盟成员国国民的作者，不论其作品是否已经发行。（b）不属于本联盟成员国国民的作者，但其作品已在本联盟一成员国首次发行，或已在一非联盟成员国和本联盟一成员国同时发行。"

〔3〕　项晓媛："作品起源国与国民待遇原则——兼评《著作权法（送审稿）》第 2 条"，载《北京政法职业学院学报》2018 年第 4 期。

标准来规定，这一类主体的作品，不论是否发表，都自然适用我国的国内法，这一点并没有异议。也就是说公约的成员国国民，无论其作品是否发表，都应当按照该国国内法来讨论，与国际条约无关。其第 2 款规定的"外国人"指的是其所属国或经常居住地所在国同中国签订了双边协议，或者同是《伯尔尼公约》的成员国。但是此类作品，应当是指在其他成员国首次出版的作品，而不是在我国境内首次出版，或是在我国和其他成员国同时首次出版的作品。也就是说，此类作品中，我国不是其起源国。这就导致了现行《著作权法》第 2 条第 2 款和第 3 款的区别，第 3 款条文明确表述了"首先在中国境内出版的"，也就是说，虽然第 3 类作品同样是指外国人、无国籍人的作品，但是指的是外国人、无国籍人首次在我国境内出版的作品，也就是说我国是此类作品的起源国。因此，现行《著作权法》第 2 条第 3 款并不是逻辑上的重复，其存在有重要作用。至于现行《著作权法》第 2 条第 4 款，指的是未与我国签订条约的国家的国民，其作品首次出版地在公约的其他成员国，或者是在其他成员国和非成员国同时出版。按照上述的起源国的确定方法，此时起源国应当为公约的其他成员国，而并非我国。

一是合作开发软件。由两个以上的单位、公民合作开发的软件，其著作权的归属由合作开发者签订书面合同约定。合作开发者对软件著作权的行使按照事前的书面协议进行，如无书面协议，而合作开发的软件可以分割使用的，由合作开发者协商一致行使，如不能协商一致，又无正当理由，任何一方不得阻止他方行使除转让权以外的其他权利，但所得收益应合理分配给所有合作开发者。[1]

二是委托开发软件。受他人委托开发的软件，其著作权的归属由委托者与受委托者签订书面协议约定，如无书面协议或者在协议中未作明确约定，其著作权属于受委托者。

三是按照上级指令开发软件。由上级单位或者政府部门下达任务开发的软件，著作权的归属由项目任务书或者合同规定。如项目任务书或者合同中未作明确规定，软件著作权属于接受任务的单位。

四是为履行本职工作而开发软件。公民在单位任职期间所开发的软件，

---

[1] 上海市法学会编：《法律适用手册：知识产权法分册》，上海社会科学院出版社 2009 年版，第 143 页。

如是执行本职工作的结果，则该软件的著作权属于该单位。公民所开发的软件，如不是执行本职工作的结果，并与开发者在单位中从事的工作内容无直接联系，同时又未使用单位的物质技术条件，则该软件的著作权属于开发者自己。

二、合作开发软件的归属

所谓合作开发软件，也称为共同开发的软件，是指由两个或者两个以上的自然人、法人或者其他组织共同开发完成的软件。[1]各成员对共有物特定份额享有所有权，共有对象非所有权，乃所有物，实质上是所有物价值。[2]无论是按份共有还是共同共有，都是数人对同一个独立物共同享有一个所有权。在我国民法制度中，共有区分为按份共有和共同共有。通说认为两者的不同主要有：按份共有是区分份额的共有，共同共有是不区分份额的共有。也即按份共有是确定份额的共有，共同共有是不确定份额的共有。在按份共有中，各共有人依其在共有关系中所享有的份额，享受权利，承担义务；而在共同共有中，全体共有人共同、平等地享受权利，承担义务。在按份共有，因有确定的份额，故可贯彻自由处分原则，法律因此规定各共有人得自由处分其份额，包括抛弃共有份额、让与共有份额，以共有份额设定抵押权或质权等。而共同共有，因其不区分份额，故根本不存在份额的自由处分问题。[3]一般来说，除了功能非常简单的软件外，绝大多数软件的开发都不是一个人独立完成的，需要两个或者两个以上的自然人、法人或者其他组织共同开发，这在实践中非常普遍。

（一）合作开发软件的构成

通常情况下，两人以上合作的作品是合作作品。而对合作作品的认定，不仅需要合作作者之间具有共同创作某一作品的意思表示，还要求在创作过程中合作作者之间始终贯彻合作创作的意图，有意识地进行协调，以便使他们的创作成果相互照应、衔接、协调和统一，达到整体的和谐。合作作品完

---

〔1〕　李维："浅析新《计算机软件保护条例》中的权利主体"，载《知识产权》2002年第2期。

〔2〕　李锡鹤："究竟何谓'共同关系'——再论按份共有与共同共有之区别"，载《东方法学》2016年第4期。

〔3〕　戴永盛："共有释论"，载《法学》2013年第12期。

成后，其形式还应当达到著作权法所要求的作品标准。[1]

对合作开发软件而言，其也应该满足以下构成要素：一是共同开发的合意，指两个以上的单位或个人对共同开发某一主题的计算机软件的行为及后果有明确的认识，意思表示一致。"合意"仅就开发本身而言，除此之外的其他合意不是共同开发的"合意"，不能成为合作开发软件的要素。缺少共同开发的"合意"，不能成为合作开发软件。例如，两个单位或者个人就同一主题各自单独进行开发的软件，就不属于合作开发软件。二是共同开发的行为，这是最关键的一点。除了合作开发者约定及法律规定的特殊情况外，没有参加开发的单位或个人不能成为软件开发者，尤其不能获得软件开发者身份。

（二）合作开发软件著作权归属的法律规定

《著作权法》第 14 条规定，两人以上合作创作的作品，著作权由合作作者共同享有。也就是说，关于合作作品的归属，首先是由合作作者共同享有。在合作作品可以分割使用的情况下，作者对各自创作的部分可以单独享有著作权。根据《计算机软件保护条例》第 10 条的规定，[2]合作开发软件著作权的归属约定优先，即合作开发软件的著作权的归属由合作开发者签订书面合同约定。无书面合同或者合同未作明确约定，合作开发的软件可以分割使用的，开发者对各自开发的部分可以单独享有著作权；合作开发的软件不能分割使用的，其著作权由各合作开发者共同享有。也就是说，软件是由各方共同参与开发的，那么该软件的著作权就不能由哪一方单独享有，任何一方都不能当然取得该软件的著作权，该软件的著作权的归属必须由所有合作者共同协商，通过签订合同的方式来确定，避免在行使该软件著作权时发生纠纷。[3]假如各合作开发者事先没有签订书面合同，或者所签订的合同中没有对软件著作权的归属进行约定，那么，此时就要看合作开发的软件是否可以

---

[1] 王小龙、谢江军："合作开发计算机软件的著作权归属"，载《人民司法》2008 年第 24 期。

[2] 《计算机软件保护条例》第 10 条规定："由两个以上的自然人、法人或者其他组织合作开发的软件，其著作权的归属由合作开发者签订书面合同约定。无书面合同或者合同未作明确约定，合作开发的软件可以分割使用的，开发者对各自开发的部分可以单独享有著作权；但是，行使著作权时，不得扩展到合作开发的软件整体的著作权。合作开发的软件不能分割使用的，其著作权由各合作开发者共同享有，通过协商一致行使；不能协商一致，又无正当理由的，任何一方不得阻止他方行使除转让权以外的其他权利，但是所得收益应当合理分给所有合作开发者。"

[3] 寿步："软件著作权权利论"，载《科技与法律》1993 年第 1 期。

分割使用，如果合作开发的软件可以分割使用，采取按份共有的原则，各个开发者对自己开发的部分单独享有著作权；反之，如果合作开发的软件不能分割使用，则采取共同共有的原则，各合作开发者共同享有软件的著作权。

这里需要注意的问题是，没有实际参与创作能否成为软件的合作开发者？之所以提出这个问题，是因为《著作权法》第13条规定，没有参加创作的人，不能成为合作作者。也就是说，对于没有实际参与创作，或者对创作作品没有起到实质性作用的其他人来说，不能成为作品的合作作者。那么关于软件的合作开发者如何界定？软件相对于一般文字作品而言，其经济价值更突出，而合作开发的软件的结构往往也更复杂，功能更完善。要开发这样一种软件，通常涉及方方面面，既要有实际开发者的智力投入，还需要他人提供资金、设备、资料，既要开发者对该软件作出实质性的表述贡献，还要有人提供开发思路，或者为开发该软件提供后勤保障。没有这些人的通力合作，合作开发软件是很难进行的。因此，《计算机软件保护条例》没有像《著作权法》规定的那样，把没有参加实际开发的人员明确地排除在合作开发者之外，至于谁是合作开发者，《计算机软件保护条例》规定，合作开发的软件著作权归属可以由所有当事人通过约定或者协商确定。[1]

案例4-2　张某华与北京博地亚科技发展有限公司著作权归属纠纷案[2]

本案中，北京博地亚科技发展有限公司称，张某华未能按照协议约定履行投入研发技术等义务，只提供了其从事中小学教育装备管理的经验，所以不应享有计算机软件的著作权。法院认为，张某华和北京博地亚科技发展有限公司双方通过合同约定共同进行《全国中小学教育技术装备信息管理系统》软件的开发工作，具有共同创作软件作品的意思表示。张某华为该软件的开发投入了研发技术和相关经验，北京博地亚科技发展有限公司提供了一定的资金、设备等物质条件，双方进行了配合，共同进行开发活动。张某华和北京博地亚科技发展有限公司双方最终完成的成果《全国中小学教育技术装备信息管理系统》，符合《计算机软件保护条例》第3条规定的计算机程序和文档的范畴，属于《计算机软件保护条例》的保护对象。所以依据协议约定，

---

〔1〕　徐玉麟主编：《计算机软件保护条例释义》，中国法制出版社2002年版，第47页。

〔2〕　参见"张某华与北京博地亚科技发展有限公司著作权权属纠纷案"，北京市西城区人民法院[2008]西民初字第4353号民事判决书。

涉案软件属于合作作品，依法享有著作权，受到法律保护。根据《计算机软件保护条例》，合作开发软件著作权的归属应当由合同约定，本案中北京博地亚科技发展有限公司在协议履行过程中并未以原告未投入研发技术为由要求变更或者解除合同，也未就此举出充分证据。根据法院查明事实，张某华在整个软件研发期间均在被告公司任技术副经理职务，直接参与了整个研发过程，因此在协议未经变更或者解除的情况下，张某华可以依据协议享有涉案软件的著作权。

案例 4-3　珠海政采软件技术有限公司、北京国信商通科技有限公司计算机软件著作权权属纠纷案[1]

本案中，珠海政采软件技术有限公司（以下简称政采公司）称，《电子招投标和采购平台合资协议》第 5 条关于"合作公司拥有作为最终产品的项目软件的所有权，乙方开发项目软件的技术平台及相关知识产权仍属乙方所有"的约定，应被理解为"阳光易购采购交易平台"软件（以下简称诉争软件）的著作权仍由开发方政采公司享有，政采公司只是无偿许可给北京国信商通科技有限公司（以下简称国信商通公司）使用。法院认为，政采公司和国信创新公司作为国信商通公司的两个发起人和股东，双方并未单独签订关于软件著作权归属的协议或条款，而是在明确了双方各自的资源优势，以及共同的合作目标、合作方式的基础上，鉴于双方已就最终开发完成软件的著作权归属和开发过程中所使用软件的著作权归属达成了共识，在合资协议中就软件著作权问题一并作出约定。因此，不能孤立地来理解、解释上述涉及软件著作权归属的协议条款，而需要将其放到合资协议中，结合政采公司与国信创新公司合作开发，运营政府采购平台软件这一大背景下来进行解释。合资协议第 5 条关于最终开发完成软件著作权归国信商通公司，开发过程中所使用软件的著作权归政采公司的约定，符合政采公司与国信创新公司之间的合作目的、合作方式和实际合作情况。故诉争软件作为最终开发完成的软件，其著作权依约由国信商通公司享有。

---

[1]　参见"珠海政采软件技术有限公司、北京国信商通科技有限公司计算机软件著作权权属纠纷案"，最高人民法院［2020］最高法知民终 1238 号民事判决书。

（三）合作开发者对共有软件著作权的行使

按照民法的一般理论，对某项财产共有意味着该财产的权利主体是多元的，各共有人对该财产共享权利、共负义务。共有又分为按份共有和共同共有，合作开发者对共有软件著作权的行使也可以分为按份共有下权利的行使和共同共有下权利的行使。

首先，按份共有的合作开发者对共有软件的著作权的行使。《计算机软件保护条例》第 10 条规定，合作开发软件的著作权无书面协定或约定不明，合作开发的软件是可以分割使用的，开发者对各自开发的部分可以单独享有著作权，但行使著作权时不得扩展到合作开发的软件整体的著作权。对于合作开发的软件来说，如果各合作开发者在开发该软件时，各自开发完成的部分都能单独使用，或者说，合作开发完成的软件可以分割使用，那就说明该软件可以"按份分配"，即按份共有。这时，每个合作开发者可以单独享有自己所完成部分的软件著作权。一般来说，按份共有人除了按份享有其权利外，还应当按份履行相应的义务。由于合作开发完成的软件只有作为一个整体才能有效地发挥其作用，因此，对软件按份共有的各方，在按份行使其软件著作权时，不能扩展到合作开发的软件整体的著作权，同时，也不能不经其他合作开发者许可，擅自处分自己单独开发完成的那一部分软件，从而损害其他合作开发者的利益。

其次，共同共有的合作开发者对共有软件著作权的行使。《计算机软件保护条例》第 10 条规定，合作开发软件的著作权无书面协定或约定不明，合作开发的软件不能分割使用的，由合作开发者协商一致行使，如不能协商一致，又无正当理由，任何一方不能阻止他方行使除转让权以外的其他权利，但所得收益应合理分配给所有的合作开发者。如果合作开发的软件不能分割使用，该软件的著作权就应当由各合作开发者共同享有，共同行使其软件著作权。也就是说，合作开发者对共同开发完成的软件的著作权是共同共有，对于共同共有的各共有人，每一方都有权行使该软件的著作权，只是在行使该软件著作权时，各方应当协商一致。软件具有实用性，只有行使该软件的著作权才能得到相应的经济利益。假如各合作方总不能协商一致，那么软件的著作权就可能永远无法行使，从而达不到共同开发该软件的目的。所以，在不能协商一致的情况下，如果没有正当理由，合作开发者中的任何一方都不能阻止他方行使除转让权以外的其他权利。[1]这里之所以保留转让权，是因为合作开发者中的任何一方一旦行使了转让权，那么该软件的著作权就会发生转移，其他各合作开发者就会失去对该软件所享有的各项权利，这显然是不合理的。此外，任何一方虽然可以不经所有合作开发者同意行使软件著作权，但是，通过行使软件著作权中除转让权以外的其他权利获得收益时，应当合理地分配给所有合作开发者，而不能独自享有。

三、委托开发软件的归属

任何单位或者个人，由于时间、地点、知识、能力、语言等因素的制约，不能独立开发软件的，均可以委托他人为其开发软件。比如，证券公司委托计算机软件公司为其设计、开发适用于其具体业务的计算机软件系统，由于这个计算机软件系统完全是根据证券公司的要求开发的，其运行的方式、处理的数据、产生的结果都与委托的证券公司密切相关，所以该软件系统不具有通用性，属于受委托开发的软件。对于委托作品的著作权归属问题，世界各国著作权法的规定并不完全一致，计算机软件著作权的归属亦然。

（一）委托开发软件的概念

社会生活是复杂的，公民、法人或者其他组织由于受各种因素的制约，本人不能或者不便于亲自实施创作行为，需要通过他人为其创作作品。从作品的形成原因来讲，委托作品，是委托人根据自己的需要向受托人提出创作要求，受托人按照委托人的要求进行创作而产生的作品。委托作品与其他作品不同，其不是按照受托人的意志进行创作，而是要按照委托人的要求创作作品，即受托人需要将委托人的要求通过自己的创作表现出来，但是，委托人的思想、观点只能为受托人的创作限定范围，并不能取代受托人的创造性智力劳动，而且委托人也没有参与具体的创作过程。如果委托人参与了作品的构思和具体创作，而双方又有共同创作的意愿，就变成合作作品而不是委托作品了。委托创作一般是有偿的，即委托作品创作完成后，委托人应当向受托人支付创作的报酬，支付的数额、方式和期限等由委托合同约定。委托作品的内容由委托人对外承担责任，而不是由受托人承担。

---

[1] 解亘："著作权共有人的权利行使——评齐良芷、齐良末等诉江苏文艺出版社侵犯著作权纠纷案"，载《交大法学》2015 年第 2 期。

所谓通过委托所开发的软件，是指开发者与自然人、法人或者其他组织通过签订委托合同的方式而开发的软件。从著作权法的角度看，委托开发的软件实际上是一种委托创作的作品，也就是通常所说的委托作品。委托他人开发软件的自然人、法人或者其他组织是委托人，受委托开发软件的自然人、法人或者其他组织是受托人。委托人与受托人之间是平等的民事关系，即使是法人、其他组织与自然人之间的委托也属于平等主体间的关系。

委托开发软件与合作开发软件是不同的，合作开发的软件是合作作品的一种形式，是由合作开发者共同完成的，其开发的软件体现了合作开发者的共同意志，合作开发的软件著作权由各合作开发者共同享有，至于是按份共有还是共同共有，完全由所开发软件的特点决定。而委托开发的软件，则是由受托人开发，委托人自己并不参与实际开发工作，但是所开发出的软件却要体现委托人的意志。委托人与受托人在平等、自愿的基础上签订委托开发合同，委托开发合同可以是书面形式，也可以是口头形式，可以是有偿合同，也可以是无偿合同。受托人按照委托人的要求，以委托人的名义为委托人开发软件，委托人为受托人提供开发软件所必需的经费和相应的开发条件。委托开发的软件其著作权的归属由受托人和委托人通过合同约定。受托人完成开发任务后，合同约定给付报酬的，委托人应当给付受托人报酬。受托人可以在开发完成的软件上署名，也可以不署名，而署委托人的名。当然，不是以委托人的名义而是以自己的名义开发的软件，不属于委托开发的软件。[1]

（二）委托开发软件中所产生的法律关系

委托开发软件实际上是一种根据承揽合同而开发的定作软件，由此发生的关系是一种承揽关系而不是委托关系，它与委托关系和雇佣关系不同。一般来说，所谓委托关系，是指当事人双方约定，一方为另一方处理或者管理某类事务而发生的关系。在处理委托事务的过程中，可能需要付出一定的劳务，但付出劳务不是委托关系的目的，而是处理委托事项的手段。根据委托关系，受托人的义务是独立地作出为委托人处理或者管理某类事务的行为，但不以完成某项具体工作任务为要件。[2]所谓雇佣关系，是指受雇人与雇佣

---

〔1〕　汤颖："委托创作合同中计算机软件著作权权利范围界定研究"，载《中国版权》2016年第6期。

〔2〕　周江洪："委托合同任意解除的损害赔偿"，载《法学研究》2017年第3期。

人签订劳动合同，受雇人向雇佣人提供劳务，雇佣人给受雇人提供适当的工作条件，并支付相应的报酬，由此产生的关系是雇佣关系。根据雇佣关系，受雇人提供的劳务的内容完全由雇主决定，受雇人无权独立地决定自己所提供的劳务方式和内容，具有明确的隶属关系。在承揽关系中，承揽人在与委托人签订承揽合同后，以自己的设备、知识和能力，为委托人创作指定的作品或者开发指定的软件。由此可见，在著作权领域，承揽合同的标的既不是提供劳务服务，也不是为委托人处理和管理一定的事务，而是按照委托人的要求，提供特定的创作成果。[1]

委托关系和雇佣关系应采用何种标准区分二者的主张与出资标准，最早被"Brattleboro v. Winmill 案"所主张。该案中，原告 Brattleboro 出版公司作为一家报社，诉被告复制了该报的广告内容，被告则认为原告的广告业主拥有版权。美国第二巡回法院认为，虽然原告和他的广告业主之间没有明确版权归属约定，但原告不拥有广告的版权，而归广告业主所有。其原因在于，只要作品是在雇主的主张和出资（instance and expense）下产生，产品版权就可以推定给雇主，这就是雇佣创作关系判断中的"主张与出资标准"。[2]在"Aldon Accessories Ltd. v. Spiegel, Inc. 案"中（以下简称 Aldon 案），美国第二巡回法院采用了"实际控制标准"。该案原告 Aldon 公司委托两家设计公司创作了一系列怪兽形象的小雕塑。在产品创作期间，原告控制和指导了产品的设计。此后，原告发现被告 Spiegel 公司销售版权作品，从而提起侵权诉讼。被告抗辩认为，这些作品不属于雇佣作品，原告和两家设计公司之间不存在雇佣创作关系。而法院却认为，如果雇主控制和指导了作品创作，即使雇员不属于正式被雇佣的，他们的关系依然是雇佣创作关系。[3]在"Dumas v. Gommerman 案"中，I1Tr Cannon 公司通过 D'Arcy 公司委托 Nagel 创作了四部平板画艺术作品。D'Arcy 公司向 Nagel 主张作品的整体框架，比如构思、大小和布局等。其后，Gommerman 公司从 I1TrCannon 公司购买了这些作品。Nagel 的版权继承人 Dumas 提起诉讼，认为 Gommerman 公司构成侵权，而 Gommerrnan 公司却认为这四部产品构成雇佣作品，不属于原告。[4]在该案

〔1〕 徐玉麟主编：《计算机软件保护条例释义》，中国法制出版社 2002 年版，第 49~50 页。

〔2〕 See Brattleboro Publishing Co. v. Winmill Publishing, 369 F. 2d 565, 567（2d Cir 1966）.

〔3〕 Aldon Accessories v. Spiegel, Inc. , 738 F. 2d 548, 552（2d Cir. N. Y. 1984）.

〔4〕 Dumas v. Gommerman, 865 F. 2d 1093, 1094（9th Cir. Cal. 1989）.

中，美国第九巡回法院对 Aldon 案进行了严厉批评，认为如果采用实际控制标准，将使创作者与委托人在同一法律关系下产生不同的权利归属后果。因为，该案的前三部作品是在 D'Arcy 公司实际控制下产生，后一部作品是由实际创作者 Nagel 选择的，如按照实际控制理论，前三部作品应属于雇佣创作关系，后一部则属于委托创作关系。最后，法院主张，只有正式的、受薪的雇佣者才能被雇佣创作关系所涵盖。[1]面对各巡回法院提出的主张与出资标准、实际控制标准及正式授薪标准，美国最高法院认为有必要统一相关标准。在著名的 "Community for Creative Non. Violence（CCNV）v. Reid 案" 中，提出了 "代理标准"。原告 CCNV 与雕塑家 Reid 达成口头协议由其创作雕塑作品。当 Reid 在他自己的工作室创作作品时，CCNV 的成员经常去检查他的工作进度，并且基于协议对创作提供指导。其后，双方就版权归属产生争议。美国最高法院认为，过去的立法没有定义 "雇员" 的内涵，传统普通法中的 "代理学说" 可以定义的 "雇主/雇员" 关系。实际控制标准只是 "代理标准" 判断的因素之一，还要考虑多个因素。可以说，代理标准是一种多因素判断，充分考虑了可能构成雇佣关系的各种情形，能够有效地划分委托创作关系和雇佣创作关系的内在边界，避免了由此产生的利益失衡。[2]

（三）委托开发软件著作权归属的法律规定

各国著作权法在委托作品的著作权归属问题上的规定截然不同，有的国家侧重于保护委托人的利益，将著作权授予委托人，而有的国家侧重于保护受托人的利益，将著作权授予受托人。在将委托作品作为雇佣作品的美国，雇主被视为作者而享有著作权，创作作品的受托人不享有著作权。而在法国，不能通过合同改变著作权法赋予作者的精神权利与经济权利的归属，雇佣合同的订立、雇佣关系的存在并不意味着作者丧失对作品的著作权，即在法国委托作品的著作权只能由受托人享有。英国版权法允许当事人以合同形式改变版权的法定归属，因此，委托作品的著作权可能归委托人享有，也可能归受托人享有。菲律宾著作权法为了照顾受托人的利益，规定受托人与委托人共同享有作品的著作权，双方都可以是著作权法律关系的主体。

我国《著作权法》第 19 条规定，受委托创作的作品，著作权的归属由委

〔1〕 Dumas v. Gommerman，865 F. 2d 1093，1101（9th Cir. Cal. 1989）.
〔2〕 陈明涛："委托作品权利归属法律适用标准之探讨"，载《社会科学》2015 年第 2 期。

托人和受托人通过合同约定。合同未作明确约定或者没有订立合同的，著作权属于受托人。在委托作品的著作权归属问题上，我国法律允许当事人作出约定，在没有约定的情况下，则规定著作权归属于受托人。[1]根据《著作权法》第19条规定，其著作权的归属由委托人和受托人（作者）通过合同约定，即著作权中的人身权利和财产权利都可以合同的形式确定。这样规定，主要是考虑到委托人对作品的特殊需求，以便于对作品的控制和利用，避免因著作权一律机械地属于作者给委托人带来不便。但是，合同未作明确约定或者没有订立合同的，著作权属于受托人。如果合同中约定受托人（作者）取得一定报酬后，著作权归属委托人，即著作权以合同的形式转移给委托人。根据《最高人民法院关于审理著作权民事纠纷案件适用法律若干问题的解释》第12条规定，按照2010年《著作权法》第17条规定委托作品著作权属于受托人的情形，委托人在约定的使用范围内享有使用作品的权利；双方没有约定使用作品范围的，委托人可以在委托创作的特定目的范围内免费使用该作品。该制度设计之目的是通过分配委托人和实际创作者的著作权利，平衡两者之间的利益，既能保护委托人的投资收益，又要激励实际创作者不懈创新。实际上，委托作品权利归属制度包括了3个核心要素，即委托创作关系、委托创作的合同约定、委托人获取的权益。有效实现委托作品制度目的，必须依赖对三个核心要素的准确适用。

为了与著作权法相一致，《计算机软件保护条例》对委托开发的软件著作权归属问题也作了类似规定，[2]即委托他人开发的软件，其著作权的归属由委托人与受托人通过签订书面合同约定，如果当事人没有签订书面合同，或者所签订的合同中未作明确约定的，该软件的著作权由受托人享有。这样规定是考虑到承担开发工作的一般是受托人，受托人是软件的实际开发者，也是软件真正的智力投资者，因此，在没有合同约定或合同未明确约定的情况下，推定为由受托人享有著作权比较合理。如在杭州聚合网络科技有限公司因侵害计算机软件著作权纠纷案中，浙江移动公司、融创公司与聚合公司之间就"浙江省医院预约诊疗系统"软件存在事实上的委托开发合同关系，但

---

[1] 王海桃："论委托创作合同的法律性质"，浙江大学2017年硕士学位论文。

[2] 《计算机软件保护条例》第11条规定："接受他人委托开发的软件，其著作权的归属由委托人与受托人签订书面合同约定；无书面合同或者合同未作明确约定的，其著作权由受托人享有。"

双方并未签订正式的书面合同，也没有对该软件著作权的归属作出约定。因此，根据《著作权法》第 19 条、《计算机软件保护条例》第 11 条等法律法规的规定，聚合公司作为受托人，完成了诉争计算机软件的开发，该软件著作权应由聚合公司享有。[1]

案例 4-4　广州乐网数码科技有限公司、中国联合网络通信有限公司广东省分公司侵害计算机软件著作权纠纷案[2]

根据《计算机软件保护条例》第 9 条规定："软件著作权属于软件开发者，本条例另有规定的除外。如无相反证明，在软件上署名的自然人、法人或者其他组织为开发者。"第 11 条规定："接受他人委托开发的软件，其著作权的归属由委托人与受托人签订书面合同约定；无书面合同或者合同未作明确约定的，其著作权由受托人享有。"最高人民法院《关于民事诉讼证据的若干规定》（2018 年调整）第 2 条规定："当事人对自己提出的诉讼请求所依据的事实或者反驳对方诉讼请求所依据的事实有责任提供证据加以证明。没有证据或者证据不足以证明当事人的事实主张的，由负有举证责任的当事人承担不利后果。"本案中，广州乐网数码科技有限公司（以下简称乐网公司）声称自己是软件开发者，对诉争计算机软件享有著作权。但是，乐网公司只能提供登记证书这一初步证据而无法提供开发软件一般应有的建档日记，相关开发过程陈述缺乏常理且相互矛盾。中国联合网络通信有限公司广东省分公司（以下简称联通分公司）提供了大量证据证明了软件从需求产生到委托开发、实施过程，相关软件完成时间明显早于乐网公司证书记载的时间。法院认为一审认定诉争软件的著作权人为联通分公司，乐网公司侵犯了联通分公司对软件的复制权和署名权，符合相关证据规定，并无不当。

四、依照指令性任务开发软件的归属

指令性任务是指上级下达的带有强制性质的，执行单位必须保证完成的

---

〔1〕　参见"杭州聚合网络科技有限公司与侵害计算机软件著作权纠纷案"，浙江省高级人民法院〔2013〕浙知终字第 289 号民事判决书。

〔2〕　参见"广州乐网数码科技有限公司、中国联合网络通信有限公司广东省分公司侵害计算机软件著作权纠纷案"，广东省高级人民法院〔2018〕粤民终 243 号民事判决书。

任务。1999年颁布实施的《合同法》第38条也规定："国家根据需要下达指令性任务或者国家订货任务的，有关法人、其他组织之间应当依照有关法律、行政法规规定的权利和义务订立合同。"指令性产品关系国家政治、经济、国防、外交等大局，具有战略性特点。[1]国家指令性计划是指国家给企业下达指令性任务并提供外部条件的一种计划形式，是社会计划的一种方式。外部条件相对于内部条件而言，受外在因素影响较大。国家政策、国家经济发展战略、国家的软实力深刻影响着指令性计划的实施。软件开发是中国创新的一种方式，创新可以促进国家科技实力提升，科技是第一生产力，科技的创新大大推进生产力解放的进程。生产力的发展反过来促进技术的创新。软件开发创新与生产力的发展相互促进、相互依存。依照指令性任务开发软件，是国家重视科技创新的结果。由于软件在国家安全、国民经济、政府管理等领域的重要作用，在计算机软件开发中，亦不能排除政府部门或者其他国家机关下达任务开发软件的情况，我国《计算机软件保护条例》第12条对依照指令性任务开发的软件的归属与行使问题作出了明确的规定。

（一）依照指令性任务开发软件的概念

在计划经济条件下，每个企业、事业单位都有上级主管部门，不论是生产产品，还是研究技术课题，都必须按照上级主管部门的计划进行，企业、事业单位的自主权较少，指令性任务运用较广。计划经济的特征即高度的计划指令性，产品的数量、品种、价格、消费和投资的比例、投资方向、就业及工资水平、经济增长速度等均由中央的指令性计划来决定。所谓指令性任务，也称为命令型任务，是指由上级计划单位按隶属关系下达，要求执行计划的单位和个人必须完成的任务。指令性任务具有强制性、权威性、行政性及间接市场性的特征。凡是指令性任务，都是必须坚决执行的，具有强制性；只要以指令形式下达的任务，在执行中就不得擅自更改变换，必须保证完成，具有权威性；指令性任务主要是靠用行政办法下达指标实施的，具有行政性；指令性任务也要运用市场机制，但是，市场机制是间接发生作用的，具有间接市场性。正是这些特征，使指令性任务符合我国实际国情，也使计划和市

---

[1] 谭邦治："实行指令性产品订货制度的思考"，载《航天工业管理》2000年第1期。

场两种经济手段发挥应有的价值。

软件是一种特殊产品，是现代高新技术的重要组成部分，随着信息技术的不断发展，软件在国家安全、国民经济、政府管理等领域的作用将越来越重要。目前，世界各国对高新技术的发展都投入了大量人力、物力，不少国家都制定了发展本国高新技术的宏伟计划，大力推进本国各个领域的信息化。我国作为发展中的大国，也在加紧国民经济信息化的建设，著名"863计划"（国家高技术研究发展计划）对提升我国的综合国力就起到了重要作用。依照指令性任务开发软件，是指由国家机关下达任务开发的软件，要求执行计划的单位和个人必须完成。目前不少国家机关所使用的软件都是通过下达指令的方式，由相关单位开发完成的。

（二）依照指令性任务开发的软件著作权归属的法律规定

《计算机软件保护条例》第12条规定："由国家机关下达任务开发的软件，著作权的归属与行使由项目任务书或者合同规定；项目任务书或者合同中未作明确规定的，软件著作权由接受任务的法人或者其他组织享有。"按照本条的规定，国家机关下达任务所开发的软件著作权的归属，由项目任务书或者下达任务的国家机关与软件开发者签订合同进行约定。项目任务书是软件行业中常用的一种标准化管理工具，用来规定所开发软件的名称、功能、性能、交付日期，以及下达任务和接受任务的双方单位的权利和义务等。未作明确规定的，软件开发者享有开发软件的著作权。

与1991年《计算机软件保护条例》相比，[1]现行《计算机软件保护条例》对依照指令性任务开发的软件著作权归属的法律规定有以下不同：首先，删除了上级单位下达任务开发软件的规定。1991年《计算机软件保护条例》第13条规定，下达任务开发软件的主体为上级单位或者政府部门。随着我国改革开放的不断深入，我国的计划经济逐步向社会主义市场经济过渡。为了适应社会主义市场经济的发展，政府机构也在不断改革，一些行业性主管部门正在逐步退出政府编制序列，国家对经济的管理也由微观向宏观方面转变，

---

〔1〕　1991年《计算机软件保护条例》第13条规定："由上级单位或者政府部门下达任务开发的软件，著作权的归属由项目任务书或者合同规定，如项目任务书或者合同中未作明确规定，软件著作权属于接受任务的单位。国务院有关主管部门和省、自治区、直辖市人民政府，对本系统内或者所管辖的全民所有制单位开发的对于国家利益和公共利益具有重大意义的软件，有权决定允许指定的单位使用，由使用单位按照国家有关规定支付使用费。"

现代企业制度正在逐步建立。目前，除了少数关系到国计民生的重要行业外，大部分企业都有充分的自主权，不论是人、财、物，还是产、供、销，都由企业自主决定。因此，也就不再存在由上级单位下达任务开发软件的问题。现行《计算机软件保护条例》删除了上级单位下达任务开发软件的规定，目的是与社会主义市场经济保持一致。社会主义市场经济是市场发挥基础性作用，国家进行宏观调控。宏观调控是国家把握经济的方向和战略。国家要给企业充足的自主权，刺激企业进行创新，推动企业转型升级，促进资源优化配置。其次，把政府部门修改为国家机关。因为政府部门只是涉及国家行政机关，无法涵盖整个国家机构，除了行政机关外，国家的权力部门、司法部门，甚至军队系统也需要开发相应的软件。而"国家机关"包括了国家权力机关、国家行政机关、审判机关、检察机关以及军队、警察、监狱等。政府部门相对国家机关而言，范围较小。国家机关除了政府部门外，还包括其他类型的机关。因此，"上级单位或者政府部门"修改为"国家机关"，可以使下达软件开发任务的主体更加单一、明确。再次，删除了软件的强制许可。为保证软件开发企业的经营自主权及与 TRIPS 协议保持一致，因此，现行《计算机软件保护条例》删除了 1991 年《计算机软件保护条例》规定的"国务院有关主管部门和省、自治区、直辖市人民政府，对本系统内或者所管辖的全民所有制单位开发的对于国家利益和公共利益具有重大意义的软件，有权决定允许指定的单位使用，由使用单位按照国家有关规定支付使用费"。[1]强制许可使企业的经营自主权受限，国家对企业的经营管理相对严格，一方面可以规范企业的经营管理，但另一方面企业的自主经营受到限制，不利于企业的创新。删除了强制许可，一方面国家对企业的经营管理从微观向宏观改变，另一方面给予企业较大的自主空间，刺激企业创新。软件的开发对国家安全和国家经济有深远意义。国家给予企业较大的自主权目的在于鼓励企业保持对软件开发的创新精神。浙江大学与李某军、杭州模易科技开发有限公司计算机软件著作权权属纠纷案即属于依照指令性任务开发软件的著作权归属纠纷。

---

[1] 夏露主编：《电子商务法规》，清华大学出版社 2011 年版，第 199 页。

案例4-5　浙江大学与李某军、杭州模易科技开发有限公司计算机软件著作权权属纠纷案[1]

原告浙江大学诉称：2004年5月24日，浙江省科学技术厅与原告浙江大学签订《浙江省科技计划项目合同书》，委托原告浙江大学进行"面向汽车零部件模具的柔性测量曲面造型系统开发"，该项目是重点科研项目，项目负责人为被告李际军，其系原告浙江大学计算机科学与技术学院副教授。2005年6月10日，"面向汽车零部件模具的柔性测量曲面造型系统软件"即涉案计算机软件通过浙江省电子产品检验所的软件测评。2005年7月13日，被告李某军与被告杭州模易科技开发有限公司（以下简称模易公司）签订《计算机软件著作权转让协议》，约定被告李某军将涉案计算机软件著作权转让给被告模易公司，被告模易公司于2006年2月17日获得国家版权局出具的《计算机软件著作权转让合同登记证书》。2006年7月21日，浙江省科学技术厅对涉案计算机软件项目验收通过。2009年3月27日，模易公司起诉李某军、浙江大学侵犯计算机软件著作权。原告浙江大学认为，涉案计算机软件是其接受浙江省科学技术厅委托完成的重点科研项目成果，其作为受托人享有涉案计算机软件的著作权。被告李某军作为原告浙江大学的职工及该项目负责人参与该项目开发，涉案计算机软件是被告李某军的职务作品，其不享有涉案计算机软件的著作权。故请求确认原告浙江大学是涉案计算机软件（即柔性测量曲面造型系统软件）的著作权人。被告李某军在答辩期内向本院提交书面答辩意见，辩称：涉案计算机软件系其职务发明，申请时因不熟悉办理流程，以其个人名义登记了该软件，但软件使用范围仍局限于在课题组内部继续研究开发，并未进行任何商业活动或散播。2005年，其与被告模易公司的总经理王某未存在婚姻关系，在不得已情况下签署了《计算机软件著作权转让协议》，但并未办理过户手续，到目前为止，代表该软件代码所属的软件著作权登记证书仍然在课题组。被告模易公司辩称：原告浙江大学提供的合同及验收报告等没有原件，均系伪造，根据《民事诉讼法》第108条的规定，本案是虚假诉讼，应移送公安、检察院处理。根据《刑法》的规定，本案应是刑事案件，被告李某军还涉嫌诈骗，应追究刑事责任。关于涉案计算机软

---

[1]　参见"浙江大学与李某军、杭州模易科技开发有限公司计算机软件著作权权属纠纷案"，杭州市西湖区人民法院［2010］杭西知初字第168号民事判决书。

件的版权问题，在其诉浙大的诉讼中，属于必须查明的事项，一案不能两审，所以浙江大学起诉没有道理，是以拖代辩，把法院当成对抗模易公司的工具。要求驳回原告浙江大学的诉讼请求。经法院审查，认定涉案软件属于《计算机软件保护条例》中对软件的四种分类的第三种：按照上级指令开发的软件。因为在项目合同书中没有约定涉案软件的著作权归属，法院根据《计算机软件保护条例》第 12 条等相关法律的规定判决，涉案计算机软件的著作权依法应属受托人也即开发者浙江大学享有。

该案中，浙江省科学技术厅下达任务给浙江大学研究开发面向汽车零部件模具的柔性测量曲面造型系统，浙江大学完成合同规定的指标，通过测评后，因在项目合同书中没有约定权利的归属，遂起纠纷，人民法院经审理查明，2004 年 5 月 24 日，浙江省科学技术厅与浙江大学签订《浙江省科技计划项目合同书》，约定：面向汽车零部件模具的柔性测量曲面造型系统开发的第一承担单位为浙江大学，合作单位为杭州铁流离合器制造有限公司，项目负责人为李某军，其工作单位为浙江大学计算机学院，项目组成员为 8 名计算机学院职员及 2 名杭州铁流公司职员，期限为 2004 年 3 月至 2006 年 3 月。项目经费为 325 万元，其中自筹 300 万元，浙江省科学技术厅拨款 25 万元，经费开支预算包括人员费、设备费、能源材料费、设计试验费、信息费、资料费、会议调研费、租赁费、鉴定费等。2005 年 6 月 3 日，浙江省电子产品检验所出具软件评测报告，对浙江大学提交的柔性测量曲面造型系统软件进行评测，结论为通过评测。2006 年 6 月 20 日，浙江省科学技术厅出具浙科验字 [2006] 73 号浙江省科技计划项目验收证书，认为浙江大学承担的面向汽车零部件模具的柔性测量曲面造型系统开发项目已完成了合同规定的指标，同意通过验收。2009 年 3 月 27 日，模易公司向本院起诉李某军、浙江大学，诉请确认李某军泄露公司商业机密事实及依法追究相关法律责任，停止一切侵权行为，交回违法所得；浙江大学停止继续办理侵权软件的著作权登记手续，交回软件，说明软件来源，赔礼道歉，赔偿损失，承诺不再侵权。经审理，本院于 2010 年 1 月 12 日作出 [2009] 杭西知初字第 44 号民事判决书，驳回模易公司的诉讼请求。另查明，被告李某军系原告浙江大学计算机科学与技术学院的职员。

人民法院认为，根据《著作权法》第 17 条的规定，受委托创作的作品，著作权的归属由委托人和受托人通过合同约定，合同未作明确约定或者没有订立合同的，著作权属于受托人。根据《计算机软件保护条例》第 9 条第 1 款、第 12 条的规定，软件著作权属于软件开发者；由国家机关下达任务开发的软件，著作权的归属由项目任务书或者合同规定；项目任务书或合同未作明确规定的，软件著作权由接受任务的法人享有。浙江省科学技术厅与原告浙江大学于 2004 年 5 月 24 日签订了《浙江省科技计划项目合同书》，合同书显示浙江大学接受浙江省科学技术厅委托，开发"面向汽车零部件模具的柔性测量曲面造型系统软件"，该项目为重点科研项目，合同未约定该计算机软件的归属。合同签订后，浙江大学组织人员实际履行该合同，开发涉案计算机软件，且该软件通过了浙江省电子产品检验所的评测和浙江省科学技术厅的验收。可见，涉案计算机软件为浙江省科学技术厅下达任务，委托浙江大学进行开发，故在未约定著作权归属的情况下，涉案计算机软件的著作权依法应属受托人也即开发者浙江大学享有。根据《著作权法》第 16 条，公民为完成法人工作任务所创作的作品是职务作品，主要利用法人的物质技术条件创作，并由法人承担责任的计算机软件等职务作品，作者享有署名权，著作权的其他权利由法人享有。如前所述，涉案计算机软件系原告浙江大学接受浙江省科学技术厅委托进行开发，被告李某军系原告浙江大学的职员，其作为涉案计算机软件开发项目的负责人与另 10 名项目组成员进行涉案计算机软件开发系在浙江大学的组织下完成工作任务，主要利用浙江大学的物质技术条件创作，涉案计算机软件由浙江大学承担责任，故涉案计算机软件著作权（署名权除外）应由浙江大学而非李某军享有。被告李某军经本院合法传唤无正当理由不到庭参加第二次庭审不影响案件的审理。综上，依法判决：确认浙江大学为"面向汽车零部件模具的柔性测量曲面造型系统"计算机软件的著作权人。

五、职务软件的归属

著作权是一种专有性的民事权利，是体现著作权人保护自己知识价值的权利。职务软件作为一种著作权形式，其形成具有一定的复杂性和特殊性，既区别于自然人创作的作品，也不同于法人或其他组织委托的作品。职务软件的产生与所担任的职务密切相关，是法人或者其他组织安排其工作人员履行职务或者完成工作任务过程中形成的作品。对职务软件著作权权属的认定，应通过软件的创作完成情况，综合考量其是否符合法律所规定职务作品的特征。

（一）职务软件的认定

一般而言，职务软件就是著作权法意义下的职务作品，职务作品是指机关、社会团体、企业、事业等法人或者其他组织中的工作人员，为了完成本单位交给的工作任务而创作的作品。[1]《著作权法》第18条职务作品和第11条法人作品，在法律规定上看似没有任何联系，但是在司法实践中职务作品与相关作品的区别往往是案件的争议焦点。完成法人作品过程中难免涉及职务作品的创作关系，由此可见，职务作品与法人作品难以区分。《著作权法》第11条规定，法人作品是指法人主持、代表法人意志创作并由法人承担责任的作品，法人视为作者，行使完整的著作权。[2]我国规定法人作品基于两点考虑：一方面，我国有些作品创作人在完成时，体现的创作人的意志力比较低，而且是在单位主持的活动下进行创作的，比如单位的年度总结报告等文件。另一方面，我国有些作品仅仅需要大量的人力和资金，比如各种数据资料的整理和优化，立法也要对这一权利加以保护。[3]我国职务作品和法人作品在立法上的区别：首先，两者完成的主体不同。职务作品的创作人与法人之间是通过劳动雇佣关系联系的，为此职务作品的作者必须是法人的职工，两者之间的劳动雇佣关系不可割裂。而第11条并没有明确阐述法人作品的主体，法人作品完成的主体既可以与职务作品相同（与单位存在劳动雇佣关系的创作人），也可以是法人委托的与单位无关的其他创作人。法人作品完成的主体要比职务作品范围更大，其中还包含了常见的委托作品的情形。其次，两者体现的意志不同。职务作品的认定需要体现创作人意志，创作人在职务作品中发挥自己的创造力完成职务作品，作品具有深深的创作人色彩。而法人作品是代表法人意志创作，创作人往往不需要添加过多自己意志，主要按照法人的要求创作。最后，两者承担的责任不同，由于职务作品大多数情况归属于创作人，一旦发生职务作品侵权纠纷，创作人对其职务作品承担责任，而法人作品中法人对作品承担责任。这与上述体现意志不同具有很大的联系，职务作品体现了创作人的意志，便给予创作人更大的责任。法人作品仅代表

---

〔1〕 张冬、刘宇慧："我国传统文化表达著作权主体保护问题探究"，载《大庆师范学院学报》2015年第1期。

〔2〕 参见《著作权法》第11条第3款。

〔3〕 胡康生主编：《中华人民共和国著作权法释义》，法律出版社2002年版，第70页。

法人的意志，便将权利赋予法人。当然，承担责任主体不同，会影响著作权归属不同，职务作品的权利归属在不同情况下属于不同主体，而法人作品的著作权直接归属于法人，法条没有例外或者特殊规定。自然人的职务是由所在单位安排的，职务作品与自然人在单位所担任的职务密切相关，其创作的作品是所应完成的职责和任务。职务作品应符合以下构成要件：

（1）职务作品的作者是单位的工作人员，也即作者与单位之间形成劳动关系或者雇佣关系。在我国现有的单位用工关系中，包括正式职工、劳务派遣用工、临时劳务人员等多种形式，只要用工人员为单位服务且取得报酬，并且员工与单位存在人身隶属关系，受单位规章制度、工作制度的约束，就认为双方存在劳动关系。没有劳动关系为前提产生的作品不属于职务作品。

案例4-6　王某与安徽中安教育投资有限公司著作权权属、侵权纠纷案[1]

2020年6月，安徽中安教育投资有限公司（以下简称安徽中安公司）通过网络邀请王某为其录制名称为"旅游学概论"的教学视频。双方确定录制模板、录制时间、录制要求等后，王某将相关课件录制完毕后上传至安徽中安公司平台指定区域，安徽中安公司与王某就录制录音、录课编号等瑕疵进行过审核处理。2020年10月8日，双方通过网络聊天确认王某本次录制的课次为19.5次≈39小时，课时标准400元，整理讲义400元，总计8200元的课时费。2020年12月27日，王某通过网络聊天向安徽中安公司发送声明"一、本人所传所有网络课程仅限中安缴费2021届应届考学生使用。二、今年暑假基础班课程在冬季基础班课程开始前应停用"。安徽中安公司收到后表示已处理。2021年1月13日，王某委托合肥市庐州公证处进行网页证据保全，王某将其携带的装有"中安教育平台安装1-0-0-4"字样的软件安装在公证处电脑，登陆"中安教育"直播平台，进入186××××0573户名，显示王老师直播间，进入"我的云端视频"，显示有课件39段。合肥市庐州公证处对上述保全过程拍摄图片，并制作［2021］皖合庐公证字第473号公证书。2021年2月22日，王某委托律师向安徽中安公司发送律师函，要求其将上述公证书中载明的课件下架，并消除影响，赔偿经济损失。法院认为：安徽中

---

[1]　参见《王某与安徽中安教育投资有限公司著作权权属、侵权纠纷案》，安徽省高级人民法院［2022］皖民终69号民事判决书。

安公司与王某不存在劳动关系，而是委托王某录制课程以供教学，王某录制课程不是作为劳动者在完成工作任务，故本案中涉及的教学视频课件不是职务作品，双方虽存在委托关系，但未明确约定创作的作品著作权归属，因此涉案作品著作权属于王某。

（2）职务作品应该是为了完成法人或者其他组织的工作任务而创作的作品，这里所指的"工作任务"，是指作者创作作品的活动在其本职工作范围内，既可以是日常工作，也可以是突然指派的任务，其核心意义是公民在法人或者组织中合法履行各项工作任务。

（3）职务作品的内容属性与作者单位的工作性质一致，即作品所反映的内容就是作者单位日常的业务范围，如果作者创作的目的不是完成单位交给的任务，虽然其写作主旨与单位的工作性质、业务属性有相关性，但同样不能认定为职务作品。

（4）在职务作品的写作工程中，单位职工必须根据工作的实际要求结合自己多年的工作积累创作作品。由法人或者其他组织主持，代表法人或者其他组织意志创作，并由法人或者其他组织承担责任的作品，法人或者其他组织视为作者。如无相反证明，在作品上署名的公民、法人或者其他组织为作者，该作品应视为单位作品。职务作品一般可以分成两种情况：一是个人职务作品，即法人或者其他单位的工作人员在履行职责时独立创作的作品，这种作品体现了创作人员个人的意志；二是合作职务作品，即法人或者其他组织单位的若干个工作人员共同创作的作品，体现了合作者们的共同意志。

案例4-7　陈某刚与青海省民政厅著作权权属、侵权纠纷案[1]

《著作权法》（2010年修正）第11条第3款规定："由法人或者其他组织主持，代表法人或者其他组织意志创作，并由法人或者其他组织承担责任的作品，法人或者其他组织视为作者。"《青海省志·民政志》由民政厅组织编纂，陈某刚作为民政厅的工作人员，参与编纂《青海省志·民政志》是其工作职责，不具有著作权，但作为总纂，具有署名权。陈某刚作为民政厅公职人员，参与编纂《青海省志·民政志》是完成民政厅分配的工作任务，是履

---

[1]　参见"陈某刚与青海省民政厅著作权权属、侵权纠纷案"，最高人民法院［2020］最高法民申6445号民事判决书。

行工作职责的行为，对此，陈某刚已经获取工资作为公职人员在工作期间履行工作职责的经济报酬，并且陈某刚并非《青海省志·民政志》的作者，不享有作者获得报酬的权利。

根据《计算机软件保护条例》第 13 条的规定，自然人在法人或者其他组织中任职期间所开发的软件，具备下列条件之一的，即属于职务软件：第一，针对本职工作中明确指定的开发目标所开发的软件。该项条件是指，自然人所开发出的软件是其本职工作明确要求的，是为了完成所在单位交给的工作任务而开发的。所谓本职工作，是指单位分配给工作人员的职务范围，它不是工作人员所学专业的范围，也不是所属单位的全部工作范围。比如，一名专职程序员为所在单位开发的软件就属于职务软件，而在一个编辑部从事文字编辑的人员，单位要求其开发一个软件，就不应当属于其工作范围，所开发完成的软件也不是履行其本职工作的结果。第二，开发的软件是从事本职工作活动所预见的结果或者自然的结果。该项条件是指，自然人在从事本职工作活动中能够预见到工作的结果是开发出某种软件，或者开发出的某种软件是履行本职工作所必需的。比如，广告设计人员为了制作广告宣传画，通过编制软件的方式完成这一任务，那么，由其开发出的软件就属于从事本职工作活动所预先的结果。又如，计算机应用系统维护人员为了保证系统的正常运行，开发出了用于监视系统运行参数的软件，开发该软件是为了更好地履行岗位职责，因此，该软件应当属于开发人员从事本职工作的自然结果。第三，主要使用了法人或者其他组织的资金、专用设备、未公开的专门信息等物质技术条件所开发并由法人或者其他组织承担责任的软件。该项条件是修改后的《计算机软件保护条例》新增加的内容，主要是为了与修改后的《著作权法》相衔接。[1]一般来说，软件都比较复杂，要想设计、完成一个

---

[1]《著作权法》第 18 条规定："自然人为完成法人或者非法人组织工作任务所创作的作品是职务作品，除本条第二款的规定以外，著作权由作者享有，但法人或者非法人组织有权在其业务范围内优先使用。作品完成两年内，未经单位同意，作者不得许可第三人以与单位使用的相同方式使用该作品。有下列情形之一的职务作品，作者享有署名权，著作权的其他权利由法人或者非法人组织享有，法人或者非法人组织可以给予作者奖励：（一）主要是利用法人或者非法人组织的物质技术条件创作，并由法人或者非法人组织承担责任的工程设计图、产品设计图、地图、示意图、计算机软件等职务作品；（二）报社、期刊社、通讯社、广播电台、电视台的工作人员创作的职务作品；（三）法律、行政法规规定或者合同约定著作权由法人或者非法人组织享有的职务作品。"

软件，特别是复杂的软件产品，通常都需要多个具有技术经验的人合作，需要较高的物质技术条件的保障，如大型绘图仪、高速打印机、计算机、计算机辅助设计系统等大型设备的帮助，需要搜集、整理各种技术资料，甚至需要投入大量资金。而这些设备、资料、资金仅凭个人的物质技术条件很难完成，一般都需要法人或者其他组织提供。要成为职务软件，除了主要使用了法人或者其他组织的资金、专用设备、未公开的专门信息等物质技术条件外，还要求开发的软件由法人或者其他组织承担责任。如果开发者开发软件时主要利用了所在单位的资金、专有设备、未公开的专门信息等物质技术条件，但是所在单位不承担该软件的责任，这样的软件就不属于职务软件，其著作权也不应由所在单位享有，而应当由开发者自己享有。

（二）职务软件著作权归属的法律规定

对于职务作品的归属问题，世界各国的著作权法并没有完全一致的规定。通常认为，职务作品的作者为受雇者，他与雇主的关系是通过合同确立的，雇主给付报酬，受雇者创作作品，作品的归属由合同确定。[1]但是，有些国家对作品著作权的归属却有不同规定，如法国规定，凡属受雇合同一律由作者享有著作权；而英国著作权法则规定，雇主根据合同所取得的著作权只能在一定的范围内行使。按照我国《著作权法》的规定，职务作品著作权的归属有两种情况：一种是归作者本人享有，但是所在单位有优先使用其作品的权利；另一种归作者所在单位的法人或者其他组织享有，但是创作者享有署名权，并且单位可以对创作者给予奖励。一是根据"著作权属于作者"的基本原则，职务作品的著作权一般归作者享有，但作者所在的法人或者其他组织在其业务范围内有权优先使用职务作品。作品完成2年内，未经单位同意，作者不得许可第三人以与单位使用的相同方式使用该作品。之所以规定法人或者其他组织的优先使用权，是由于职务作品不是作者自发的随意创作，而是为了完成本单位的工作任务，在使用职务作品时，应当首先考虑作者所在单位的需要。在作品完成的2年内，如单位在其业务范围内不使用，作者可以要求单位同意由第三人以与单位使用的相同方式使用，单位没有正当理由不得拒绝。在作品完成2年内，经单位同意，作者许可第三人以与单位使用

---

〔1〕 刘春田、刘波林："论职务作品的界定及其权利归属"，载《中国人民大学学报》1990年第6期。

的相同方式使用作品所获报酬，由作者与单位按约定的比例分配。作品完成 2 年后，单位可以在其业务范围内继续使用。作品完成 2 年的期限，自作者向单位交付作品之日起计算。如在吴某、谭某建与江苏省能源投资有限公司著作权权属、侵权纠纷案中，法院认为，涉案《江苏省能源投资有限公司售电服务合作共赢》属于职务作品，涉案作品是谭某建为完成工作任务所创作，据此，作品的著作权归谭某建享有，但江苏省能源投资有限公司有权在其业务范围内优先使用。[1]二是在特殊情况下职务作品的著作权由法人或其他组织享有，作为作者的公民享有署名权，著作权中的其他权利由法人或者非法人单位享有，法人或者其他组织可以给予作者奖励。特殊情况是指主要是利用法人或者其他组织的物质技术条件创作，并由法人或者其他组织承担责任的工程设计图、产品设计图、地图、计算机软件等职务作品；法律、行政法规规定或者合同约定著作权由法人或者其他组织享有的职务作品。在这两种情况下，著作权由法人或其他组织享有，而事实作者只享有依劳动关系而产生的劳动报酬请求权，而不享有著作权中的任何权利。这种基于法律规定的著作权中的财产权与作者分离，是由于这类职务作品所使用的财力、物力是法人或非法人单位的，作品的民事责任也是由法人或非法人单位承担，单位给予作者一定奖励，作者就不再承担责任。这种著作权中的财产权与作者分离，从一定意义上讲，也是保护了作者的权利。

为了与《著作权法》的规定相一致，《计算机软件保护条例》第 13 条规定，如果自然人在法人或者其他组织中任职期间所开发的软件是针对本职工作中明确指定的开发目标所开发的软件，或者所开发的软件是从事本职工作活动所预见的结果或者自然的结果，或者主要使用了法人或者其他组织的资金、专用设备、未公开的专门信息等物质技术条件所开发并由法人或者其他组织承担责任的软件，那么该软件的著作权由该法人或者其他组织享有，该法人或者其他组织可以对开发软件的自然人进行奖励。此规定其实是对《著作权法》的延伸和补充，从保护法人或其他组织利益角度出发，在满足合法情形下强制将自然人在开发于就任工作岗位时的计算机软件著作权归属于法人或其他组织。与《著作权法》相关规定相同的是，《计算机软件保护条例》

---

[1] 参见《吴某、谭某建与江苏省能源投资有限公司著作权权属、侵权纠纷案》，江苏省高级人民法院〔2021〕苏民终 131 号民事判决书。

也规定了法人或者其他组织可以对开发软件的自然人进行奖励，这是考虑到软件是一种高新技术产品，需要开发者花费大量的精力，从鼓励发展高新技术、鼓励科技人员开发出更多的软件产品的角度出发，应当给予开发人员适当的回报。具体奖励办法、奖励方式和奖励数额等，由法人或者其他组织自行决定。

与《著作权法》相关规定不同的是，《计算机软件保护条例》对职务软件没有给予开发者署名权，这是考虑到软件与文字作品、美术作品不同，人们购买和使用软件主要侧重于该软件的功能和性能，至于是由什么人开发的并不十分关心，而文字作品、美术作品的作者对于消费者来说却十分重要，他们在选购这些作品时往往特别在意该作品是由什么人创作的，一些知名作家、画家的作品就特别容易得到人们的青睐。再者，软件是一种技术性很强的作品，参与软件开发的人员可能很多，而要让参与该软件开发的所有人员都署名有时比较困难，实践中也往往没有这个必要。

（三）职务软件著作权归属现行立法规定

职务作品归属制度立法规定在《著作权法》第 18 条、《著作权法实施条例》第 11 条、第 12 条和《计算机软件保护条例》第 13 条。1991 年颁布的《著作权法》第 16 条规定了职务作品的权利归属，这是我国立法中第一次如此详细地阐述职务作品的权利归属，且较为明确地认定了职务作品的概念，将职务作品分为一般职务作品和特殊职务作品，并开创性地规定了单位 2 年的优先使用权等。此后 2001 年《著作权法》进行了第一次修改，将"法人及非法人单位"修改为"法人及其他组织"，与其他民事法律关系保持一致，使得职务作品单位范畴扩大。但对职务作品著作权归属没有修改，还是依照 1991 年《著作权法》的立法规定进行判断。

现行《著作权法》第 18 条规定了职务作品的著作权归属。第一，著作权法确定了职务作品的认定因素为完成"工作任务"创作的，值得注意的是工作任务不等同于工作时间，职务作品并不要求在工作时间内创作。一个作品并不是在工作时间内完成，但是创作人的作品符合应当履行的职责，也属于职务作品。第二，《著作权法》将职务作品分为两种形式，分别是一般职务作品和特殊职务作品。按照《著作权法》第 18 条第 2 款的规定，区分一般职务作品与特殊职务作品的关键在于利用单位的物质技术条件。同时，特殊职务作品并不是囊括全部文学、艺术、科学领域的职务作品，而是特指工程设计图、产品设计图、地图、计算机软件等这几种职务作品。第三，《著作权法》规定了一般职务作品和特殊职务作品不同的归属制度。一般职务作品的创作人享有完整的著作权，而特殊职务作品的创作人仅享有署名权；一般职务作品的单位享有业务范围内的 2 年优先使用权，而特殊职务作品的单位享有著作权的其他权利。

《著作权法实施条例》第 11 条说明了职务作品认定的关键要素"工作任务"和特殊职务作品认定的关键要素"物质技术条件"。《著作权法实施条例》第 12 条规定了 2 年内约定第三人许可的情况下创作人和单位的报酬分配。实施条例承认经单位同意下的第三方许可，但是这种约定许可限定了第三人的权利，第三人的使用范围并不能超过单位 2 年优先使用权的限度，必须与单位相同的方式使用其职务作品。《计算机软件保护条例》第 13 条是针对计算机软件这种特殊类型职务作品的立法保护。按照《著作权法》第 18 条的规定，计算机软件属于特殊职务作品，这就意味着计算机软件的著作权归属与特殊职务作品的应当相同，但实际上保护条例的法律规定和《著作权法》的规定不同。按照《著作权法》，特殊职务作品的创作人享有署名权，其他权利由单位享有；而《计算机软件保护条例》第 13 条直接将署名权在内的全部著作权归属于单位。《计算机软件保护条例》是对计算机这种投入资本多、回报收益周期长、行业风险高的行业的支持，为此将职务作品的人身权和财产权赋予单位，但与此同时和特殊职务作品的规定产生了冲突，导致职务作品著作权归属制度立法体系不一致。

（四）职务软件著作权归属法律制度的现存问题

一个作品属于一般职务作品，要求作品完成的原因是职工的工作任务；作品属于特殊职务作品，则要求作品完成过程中利用单位的物质技术条件，其中《著作权法》和实施条例对"工作任务"和"物质技术条件"的解释含糊不清，从而难以判断作品的性质和种类。

首先，职务作品界定模糊。《著作权法》第 18 条对一般职务作品的认定是工作任务，但法条未对工作任务进行具体规定。《著作权法实施条例》第 11 条将工作任务解释为"应当履行的职责"。那何为应当履行的职责？满足什么条件即为应履行职责？法条也没有一个明确的标准。在实践中判定工作任务，多采纳法官的个人判断，基于立法规定的模糊，使得职务作品的认定具有主观色彩。关于职务作品认定这一问题，《著作权法》和实施条例界限模糊，仍难解决现存的问题。

其次，职务作品权利分配不协调。我国《著作权法》规定了复制权、发行权、出租权、汇编权等13种著作财产权。我国职务作品的著作财产权分配失衡，主要体现在单位的优先使用权过大。一般职务作品单位享有2年的优先使用权，特殊职务作品单位享有财产权。在职务作品侵权案件中，一旦认定为职务作品，单位均有使用权。在实践中作者完成作品的2年内如果在不违背单位利益的情形下，许可他人以单位相同方式使用该作品，但是单位无正当理由却拒绝时，该如何处理？根据法条字面含义，2年内只要许可第三人以相同方式使用该作品，必须经过单位的同意。与此同时，职务作品创作完成2年后，工作单位无须重新经著作人授权，在业务范围内对该作品的使用权并不丧失，而只是失去其专有性。也就是说单位可以在存续期间无限使用职务作品，2年的优先使用权初衷是平衡单位和创作人的利益，但其实质上扩大了单位的优先使用权，使得职务作品的财产权严重倾斜于单位。

（五）职务作品著作权归属制度的立法修改建议

首先，划清职务作品的界限。通过对职务作品定义的分析，发现我国相关法律对"工作任务"的理解不够充分，但可以从域外法上寻找经验，目的在于更准确地判断作品是否属于职务作品。分析职务作品著作权归属制度的域外法部分，比较容易借鉴的是美国判断职务作品的五大重要因素和《德国版权法》规定的合同目的范围。对应美国的判断职务作品的五大重要因素，我国的著作权主要体现在作品独创性较高、作品的技能性高、税收缴纳、创作人获得物质奖励和单位的工作计划等方面，其中作品独创性较高、作品的技能性高在职务作品的概念中已经有所体现，构成作品就要求具备一定水平的独创性和技能性。因此工作任务的认定主要体现在后三点：税收缴纳、创作人获得物质奖励和单位的工作计划。但是在我国，这三点难以区分：第一，我国职务作品并不是每一个都能带来经济利益，例如教案等职务作品带来经济利益很小。有的职务作品仅仅能带来单位声誉等，不需要缴纳税款，也没有税务处理方式的区别。第二，某些作品可以获得物质奖励，但单位大都采用工资作为物质奖励，这种奖励方式十分隐蔽，甚至创作人自身都察觉不到。第三，在加班时间单位常常分派更多的工作计划，此时创作人对作品的创作也很难判断是否属于职务作品。综上，美国这五大重要因素不太符合我国对一般职务作品"工作任务"的判定。

　　相比之下，《德国版权法》规定的合同目的范围比较符合我国国情，这一规定鼓励我国单位和创作人之间签订合同，合同规范了单位和创作人的权利与义务，客观地认定了工作任务这一要素。上文讨论职务作品概念时，认为"劳动合同"不能包含没有签订劳动合同但存在劳动雇佣关系的情形，无法概括职务作品的全况。所以，建议将"工作任务"的判定范围进行扩大，不仅仅包含借鉴合同目的的范围，也包含使用公司章程规定等。

第五章

计算机软件著作权许可使用实践探析

　　著作权法的根本宗旨是促进社会主义文化和科学事业的发展与繁荣。为此，创作是作品著作权的起点，而非终点。作品的传播和使用也是著作权法律制度中的一项重要内容。[1]著作权是作者对创作作品的使用权和处分权，由于复制和传播技术的发展，作品的使用方式也日趋多样化、国际化。在现实当中，著作权人大多是自然人，通常不具备利用作品的物力、财力等条件，不具备出版、广播等使用方式的主体资格，著作权利用制度便显得愈发重要。这主要包括著作权的许可使用和转让。随着人们使用作品方式的改变，任何人利用著作权人的作品，几乎都需要获得著作权人的许可。著作权许可使用是指著作权人在保留其著作权人身份前提下，授权他人以一定的方式，在一定的时期和一定的地域范围内使用其作品的行为。此外。鉴于著作权的财产权属性，它可以为权利人带来经济利益，因此也能以著作权出质，订立著作权质押合同。著作权许可使用是著作权利用最主要的方式，其既满足了使用人的利用需求，又不发生著作权的移转，能够较好地满足双方需求，具有实现著作权财产价值、避免侵权、促进作品传播的作用。[2]软件因其所在的信息技术行业的技术性使得著作权许可使用更显重要，这是因为绝大多数的软件交易都是使用许可形式，例如经销许可、复制生产许可等。《计算机软件保护条例》第 8 条第 2 款规定，软件著作权人可以许可他人行使其软件著作权，并有权获得报酬。本部分在论述计算机软件著作权许可使用基本理论的基础上，就其实践进行探析。

---

〔1〕 梁军主编：《知识产权法》电子科技大学出版社 2019 年版，第 51 页。
〔2〕 赵凤梅、王淑华编著：《知识产权理论与实践教程》，知识产权出版社 2020 年版，第 80 页。

一、计算机软件著作权使用许可权

对于软件著作权人来说，仅享有使用权是不够的，因为在多数情况下，软件开发者并不具有利用作品的物力、财力等条件或需要，此时只有通过许可他人使用才能实现其开发目的，在保留其著作权人身份的前提下，授权他人以一定的方式，在一定的时期和一定的地域范围内使用其作品并为此获得相应的经济利益。许可使用权是权利人行使其软件著作权的一种重要方式。[1]在满足了使用人的利用需求时，又不发生著作权的移转，较好地满足双方需求，更有利于实现著作权的财产价值，促进作品传播。由于计算机软件本身的特殊性，软件著作权许可使用权的行使也体现出一定的特殊性，具体来讲具有合意性、复杂性以及局限性。软件著作权人行使软件的许可使用权，必须符合《计算机软件保护条例》的规定来约束当事人的行为。

（一）软件著作权许可使用权的含义

所谓软件著作权的许可使用权，是指软件著作权人在软件著作权的保护期限内，享有授权他人在合同规定的条件、范围、时间内，以软件著作权人所享有的权利的方式行使其软件著作权的权利。许可使用是软件著作权人实现其作品市场利益的最常见、最有效的途径，在实践中，由于软件具有功能性、实用性的特征，软件著作权人许可他人行使其软件著作权的情况很多，软件著作权人通过这种授权从被许可人那里获得相应的回报。[2]

案例 5-1　游戏天堂电子科技有限公司诉无锡市惠山区堰桥镇星光网吧侵害著作财产权纠纷案[3]

2010 年 6 月 20 日，台湾宇峻奥汀科技股份有限公司（以下简称宇峻奥汀公司）出具授权委托书，载明将其所附游戏（包括繁体版和简体版）的信息网络传播权、复制发行权等著作权及相关权利独家授权给游戏天堂电子科技有限公司（以下简称游戏天堂公司），游戏天堂公司拥有的权利，包括但不限

---

〔1〕　寿步编著：《计算机软件著作权保护》，清华大学出版社 1997 年版，第 103~104 页。

〔2〕　高志宏编著：《知识产权：理论·法条·案例》，东南大学出版社 2016 年版，第 99 页。

〔3〕　参见"游戏天堂电子科技有限公司诉无锡市惠山区堰桥镇星光网吧侵害著作财产权纠纷案"，江苏省高级人民法院［2013］苏知民终字第 0019 号民事判决书。

于针对互联网的下载、传播及各种形式的使用；网吧（包含单机、局域网等情形）的各种形式的使用、传播；打击盗版等进行维权的权利，授权区域为中国大陆地区（不含香港、澳门、台湾地区）。授权期限自2010年6月20日至2012年6月19日。2012年5月22日，宇峻奥汀公司出具授权委托书，将期限延长至2014年6月19日。授权委托书附件所列的游戏包含有《三国群英传》《三国群英传Ⅲ》等单机游戏。2011年2月22日，国家版权局颁发了计算机软件著作权专有许可合同登记证书（编号：软专登字第000485号），该登记证书记载的软件名称为《三国群英传Ⅲ》游戏软件V1.0，登记号为2011LR0010，授权许可方为宇峻奥汀公司，合同登记人及被授权许可方为游戏天堂公司，地域范围为中国（不包括香港、澳门、台湾地区），授权期限为2009年12月31日至2012年12月31日。2010年8月30日，北京市方正公证处出具（2010）京方正内经证字第08930号公证书，公证书证明无锡市惠山区堰桥镇星光网吧（以下简称星光网吧）中计算机安装有涉案游戏软件。公证员证明，与公证书相粘连的《证物袋》中的光盘为公证员依据上述操作刻制所得，网吧建筑外观照片为公证员根据拍照所打印，内容均与实际情况相符。公证书所附光盘中储存有名称为"0726-星光网吧"的word文档，其内容与公证书描述一致。该文档属性中显示的创建时间为2010年7月26日13时15分。

在该案中，原告游戏天堂电子科技（北京）有限公司诉称：游戏天堂公司经台湾宇峻奥汀科技股份有限公司授权，取得了《三国群英传》《三国群英传Ⅲ》两部计算机单机游戏软件在中国大陆地区包括信息网络传播权、复制发行权等在内的专有许可使用权，根据授权内容，游戏天堂公司还拥有针对上述游戏软件的侵权行为进行打击并获得赔偿的权利。2010年7月，游戏天堂公司发现星光网吧提供上网服务的计算机上都安装有上述游戏软件，该行为未经游戏天堂公司授权，侵犯了游戏天堂公司的合法权益并造成其经济损失。法院认为，涉案游戏软件的著作权受法律保护。游戏天堂公司经著作权人宇峻奥汀公司的授权，享有涉案游戏软件的复制权、发行权等权利，有权以自己名义提起本案诉讼。星光网吧未经许可，在其经营场所的计算机上安装涉案游戏软件并提供给网吧用户，侵害了涉案游戏软件的著作权，依法应承担停止侵权、赔偿损失等法律责任。正是由于宇峻奥汀公司这一软件著作权人根据《计算机软件保护条例》规定所享有的软件著作权的使用许可权，以及两家公司之间授权的内容、手续都合乎法律规定，才保证了游戏天堂公司的胜诉，从而维护了两家公司的软件著作权的使用许可权。

（二）软件著作权许可使用权的特征

著作权许可使用是著作权人与使用人就著作权专有权的使用所达成的协议，[1]由于计算机软件本身的特殊性，软件著作权许可使用权的行使也体现出一定的特殊性，主要表现在：

（1）软件著作权许可使用具有合意性，软件著作权的许可使用虽然必须由软件著作权人行使，但不是软件著作权人单方的一种"授权"，而是双方在意思自由下达成的结果，应符合意思自治的原则。在意思自治下，软件著作权人可以就同一软件进行不同方式的授权使用。[2]

（2）软件著作权的许可使用具有复杂性，对一个软件的使用，软件著作权人可以授予一个使用者以专有使用权，也可以以非专有使用权的使用方式同时授予不同的使用者。由于专有使用受时间、地域的限制，因此，即使授权具有专有性，软件著作权人仍然可以在不同的时间、地域范围再次授权。

（3）被许可人的权利具有局限性，被许可人所获得的仅仅是在约定的地域和期限内以某种特定的方式对软件进行使用的使用权，而不是所有权，软件著作权仍然属于著作权人。被许可人的具体权利及行使以软件著作权人所许可的方式、条件、范围和时间为限，不能超出合同约定的范围。这意味着被许可人不得以未被许可使用的方式使用作品，也不得将这项权利转移给第三人，否则也超出了许可使用的范围。[3]被许可人对第三人侵犯自己权益的行为，有权根据著作权许可使用合同，以自己的名义向侵权人提起诉讼，但要求保护的权利仅限于许可使用合同中被许可人所享有权利的范围之内。

（三）计算机软件著作权许可使用权的法律规定

软件的功能性、实用性的特征决定了其不同于一般的文字作品，一个软件被开发完成后，软件著作权人从自己的经济利益考虑，可以不发表，而是授权他人通过使用的方式进行发表。同时，软件著作权人也可以不署名，而

---

[1]　吴汉东等：《知识产权基本问题研究》，中国人民大学出版社 2005 年版，第 331 页。
[2]　李颖怡、李春芳主编：《知识产权法》，中山大学出版社 2013 年版，第 94 页。
[3]　张乃根主编：《中国知识产权法》，法律出版社 1999 年版，第 56 页。

授权他人署名。软件著作权人放弃发表权和署名权，并不会像文字作品那样对著作权人有重大影响。[1]因此，《计算机软件保护条例》规定，软件著作权人在授权他人行使其软件著作权时，不再受发表权和署名权的限制。关于计算机软件著作权的许可使用的法律规定，具体体现在《计算机软件保护条例》的第 3 章。《计算机软件保护条例》第 3 章专门就软件著作权许可使用和转让问题作了规定，该章共 5 个条文，其中第 18 条、第 19 条、第 21 条、第 22 条 4 个条文涉及软件著作权许可使用问题。

《计算机软件保护条例》第 18 条对软件著作权许可使用合同的订立及行使要求作了规定，该条规定，许可他人行使软件著作权的，应当订立许可使用合同。许可使用合同中软件著作权人未明确许可的权利，被许可人不得行使。第 19 条是关于许可他人专有行使软件著作权的规定，该条规定，许可他人专有行使软件著作权的，当事人应当订立书面合同。没有订立书面合同或者合同中未明确约定为专有许可的，被许可行使的权利应当视为非专有权利。第 21 条对软件著作权专有许可使用合同登记进行了规定，即订立许可他人专有行使软件著作权的许可合同，可以向国务院著作权行政管理部门认定的软件登记机构登记。第 22 条则是关于向外国人许可软件著作权的特别规定，该条规定，中国公民、法人或者其他组织向外国人许可软件著作权的，应当遵守《技术进出口管理条例》的有关规定。

软件著作权人行使软件的许可使用权，必须符合以上法律条款的规定，严格用法律来约束自己的软件许可使用行为，只有这样，才能促进软件著作权许可使用制度的科学发展。

二、计算机软件著作权许可使用类型

德国学者考夫曼指出，类型是建立在一般及特别间的中间高度，它是一种相对具体，一种事物中的普遍性。类型在它与真实接近的以及可直观性、有对象性来看，是相对的不可以被定义，而只能被描述，它让自己在"或多或少"多样的真实中存在。[2]类型的主要功能在于概括，形成一种直观的、整体的认识。在这个意义上，类型毋宁说是一种思维方式，即所谓类型化思

〔1〕 徐玉麟主编：《计算机软件保护条例释义》，中国法制出版社 2002 年版，第 43 页。
〔2〕 ［德］考夫曼：《法律哲学》，刘幸义等译，法律出版社 2004 年版，第 190 页。

考，正如德国学者指出，当抽象——一般规定及其逻辑体系不足以掌握某生活现象或意义脉络的多样表现形态时，大家首先会想到的补助思考形式是类型。[1] 类型化思考，是人文社会科学中广泛使用的一种思考方法，同样适用于对软件著作权许可使用的研究。从学理上将软件著作权的使用许可类型化，有助于对软件著作权使用许可的理解，也有助于司法实践中法律的正确适用。[2] 学理上，软件著作权的使用许可包括多种类型，主要有普通许可、专有许可、法定许可及强制许可。

（一）普通许可

所谓普通许可，是指软件著作权人允许被许可人在合同规定的方式、条件、范围、时间内，以软件著作权人所享有权利的方式，行使其软件著作权的一项或者多项权利，这是最常见的许可方式。与此同时，软件著作权人保留自己在同样情况下使用该软件，还可同其他法律主体签订内容完全相同的许可协议，从而许可无限多的其他法律主体在相同时间、相同地域范围内以相同的方式使用软件。普通许可是彻底地体现知识产权的无限可分性的一种权利行使方式，理由很简单，在此种许可方式之下，无限多个法律主体在以相同的方式使用着相同的权利客体，无限多个法律主体在以相同的方式行使着相同的权利，而且他们之间不存在任何法律方面的冲突。著作权法所设置的有形利用与公开再现权就是要赋予著作权人一种观念性控制。这些权利的目的就是要将对作品的特定利用行为赋予著作权人。其他任何需要对作品采取上述使用行为的人均需要从著作权人处获得许可，许可机制将对作品利用行为的控制转换为利益。如果没有对特定使用行为的非难，著作权法就没有存在的普通许可使用是一种在特定对象上具有的准物权。[3]

在普通许可中，还有一种分售许可，即经过许可方同意，被许可方可以再允许第三方使用该软件。由于独占许可情况下被许可方的使用权具有垄断性，所以《计算机软件保护条例》规定，没有订立书面合同或者合同中未明确约定为专有许可的，被许可行使的权利应当视为非专有权利。

〔1〕　［德］卡尔·拉伦茨：《法学方法论》，陈爱娥译，商务印书馆 2003 年版，第 337 页。

〔2〕　李林启、康东书、郭玲：《计算机软件著作权保护制度研究》，光明日报出版社 2021 年版，第 104 页。

〔3〕　付继存：《著作权法的价值构造研究》，知识产权出版社 2019 年版，第 219~221 页。

案例 5-2　广州网百办公设备有限公司、阿丹电子企业股份有限公司侵害计算机软件著作权纠纷案[1]

法院审理查明：2015 年 11 月 1 日，阿丹贸易（上海）有限公司与阿丹公司签订《计算机软件著作权许可合同》，阿丹贸易（上海）有限公司将涉案软件版本在除港澳台地区以外的中华人民共和国地域范围的全部著作权（包括但不限于发表权、修改权、复制权、发行权、出租权、信息网络传播权、翻译权、其他权利），以独占许可的方式授予阿丹公司，许可期限为 2015 年 11 月 1 日至 2025 年 10 月 31 日。双方并约定阿丹公司无需为此向阿丹贸易（上海）有限公司支付软件著作权许可费用。2016 年 4 月 6 日，国家版权局出具《计算机软件著作权专有许可合同登记证书》，就阿丹贸易（上海）有限公司与阿丹公司签订的《计算机软件著作权许可合同》进行备案登记，登记号为 2016LRXXXX01，证书编号为：软专登字第 00XXXX2 号。阿丹贸易（上海）有限公司将上述涉案软件以独占许可方式将包括复制权、发行权等著作权授予阿丹公司，并于 2016 年 4 月 6 日进行了登记备案，因此阿丹公司依法享有涉案软件以及《快速设定本》的著作权，阿丹公司也生产了包含上述软件的扫描枪产品。

关于阿丹公司的诉讼主体资格是否适格。根据《计算机软件保护条例》（2013 年修订）第 2 条、第 3 条的规定，计算机软件，是指计算机程序及其有关文档。文档，是指用来描述程序的内容、组成、设计、功能规格、开发情况、测试结果及使用方法的文字资料和图表等，如程序设计说明书、流程图、用户手册等。本案中，《快速设定本》是用来描述涉案软件使用方法的文字资料和图表，符合《计算机软件保护条例》（2013 年修订）中关于文档的规定。

最高人民法院《关于审理著作权民事纠纷案件适用法律若干问题的解释》（2002 年颁布）第 7 条规定："当事人提供的涉及著作权的底稿、原件、合法出版物、著作权登记证书、认证机构出具的证明、取得权利的合同等，可以作为证据。在作品或者制品上署名的自然人、法人或者其他组织视为著作权、与著作权有关权益的权利人，但有相反证明的除外。"根据涉案软件著作权登记证书记载，阿丹贸易（上海）有限公司为涉案软件的著作权人。在没有相

---

[1]　参见"广州网百办公设备有限公司、阿丹电子企业股份有限公司侵害计算机软件著作权纠纷案"，最高人民法院［2021］最高法知民终 2218 号民事判决书。

反证据的情况下，阿丹贸易（上海）有限公司享有涉案软件，包括计算机程序和《快速设定本》的著作权。

根据阿丹贸易（上海）有限公司与阿丹公司签订《计算机软件著作权许可合同》及国家版权局出具《计算机软件著作权专有许可合同登记证书》，阿丹贸易（上海）有限公司以独占许可方式将涉案软件包括复制权、发行权等著作权授予阿丹公司，许可期限为 2015 年 11 月 1 日至 2025 年 10 月 31 日。作为独占使用许可合同的被许可方，阿丹公司有权就侵害涉案软件（包括《快速设定本》）著作权的行为向人民法院提起诉讼，故本案中阿丹公司的诉讼主体资格适格，广州网百办公设备有限公司的相关上诉主张不能成立。

（二）专有许可

专有许可，也称为独占许可，是指软件著作权人允许被许可人在合同规定的范围内以特定的方式独占地使用并行使其所享有的权利，此外，软件著作权人在合同规定的期限内，不得再行使其软件著作权，同时也不得再许可他人行使其软件著作权。其他任何人，包括著作权人在内也无权使用该作品。在独占许可的模式下，著作权人本人不得再授权他人使用，但这并不意味着被许可人享有对著作权的控制权和处分权。例如，许可方就其软件发行权授予被许可方在某一地区独占许可后，除了被许可方以外，任何人不得在该地区内发行该软件，但许可方可以行使其他使用权并允许发行权以外的其他使用权的使用许可。如果许可方就其全部使用权发放了独占使用许可，那么在合同有效期内，许可方对其软件就不能再行使任何使用权。在这种情况下，其使用权在事实上已告穷竭。其也无权擅自许可其他人以任何方式使用该作品，除非著作权人对被许可人进行特别授权。

案例 5-3　北京广兴凯数控设备有限公司、武汉迈信电气技术有限公司侵害计算机软件著作权纠纷案[1]

本案中，EP100 脉冲型伺服驱动器应用软件 V2.0 是由著作权人许某独自创作、开发完成，于 2021 年 4 月 15 日获得计算机软件著作权登记证书。2009

---

〔1〕　参见"北京广兴凯数控设备有限公司、武汉迈信电气技术有限公司侵害计算机软件著作权纠纷案"，最高人民法院〔2022〕最高法知民辖终 13 号民事判决书。

年10月1日武汉迈信电子技术有限公司（以下简称迈信公司）自著作权人处获得包括复制、发行在内的排他许可使用权，授权期限从2009年10月1日起至2029年10月1日止，授权范围为全国。现迈信公司发现广兴凯公司未经其许可，通过多种渠道生产、销售侵害迈信公司计算机软件著作权的产品，产品中所使用的源代码与迈信公司获取独占许可使用权的源代码完全一致，给迈信公司造成严重损失和恶劣影响。北京广兴凯数控设备有限公司行为构成侵权，应承担侵权责任。

案例5-4　深圳市腾讯计算机系统有限公司、畅游云端（北京）科技有限公司等著作权权属、侵权纠纷案[1]

本案中，就二审中的争议焦点之一：深圳市腾讯计算机系统有限公司（以下简称腾讯公司）是否为本案著作权侵权纠纷的适格原告。腾讯公司主张对涉案《穿越火线》游戏享有的实体权利及诉讼权利来源于该游戏著作权人韩国笑门公司的合法授权。畅游云端（北京）科技有限公司（以下简称畅游云端公司）、英雄互娱公司、天津英雄互娱公司、北京卓越晨星公司上诉主张，韩国笑门公司与韩国新游公司就《穿越火线》存在权属纠纷，腾讯公司未举证证明韩国笑门公司就该游戏享有完整权利。对此法院认为，根据最高人民法院《关于审理著作权民事纠纷案件适用法律若干问题的解释》第7条的规定，当事人提供的著作权登记证书可以作为权属证据，如无相反证明，在作品上署名的自然人、法人或者非法人组织视为著作权、与著作权有关权益的权利人。本案中，腾讯公司为证明韩国笑门公司为《穿越火线》游戏软件的著作权人，提交了韩国笑门公司于2013年2月6日在韩国著作权委员会办理的计算机软件注册登记证书，《穿越火线》游戏在运行中亦标注了韩国笑门公司"CF"图形商标标识，以对作品署名的方式宣示了该游戏著作权人为韩国笑门公司，可以证明韩国笑门公司对《穿越火线》游戏享有著作权。同时，韩国笑门公司也作出声明称，其与韩国新游公司之间关于《穿越火线》游戏的权属争议已经解决，韩国笑门公司对《穿越火线》及内部的全部游戏地图、枪械道具、人物形象等元素拥有完整的著作权。腾讯公司还提交了韩

---

[1]　参见"深圳市腾讯计算机系统有限公司、畅游云端（北京）科技有限公司等著作权权属、侵权纠纷案"，广东省高级人民法院［2020］粤民终763号民事判决书。

国方面的新闻报道予以佐证，该新闻报道了韩国笑门公司与韩国新游公司已就《穿越火线》游戏版权争议达成和解，《穿越火线》游戏著作权归属于韩国笑门公司。综上，本案证据足以证明韩国笑门公司对《穿越火线》游戏及其中的游戏地图享有著作权。韩国笑门公司系《穿越火线》游戏的著作权人，其先后作出多份授权书或声明书授权腾讯公司在中国大陆独家代理运营《穿越火线》游戏，并对该游戏中的著作权等知识产权享有独占使用权，有权对侵犯知识产权的行为提起民事诉讼。腾讯公司系经由《穿越火线》游戏著作权人韩国笑门公司授权的独占被许可人，对该游戏及其游戏地图享有实体权利和诉讼权利，是本案适格原告。当发生第三人侵犯著作权的情形时，被许可人有权单独向侵权人主张权利，提起诉讼。

从某种意义上说，在许可的时间和地域范围内，专有许可与软件著作权转让实质上并没有区别，也是一种软件著作权的完全让与。但与权利转让不同的是，在许可的时间和地域范围之外，许可人以及经其许可的其他人仍可按照与独占许可相同的方式使用软件著作权。另外，如果合同期限未全部覆盖软件使用权的保护期，在协议期满后，协议所涉及的权利仍然要回归许可人，其可以重新行使软件著作权。[1]

（三）法定许可

所谓法定许可，是指当某软件具备了法律规定的条件后，他人不经软件著作权人的允许而使用其软件的行为。法定许可虽可以不经软件著作权人的同意就使用其软件，但是应当向软件著作权人支付使用报酬。法定许可中的"法定"，实际上是法律推定著作权人可能并应当同意他人使用、传播其软件，故而由法律直接进行许可，如《计算机软件保护条例》将关于软件合理使用规定在第 17 条，基于学习和研究软件内含的设计思想和原理的目的，通过安装、显示、传输或者存储软件等方式使用软件的，可以不经过软件著作权人许可，不向其支付报酬。[2]这一规定实际上与《著作权法》中的合理使用进行衔接，明确使用目的，确定合理使用的范围，同时在使用方式上进行列举

---

〔1〕 朱效亮："论计算机软件著作权使用许可合同"，载《科技与法律》1991 年第 3 期。
〔2〕《计算机软件保护条例》第 17 条："为了学习和研究软件内含的设计思想和原理，通过安装、显示、传输或者存储软件等方式使用软件的，可以不经软件著作权人许可，不向其支付报酬。"

说明。这一规定不仅与《著作权法》相协调，还在司法实践中留给法官一定自由裁量的余地。法定许可与合理使用都是针对已发表的作品，且应基于促进社会公共利益的需要而适当限制著作权人的权利，以推广使用作品，无需经过著作权人许可即可自行决定使用。但与合理使用不同的是，法定许可应支付报酬。

软件著作权法定许可必须满足以下条件：一是必须基于法律的直接规定而产生，而不是主观意定的；二是使用的对象必须是已经发表的软件，软件一经创作完成便立即享有著作权，但并不意味着一定要立即发表；三是只能以特定方式来使用，不能超出法律规定的范围，不能侵犯软件著作权人的其他权利，更不能与法定许可的立法宗旨相违背；四是使用人须向软件著作权人支付报酬，以此与合理使用相区别。法定许可主要涉及对作品的商业性使用，向权利人支付报酬既能体现创作劳动的价值，也能有效弥补权利人期待利益的损失。

《著作权法》设立法定许可制度的目的在于保护公共利益，促进信息的广泛传播。依据法律的直接规定来限制著作权人的权利，达到平衡著作权人与社会公众之间利益的目的。法定许可制度的产生，弥补了合理使用制度的缺陷，适应了社会发展的要求。我国现行《著作权法》规定了 12 种合理使用的情形，规定了 5 种法定许可的情形，但是合理使用范围太宽必然影响著作权人的经济利益，尤其是将汉语言文字作品翻译成少数民族语言文字作品在国内出版发行、将作品翻译为盲文以及将广播电台、电视台的转播规定为合理使用是不恰当的，必将影响作品和文化产品创作的积极性。由于合理使用是著作权保护的例外，所以对于该制度的适用应该相当慎重，严格限制。目前许多国家的著作权法已将传统合理使用的某些类型也转化为法定许可使用。这在很大程度上反映了法定许可在维护著作权人经济利益时的价值取向。[1]

法定许可作为一种重要的软件著作权限制制度，是在确保和增进权利人利益的前提下对其专有权进行适当的限制，以满足使用者在特定情形下对软件的利用和传播。我们既要保护软件创作者的合法权益，也要保障软件传播者的正当需求，以激励更多的优秀软件作品被创造和传播，从而使社会公众

---

〔1〕 许明月主编：《巴渝法学论丛（2016 年卷）》，厦门大学出版社 2017 年版，第 202~203 页。

能够共享人类文明的发展成果，实现个人利益与社会公共利益的平衡。

（四）强制许可

强制许可，指作品的使用者有基于某种法定的正当理由需要使用他人已发表的作品，但以合理条件和正常途径无法取得著作权人的许可时，经申请由著作权行政管理部门或司法部门授权，即可使用该作品，无需征得著作权人同意，但应当向其支付报酬。强制许可属于在法定的条件下，由著作权行政事务管理部门批准将作品许可给申请人使用的一种作品许可使用方式。此种许可不是著作权人意志的体现，而是行政强制的结果。[1]我国著作权法中没有规定强制许可制度，但是我国已加入 2 个基本的著作权国际公约《伯尔尼公约》和《世界版权公约》，它们的现行文本都规定了强制许可制度，因此我国也适用公约关于强制许可的规定。根据《伯尔尼公约》第 17 条的规定，著作权人行使自己的权利，不得违反社会公共秩序。各国政府基于公共秩序保留原则，对于滥用权利的著作权人，既有权禁止作品的传播，也可以在必要时由国家主管机关颁发强制使用的许可。这种由国家主管机关颁发强制使用的许可制度即为著作权的强制许可。因此，根据这 2 个公约，缔约国主管当局享有颁发强制许可证的权力。特别是为发展中国家的教学、学术活动和科学研究方面的便利，允许主管部门颁发翻译权与复制权的强制许可证。[2]

强制许可并不仅仅意味着"强制"，而且仍然是一种权利许可。获得强制许可的被许可方仍须与许可方签订许可协议。更重要的是，这种许可协议与一般的许可协议并无任何不同，仍属双方当事人协商一致的结果。这说明，获得强制许可的被许可人也必须向许可人支付合理的使用费，并须承担自愿许可协议中被许可人所应承担的一切义务。获得强制许可的被许可人并没有任何优先使用权，其所获得的许可证不是独占性的。在强制许可颁布后，知识产权权利人仍可向其他使用者再颁发相同时间、相同地域、相同方式的权利使用许可。

对软件著作权而言，1991 年《计算机软件保护条例》规定了软件著作权

---

[1] 王洪友主编：《知识产权理论与实务》，知识产权出版社 2016 年版，第 136 页。
[2] 赵凤梅、王淑华编著：《知识产权理论与实践教程》，知识产权出版社 2020 年版，第 89 页。

的强制许可，[1]由于有关知识产权的 TRIPS 协议没有对著作权进行强制许可的规定，因此，修改后的条例也没有涉及软件著作权的强制许可问题。现行条例更着重从私权的角度来突出软件著作权。

三、计算机软件著作权许可使用合同

计算机软件著作权许可使用往往通过许可使用合同完成，合同是双方权利义务的具体化。计算机软件著作权使用许可合同，是指软件著作权人或其合法受让人作为许可方与被许可方就许可方将其软件著作权中的使用权授予被许可方行使、被许可方向许可方支付使用费而订立的合同。著作权许可合同从本质上来讲是诺成合同，这与实践合同是不一样的。当合同成立，就表示合同意思表示一致。通常情况下，宜使用书面合同形式。在该合同中，不仅要明确双方当事人的权利，更要明确其义务。当其中一方当事人违反了规定的义务以后，就要承担有关责任。《计算机软件保护条例》第 8 条第 2 款规定，软件著作权人可以许可他人行使其软件著作权，并有权获得报酬，根据该款规定，软件著作权人享有使用许可权。第 18 条第 1 款规定，许可他人行使软件著作权的，应当订立许可使用合同。该条款是对第 8 条第 2 款所规定内容的进一步落实，是关于软件著作权许可使用合同订立的规定。

案例 5-5　盐城市国泰安防电子系统有限公司、安徽交学教育科技有限公司著作权许可使用合同纠纷案[2]

本案中，原审法院认为案涉合同涉及计算机软件著作权的许可使用。法院审查查明：安徽交学教育科技有限公司（以下简称交学公司）向原审法院提交了《计算机软件著作权登记证书》《计算机软件服务合作协议》等证据。《计算机软件著作权登记证书》显示交学公司系"交通运输安全教育监管服务平台 V1.0"和"交通运输安全教育管理云平台 V1.0"软件的著作权人。争议的焦点问题为：本案属于计算机软件著作权许可使用合同纠纷还是普通的

---

〔1〕　1991 年《计算机软件保护条例》第 13 条第 2 款规定："国务院有关主管部门和省、自治区、直辖市人民政府，对本系统内或者所管辖的全民所有制单位开发的对于国家利益和公共利益具有重大意义的软件，有权决定允许指定的单位使用，由使用单位按照国家有关规定支付使用费。"

〔2〕　参见《盐城市国泰安防电子系统有限公司、安徽交学教育科技有限公司著作权许可使用合同纠纷案》，最高人民法院〔2021〕最高法知民辖终 405 号民事判决书。

合同纠纷。本案中，交学公司提出了盐城市国泰安防电子系统有限公司（以下简称国泰公司）给付合同许可使用费的诉讼请求，并围绕其所主张的诉讼请求陈述了相应的事实和理由，提交了《计算机软件著作权登记证书》《计算机软件服务合作协议》等初步证据。《计算机软件服务合作协议》中双方约定的主要内容是交学公司授权国泰公司为江苏地区交通运输从业人员安全教育平台唯一代理商，负责交学公司在江苏地区交通运输从业人员安全教育的市场推广、售后服务与交通运管部门的接洽等工作，国泰公司按照 2 元/课时/人的标准向交学公司支付平台服务费。因此，本案系因履行双方当事人就计算机软件著作权许可所订立合同而发生的纠纷，案由应确定为计算机软件著作权许可使用合同纠纷，而不是普通的合同纠纷。

案例 5-6　海南达达兔网络科技有限公司、海南乐众网络科技有限公司著作权许可使用合同纠纷案[1]

本案中，二审争议焦点之一为该案属于计算机软件著作权许可使用合同纠纷还是一般合同纠纷。究竟是属于计算机软件著作权许可使用合同纠纷还是一般合同纠纷，人民法院应当根据当事人所主张的诉讼请求、事实及理由，准确确定案件的案由。同时，本案中，海南乐众网络科技有限公司（以下简称乐众公司）提出了给付游戏分成款及违约金的诉讼请求，并围绕其所主张的诉讼请求陈述了相应的事实和理由，提交了涉案协议等初步证据。涉案协议中双方约定的主要内容是乐众公司授权海南达达兔网络科技有限公司（以下简称达达兔公司）在约定的授权区域内利用达达兔公司网站等各项资源发行乐众公司游戏产品，制作各类游戏宣传资料、广告，对游戏进行线上、线下发行运营等。因此，本案系因履行计算机软件著作权许可使用合同而发生的纠纷，属于知识产权合同纠纷，根据最高人民法院《民事案件案由规定》（2021 年 1 月 1 日施行）第 146 条第 13 项的规定，本案案由应确定为知识产权合同纠纷项下的著作权合同纠纷之计算机软件著作权许可使用合同纠纷。

（一）计算机软件著作权许可使用常见合同形式

随着电子信息网络技术的迅速发展，造就了与传统合同不同的新空间、

---

〔1〕　参见"海南达达兔网络科技有限公司、海南乐众网络科技有限公司著作权许可使用合同纠纷案"，最高人民法院〔2022〕最高法知民辖终 214 号。

新理念，格式合同经历了由传统格式合同到拆封合同再到点击合同的形式演变过程。电子格式合同主要用于电子商务企业与消费者之间的消费合同。格式合同不需要另一方意思表示的参与，由一方为了反复使用而事先拟制。格式合同的最大特点是非协议性，另一方对于格式合同要么接受要么拒绝。作为格式合同的拆封合同和点击合同具有不同于一般格式合同的效力特征，同时也存在着如何协调软件许可使用合同各方当事人利益平衡的问题。[1]计算机软件使用许可合同主要是以拆封合同和点击合同的形式订立的。

1. 拆封合同

在网络交易中，电子格式合同有时表现为拆封合同。拆封合同的出现与计算机软件的发展密切相关，计算机软件最初出现时，对软件销售商来说，其产品的销售对象主要是为数不多的计算机用户，普通形式的合同足以保障他们本身的利益，调整交易双方之间的关系。然而，随着计算机的迅速普及，软件的开发与销售已经发展成为一个规模庞大的产业。各国的合同法均对格式合同的效力加以限制。在电子商务中，由于人们无法谋面协商，许多电子商务公司均采用电子格式合同，这固然可以减少不安全的因素，但也带来了不少法律问题。任何一个普通的用户都可以在市场上轻易买到软件产品，而软件的可复制性意味着任何一个用户都可以拥有该软件成千上万的复制件，这些复制品在不同用户之间的无偿或低价转移给软件销售商带来了巨大的损失。作为软件销售商，除寻求法律途径保护其权益之外，通过当事人之间的约定以维护自身的权益成为一种可行之路，拆封合同的出现正是这种做法的产物。

(1) 拆封合同的概念

拆封合同，主要是指卖方事先制订好一个具有固定条款的标准合同，买方在购买时只有接受或拒绝两种选择，没有谈判的余地，不能对合同条款进行修改或变更。拆封合同是指合同提供人将其与不特定第三人之间权利义务关系的相关条款印在标的物的包装上面，并在合同中声明只要消费者在购买后拆开包装，即视为接受的格式合同。通常情况下，软件的卖方印制好合同后，一般以醒目的方式封装在待出售软件的包装顶部，并且可以使买主不必拆封就能透过薄膜阅读到该许可的条款。一旦打开软件的包装，就被认为接受了该许可证的条款。拆封合同的内容主要是要求用户尊重软件的版权，只

---

〔1〕 刘万啸：《电子合同效力比较研究》，知识产权出版社2010年版，第287页。

能自己使用，不可转借他人，不可复制，不可修改，用完后应予销毁等。这些条款清楚地表明购买软件物质载体的人并不等于买到了软件的版权，用户在使用软件产品时必须严格遵守销售商所指明的使用范围，任何超出范围的使用行为，只要不在法律的保护范围内，都有可能会导致对合同义务的违反，从而产生违约责任。

拆封合同作为一种格式合同，有很多好处，这也是其存在的原因。合同的统一标准文本形式，理性而高效，能够帮助软件生产企业节省合同履行的成本并能够尽量避免风险，这种合同在传统的"有义务阅读"的概念上有其理论基础。[1]然而，实践中，用户在购买软件、支付价款乃至在安装软件时，往往没有机会阅读，或者即使有机会也不愿阅读一份烦琐冗长、充满法律术语的合同，他们经常是在发生争议时才发现在伴随软件的文件中还有一些限制其权利的"异常条款"。比如，在软件公司提供的合同条款中发现以下内容：要求用户在一定数量的电脑上安装软件，排除生产者的品质担保、对间接损失的担保，规定争议解决方式和适用的法律，限制用户可能要求的救济种类等，这种局面是传统合同法难以应付的。

（2）拆封合同的法律效力

拆封合同是软件大规模零售的产物，正是出于效率和最大限度保护自己权益考虑，软件销售商制订了拆封合同。随着计算机及其软件在世界范围内的普及，拆封合同已出现在各国的软件交易中。在我国的软件交易中，以拆封合同形式存在的合同条款已经是不争的事实。然而，拆封合同作为格式合同对用户而言仍然有许多不利的方面。伴随着拆封合同的出现，关于拆封合同的法律地位及其条款效力的争论一直在延续。软件销售商和用户为了最大限度保护自己的利益，在拆封合同上发生争论是必然的。软件销售商想通过制订标准合同，期望在相关法律的直接保护之外，通过约定以加快交易过程，提高效率，攫取最大的利润，在客观上促进了软件产业的发展；用户却希望以尽可能低的价格得到软件和其相关的服务，并限制软件销售商在拆封合同标准化的过程中所形成的优越地位而带来的特权，以保证交易的公平。因而，大多数用户倾向于拒绝承认拆封合同的效力，因为否认拆封合同的效力就意味着拆封

---

[1] 朱和庆主编：《知识产权司法保护理论与实务》，知识产权出版社2008年版，第370页。

合同的条款对当事人不具有约束力，但这却为软件销售商所极力反对。[1]

拆封合同的效力问题最早出现在"美国 Step-Saver 数据系统公司诉 Wyse 技术公司案"中。地方法院作出了拒绝承认印刷在软件外包装盒上的附加条款构成双方合同组成部分的判决。法院认为：首先，即使不考虑这些条款，双方之间仍然有完整而明确的合同；其次，附加条款并没能明确地表明，软件销售商要对不遵守附加条款的行为进行起诉；最后，当事人之间有足够的时间和条件进行直接的磋商和谈判，以共同决定合同条款的内容，而没有必要单方制订合同。Step-Saver 一案的判决表明，法院在确认拆封合同条款的有效性问题上存在着犹豫。考虑到拆封合同的形式对市场发展所产生的影响，地方法院并没有确认一般拆封合同的无效性，而是认为在缺少双方协议的基础上，单方订立并印刷在软件外包装盒上的附加条款不具有约束力，因为法院认为双方当事人有能力进行直接的、面对面的协商。在拆封合同的发展过程中，具有里程碑意义的案例是"Pro-CD 案"。Pro-CD 案是美国法院第 1 次明确确认拆封合同效力的判决。Pro-CD 公司是一种名为 Select-Phone 的光盘产品的软件生产商。Select-Phone 是一种电话名录的数据库。本案被告之一 Matthew Zeidenberg 从 Pro-CD 公司购买一套 Select-Phone 软件并将其数据传到互联网上，并向使用其网站的用户收取费用。原告 Pro-CD 公司发现 Matthew Zeidneberg 的行为后，向联邦地方法院提起诉讼。原告的诉讼理由是被告的行为侵犯其软件版权，违反伴随软件的拆封许可合同条款。面对原告的主张，被告针锋相对地提出：原告的软件不受版权法的保护，[2]拆封许可合同是无效的 2 项反驳理由。Pro-CD 案的初审法院判决拆封许可合同无效，被告胜诉。原告对此判决不服，又向美国联邦第七巡回上诉法院提出上诉。上诉法院推翻初审法院的判决，认定拆封合同有效。被告的行为违反了他与原告之间达成的许可协议，应当承担相应的违约责任。Pro-CD 案的判决，对于实行判例法的美国来讲，其意义在于法院首次承认拆封合同条款的效力。[3]

我国《合同法》（已失效）第 137 条规定："出卖具有知识产权的计算机软件等标的物的，除法律另有规定或者当事人另有约定的以外，该标的物的

---

[1] Thomas Finkelstein, Douglas C. Wyatt: Shrink-wrap licenses: consequences Of breaking the seal.

[2] 美国联邦最高法院规定，以字母顺序编排的电话簿不具有版权保护所必需的独创性。

[3] 张平主编：《网络法律评论（第 1 卷）》，法律出版社 2001 年版，第 68~69 页。

知识产权不属于买受人。"这表明我国事实上已更多地将计算机软件的买卖作为一种著作权的许可使用来看待。但《合同法》并没有对拆封合同效力方面的问题做出明确的规定，依据《合同法》的基本原则，如果出现这方面的个案，对拆封合同应依照《合同法》中有关格式条款和买卖合同的规定进行规范。[1]

2. 点击合同

点击合同具有附和性，是网络环境下的格式合同。拆封合同亦非计算机技术发展给合同形式带来的唯一变化，网络的发展使我们经常在网络上看到点击合同，它与拆封合同非常类似，只是表示接受的方式由拆开封条变成了用鼠标点击一下按钮。点击合同指的是由商品或服务的提供人通过计算机程序预先设定合同条款的一部或全部，以规定其与相对人之间法律关系，相对人必须点击同意键后才能订立的合同。在网络交易中，电子格式合同有时表现为拆封合同，有时表现为点击合同。但点击合同与电子版的拆封合同有所不同：首先，其应用范围有所扩展。拆封合同局限于软件等电子产品买卖法律关系，而点击合同从信息产品的使用许可扩展到免费邮箱的申请，从买卖关系扩展到非买卖关系。其次，点击合同具有部分可选择性。某些点击合同的条款可供用户进行选择，使用人选择不同的条款，权利义务关系则会有所不同。而拆封合同的任何条款都是使用人无法选择或改动的。但是这些不同并未改变点击合同与拆封合同本质上的一致性。[2]计算机软件使用许可中，点击合同是常用的一种合同形式。

（1）点击合同的概念

随着信息技术及网络的发展，软件著作权许可使用开始电子化。软件公司为了明确权利人与用户之间的权利义务关系，推出了点击合同。点击合同

---

〔1〕《合同法》（已失效）关于格式条款的规定主要是第 39 条到第 41 条。第 39 条规定："采用格式条款订立合同的，提供格式条款的一方应当遵循公平原则确定当事人之间的权利和义务，并采取合理的方式提请对方注意免除或者限制其责任的条款，按照对方的要求，对该条款予以说明。格式条款是当事人为了重复使用而预先拟定，并在订立合同时未与对方协商的条款。"第 40 条规定："格式条款具有本法第五十二条和第五十三条规定情形的，或者提供格式条款一方免除其责任、加重对方责任、排除对方主要权利的，该条款无效。"第 41 条规定："对格式条款的理解发生争议的，应当按照通常理解予以解释。对格式条款有两种以上解释的，应当作出不利于提供格式条款一方的解释。格式条款和非格式条款不一致的，应当采用非格式条款。"

〔2〕陆学勤、韩晓虎主编：《简明电子商务法律》，重庆大学出版社 2017 年版，第 39~40 页。

与电子版的拆封合同有所不同，其应用范围相对较大。拆封合同局限于软件等电子产品买卖法律关系，而点击合同从信息产品的使用许可扩展到免费邮箱的申请，从买卖关系扩展到非买卖关系。用户从网络上购买软件和安装软件时，总会看到一份长达数页、载有密密麻麻服务条款的文件，在这份文件之下会有"我同意"和"我拒绝"两个按钮，要求用户做出选择，这就是软件许可协议。在对软件提供商的格式条款单击"同意"按钮或点选相关条款后，购买或安装才得以继续。事实上，在用户购买或安装计算机软件的时候，多数用户的选择是跳过这些条款直接点击"我同意"按钮，这就存在着软件权利人利用点击合同而将不平等条款加入软件许可合同中的问题。

点击合同也属于格式合同，因而具有格式合同的诸多特点。点击合同除了具有传统格式合同的预先拟定性、反复适用性、不可协商性以及提供方较之相对方的强势性等一般特点外，还具有一些不同于传统格式合同的自身特性：一是点击合同主体的特殊性。点击合同具有部分可选择性。某些点击合同的条款可供使用人选择，根据使用人不同的选择，权利义务关系会有所不同。而拆封合同的任何条款都是使用人无法选择或改动的。但是这些不同并未改变点击合同与拆封合同本质上的一致性。传统格式合同一般是合同当事人双方面对面签订，而点击合同则以网络为媒介，在虚拟空间订立，当事人双方并未谋面。传统格式合同提供方一般是大型企业、公司或其他组织等，相对方一般是普通消费者，而点击合同提供方中大型网络内容提供商占据了重要数量，而相对方则是在线用户和在线消费者。二是表现形式上的特殊性。传统格式合同通过书面纸质形式表现，而点击合同则是呈现于网络空间中，表现为"电子讯息"或"数据电文"等形式。这也导致诸如合同排版、格式等其他诸多表现形式上的差异。并且，这种表现形式上的差异还直接导致在合同签订和取证上，传统格式合同的签订一般一式多份，至少合同提供方和相对方会各保留一份，以作为今后发生纠纷所依据的重要书面证据。而由于点击合同发生于虚拟网络，往往难以保存，极易丢失或者遭到破坏，因此，若要取证，很多时候只能通过所保留的网络页面等网络信息形式来获得。[1]

---

[1] 江必新等：《最高人民法院指导性案例裁判规则理解与适用（合同卷四）》，中国法制出版社 2015 年版，第 23 页。

（2）点击合同的效力

合同形式经历了漫长的发展进程，通常情况下，对于合同形式的限制越严格，在达成交易时相对来说难度越大。在现代社会中，为充分尊重当事人达成合同时的自由意愿，同时也为了追求交易的便捷高效，往往只对于具有特殊意义的合同才作出特定的形式要求。由于点击合同具有不同于拆封合同的特点，即所有点击合同都是在当事人有机会阅读协议条款后，再通过选择同意按钮完成订立合同的过程的。网页的设计使用户很难否认在他做出选择之前曾经见到过点击合同的条款，协议条款可以被视为要约，而点击行为可以被视为以行为构成承诺，因此法院更容易承认点击合同的有效性。[1]我国《合同法》第10条规定，当事人订立合同，有书面形式、口头形式和其他形式。通过点击行为订立合同已成为可能，点击行为可以被视为该条中的"其他形式"。

实践中，对于软件的生产者而言，采取有效的步骤为软件的使用者提供足够的注意，能够提高法院在断案时确认软件使用许可协议有效的可能性。对于软件的使用者而言，在安装软件的过程中应当耐心。他们应当意识到自己正在进行着一项法律事务，花几分钟去仔细阅读使用许可协议的条款还是值得的。总之，应通过双方的努力，让软件用户了解协议的内容，提高软件的使用者同意和接受协议条款的可能性，创造一个有效的合同。

（二）计算机软件著作权许可使用合同的订立

1. 计算机软件著作权许可使用合同订立形式

合同的形式，又称合同的方式，是当事人合意的表现形式。从法律形态上，依据合同形式可能带来的不同后果，合同形式可以分为约定形式和法定形式两种。约定形式是当事人对于无法定形式要求的合同，约定必须采用一定的形式。法定形式是指法律直接规定，某种合同应当采用某种特定形式。约定形式和法定形式的区别在于：约定形式只能由当事人采用，法定形式必须基于法律的规定；约定形式可以由合同当事人自由选择采用，法定形式则不能由当事人加以选择；约定形式法律效力可以由当事人自由设定，法定形式的法律效力则直接源于法律的规定；约定形式的法律效力只能有证据效力、

---

〔1〕　方木云主编：《软件工程》，清华大学出版社2016年版，第136页。

成立效力和生效效力，没有对抗第三人的效力，而法定形式则具备上述所有效力；约定形式可以由合同当事人协议变更或者废止，法定形式则不得由当事人加以变更和废止。[1]根据《合同法》的规定，[2]依据合同的外在表现形式有所不同，软件著作权人除可以采用签订书面合同的方式许可他人行使其软件著作权外，还可以采用口头形式或者其他形式许可他人行使其软件著作权。

（1）书面形式

书面形式，是指当事人以书面文字表达协议内容的方式。它的表现形式是以合同书以及任何记载当事人要约承诺和权利义务内容的文件。以文字等能够有形的形式呈现所载内容而达成的协议。由于书面订立合同通常具有形式明确、交易正式、权责清晰、有据可查等特点。一般在交易数额较大或者交易内容较为复杂时较常使用书面形式来订立合同（如设立抵押合同、融资租赁合同、技术转让合同等）。书面形式通常包括合同书、信件、电报、电传、传真等形式，可以随时调取查用的数据电文如电子数据交换或者电子邮件等可视为书面形式。采用书面形式订立合同，有文字记载，内容也比较完备，容易分清责任。

应当采用书面形式的合同，主要由两种情形：一是法律、行政法规规定采用书面形式，应当采用书面形式。如《计算机软件保护条例》第19条第1款规定，许可他人专有行使软件著作权的，当事人应当订立书面合同。二是当事人约定采用书面形式的，应当采用书面形式。如对于关系复杂的、比较重要的软件著作权许可使用合同，当事人可约定采用书面形式。

（2）口头形式

口头形式，是当事人以直接对话的方式订立合同。采用口头形式订立软件著作权许可使用合同，比较简便、迅速，但发生纠纷时举证较为困难，难以分清责任。一般在数额较小的交易或者现款交易中较常使用口头形式来订立合同（如在农贸市场买菜、在商店买衣物、在超市购物等）。因此口头合同是在日常生活中使用得较为广泛的合同形式，当然，在法律没有明确规定的

---

[1] 崔广平："论合同的形式"，载《当代法学》2002年第2期。

[2] 《合同法》第10条规定："当事人订立合同，有书面形式、口头形式和其他形式。法律、行政法规规定采用书面形式的，应当采用书面形式。当事人约定采用书面形式的，应当采用书面形式。"

情况下，根据当事人之间的意愿也可以采用口头形式来订立交易合同。

凡是当事人无约定或者法律未规定特定合同形式的合同，均可以采用口头形式。如《计算机软件保护条例》第18条第1款规定，许可他人行使软件著作权的，应当订立许可使用合同。也就是说，只要不是许可他人专有行使软件著作权的，即可采用口头形式。但对于不能即时结清或者标的数额较大的软件著作权许可使用合同，不宜采取这种形式。

（3）其他形式

其他形式，一般是指推定形式，主要是默示形式。当事人未用语言、文字表达其意思表示，仅用行为要约、承诺的，对方接受该要约，做出一定或者指定的行为做出承诺，推定为合同成立。其他形式指的是除口头形式和书面形式之外的其他订立合同的形式，以其他形式订立的合同通常包括以推定形式达成的推定合同和以默示形式达成的默示合同。推定合同指的是当事人以积极实施某种行为作为其意思表达的手段而签订的合同，在实际中例如房屋租赁合同，租赁期满后出租人与承租人均未表示退房或者明确说明续租等相关问题，承租人继续如往常按时缴纳房租，出租人则继续接受租金。房屋租赁合同到期后虽然当事人双方并未作出终止交易的协商，也不曾重新签订继续承租的合同，根据当事人双方作出的行为此时可推定该租赁合同的租期继续延长。默示合同指的是当事人以消极的不作为进行意思表示而签订的合同，默示形式只有在法律明文规定或者当事人事先约定的情况下才能构成，如10岁的孩子签订买卖合同购买房屋，其监护人对房地产商的催告表示沉默，此时该默示行为视为拒绝，试用期届满时买受人未作出表示是否购买标的物则视为购买。

计算机软件著作权许可使用合同在何种情况下应当采用书面形式，在何种情况下可以采用口头形式或者其他形式，除了根据法律法规的规定外，还应当根据对软件的使用方式、使用的地域范围、期限、被许可使用的权利种类和性质、付酬的多寡以及当事人之间的信任程度等多种因素来加以判断。

2. 计算机软件著作权许可使用合同的内容

合同的内容，即合同的条款。合同的内容实质上是双方当事人达成合意的外在表达，其形式载体表现为具体的合同条款，以双方合意为基础对合同双方当事人做出具体、详细的履行要求。合同的条款是合同中经双方当事人协商一致、规定双方当事人权利义务的具体条文。合同的权利义务，除法律规定的以外，主要由合同的条款确定。合同的条款非常重要，其是否齐备、准确，决定了合同能否成立、生效以及能否顺利地履行，实现订立合同的目的。《民法典》对合同主要条款做了规定，但是，并不是说当事人签订的合同中缺了其中任何一项就会导致合同的不成立或者无效。主要条款的规定只具有提示性与示范性。合同的主要条款或者合同的内容要由当事人约定，一般包括这些条款，但不限于这些条款。不同的合同，由其类型与性质决定，其主要条款或者必备条款可能是不同的。《计算机软件保护条例》并未规定软件著作权许可使用合同的内容，但《著作权法》对著作权许可使用合同的内容作了规定，[1]计算机软件作为《著作权法》保护的一类作品，软件著作权许可使用合同的内容应适用《著作权法》的有关规定。根据《著作权法》第24条第2款的规定，软件著作权许可使用合同包括下列主要内容：

（1）许可使用的权利种类

许可使用的权利种类是许可使用合同中很重要的条款，它直接决定了被许可人的权利大小。授权许可使用的过程同时也是合同双方互相博弈的过程，如何实现双方利益的均衡，是一个值得深究的问题。如果是独占许可合同，必须有明确的规定，否则被许可的权利只能被视为非独占的。如果是非独占许可当事人，还可以进一步约定是排他性许可还是普通许可。[2]

案例5-7　广东中港联信科技有限公司、东莞市特普拉斯电子科技有限公司计算机软件著作权权属纠纷、计算机软件著作权许可使用合同纠纷案[3]

在本案中，争议焦点问题之一是涉案《金蝶软件销售合同》的合同性质。《金蝶软件销售合同》的内容没有违反法律、行政法规的强制性规定，依法成立，合法有效，对当事人具有法律约束力，当事人应当按照合同约定履行自己的义务。广东中港连心科技有限公司（以下简称中港联信公司）上诉提出，双方当事人之间不存在软件著作权许可关系，《金蝶软件销售合同》属于销售

---

〔1〕《著作权法》第26条规定："使用他人作品应当同著作权人订立许可使用合同，本法规定可以不经许可的除外。许可使用合同包括下列主要内容：（一）许可使用的权利种类；（二）许可使用的权利是专有使用权或者非专有使用权；（三）许可使用的地域范围、期间；（四）付酬标准和办法；（五）违约责任；（六）双方认为需要约定的其他内容。"

〔2〕何红峰、翁瑞琪、孙小红："软件著作权的许可使用"，载《软件》1996年第3期。

〔3〕参见《广东中港联信科技有限公司、东莞市特普拉斯电子科技有限公司计算机软件著作权权属纠纷、计算机软件著作权许可使用合同纠纷案》，最高人民法院［2020］最高法知民终600号。

合同关系，本案案由应当确定为买卖合同纠纷。东莞市特普拉斯电子科技有限公司（以下简称特普拉斯公司）认为，《金蝶软件销售合同》的条款内容体现的是软件著作权许可，本案属于计算机软件著作权许可使用合同纠纷。关于计算机软件著作权许可使用合同和买卖合同的区别。计算机软件著作权许可使用合同是指双方当事人就计算机软件著作权中的一项或多项财产权利许可另一方以约定的时间、范围、方式行使所订立的合同。买卖合同是指出卖人转移标的物的所有权于买受人，买受人支付价款的合同。由此可见，计算机软件著作权许可使用合同涉及软件著作权人将一项或多项财产权利许可他人行使，而买卖合同仅仅是销售普通标的物。关于《金蝶软件销售合同》约定的主要权利义务。合同开篇约定，中港联信公司授予特普拉斯公司金蝶软件产品的使用权；合同第 3 条"软件版权及使用权"条款进一步约定，本合同许可的是软件使用权，许可使用的金蝶软件产品版权属于金蝶公司所有；合同第 4 条"软件许可使用费"条款和第 5 条"付款"条款均明确约定，合同款项是软件许可使用费，而不是中港联信公司在二审举证中反复强调的"货款"。因此，《金蝶软件销售合同》约定的主要权利义务是，中港联信公司将金蝶软件产品的著作权许可特普拉斯公司使用，特普拉斯公司支付相应的软件许可使用费作为合同对价。关于《金蝶软件销售合同》性质的确定。合同名称与合同约定的权利义务关系不一致的，应当按照合同约定的权利义务内容确定合同的类型，并适用相应的法律、法规。涉案合同名称虽为《金蝶软件销售合同》，但从合同约定的权利义务关系来看，该合同约定的内容并不仅仅是买卖软件，而是一个典型的计算机软件著作权许可使用合同。据此，本案应当根据合同内容确定《金蝶软件销售合同》的性质是计算机软件著作权许可使用合同，而不能仅仅依据合同名称确定该合同属于买卖合同。综上，本案系计算机软件著作权许可使用合同纠纷。

许可行使的软件著作权的权利种类揭示了著作权许可使用合同的基本特征，是订立合同其他条款的基础或者前提，是合同成立的必要条件和必备条款。[1]《计算机软件保护条例》第 8 条第 1 款规定，软件著作权人享有发表权、署名权、修改权、复制权、发行权、出租权、信息网络传播权等不同种

---

〔1〕　赵宾、李林启主编：《知识产权法》，清华大学出版社 2012 年版，第 212 页。

类的权利。实践中，根据使用人的不同需要，以及软件著作权人许可使用的意愿，许可行使的软件著作权的具体权利种类是不一样的。毫无保留地出卖版权，所有人将会丧失对软件作品的控制。因而，授权许可成为多数公司的最佳选择。因为软件具有无形性和可复制性的特点，软件产品的交易，包括软件著作权许可合同，实际上主要是软件使用许可的交易，合同主要是围绕着使用权来行使，被许可人所想获得的主要是使用权。[1]因而，许可行使的软件著作权的权利种类是订立软件著作权许可使用合同时首先需要明确的。如果不明确许可行使的软件著作权的权利种类，其他条款订立得再完美，该合同仍然无法履行。因此，在订立软件著作权许可使用合同时，当事人应当对许可行使的软件著作权的具体权利种类作出清楚、明白的约定，以期准确无误。

（2）许可行使的权利是专有使用权或者非专有使用权

根据是否专有使用，软件著作权人许可他人使用其软件的权利可以分为专有使用权和非专有使用权，这里专有的含义是指独占的和排他的，非专有的含义是指非独占的和非排他的。所谓专有使用权，是指在一定的条件下，在一定区域内，软件著作权人授权某人使用其软件，从而该使用人取得对该软件的专有使用权，软件著作权人不得将该软件在授权某人使用期限内再次授权给第三人使用，软件著作权人自己也不得使用。所谓非专有使用权，则是指软件著作权人在授权某人使用其软件的同时，还可以将该软件再授权第三人使用。在这种情况下，使用人取得的使用软件的权利属于非专有使用权。

使用软件的人取得专有使用权还是非专有使用权，由软件著作权人同使用软件的人在合同中约定。根据《计算机软件保护条例》第19条的规定，如果许可使用的权利是专有使用权，要求更为严格，需要采用书面合同形式。没有订立书面合同或者合同中未明确约定为专有许可的，被许可行使的权利应当视为非专有权利。

（3）许可使用的地域范围、期间

许可使用的地域范围、期间是进一步定义被许可的使用权效力范围的重要因素。法律对此没有特别的限制，通常由当事人根据需要自由约定。许可使用的地域范围，是指被许可人可以使用软件的空间界限，如一个或者几个

---

[1] 薛虹：《数字技术的知识产权保护》，知识产权出版社2002年版，第89~90页。

国家或者某国内的某一地区。被许可人只能在约定的地域范围内使用软件，否则即构成违约。这方面的约定主要是针对非独占许可而言的。按照目前保护知识产权的趋势看，知识产权所有人特别是软件所有人的后续权利呈增加的趋势。如果涉及软件复制件的发行和销售等问题，双方还可约定发行、销售的地域范围。[1]著作权许可使用的期间一般以 5~10 年较为常见，永久性的许可使用比较少见。在后一种情况下，被许可方获得的使用权在著作权剩余保护期内一直有效，如果使用权是专有的，则和权利转让的效果区别不大。许可使用的地域范围和作品的使用方式有密切的联系，一般是以国家为界限，但对一些权利，又往往可以作更小的划分，例如，表演权可以限制在一个小县城的范围，播放权可以限制在一定的城市。但是，应该注意，避免通过该条款形成对市场的分割，造成对自由竞争的危害。例如，国内图书出版合同一般不得以省份为界限（台湾、香港和澳门除外）分别许可不同的出版社出版同一作品。

许可使用的期间，是指被许可人可以使用软件的时间界限，是被许可人享有使用权的存续期间，通常表示为"自×年×月×日至×年×月×日"，也可以表示为"自合同订立之日起至×年×月×日为止"。期间的长短由当事人在合同中约定，具体应根据软件的生命周期、被许可人的使用需要等因素确定。当然，这一期间的长短与费用有直接的关系。

地域的宽窄和期间的长短由当事人在合同中约定。当事人可以根据软件的具体情况以及许可使用的权利种类等，在合同中对许可使用的地域范围和期间作出明确约定。

（4）付酬标准和办法

使用费是著作权人最主要的收益，合同中应该对其标准和支付方式加以明确规定。当然，在少数情况下著作权人可能更看重的是非经济利益，因而会放弃使用费，甚至对被许可方提供经费上的补贴，如为发表学术论文而支付版面费。使用费的标准由当事人根据市场行情约定，可以参考国家版权局会同有关部门制定的付酬标准支付。当事人约定不明确的，执行上述机关制定的标准。[2]根据《计算机软件保护条例》第 8 条第 2 款的规定，软件著作

---

〔1〕　于创新主编：《知识产权实务教程》，知识产权出版社 2005 年版，第 77~78 页。

〔2〕　郑培、陈杰、唐建辉：《技术标准著作权问题研究》，知识产权出版社 2015 年版，第 61~62 页。

权人可以许可他人行使其软件著作权，并有权获得报酬。也就是说，他人使用软件著作权人的软件，应当向软件著作权人支付报酬，这也是软件使用人应承担的主要义务。报酬一般是指对授权许可使用软件的著作权人支付报酬，软件著作权许可使用合同的双方当事人应当在合同中确定支付报酬的付酬标准和付酬办法。付酬标准和付酬办法既有联系，又有区别。付酬标准一般是确定付酬多少的问题，付酬办法一般是确定怎样付酬的问题。对于使用软件的付酬标准和办法，当事人应当在软件著作权许可使用合同中明确约定。

获得报酬是软件著作权人的主要权利。在软件著作权许可使用合同的签订过程中，这一条款往往会成为双方洽谈的焦点。目前我国对计算机软件的许可使用尚无统一报酬标准，合同双方在考虑报酬数额时，可以从使用软件可能带来的利润及软件开发成本等不同的角度进行考虑。一是使用软件可能带来的利润，这主要是被许可人应考虑的角度，他应当根据可能带来的利润额计算应当支付的报酬使用费。如果软件著作权人对此能够进行估算，也可据此提出报价。二是软件开发成本，这是软件权利人考虑报酬的低限。软件开发成本的计算办法很多，如单件成本计算，指在开发软件过程中，分别编制的程序模块，只有将每个程序模块单件成本算出后相加才能汇总得出整个软件的成本；又如按费用分类计算，这是指按费用类别计算构成成本的各种要素，按费用类别分别计算后相加。一般软件开发的费用包括人员费、外协费、材料费、资料费、差旅费等资金投入、管理费等。[1] 当然，在实际商谈报酬时，考虑的因素可能更多一些，双方可根据所许可使用的软件著作权权利种类的多少、使用的地域范围和期间、软件的质量及在社会上影响的程度等因素进行考虑，从而确定价金。现实生活中，一些权利人通过拍卖这种方式来选择软件著作权许可使用合同的相对人，也可作为约定价金的一种方法。[2]

此外，双方还应在报酬条款中约定报酬的支付方式，根据酬金数额的大小，其支付方式可以分为一次性支付和分期支付。若是选择分期支付，则对于分期支付的具体方式、支付时间要约定好，并约定逾期支付责任，若软件使用人延期支付酬金的，应当按照一定数额支付补偿金；同时，还可以约定

---

〔1〕 陈昌柏编著：《国际知识产权贸易》，东南大学出版社 2008 年版，第 423 页。
〔2〕 张文德：《知识产权运用》，知识产权出版社 2015 年版，第 212 页。

一个期限作为合理期限，若是软件使用人在期限到达之后仍未支付的话，则许可使用人有权解除软件著作权许可使用合同并要求其承担赔偿责任。

（5）违约责任

所谓违约责任，又称违反合同的法律责任，是指合同一方或者双方没有履行或者不适当履行合同，依照法律的规定或者按照当事人的约定应当承担的法律责任。软件著作权许可使用合同依法成立后，对当事人双方均具有法律约束力，当事人应当全面履行合同义务。不履行合同义务或者履行合同义务不符合约定条件的，应当承担违约责任。违约责任是促使当事人履行合同义务，使对方免受或少受损失的法律措施，也是保证合同履行的主要条款。

违约责任在合同中非常重要，是当事人双方按照合同履行义务，行使权利过程中重要的因素，明确的违约责任有利于对当事人形成约束，使其充分认识到应慎重确定合同内容，全面履行合同义务。同时在出现不履行或者不适当履行合同时，借助国家强制力来保障合同条款的有效履行，保护当事人的合法权益。作为法官裁量、追究责任的依据，使违约一方承担相应的后果。因此一般有关合同的法律对于违约责任都已经作了较为详尽的规定。但法律的规定是原则的，即使细致也不可能面面俱到，照顾到各种合同的特殊情况。软件著作权许可使用合同中，当事人为了特殊的需要，为了保证合同义务严格按照约定履行，为了更加及时地解决合同纠纷，可以在合同中约定违约责任，如约定定金、违约金、赔偿金额以及赔偿金的计算方法等。

（6）双方认为需要约定的其他内容

双方认为需要约定的其他内容，是指除上述条款以外，当事人双方认为有必要约定的内容。

上述五项主要条款，是普遍适用于各种软件著作权许可使用合同的。但是，为了适应各种不同的软件著作权许可使用合同的特点或者需要，当事人还可以在合同中约定其他内容，如发生合同纠纷时的解决方法等。在具体的软件著作权许可使用合同中，当事人如果有一些需要约定的其他内容，也应写入合同中。如保密条款，如果在许可合同的履行中，涉及一些商业秘密特别是技术秘密，则应订立保密条款；培训条款，被许可人在使用软件权利时需接受软件权利人的培训，应订立培训条款，培训条款一般应规定培训的人数、地点、内容和培训量；验收条款，软件著作权人应对该软件在被许可人的计算机上进行移交测试，而被许可人则应在一定期限内完成对软件的验收测试，作出明确的结论；终止条款，该条款应当规定许可合同一旦终止后，双方还应承担哪些义务，特别是对于合同的非正常终止，这种约定是很有必要的。[1]

3. 订立计算机软件著作权许可使用合同应注意的问题

同其他技术合同相比，软件的技术特点更加鲜明，技术含量更高，因此签订软件著作权使用许可合同时，应该注意遵循技术合同的常用条款、约定与软件相关的资料作为合同的组成部分等问题。由于技术创新与商业竞争的市场环境，以及软件开发耗费大量的人力物力的现实情况，在签订软件著作权使用许可合同时，应对被许可人的保密义务加以明确，保护好开发者的软件著作权。

（1）遵循技术合同的常用条款

软件著作权许可使用合同作为技术合同，其常用条款首先适用技术合同的常用条款，[2]如订立技术合同应当遵循的原则、避免无效技术合同的出现等。

当事人订立技术合同，首先应当遵循平等、自愿、公平、诚实信用、遵守法律的基本原则。依据技术合同的特点，当事人订立技术合同，还应当遵循有利于科学技术的进步，加速科学技术成果的转化、应用和推广的原则，[3]这实际上也是订立软件著作权许可使用合同的双方当事人所必须遵守的基本原则。技术合同是技术成果商品化的法律形式，实行技术合同的目的，是将技术成果推向市场，创造更大的经济效益和社会效益。因此，当事人在订立软件著作权许可使用合同时，应当从推动科学技术进步，促进科技与经济发展出发，确定权利义务，努力研究开发新的计算机软件，促进先进适用的科技成果在生产实践中获得应用，使科学技术更好地为社会主义现代化建设服务。

合同的无效，指合同虽然已经成立，但因其违反法律、行政法规或社会公共利益而被确认为不具有法律效力。《合同法》中对哪些合同是无效合同作了详细规定。除此之外，还根据技术合同的特点规定了技术合同无效的 2 种

---

〔1〕　孟国碧主编：《国际贸易法实验案例教程》，中国政法大学出版社 2016 年版，第 88~89 页。

〔2〕　方华等主编：《合同范本与实例大全》，广东经济出版社 2004 年，第 70~71 页。

〔3〕　《合同法》第 323 条规定："订立技术合同，应当有利于科学技术的进步，加速科学技术成果的转化、应用和推广。"

情形，即非法垄断技术、妨碍技术进步或者侵害他人技术成果的技术合同无效。[1]非法垄断技术及妨碍技术进步，指合同的一方当事人通过合同条款限制另一方当事人在合同标的技术的基础上进行新的研究开发，限制另一方当事人从其他渠道吸收技术，或者阻碍另一方根据市场的需求，按照合理的方式充分实施专利和使用技术秘密。侵害他人技术成果，指侵害另一方或者第三方的专利权、专利申请权、专利实施权、技术秘密使用权和转让权或者发明权、发现权以及其他科技成果权的行为。订立软件著作权许可使用合同，亦应必须注意避免出现这些使得软件著作权许可使用合同归于无效的情形，从而使该订立软件著作权许可使用合同的行为真正利己、利人、利社会。[2]

（2）约定与软件相关的资料作为合同的组成部分

软件著作权许可使用合同中，与履行软件合同有关的技术背景资料、可行性论证和技术评价报告、项目任务书和计划书、技术标准、技术规范、原始设计和工艺文件，以及其他软件技术文档，对合同的及时、全面履行均具有重要作用，当事人可以约定作为合同的组成部分。另外，软件合同涉及专利的，应当注明发明创造的名称、专利申请人和专利权人、申请日期、申请号、专利号以及专利权的有效期限。

（三）计算机软件著作权许可使用合同的登记

对于软件著作权许可使用合同是否需要向管理部门登记，理论界存在不同看法。一种观点认为，软件著作权许可使用合同受让方应按照相关要求备案，否则不能合法地取得许可合同中约定的软件著作权，不受法律保护。[3]另一种观点则认为，软件著作权许可使用合同受让方不管是否按照相关要求备案，合同在双方当事人之间仍然具有约束力，只是不能对抗第三者的侵权活动，这里的第三者，应当仅仅指善意第三人，以免被恶意者用来侵犯他人权益。现行《计算机软件保护条例》第21条规定，订立许可他人专有行使软件著作权的许可合同，可以向国务院著作权行政管理部门认定的软件登记机

---

[1]《合同法》第329条规定："非法垄断技术、妨碍技术进步或者侵害他人技术成果的技术合同无效。"

[2]陈杰：《论著作权的正当性》，知识产权出版社2016年版，第77~78页。

[3] 1991年《计算机软件保护条例》第27条规定："凡已办理登记的软件，在软件权利发生转让活动时，受让方应当在转让合同正式签订后三个月之内向软件登记管理机构备案，否则不能对抗第三者的侵权活动。"

构登记。根据这一规定，软件著作权专有许可使用合同的登记实行自愿登记原则，也就是说，合同当事人既可以办理登记，也可以不办理登记。即使当事人订立的合同是普通的软件著作权许可使用合同，也可以向软件登记机构登记。[1]

1. 计算机软件著作权许可使用合同登记的意义

同普通的软件著作权许可使用合同相比，软件著作权专有许可使用合同对软件著作权人的影响较为重大，因而《计算机软件保护条例》第21条规定了软件著作权专有许可使用合同的自愿登记制度，可以引导人们前去登记，有助于定纷止争。我国《著作权法》第58条规定，计算机软件著作权的保护由国务院另行规定，对计算机软件著作权登记与软件著作权转让、专有许可使用合同的登记采取了单独的规定，具体登记程序与登记效力也与其他著作权登记有所区别。从《计算机软件保护条例》《计算机软件著作权登记办法》来看，计算机软件著作权登记、软件著作权转让、专有使用合同登记都属于自愿登记，因法律条文都使用了"可以"的表述，软件登记机构发放的登记证明文件是登记事项的初步证明。

计算机软件著作权许可使用合同纠纷是指双方当事人就计算机软件著作权中的一项或者多项财产权利许可另一方，以约定的时间、范围、方式行使所订立的合同而发生的纠纷。计算机软件著作权许可使用登记与是否取得著作权许可使用没有必然关系，计算机软件著作权登记并非强制性规定，是否登记完全取决于当事人的自愿。但是，在信息化时代，其登记具有很强的现实意义，是软件作品许可使用权取得有效保护的基础。当出现计算机软件著作权许可使用合同纠纷时作为有效依据对当事人的权利进行保护。

具体来说，软件著作权许可使用合同登记的意义体现在以下几个方面：一是拥有知识产权的有力证明，能帮助软件著作权人明确权利归属，防止他人侵权，从而可以减少相关权利纠纷。如果进行软件著作权许可使用合同登记将成为初步的权利证明。二是能帮助软件著作权人维权，在发生软件著作权纠纷时，软件著作权人要证明自己权利人的身份比较困难。为此，原告常常需要拿出证明材料、受让或许可使用的合同等作为权属证据。在拿出前述证据相对困难时，根据《计算机软件保护条例》及相关司法解释的规定，软

---

[1] 罗立新主编：《知识产权依法维权手册》，金盾出版社2013年版，第62页。

件登记机构发放的登记证明文件是登记事项的初步证明，是著作权人证明其权利人身份的证据。三是能保护软件著作权交易安全，促进软件著作权产业的发展。随着软件著作权交易的频繁与规模的扩大，由于软件著作权客体的无形性，"一女多嫁"的现象时有出现。为此，被许可人在获得授权时，为保护交易安全，就需要通过登记了解软件著作权的权属状态以及变动情况，以减少交易风险。四是有助于社会监督软件著作权侵权行为，有利于著作权行政部门打击侵权盗版。通过软件著作权登记，社会公众可以在著作权登记数据库中查寻软件著作权的真实情况，一旦发现软件著作权侵权盗版行为的出现，可以向著作权行政部门举报，请求其查处侵权行为。另一方面，著作权行政部门也可以通过著作权登记数据库，及时了解软件著作权侵权的状况，制定有效打击侵权盗版的措施。[1]

总之，对软件著作权许可使用合同进行登记，不仅有利于对软件著作权人的合法权益进行保护，而且有利于维护软件著作权许可使用交易的安全，从而维护双方利益，并促进软件资源的高效利用与创新发展。一旦出现软件著作权许可使用合同纠纷，登记文件将是解决纠纷的重要依据之一，能够高效定纷止争。

2. 计算机软件著作权许可使用合同登记的申请与审批

为促进我国软件产业发展，增强我国信息产业的创新能力和竞争能力，贯彻《计算机软件保护条例》。国家版权局认定的唯一软件登记机构是中国版权保护中心，负责全国计算机软件著作权登记的具体工作。针对计算机软件的特殊性，中华人民共和国国家版权局于2002年2月20日发布了《计算机软件著作权登记办法》，该办法明确规定，国家著作权行政管理部门鼓励软件登记，并对登记的软件予以重点保护，该办法适用于软件著作权登记、软件著作权专有许可合同和转让合同登记。订立计算机软件著作权许可合同和转让合同，应向中国版权保护中心软件著作权登记部办理登记。[2]根据《计算机软件著作权登记办法》，软件著作权许可使用合同的登记主要包括以下事项。

（1）登记申请

软件著作权专有许可合同当事人可以向中国版权保护中心申请合同登记，

---

〔1〕　刘旭明、王晋刚：《知识产权风险管理》，知识产权出版社 2014 年版，第 170 页。

〔2〕　李钟、于立彪主编：《企业知识产权管理基础》，知识产权出版社 2020 年版，第 149~150 页。

申请合同登记时，应当提交按要求填写的合同登记表、合同复印件、申请人身份证明等材料。[1]中国版权保护中心是国家版权局认定的唯一软件著作权专有许可合同登记机构，除北京地区设有软件著作权代办机构，其他各地都需要在中国版权保护中心进行登记。登记申请应当使用中国版权保护中心制定的统一表格，并由申请人盖章（签名）。申请表格应当使用中文填写，提交的各种证件和证明文件是外文的，应当附中文译本。申请登记的文件应当使用国际标准 A4 型 297mm×210mm 纸张。[2]

软件著作权专有许可合同登记申请文件可以直接递交或者挂号邮寄，申请人向中国版权保护中心邮寄的各种文件，以寄出的邮戳日为递交日。信封上寄出的邮戳日不清晰的，除申请人提出证明外，以收到日为递交日。中国版权保护中心邮寄的各种文件，送达地是省会、自治区首府及直辖市的，自文件发出之日满 15 日，其他地区满 21 日，推定为收件人收到文件之日。[3]申请人因不可抗力或其他正当理由，延误了《计算机软件著作权登记办法》规定或者中国版权保护中心指定的期限，在障碍消除后 30 日内，可以请求顺延期限。[4]

软件著作权专有许可合同登记人可以对已经登记的事项作变更或者补充，申请登记变更或者补充时，申请人应当提交按照要求填写的变更或者补充申请表、登记证书或者证明的复印件、有关变更或者补充的材料等。[5]申请人在登记申请批准之前，可以随时请求撤回申请。[6]中国版权保护中心要求申请人补正其他登记材料的，申请人应当在 30 日内补正，逾期未补正的，视为撤回申请。[7]

（2）审查批准

对于软件著作权专有许可合同登记的申请，以收到符合规定的材料之日为受理日，并书面通知申请人。[8]中国版权保护中心应当自受理日起 60 日内

---

〔1〕　参见《计算机软件著作权登记办法》第 14 条。
〔2〕　参见《计算机软件著作权登记办法》第 17 条。
〔3〕　参见《计算机软件著作权登记办法》第 32 条。
〔4〕　参见《计算机软件著作权登记办法》第 33 条。
〔5〕　参见《计算机软件著作权登记办法》第 16 条。
〔6〕　参见《计算机软件著作权登记办法》第 15 条。
〔7〕　参见《计算机软件著作权登记办法》第 22 条。
〔8〕　参见《计算机软件著作权登记办法》第 19 条。

审查完成所受理的申请，申请符合《计算机软件保护条例》和《计算机软件著作权登记办法》规定的，予以登记，发给相应的登记证书，并予以公告。[1]登记证书遗失或损坏的，可申请补发或换发。[2]

有下列情况之一的，不予登记并书面通知申请人：一是表格内容填写不完整、不规范，且未在指定期限内补正的；二是提交的鉴别材料不是《计算机软件保护条例》规定的软件程序和文档的；三是申请文件中出现的软件名称、权利人署名不一致，且未提交证明文件的；四是申请登记的软件存在权属争议的。[3]

对于已经登记的软件著作权专有许可合同，国家版权局根据最终的司法判决或者著作权行政管理部门作出的行政处罚决定，可以撤销登记；[4]中国版权保护中心可以根据申请人的申请，撤销登记。[5]

对于软件著作权许可使用合同登记，必须按照《计算机软件著作权登记办法》的相关规定进行，否则不能高效顺利完成登记，将可能会给软件著作权人自己带来损失，而且完成相关登记对软件著作权人来说是百利而无一害的。因此一旦签订软件著作权专有许可合同，双方当事人最好及时办理登记事宜。

---

[1]　参见《计算机软件著作权登记办法》第20条。
[2]　参见《计算机软件著作权登记办法》第25条。
[3]　参见《计算机软件著作权登记办法》第21条。
[4]　参见《计算机软件著作权登记办法》第23条。
[5]　参见《计算机软件著作权登记办法》第24条。

第六章

计算机软件著作权转让实践探索

《著作权法》调整的法律关系因作品创作而产生，表现为作者与传播者、作者与使用者、传播者与使用者、作者与社会公众之间的相互关系。著作权是一种内容不断发展的权利，除了期限以外，著作权权项的设置反映了著作权的强弱。在整个著作权保护制度的演变过程中，权项的增加是著作权扩张的一种表现。[1] 著作权最初仅为复制权，而今著作权所包含的内容已远大于此，计算机软件著作权的内容亦然。我国《计算机软件保护条例》所包含的软件著作权具体权项除了前述发表权、署名权、修改权、复制权、发行权、出租权、信息网络传播权、翻译权及应当由软件著作权人享有的其他权利外，还包括许可使用权及转让权。著作权转让作为一项重要的权利行使方式，在现实生活中起着促进作品传播、繁荣文化市场的重要作用，也是著作权人实现其经济利益的重要途径之一。《计算机软件保护条例》第 8 条第 3 款规定，软件著作权人可以全部或者部分转让其软件著作权，并有权获得报酬。根据此条款的规定，计算机软件著作权人对其软件享有转让权及获得报酬权。本部分在论述计算机软件著作权转让相关理论的基础上，就其实践进行探索。

一、计算机软件著作权转让的概念

在我国，技术领域对转让的理解可分为广义和狭义两种。狭义的理解仅指转让技术所有权的行为，广义的理解则既包括转让技术（知识产权）所有权的行为，也包括知识产权的许可使用。《计算机软件保护条例》所讲的转让为狭义的理解，即软件著作权的转让仅指著作权作为知识产权的转让。

---

[1] 冯晓青："著作权扩张及其缘由透视"，载《政法论坛》2006 年第 6 期。

（一）计算机软件著作权转让的概述

《计算机保护条例》第 8 条第 1 款的规定，计算机软件著作权人享有发表权、署名权、复制权、发行权、出租权、信息网络传播权、翻译权以及应当由著作权人享有的其他权利，可以说，著作权人所享有的是"8+1"的权利，第 3 款对于转让的内容进行了规定，[1]基于该规定，计算机软件著作权转让可以理解为享有某软件著作权的自然人、法人或者非法人组织通过订立转让合同的方式，向另一自然人、法人或者非法人组织转让软件著作权中的全部或者部分，可以是转让"8+1"权利的全部，也可以仅仅就 9 个权利中的某一个或某几个进行转让。这里的转让方所享有的软件著作权可以是原始取得，也可以是继受取得。也就是说，通过转让获得软件著作权的自然人、法人或者非法人组织，在该软件著作权的保护期内还可以向第三方转让其软件著作权。我国《计算机软件保护条例》第 20 条规定，软件权利的转让应当根据我国有关法规以签订、执行书面合同的方式进行。软件著作权转让活动一旦完成，即意味着产生一个新的软件著作权主体（受让人）。受让人可以再向第三人转让软件著作权，也可以对软件侵权行为单独提出赔偿要求，受让人获得的权利不再受原软件权利人的控制。

《计算机软件保护条例》并未强制性的规定登记作为权利转让的生效要件，而是以选择性的表述来规范计算机软件著作权转让的登记程序，[2]也就是说权利转让的时间并不以登记为准，而是在不违反《民法典》关于合同生效规定的基础上，依照软件著作权转让合同的约定来确定。软件著作权转让应当在著作权保护期限内进行，同时，软件权利转让活动的发生也不改变该软件著作权的保护期。即软件受让人获得软件权利后，著作权保护期限不会中断或终止，而是继续计算。

（二）计算机软件著作权转让的特征

上文对于计算机软件著作权转让的含义进行了分析，基于此，可以发现，计算机软件著作权转让后，权利人针对转让的权利不再享有排他性的所有，也不再

---

〔1〕《计算机软件保护条例》第 8 条第 3 款规定："软件著作权人可以全部或者部分转让其软件著作权，并有权获得报酬。"

〔2〕《计算机软件保护条例》第 21 条规定："订立许可他人专有行使软件著作权的许可合同，或者订立转让软件著作权合同，可以向国务院著作权行政管理部门认定的软件登记机构登记。"

拥有转让权利的合法垄断，[1]因此计算机软件著作权转让主要有以下几个特征。

首先，软件著作权转让具有法定性。法定性不仅针对计算机软件著作权权利人，也针对计算机软件，计算机软件著作权人应当是法律规定的开发者或者符合合作开发、委托开发计算机软件的主体。转让的计算机软件应当是经开发者独立开发且已经开发完成，同时已经固定在有形物体上，尽管法律对于登记并非强制性要求，但是实践中确定著作权所有的依据大多以著作权登记证书为准。北京信诺瑞得软件系统有限公司与北京智恒网安科技有限公司侵害计算机软件著作权纠纷案、奥腾公司与广东斯泰克电子科技有限公司侵害计算机软件著作权纠纷案[2]、微软公司与中铁二十局集团第一工程有限公司侵害计算机软件著作权纠纷案[3]等案件计算机软件著作权侵权案件，法院均由计算机软件著作权登记证书来认定计算机软件著作权人，从而对侵权事实进行认定；其次，软件著作权转让具有限定性。《计算机软件保护条例》对于软件著作权转让的范围进行了明确规定，转让的权利均有法律的明确规定，也就是说著作权人只能转让法律规定范围内的权利，超出法律规定范围的权利转让不具有法定性，可能会导致权利处分的无效或转让合同内容的部分无效；再次，软件著作权转让具有期限性。《计算机软件保护条例》规定了软件著作权的保护期限，包括自然人的软件著作权和法人或者其他组织的软件著作权。权利人行使权利转让应当在自然人终生及其死亡后 50 年或保护期 50 年的范围内，同时，自然人著作权继承人处分继承计算机软件著作权的，也应当在软件著作权的保护期内。

案例 6-1　北京信诺瑞得软件系统有限公司与北京智恒网安科技有限公司侵害计算机软件著作权纠纷案[4]

北京信诺瑞得软件系统有限公司（以下简称信诺瑞得公司）因北京智恒网安科技有限公司（以下简称智恒公司）侵害计算机软件著作权一案向一审

---

〔1〕　刘友华、王庆、陈兴林："专利权组合转让合同的若干问题"，载《人民司法》2012 年第 13 期。

〔2〕　参见"奥腾公司与广东斯泰克电子科技有限公司侵害计算机软件著作权纠纷案"，最高人民法院〔2022〕最高法知民终 51 号民事判决书。

〔3〕　参见"微软公司与中铁二十局集团第一工程有限公司侵害计算机软件著作权纠纷案"，苏州市中级人民法院〔2014〕苏中知民初字第 00183 号民事判决书。

〔4〕　参见"北京信诺瑞得软件系统有限公司与北京智恒网安科技有限公司侵害计算机软件著作权纠纷案"，最高人民法院〔2021〕最高法知民终 1269 号民事判决书。

法院北京知识产权法院提起诉讼，一审中，信诺瑞得公司提交《计算机软件著作权登记证书》，以证明信诺瑞得公司对权利软件享有著作权，相关软件的登记时间是 2016 年 9 月，开发完成日期是 2015 年 12 月。信诺瑞得公司主张智恒公司未经授权使用了网关系统软件，侵犯了其复制权，经过权利软件与被诉软件的对比发现，被诉侵权软件与权利软件存在 25 处不合理相似之处，且智恒公司未能证明被诉侵权软件与权利软件的实质性差异，权利软件与被诉软件构成实质性相似。一审法院对信诺瑞得公司是否有权提起诉讼为争议焦点之一进行审理，法院认为《计算机软件保护条例》第 9 条规定，软件著作权属于软件开发者，本条例另有规定的除外。如无相反证明，在软件上署名的自然人、法人或者其他组织为开发者。信诺瑞得公司提供了著作权登记证明以及公证书显示的权利软件的实际使用情况，故在无相反证据的情况下，可以认定信诺瑞得公司系权利软件的开发者，享有对权利软件的著作权。

二审中，最高人民法院对于一审法院认定的信诺瑞得公司享有计算机软件著作权的事实进行了确认，同时通过接触加实质性相似的侵权判断标准对智恒公司的侵权行为进行再次认定，进而认为一审法院认定事实清楚，适用法律正确，驳回了智恒公司的上诉请求。

二、计算机软件著作权转让的内容

计算机软件著作权的转让也就是转让软件著作权，所谓转让软件著作权，指软件著作权人和受让人通过订立转让合同，将其所享有的软件著作权的全部或者其中一部分权利转移给他人所有的权利。软件著作权的转让可以促进人类智力成果这种无形财产的动态利用，使著作权这种资源得到更加合理的优化配置和使用，从而促进软件行业的发展，促进人类科学、文化繁荣和社会进步。

（一）计算机软件著作权可转让全部内容

谈及计算机软件著作权转让内容，不可避免的涉及作者的著作人身权问题，根据著作人身权的性质，其通常是不可转让的。我国《著作权法》第 10 条第 3 款规定，著作权人可以全部或者部分转让的著作权只能是本法第 10 条第 1 款第（五）项至第（十七）项规定的权利，即复制权、发行权、出租权、展览权、表演权、放映权、广播权、信息网络传播权、摄制权、改编权、翻译权、汇编权等。在 1991 年《计算机软件保护条例》中，亦是允许软件著作权人转让其使用权和使用许可权，不允许转让软件著作权人的发表权和开发者身份权（即署名权）。[1]

考虑到软件不同于一般的文字作品，软件著作权的转让内容就应当由转让方和受让方通过合同约定，没必要进行法定限制。在实践中，软件公司通过转让得到另一公司的某软件后，往往要对该软件进行改造，然后以本公司的名义重新拿到市场上进行销售。如果通过转让得到的软件不能署本公司的名称而只能署原公司的名称，那么，在销售该软件时就会使消费者产生混淆，以为该公司是在为另一公司代售软件，这对受让方是不合理的。因此，现行《计算机软件保护条例》规定，软件著作权人在向他人转让其软件著作权时，不再受发表权和署名权的限制，其转让的具体内容仍由双方协商一致确定。[2]

（二）部分转让和全部转让

随着社会主义市场经济的深入，著作权人转让著作权中的某些权利的情况越来越多，为适应这一变化，满足著作权人的多种需求，《著作权法》明确规定著作权人可以转让法律许可转让的著作权。这一规定不仅符合我国《著作权法》的实践需要，也符合国际公约及国外多数国家的规定。[3]由于软件著作权包含多项权利内容，可以分开行使，从转让的内容来看，软件著作权人可以向受让人转让一项或者多项软件著作权，也可以将全部软件著作权转让给受让人，具体内容由双方签订合同约定。

具体来说，软件著作权的转让可分为部分转让和全部转让两种。软件著作权的全部转让是指软件著作权人在著作权保护期内，将其拥有的著作权中

---

〔1〕 1991年《计算机软件保护条例》第9条规定："软件著作权人享有下列各项权利：（一）发表权：即决定软件是否公之于众的权利；（二）开发者身份权：即表明开发者身份的权利以及在其软件上署名的权利；（三）使用权：即在不损害社会公共利益的前提下，以复制、展示、发行、修改、翻译、注释等方式使用其软件的权利；（四）使用许可权和获得报酬权，即许可他人以本条第（三）项中规定的部分或者全部方式使用其软件的权利和由此而获得报酬的权利；（五）转让权，即向他人转让由本条第（三）项和第（四）项规定的使用权和使用许可权的权利。"

〔2〕 2013年《计算机软件保护条例》第8条第3款规定："软件著作权人可以全部或者部分转让其软件著作权，并有权获得报酬。"

〔3〕 例如，《伯尔尼保护文学和艺术作品公约》第6条之2第1项规定："不受作者经济权利的影响，甚至在上述经济权利转让之后，作者仍保有要求其作品作者身份的权利，并有权反对对其作品的任何有损其声誉的歪曲、割裂或其他更改，或其他损害行为。"

的法定许可转让的权利有偿地全部转移给他人所有。软件著作权的部分转让是指软件著作权人在著作权保护期内，只将其拥有的著作权的一种或几种权利转让给他人所有，自己仍然是未转让部分的权利所有人。[1]最高人民法院审理的马鞍山市三源工业自动化科技有限公司与安徽吉特迈自动化科技有限公司、陶某明之间的侵害计算机软件著作权纠纷案件中，就涉及计算机软件著作权全部转让的情形。

案例 6-2　马鞍山市三源工业自动化科技有限公司与安徽吉特迈自动化科技有限公司、陶某明侵害计算机软件著作权纠纷案[2]

本案中，案涉软件为软著登字第 0412332 号计算机软件著作权登记证书记载，权利软件的著作权人是马鞍山市三源工业自动化科技有限公司（以下简称三源公司）经营部，开发完成日期为 2009 年 8 月 1 日，首次发表日期为 2010 年 8 月 1 日，权利取得方式为原始取得，权利范围为全部权利，登记号为 2012SR044296，颁证日期为 2012 年 5 月 28 日。2012 年 5 月 30 日，三源公司经营部与原告三源公司签订计算机软件著作权转让合同，约定将权利软件的全部著作权转让给三源公司，转让费 10 万元，合同自双方签字盖章之日起生效。

三源公司依照计算机软件著作权转让合同，依法享有了案涉软件的著作权，进而有权以自己的名义从事委托授权，就侵犯登记计算机软件著作权的行为提起诉讼。原审合肥市中级人民法院审理认为三源公司提交了权利软件的著作权登记证书、其与原始著作权人之间的转让合同等初步证据，陶某明、安徽吉特迈自动化科技有限公司（以下简称吉特迈公司）、海德厂仅有质疑而无反证，此情形下能够认定三源公司是权利软件的著作权人。另，在［2012］马民三初字第 00103 号案以及本案中，三源公司均以权利软件著作权人的身份提起诉讼，两案诉讼程序均公开进行，亦能佐证三源公司的权利人身份。同时，在吉特迈公司、陶某明不服一审判决提起上诉后，经最高人民法院审理，认为《计算机软件保护条例》第 7 条第 1 款规定，软件著作权人可以向国务院著作权行政管理部门认定的软件登记机构办理登记，软件登记机构发

──────────

〔1〕　李林启、康东书、郭玲：《计算机软件著作权保护制度研究》，光明日报出版社 2021 年版，第 62 页。

〔2〕　参见"马鞍山市三源工业自动化科技有限公司与安徽吉特迈自动化科技有限公司、陶某明侵害计算机软件著作权纠纷案"，最高人民法院［2020］最高法知民终 286 号民事判决书。

放的登记证明文件是登记事项的初步证明。第 20 条规定，转让软件著作权的，当事人应当订立书面合同。本案中，原审法院查明的事实显示三源经营部为涉案权利软件的原始著作权人，三源公司与其签订了权利软件的著作权转让合同。吉特迈公司虽然以三源经营部已注销、无法核实 10 万元转让费是否已支付为由怀疑上述转让合同未得到实际履行，但其并未举出反驳证据以推翻吉特迈公司提交的著作权登记证书及著作权转让合同的证明力。故吉特迈公司关于三源公司不是权利软件的著作权人、不享有本案诉讼主体资格的上诉主张不能成立。故而再次认定三源公司享有案涉软件因著作权转让而享有的计算机软件著作权。

三、计算机软件著作权转让的形式

著作权的转让是一种重要的民事行为，涉及双方当事人多方面的权利和义务问题。在有些国家，著作权转让必须通过书面合同或其他法律形式，并由著作权人或他的代理人签字，才算有效。在有些国家，著作权转让必须履行登记手续，才能对抗第三人。为保障转让的公平与真实合法，根据我国《计算机软件保护条例》的规定，软件著作权人转让第 8 条规定的各项权利，应当订立书面合同，即应当采用书面形式订立合同。订立软件著作权转让合同必须兼顾作者、传播者和社会公众三者利益，这是因为，软件著作权是作者辛勤劳动的智力成果，也是受法律保护的一种专有权利，作者行使这种权利所获得的经济报酬，不是仅靠作者所付出的劳务所决定，而是由作品的质量和社会效益所决定。

（一）计算机软件著作权转让订立书面合同的含义

所谓书面形式，根据《民法典》第 469 条第 2 款、第 3 款的规定，书面形式是合同书、信件、电报、电传、传真等可以有形地表现所载内容的形式。以电子数据交换、电子邮件等方式能够有形地表现所载内容，并可以随时调取查用的数据电文，视为书面形式。订立软件著作权转让书面合同，包含两层含义：一是他人获得某一软件的某些著作权必须取得著作权人的许可，并要明确授权；二是要将软件著作权人转让给他人的著作权用文字确定下来，即要签订权利转让书面合同。软件著作权的权利转让应当订立书面合同，是由于著作权权利转让合同较著作权许可使用合同的内容复杂，涉及转让的权利种类与范围、转让的对象、受让人使用的方式与范围、权利的归属、转让费的支付以及转让的有效期等内容，因此，当事人应当采用书面形式订立著作权转让合同。书面合同明确肯定，有据可查，对于履行合同、防止争议和解决纠纷有积极的意义。

根据最高人民法院《关于审理著作权民事纠纷案件适用法律若干问题的解释》第22条的规定，著作权转让合同未采取书面形式的，人民法院依据民法典第490条的规定审查合同是否成立。即当事人采用合同书形式订立合同的，自当事人均签名、盖章或者按指印时合同成立。在签名、盖章或者按指印之前，当事人一方已经履行主要义务，对方接受时，该合同成立。法律、行政法规规定或者当事人约定合同应当采用书面形式订立，当事人未采用书面形式但是一方已经履行主要义务，对方接受时，该合同成立。[1]

（二）计算机软件著作权转让书面合同的内容

软件著作权转让合同是指软件著作权人将软件著作权转让给受让人、受让人支付转让费，双方为明确权利义务而签订的协议。在软件著作权转让合同中，应当写明转让的软件名称及软件性质，对软件的技术规格必须有详细说明，[2]明确软件交付[3]与验收的时间、地点和方式，明确转让费的数额及支付办法，约定相关保密义务，约定争议的解决办法等，此外，应当对关键性用词和合同中出现频率较高的用词作出解释，避免在合同履行过程中由于对合同中用词的理解不一致所带来的纠纷。[4]根据《著作权法》第27条第2款的规定，[5]计算机软件著作权转让合同包括下列主要内容：

---

〔1〕《民法典》第490条。

〔2〕技术规格内容一般包括：功能描述，即该软件所能完成处理的全部任务；硬件环境，该软件运行时所必须具备的硬件环境条件，包括计算机型号、存储容量、通道接口等；软件环境，该软件运行时所需要的操作系统、编程语言处理程序以及所需要的其他专门程序等；性能说明，包括该软件运行时的执行速度、输出结果精度、被增强和修改的可能性、对输入错误信息的检测能力、恢复能力等。

〔3〕这里说的交付是指软件著作权载体（如磁盘等）的交付，这种交付并不肯定意味着软件著作权的转让。

〔4〕刘银良："著作权归属原则之修订——比较法视野下的化繁为简"，载《政治与法律》2013年第11期。

〔5〕《著作权法》第27条第2款规定："权利转让合同包括下列主要内容：（一）作品的名称；（二）转让的权利种类、地域范围；（三）转让价金；（四）交付转让价金的日期和方式；（五）违约责任；（六）双方认为需要约定的其他内容。"

（1）软件的名称，软件的名称是指软件的具体称谓。软件著作权人可以转让的软件著作权，一般是依托于某一具体软件的。软件著作权人只有在拥有或者即将拥有软件的前提下，才享有依据该软件产生出的著作权，并在享有著作权的前提下，才可以转让其中的全部或者部分权利。规定软件的名称，有助于明确软件著作权转让合同的具体标的。因此，软件的名称是软件著作权转让合同应当具备的基本条款。

（2）转让的权利种类、地域范围。根据《计算机软件保护条例》第8条第1款的规定，软件著作权人享有发表权、署名权、修改权、复制权、发行权、出租权、信息网络传播权等不同种类的权利。实践中，根据受让人的不同需要以及软件著作权人的不同意愿，转让的软件著作权的具体权利种类是不一样的。一般来说，转让的软件著作权的权利种类是订立软件著作权转让合同时首先需要明确的。这是因为，它揭示了著作权转让合同的基本特征，是订立合同其他条款的基础或者前提，是合同成立的必要条件和必备条款。如果转让的软件著作权权利种类不明确，其他条款订立得再完美，该合同仍然如同废纸，难以履行。因此，在订立软件著作权转让合同时，当事人应当对转让的软件著作权的具体权利种类做出清楚、明白的约定。转让软件著作权的地域范围，一般是指软件著作权人转让某一软件的某一种权利适用的地区。在转让合同中对地域范围做出明确的约定，有利于受让人行使其所受让的权利。

（3）转让价金。所谓转让价金，是指软件著作权人转让软件著作权的全部或者部分权利应当获得的转让费用，亦即受让人获得、使用软件著作权人转让的软件著作权所应当支付的代价，价金是软件著作权作为无形财产的货币表现形式。由于软件著作权人在开发软件时所耗费的劳动、使用的资金等方面的不同，以及软件在应用过程中所产生的效益的不同，软件著作权的转让价金是不确定的。因此，当事人应当根据软件著作权转让的具体情形，在合同中对转让的价金做出明确约定。

（4）交付转让价金的日期和方式。交付转让价金的日期，是指软件著作权转让合同中约定的受让人向软件著作权人支付转让价金的时间。交付转让价金的日期直接关系软件著作权的顺利转让，涉及当事人的利益，也是确定合同是否按时履行或者延迟履行的客观依据。因此，当事人应当在合同中对交付转让价金的日期做出约定。交付转让价金的方式，是指受让人支付转让价金的具体做法。例如，是使用现金支付，还是使用支票、汇票支付等。当事人在合同中对交付转让价金的方法做出约定，有利于合同的顺利履行。

（5）违约责任。所谓违约责任，又称违反合同的法律责任，是指合同一方或者双方没有履行或者不适当履行合同约定的义务时所应当承担的法律后果。规定违约责任，能够促使当事人履行合同义务，避免或者减少对方的损失。因而，违约责任是保证合同履行的重要条款。

（6）双方认为需要约定的其他内容。双方认为需要约定的其他内容，是指除上述条款以外，当事人双方认为有必要约定的内容。上述五项主要条款，是普遍适用于各种软件著作权转让合同的。但是，为了适应各种不同的软件著作权转让合同的特点或者需要，当事人还可以在合同中约定其他内容，如发生合同纠纷时的解决方法等。

案例 6-3　三珠数码软件开发（上海）有限公司与北京昆仑在线网络科技有限公司、上海晟睿信息工程有限公司计算机软件著作权转让合同纠纷案[1]

本案是关于软件著作权转让的案件，该案中，北京昆仑在线网络科技有限公司（以下简称昆仑公司）、上海晟睿信息工程有限公司（以下简称晟睿公司）和三珠数码软件开发（上海）有限公司（以下简称三珠公司）2012年12月25日签署的《补充协议》第1条约定，自本协议生效之日起，昆仑公司将涉案软件的著作权及相关的其他知识产权全部转让给晟睿公司，昆仑公司不再享有涉案游戏的任何权利。法院认为，《补充协议》已明确约定涉案软件的著作权自协议生效之日起转让给晟睿公司，故涉案软件的著作权在2012年12月25日即已转让，晟睿公司根据《补充协议》取得涉案软件著作权。

四、计算机软件著作权转让的方式

从转让的方式上看，软件著作权人可以通过出卖、赠与、继承等方式转让其软件著作权。[2]

---

〔1〕　参见"三珠数码软件开发（上海）有限公司与北京昆仑在线网络科技有限公司、上海晟睿信息工程有限公司计算机软件著作权转让合同纠纷案"，上海市高级人民法院〔2017〕沪民终312号民事判决书。

〔2〕　何红锋、翁瑞琪、孙小红："软件著作权的转移"，载《软件》1996年第6期。

（一）通过出卖转让软件著作权

出卖是对软件著作权的有偿转移，转让方通过转让活动从受让方处获得报酬，这是软件著作权主要的转让方式。通过出卖的形式转让软件著作权，一方面，就转让人来说，可以在转让中获得收益，这种收益是一次性的收益，转让后便丧失了权利的所有权，但是，通过转让可以收回计算机软件研发制造的投资并获得一定的预期利润，实现知识产权的财产价值。就受让方来说，可以通过交换，得到计算机软件著作权，不用花费大量时间和资金成本来研发，直接就可以使用转让所得的计算机软件，以权利优势占领市场的竞争地位。另一方面，权利的转让也会带来一定的风险，权利转让直接的后果便是给予受让方与自己能够竞争的机会，计算机软件的开发并非一朝一夕，转让大多发生在公司与公司之间，且公司之间的经营范围、市场发展方向等基本相同，转让方与受让方可谓是市场竞争的双方，树立起强劲对手、丧失垄断市场是转让计算机软件著作权带来的直接风险。[1]最高人民法院审理的北京福满满科技有限公司与杭州盈承信息技术有限公司之间的计算机软件著作权转让合同纠纷案，就是通过出卖的方式转让计算机软件著作权的案例。

通过出卖的方式进行计算机软件著作权转让，需要签订计算机软件著作权转让合同，著作权转让合同是权利转让合同，属于合同的一种形式，因此依照《民法典》对于合同的规定，需要具备以下四个构成要件：第一，主体要件，合同转让需要由合法的主体来缔结并承受这样的合同，在合同转让的主体中，合同的债权人在转让中担任转让人，受让合同权利的主体为受让人，合同转让人与受让人应具备缔结合同转让的权利能力与行为能力，否则就不能够充任合同权利转让的主体。这里的主体又可以细分为自然人、法人和非法人组织，即具备相应权利能力与行为能力的自然人和各类组织都应该能够作为合同转让的主体。第二，客体要件。权利转让合同的客体是权利，即要转让的是合同项下的权利而非义务或者其他。计算机软件著作权是权利，权是可期待权利，而且财产权利也已经被承认，因此能够转让的财产权利自然就可以成为合同权利转让的客体。第三，主观因素。权利转让合同的主观因素简单来说就是意思表示，就是转让人与受让人之间相互做出转让计算机软

---

[1] 冯晓青："我国企业知识产权运营战略及其实施研究"，载《河北法学》2014 年第 10 期。

件著作权的意思表示与受让计算机软件著作权的意思表示，且是真实的意思表示，合同转让的意思表示在转让人与受让人之间达成一致之时，便产生了效力。第四，客观因素。权利转让合同的客观因素可以分为积极因素与消极因素，积极因素可以归纳为，合同权利真实有效不存在权利瑕疵且具有可转让性。消极因素是转让合同中著作权人未明确转让的权利，未经著作权人同意，另一方当事人不得行使。同时基于转让行为所具有的债权人地位，还受到《民法典》第545条债权转让的限制。[1]

案例6-4　北京福满满科技有限公司与杭州盈承信息技术有限公司计算机软件著作权转让合同纠纷案[2]

本案一审由北京知识产权法院受理。案涉软件为"好筐共享莱筐周转共享平台软件"，著作权人为金广汇公司，后更名为蜂工场公司。蜂工场公司出具声明称：2017年12月，北京福满满科技有限公司（以下简称福满满公司）独立开发完成了"好筐共享莱筐周转共享平台软件"以下简称"好筐共享"，并以蜂工场公司的名义向国家版权局申请了《计算机软件著作权登记证书》，证书编号：软著登字第2326259号。蜂工场公司在此声明，该"好筐共享"著作权全部权利（包括所有权、使用权、转让权、合作权、收益权等）均归福满满公司单独享有和使用，蜂工场公司对该著作权不主张任何权利，也不享有任何利益，与该著作权有关的所有权利均由福满满公司独立实施和完成。2018年5月31日，杭州盈承信息技术有限公司（以下简称盈承公司）与福满满公司签订计算机软件著作权转让合同，主要约定如下内容："一、购买标的物：好筐共享APP应用软件、名称及其所有软件源代码。二、购买价格与付款方式：1. 所有标的物价格合计为人民币30万元整。2. 合同签订后3个工作日内，盈承公司支付6万元预付款。3. 待盈承公司和烟草注册完成周转筐项目公司后，第一时间付清余款。三、盈承公司的权利和责任：1. 支付第一笔款6万元，盈承公司拥有在该软件上修改完善、升级的权利，拥有升级后

---

〔1〕《民法典》第545条："债权人可以将债权的全部或者部分转让给第三人，但是有下列情形之一的除外：（一）根据债权性质不得转让；（二）按照当事人约定不得转让；（三）依照法律规定不得转让。当事人约定非金钱债权不得转让的，不得对抗善意第三人。当事人约定金钱债权不得转让的，不得对抗第三人。"

〔2〕参见"北京福满满科技有限公司与杭州盈承信息技术有限公司计算机软件著作权转让合同纠纷案"，最高人民法院［2021］最高法知民终685号民事判决书。

的新软件版本所有权。四、福满满公司的权利和责任：1. 收到盈承公司的第一笔预付款后，向盈承公司提供该软件的全部源代码，同时开展在应用市场的名称转让工作，收取尾款之前，完成所有事项。2. 免费安排产品经理进行产品交接与技术支持服务，协助盈承公司正常上线。五、其他事项：1. 双方签字后即时生效。……"合同生效后，福满满公司向盈承公司交付了涉案软件的源代码，但是，合同履行过程中，盈承公司认为福满满公司对好筐共享APP应用软件不享有知识产权，也即双方合作基础不存在。主张撤销协议，终止履行，故对剩余24万元的转让款拒绝支付。为此，原告向北京知识产权法院提起诉讼。北京知识产权法院经过审理后，原告北京福满满科技有限公司为"好筐共享菜筐周转共享平台软件"的著作权人，根据福满满公司与盈承公司签订的涉案合同的约定，福满满公司负有交付涉案软件源代码和完成应用市场的名称转让等主要义务，盈承公司负有分期支付转让款项的义务。在案证据足以证明福满满公司已经交付涉案软件源代码，亦积极配合盈承公司完成著作权转让的申请登记工作，盈承公司在此之后以福满满公司不享有涉案软件的著作权为由要求撤销合同，对此，原审法院认为，虽然涉案软件著作权登记证书登记的软件著作权人为金广汇公司，但金广汇公司在变更名称后已就涉案软件的开发、著作权申请登记由来以及权利归属等作出明确说明，且我国著作权登记一般采取形式审查标准，在福满满公司能够提供有效的权属证明的情况下，盈承公司未提交证据证明福满满公司不享有涉案软件的相关著作权或因福满满公司的原因导致涉案软件的著作权转让无法实现，从而不能证明福满满公司存在欺诈等行为致使涉案协议属于可撤销的情形，亦未提交充分证据证明涉案软件存在严重缺陷致使合同目的不能实现，故盈承公司的抗辩理由均不能成立，其应当承担支付剩余转让款项24万元的义务。

盈承公司因不服一审判决，提起上诉称支付全部合同款项的条件尚未成就且案涉软件存在问题等，请求撤销一审判决，改判驳回福满满公司的诉讼请求。最高人民法院审理后认为，涉案合同约定盈承公司向福满满公司购买"好筐共享APP应用软件、名称及其所有软件源代码"。盈承公司向福满满公司发送的律师函证明盈承公司已收到涉案软件及所有软件源代码，盈承公司与福满满公司亦均确认涉案软件源代码于2018年6月20日交付福满满公司已按约定履行合同的主要义务，结合其他上诉请求的分析，二审法院认为盈承公司应向福满满公司支付合同余款 24 万元，盈承公司该项上诉理由不能成立。

（二）通过赠与转让软件著作权

软件著作权人对自己的软件享有专有权，可以在法律允许的范围内根据自己的意志自由处理其权利。因此，软件著作权人可以将自己的软件著作权赠与自然人、法人或者其他组织及国家。所谓赠与，是指软件著作权人将自己享有的软件著作权无偿地部分或者全部转移给其他人享有的一种行为。[1] 赠与可以将全部软件著作权无偿转移，也可以只无偿转移一部分，而保留其他部分。软件著作权人的赠与，可以附有一定的条件。如果是附条件的赠与，则受赠人必须先满足这些条件，才能使软件著作权发生转移。软件著作权的赠与必须履行一定的手续，赠与方能成立，如办理登记手续等。著作权人将其权利赠与之后，自己不再享有软件的相关权利，而著作权的受赠与者依法成为该软件权利人，可依照法律法规的规定行使或处分其享有的权利。

根据赠与对象的不同，计算机软件著作权的赠与可分为三种：一是赠与自然人、法人或者其他组织，此种赠与不仅需要软件著作权人有把自己的软件权利赠与他人的意思表示，而且还需有他人愿意接受的意思表示。软件著作权的赠与合同自双方当事人协商一致后发生法律效力。[2] 二是赠与国家，此时国家享有软件著作权，由软件著作权行政管理部门代表国家行使。三是赠与社会公众，当软件著作权人将其软件赠与社会公众时，该软件的著作权就消失了，相当于该软件进入了公有领域，任何人都可以免费使用，但任何人都不能对其主张著作权，不能独占相关软件著作权。软件著作权人将其软件赠与社会公众是一种单方法律行为，只要软件著作权人作出明确的意见表示就发生法律效力，无须履行登记手续。

（三）通过继承转让软件著作权

1. 继承作为计算机软件著作权转让方式的理由

除了出卖、赠与两种转让方式外，继承也是著作权转让的一种方式。之

---

〔1〕　朱一青、曾婧："计算机软件著作权交易课税性质判定及其法律意义"，载《重庆大学学报（社会科学版）》2015 年第 6 期。

〔2〕　黄勤南、尉晓珂主编：《计算机软件的知识产权保护》，专利文献出版社 1999 年版，第 53 页。

所以强调继承是著作权转让的方式之一，是因为在我国知识产权界，继承是否为著作权转让的一种方式存在不同的观点。[1]笔者认为，继承是软件著作权转让的方式之一，理由主要有：

首先，有相关法律依据。我国《著作权法》第 19 条明确规定，著作权属于公民的，公民死亡后，其《著作权法》第 10 条第 1 款第（五）项至第（十七）项规定的权利在《著作权法》规定的保护期内，依照继承法的规定转移。著作权属于法人或者其他组织的，法人或者其他组织变更、终止后，其《著作权法》第 10 条第 1 款第（五）项至第（十七）项规定的权利在《著作权法》规定的保护期内，由承受其权利义务的法人或者其他组织享有；没有承受其权利义务的法人或者其他组织的，由国家享有。按照《著作权法》第 19 条的规定，继承人、法人及非法人单位甚至国家均可以通过继承成为新的著作权人。继承，实质上是一种转让，其作为著作权转让的一种方式，只是不同于贸易活动中的转让。[2]《计算机软件保护条例》第 15 条对此亦有相关规定。

其次，国外有相关立法例。《美国版权法》第 201 条第 4 款亦规定，版权所有人可以将其版权全部或部分通过任何转让方式或法律的实施来转移，可以根据遗嘱遗赠，或者依据可适用的无遗嘱继承法律作为动产转移。《英国版权法》第 90 条规定，版权可以作为动产通过让与、遗嘱处置或者法律的实施而移转。《澳大利亚著作权法》第 196 条规定，著作权为私有财产，可以通过转让、移交、遗嘱或者执行法律规定而移转给他人。此种转让可以是全部转让也可以是部分转让，但是非经转让人或其代理人于书面文件上签字，转让无效。以上世界各主要市场经济国家的著作权法均明确将"继承"列为著作权转让的一种方式。

2. 自然人死亡后其软件著作权的继承

我国《计算机软件保护条例》第 15 条规定，[3]计算机软件著作权的继承

---

〔1〕 孙新强："有关著作权转让的若干问题"，载《山东大学学报（哲学社会科学版）》2000年第 2 期。

〔2〕 郑成思：《版权法》，中国人民大学出版社 1990 年版，第 200 页。

〔3〕《计算机软件保护条例》第 15 条规定："软件著作权属于自然人的，该自然人死亡后，在软件著作权的保护期内，软件著作权的继承人可以依照《中华人民共和国继承法》的有关规定，继承本条例第八条规定的除署名权以外的其他权利。软件著作权属于法人或者其他组织的，法人或者其他组织变更、终止后，其著作权在本条例规定的保护期内由承受其权利义务的法人或者其他组织享有；没有承受其权利义务的法人或者其他组织的，由国家享有。"

分为两种情况，一种是针对公民的继承，一种是针对单位发生变更后的继承。针对公民的继承，我国《民法典》第 124 条第 2 款规定，自然人合法的私有财产，可以依法继承。按照《计算机软件保护条例》第 15 条的规定，自然人死亡以后，软件著作权的合法继承人依法享有继承被继承人享有的软件著作权的发表权、修改权、复制权、发行权、出租权、信息网络传播权、翻译权以及使用许可权和获得报酬权等权利，继承活动的发生不改变该软件权利的保护期。继承权的取得、继承顺序等均按照继承法的规定进行。

根据《民法典》的规定，软件著作权的自然人继承可分为法定继承和遗嘱继承两种情况。一是法定继承。如果软件著作权人死亡时没有留下遗嘱，则软件著作权应按法定继承进行继承。软件著作权应按下列顺序继承：第一顺序为配偶、子女、父母。第二顺序为兄弟姐妹、祖父母、外祖父母。继承开始后，由第一顺序继承人继承，第二顺序继承人不继承。没有第一顺序继承人继承的，由第二顺序继承人继承。同一顺序继承人继承遗产的份额，一般应当均等。二是遗嘱继承。继承实质上是被继承人的财产所有权在死后的体现。因此，公民可以对自己的财产作出死后的归属安排。[1]公民可以立遗嘱处分包括软件著作权中财产权利的个人财产，并可以指定遗嘱执行人。软件著作权人可以立遗嘱将自己的软件著作权指定由法定继承人中的一人或数人继承，如果遗嘱指定的受益人为国家、集体或者法定继承人以外的人，则是遗赠，而不是遗嘱继承。此外，计算机软件著作权的继承根据不同情况需要提供的证明文件包括被继承人的死亡证明、与被继承人的关系证明、继承人身份证明、被继承人有效遗嘱、法院的法律文书等。

3. 法人或者其他组织软件著作权的承继

根据《计算机软件保护条例》第 15 条的规定，在软件著作权的保护期内，享有软件著作权的法人或者其他组织发生变更、终止后，由合法的继承单位享有该软件的各项权利。这里讲的继承已不是严格法律意义上的继承。对自然人来说，在软件著作权的保护期内，软件著作权的继承者可继承除署名权以外的所有权利。对法人或者其他组织来说，在软件著作权的保护期内，享有软件著作权的单位发生变更、终止后，由承受其权利义务的法人或者其

---

[1] 胡明玉、叶英萍："法定继承人范围和顺序的立法修正"，载《海南大学学报（人文社会科学版）》2014 年第 2 期。

他组织继承其享有该软件的各项权利。无论是自然人继承还是法人或者其他组织继承，都不改变该软件权利的保护期，且继承行为都应发生在软件著作权的保护期内。法人或者其他组织发生变更多半是因为分立、合并、终止等原因，原单位的一切法律责任都由后继单位承担，故因单位变更而转移的软件著作权，是整体地转移，包括精神权利和经济权利。此时，若原单位是软件权利的原始主体，变动后的软件著作权人仍享有开发者身份权，可以在软件上著以自己的名称。这一点和自然人继承不同。法人或者其他组织继承计算机软件著作权需要提供的材料主要有：计算机软件著作权登记申请表、计算机软件著作权登记证书、企业变更证明及其他证明、承受后的法人或者其他组织的营业执照副本复印件加盖公章等。[1]

五、计算机软件著作权转让的报酬

根据《计算机软件保护条例》第 8 条第 2 款、第 3 款的规定，不论是软件著作权人许可他人行使其软件著作权或者将软件著作权全部或者部分转让给他人，均享有获得报酬的权利。获得报酬权属于软件著作权人的收益权，是从使用许可权或者转让权中派生出来的财产权，是使用许可权或者转让权必然包含的内容，换言之，是计算机软件著作权人通过转让的方式利用市场垄断地位所带来的市场利益，[2]对软件著作权人来说具有重要的意义。

（一）计算机软件著作权人获得报酬权的特征

获得报酬权，即软件著作权人因允许他人使用其软件而享有的获得报酬的权利。软件是作者智力劳动的成果，具有价值和使用价值，计算机软件著作权人的获酬权简单来说就是获得转让费的权利，它是计算机软件所产生的价值。[3]软件价值的大小、取决于软件的社会效益及由此产生的经济效益。软件著作权人的使用权被他人使用，就有权要求获得报酬，法律规定可以不向软件著作权人支付报酬的情况除外。根据《著作权法》《计算机软件保护条例》等法律法规的规定，计算机软件著作权人获得报酬权具有显著的法定性

---

〔1〕 高志宏编著：《知识产权：理论·法条·案例》，东南大学出版社 2016 年版，第 94 页。

〔2〕 孜里米拉·艾尼瓦尔：“知识产权许可使用费赔偿标准的完善路径”，载《北京社会科学》2022 年第 3 期。

〔3〕 范晓波：《知识产权的价值与侵权损害赔偿》，知识产权出版社 2016 年版，第 51 页。

和强化性。

1. 软件著作权人获得报酬权的法定性

我国 1990 年《著作权法》对著作权人获得报酬权从授权性和禁止性两方面做了规定，经过 2001 年《著作权法》、2010 年《著作权法》的两次修订，在增加著作权转让、质押的贸易方式后，从授权性和禁止性两方面对著作权人获得报酬权进行了维持和强化，更加凸显了著作权人获得报酬权的显著法定性。1990 年《著作权法》第 10 条规定："著作权包括下列人身权和财产权：……（五）使用权和获得报酬权，即以复制、表演、播放、展览、发行、摄制电影、电视、录像或者改编、翻译、注释、编辑等方式使用作品的权利；以及许可他人以上述方式使用作品，并由此获得报酬的权利。"该条款是通过授予著作权人获得报酬权的授权性规定明确了著作权人的获得报酬权。第 28 条规定："出版者、表演者、录音录像制作者、广播电台、电视台等依照本法取得他人的著作权使用权的，不得侵犯作者的署名权、修改权、保护作品完整权和获得报酬权。"该条款则是通过对出版者等侵犯获得报酬权的禁止权规定进一步明确了著作权人的获得报酬权。《著作权法》通过授权性和禁止性两方面的规定，使得著作权人的获得报酬权具有了显著的法定性。2001 年《著作权法》第 10 条规定："著作权包括下列人身权和财产权：……著作权人可以许可他人行使前款第（五）项至第（十七）项规定的权利，并依照约定或者本法有关规定获得报酬。著作权人可以全部或者部分转让本条第一款第（五）项至第（十七）项规定的权利，并依照约定或者本法有关规定获得报酬。"该条款开启了著作合同报酬权之端，现行著作权人的获得报酬权是合同报酬权与法定报酬权的统一，仍然具有"显著法定性"。2010 年《著作权法》第 10 条沿用了 2001 年《著作权法》第 10 条的规定。2001 年《著作权法》第 28 条、2010 年《著作权法》第 29 条与 1990 年《著作权法》第 28 条的规定相同，通过对侵犯获得报酬权的禁止性规定明确著作权人的获得报酬权。[1]

《计算机软件保护条例》作为《著作权法》的配套法规，同样对软件著作权人获得报酬权作了明确规定。1991 年《计算机软件保护条例》第 9 条规

---

[1]　詹启智："著作报酬权的演进方向与实现——《著作权法修订草案送审稿》第 52 条的修改建议"，载《出版发行研究》2014 年第 8 期。

定，软件著作权人享有下列各项权利：……使用许可权和获得报酬权，即许可他人以复制、展示、发行、修改、翻译、注释等部分或者全部方式使用其软件的权利和由此而获得报酬的权利。该条款是通过授予软件著作权人获得报酬权的授权性规定明确了软件著作权人的获得报酬权。2001 年《计算机软件保护条例》第 8 条规定，软件著作权人享有下列各项权利：……软件著作权人可以许可他人行使其软件著作权，并有权获得报酬。软件著作权人可以全部或者部分转让其软件著作权，并有权获得报酬。根据该条款规定，软件著作权人的获得报酬权是法定报酬权。2011 年《计算机软件保护条例》第 8 条、2013 年《计算机软件保护条例》第 8 条关于软件著作权人获得报酬权的规定与 2001 年《计算机软件保护条例》第 8 条相同。

2. 软件著作权人获得报酬权的强化性

为保障作品报酬权的实现，《著作权法》第 45 条第（六）项、2001 年《著作权法》第 46 条第（七）项、2010 年《著作权法》第 47 条第（七）项、2020 年《著作权法》第 52 条第（七）项均将"使用他人作品，未按照规定支付报酬的"或"使用他人作品，应当支付报酬而未支付的"作为法定侵权行为明确规定，从法定侵权性上再次强化了作品报酬权和使用者的付酬义务。《计算机软件保护条例》虽未对此作出规定，但计算机软件作为《著作权法》保护的一类作品，在《计算机软件保护条例》未作规定的情况下，仍适用《著作权法》的有关规定。

（二）计算机软件著作权人获得报酬权的标准

制定著作权法，对于保护作者的合法权益，调动作者的积极性，鼓励有益于社会精神文明、物质文明建设的作品的创作和传播以及我国保护知识产权法律制度的完善具有重要意义。同理，建立软件许可使用、未经许可使用软件及转让的付酬标准体系也意义重大。没有完备的软件著作权许可使用和转让付酬标准体制，就没有先进的著作权保护制度，就不可能有现代的文化产业。

1. 计算机软件著作权人获得报酬权标准的规定

关于计算机软件著作权人获得报酬权的标准，《计算机软件保护条例》未作规定，应以《著作权法》的相关规定为准。《著作权法》第 30 条规定，使用作品的付酬标准可以由当事人约定，也可以按照国务院著作权行政管理部门会同有关部门制定的付酬标准支付报酬。当事人约定不明确的，按照国务院著作权行政管理部门会同有关部门制定的付酬标准支付报酬。《著作权法》规定，除本法另有规定的外，使用他人的作品应当支付报酬。依照本条的规定，付酬标准由当事人选择，要么由合同的当事人在合同中自行约定确定，要么按照国务院著作权行政管理部门会同有关部门制定的付酬标准支付报酬，山东尚健信息技术有限公司与泰安市康宇医疗器械有限公司之间的计算机软件著作权转让合同纠纷案就是因在约定转让费数额基础上因支付转让费而发生的纠纷。

当事人在合同中约定使用作品的付酬标准有两种情况：一是由于国家著作权行政管理部门会同有关部门制定的付酬标准，往往有一个幅度，那么，当事人就在国家有关部门制定付酬标准的幅度内约定具体的付酬标准。目前，著作权行政管理部门会同有关部已经制定一系列使用他人作品的付酬标准的规定，其中包括《使用文字作品支付报酬办法》和《教科书法定许可使用支付报酬办法》，当事人在约定使用作品的付酬标准时，可以参照这些规定。二是当事人还可以根据作品的质量、反映效果、使用的次数、作品公之于众的时间长短、作品在使用过程中产生的经济效益和社会效益等因素自行约定付酬标准，这一付酬标准既可以高于国家著作权行政管理部门会同有关部门制定的付酬标准，也可以低于这个标准。

如果当事人在合同中没有约定使用他人作品的付酬标准，或者当事人虽有约定，但约定的不明确，实际无法履行，怎么办？对此《著作权法》第30条规定，按照国务院著作权行政管理部门会同国家有关部门制定的付酬标准支付报酬。由于使用作品的方式繁多，付酬标准各不相同。《著作权法》不必要也难以分门别类地规定具体的付酬标准。因此，授权国务院著作权行政管理部门会同有关部门制定付酬标准。国务院著作权行政管理部门会同有关部门制定的付酬标准，可以作为当事人签订合同时约定付酬的标准。当事人如果没有签订合同或者虽然签有合同，但在合同中未明确付酬标准，一般来说，应当依国务院著作权行政管理部门会同有关部门制定的付酬标准为据。此外，属于《著作权法》规定的在法定许可的范围内使用他人作品应当按照规定支付报酬的，应当以国务院著作权行政管理部门会同有关部门制定的付酬标准支付报酬。

2. 计算机软件著作权人获得报酬权标准的完善

虽然报酬事宜完全取决于当事方的约定，然而，在当事方无法约定之时，法律法规可以给软件著作权人或被许可使用人一个参考标准，这就是法律的价值所在。而且，未经许可而使用软件的现象在社会生活中经常可见，而我国《著作权法》及《计算机软件保护条例》对此类行为却没有完备的规定，致使软件著作权人财产权的实现处于法律规范的"半真空"状态。鉴于规制法定许可使用软件、未经许可使用软件的付酬标准及办法的立法有基础，我国《著作权法》《计算机软件保护条例》及配套规章制度应该构建完备的软件著作权许可使用报酬标准和可操作程序，以规范和引导软件著作权许可使用及转让行为的良性发展。

首先，在立法体例的选择上，我国应在《著作权法》中以原则性条款明确规定著作权许可使用及转让的报酬权实现制度，著作权许可使用或者转让的收费标准以及行使方式等具体规定可以在著作权法实施条例中规定，针对计算机软件可以出台专门的规章政策，结合计算机软件的交互式网络使用情况及传播的无形性，参照《使用文字作品支付报酬办法》《教科书法定许可使用支付报酬办法》对计算机软件作品的转让及使用确定相应的报酬支付办法。[1]

其次，确立擅自使用软件不支付报酬的惩罚性付酬办法。未经权利人许可的直接使用触犯了著作权保护的法律红线，非法使用人应当依法承担侵权责任。法律应采纳过错推定原则作为侵犯软件著作权人权利的责任依据。采纳过错推定原则作为归责依据，从损害事实中推定侵权行为人有过错，免除了软件著作权人的举证责任，从而使其处于有利的地位，更有利于保护和实现软件著作权人的合法权益。对于侵权赔偿的数额，应确立擅自使用软件不支付报酬的惩罚性付酬办法，为更好保护作者的正当权益提供法律上的保障。

再次，制定软件著作权许可使用或者转让的行业付酬标准。虽然法律规范也可以规制软件著作权许可使用或者转让的报酬事宜，但由于法律规范的滞后性，加之市场变化的不确定性，仍需要行业标准或者惯例才能实时涵盖软件使用报酬的全部事项。软件著作权许可使用或者转让的行业报酬标准可采用格式合同途径。著作权集体管理组织可以拟定格式合同，主要内容为软件的使用方式及付酬标准，供使用者选择，必要时使用者可以单独与集体管

---

[1] 张祥志、徐以恒："教科书法定许可制度的检视与优化——兼论《教科书法定许可使用作品支付报酬办法》的修订"，载《出版发行研究》2021年第12期。

理组织协商。[1]

案例 6-5　山东尚健信息技术有限公司与泰安市康宇医疗器械有限公司之间的计算机软件著作权转让合同纠纷案[2]

原告山东尚健信息技术有限公司与被告泰安市康宇医疗器械有限公司于 2017 年 4 月 13 日签订《软件著作权转让合同》，合同约定原告将其享有著作权的"儿童早期综合发展测评指导系统软件 V1.0 版本"之全部著作权转让给被告，转让费 50 万元，支付方式为：合同签订后被告向原告支付 5 万元；在原告按照被告要求将软件在 15 日内改进，实现改进的功能后，经被告验收后支付 20 万元；原告将软件全部程序源代码等一系列文件交付给被告，被告测试两个月，测试完毕后向原告支付 20 万元；剩余 5 万元分 3 年支付，2018 年 5 月 1 日前支付 2 万元，2019 年 5 月 1 日前支付 2 万元，2020 年 5 月 1 日前支付 1 万元。如被告延期付款，按每日 5‰向原告支付延期付款补偿金。合同签订后，原告按照合同约定按时向被告交付了涉案软件的全部源代码等一系列文件，并按照被告要求对涉案软件完成了修改完善。但被告仅付款 30 万元，剩余转让费原告多次催要至今拖欠未付，故而原告向泰安市中级人民法院提起诉讼。

法院经过审理后认为，山东尚健信息技术有限公司（以下简称尚健公司）与泰安市康宇医疗器械有限公司（以下简称康宇公司）签订的《软件著作权转让合同》以及双方签订的《需要提供源代码及文档的项目协议》《需要修改完善的内容协议》系双方的真实意思表示，不违反法律禁止性规定，应属有效合同。对于有效合同，双方均应按照《合同法》第 60 条第 1 款规定，全面履行合同中自己的义务。《合同法》第 60 条第 1 款规定，全面履行合同中自己的义务。故，根据双方签订的合同及两份补偿协议中的约定，尚健公司应将涉案"儿童早期综合发展测评指导系统"软件和源代码以及需要完善的功能加以修改完善后在规定期限内交付康宇公司；而康宇公司则应按照双方的约定在规定期限内向尚健公司支付相应的款项。本案中，尚健公司已经按

〔1〕　袁世华、刘远山："我国著作权许可使用报酬法律问题探析"，载《重庆科技学院学报（社会科学版）》2013 年第 11 期。

〔2〕　参见"山东尚健信息技术有限公司与泰安市康宇医疗器械有限公司之间的计算机软件著作权转让合同纠纷案"，泰安市中级人民法院［2019］鲁 09 民初 428 号民事判决书。

照合同约定将涉案软件及源代码交付康宇公司，且双方均认可康宇公司已实际向尚健公司付款 30 万元。至于剩余钱款并未支付的原因，康宇公司在本案中抗辩称，因尚健公司交付的涉案软件未按照双方约定的补偿协议对需要修改完善的内容加以整改，导致康宇公司在用涉案软件过程中无法实现部分功能。因无法达到合同目的，康宇公司不应支付剩余款项。因康宇公司在 2 年之内未对产品的质量或质量问题向尚健公司进行通知，应视为尚健公司向康宇公司提供的涉案软件符合质量及数量的要求，也即尚健公司已经按照双方的约定提供了符合合同目的的计算机软件。故对康宇公司关于尚健公司提供的涉案计算机软件未达到合同目的的抗辩理由不予采信。进而，泰安市中级人民法院依据《合同法》等相关规定判决康宇公司向尚健公司支付剩余未履行转让款及利息损失。

第七章

计算机软件著作权限制实证检校

　　著作权限制是著作权相关法律中的一项基本制度。与其他知识产权一样，著作权也不是绝对的专有权和独占权，也不是没有时间限制的永恒权，世界各国的著作权法在充分保护著作权人各项合法权益的同时，为了避免著作权变成传播人类优秀文学艺术和科学作品的障碍，使公众能够及时获取新知识，促进软件产业和国民经济信息化的发展，对著作权人享有的各项权利都作出了一定的限制，我国《著作权法》所规定的著作权亦是著作权人在一定的时间和空间内专有的权利，而非绝对权。[1]著作权法对著作权人权利的限制主要体现在两个方面：一是设置了保护期限，对著作权人权利的保护并非永久保护，而是有期限的，一般对著作权中的财产性权利的保护期都是自作品发表之日起50年；二是规定了侵犯著作权的例外，法律保护著作权人的著作权不受侵犯，但又规定了著作权的法定许可使用、合理使用等原则的例外情况，即在某些特定的情况下使用人可以不经著作权人许可，不向其支付报酬而对著作权人的作品合理使用。尽管学术界有观点认为，著作权限制是对创作者合法权利的一种侵犯，是对侵犯著作权行为的一种宽容和默许，但随着社会的发展以及相关专业知识的积累，多数观点认为著作权的存在确实在一定程度上阻碍了社会上大多数人对优秀作品的参考与学习，甚至著作权有进一步化为知识壁垒的可能性，为了避免著作权对公众知识和社会文化事业造成更为严重的破坏，对著作权加以限制实有必要。计算机软件作为一种特殊作品，也是著作权法所保护的客体之一，对软件著作权人享有的权利也应当予以限制。从保护目的来看，法律保护计算机软件著作权主要在于两点：一是保护软件著作权人的利益，调整软件在开发、传播和使用中发生的利益关系；二

---

　　〔1〕　褚佳鹏："著作权限制的法理基础分析"，载《广西质量监督导报》2020年第6期。

是鼓励软件的开发与流通，促进计算机应用事业的发展。[1]前者反映的是软件著作权人的个体利益，而后者反映的是社会整体利益，在这个数字经济驱动社会生产力大幅度发展的时代，法律在对软件著作权加以确认和保护的同时，更应注重该种权利的限制，以维护社会整体利益。2013 年国务院对《计算机软件保护条例》进行了第二次修订；2020 年 11 月，全国人大通过了对我国《著作权法》的第三次修订，这两次修订都是基于时代背景而对两种利益加以统筹平衡的举措，将法律对软件著作权的限制更多放在对软件保护范围的限制、软件著作权保护期限的限制、软件著作权人修改权和复制权的限制、软件使用的限制以及软件表达方式的限制等方面。[2]

一、计算机软件著作权保护范围的限制

关于计算机软件的保护范围一直存在着许多争议，例如，保护计算机软件的最科学方法是什么？随着全球知识经济时代的到来，这一问题变得越来越明显和重要。[3]正如《著作权法》的立法目的是平衡对作者著作权的保护和作品的社会贡献一样，为了鼓励创新，加大国家对新兴科技产业的扶持，《计算机软件保护条例》在注重对软件著作权人的权利进行保护的同时，也会衡量软件产业的整体发展趋势。这就需要对软件的保护范围进行一定的限制，这种限制不能过窄，以免伤害了著作权人创新的积极性，抑制软件更新换代的速度；但也不能过宽，以免制约了软件产业的发展。

（一）计算机软件著作权保护范围限制的发展及内容

1. 计算机软件保护范围限制的发展

尽管著作权法的首要目的是保护著作权，但其最终目的却是鼓励创作和推动科学文化进步。因此，计算机软件保护的范围在立法和司法实践中虽然都具有一定的模糊性，但在世界范围内的发展趋势却是一致的，即都在逐步规范对软件保护范围的限制。比如，2012 年 "Oracle America, inc. 与 Google

---

〔1〕 何红锋："试论计算机软件著作权的限制"，载《知识产权》1996 年第 6 期。

〔2〕 李林启、康东书、郭玲：《计算机软件著作权保护制度研究》，光明日报出版社 2021 年版，第 125 页。

〔3〕 Kirin R. S, Khomenko V. L, "Formation of Legal Protection of Computer Software by the Rules of Copyright and Patent Law", *Nauka ta innovacii*, 2019 （6）.

Inc 的版权纠纷案"，美国的地区法院认为 java 类库和方法的命名属于操作方法，不受著作权法的保护，并最终判决 Google 公司胜诉，该判决结果影响了包括我国在内的世界各个科技大国对于计算机软件保护范围限制的认知。[1] 再如英国法院裁决的 SAS 案对计算机软件的保护范围作出了进一步明确的限制，该案认定计算机程序中的程序语言、程序功能和数据文件格式不受著作权保护。[2] SAS 案对世界软件产业影响广泛，对我国计算机软件著作权保护范围的立法完善和司法实践也具有一定的参考意义。

目前我国对计算机软件著作权加以保护的具体规定主要见于《计算机软件保护条例》，该条例自诞生至今经过了多次修订，对计算机保护范围的限制内容亦是随之不断增加。1991 年《计算机软件保护条例》第 7 条对计算机软件保护范围的限制作出了规定，根据该条规定，《计算机软件保护条例》对软件的保护不能扩大到开发软件所用的思想、概念、发现、原理、算法、处理过程和运行方法。2001 年国务院重新颁布的《计算机软件保护条例》第 6 条规定了计算机软件保护范围的限制，即对软件著作权的保护不延及开发软件所用的思想、处理过程、操作方法或者数学概念等。2011 年及 2013 年《计算机软件保护条例》均沿用了 2001 年的规定。通过新旧条文对比可以发现，现行《计算机软件保护条例》对计算机软件保护范围限制的规定更加科学合理：一是表述更准确，现行《计算机软件保护条例》规定的"对软件著作权的保护"比 1991 年《计算机软件保护条例》的规定更加准确，突出了计算机软件的著作权保护。二是限制范围的扩大，1991 年《计算机软件保护条例》对软件保护限制范围的规定单纯采取列举的方式，难以满足现实生活不断变化发展的需求，在计算机软件纠纷的处理中，法院也没有自由裁量权。现行《计算机软件保护条例》对软件著作权保护的限制范围改为列举加概括的立法模式，无形中扩大了限制的范围，在列举加概括的立法模式下，法律能够抽象概括所有的限制范围，具有较大的弹性，法官的自由裁量权也较大，有利于灵活适用法律。三是模糊了"算法"的法律属性。1991 年《计算机软件保护条例》明文规定"算法"不受软件著作权的保护，现行《计算机软件保护条例》则在列举

---

〔1〕　张吉豫："计算机软件著作权保护对象范围研究——对美国相关司法探索历程的分析与借鉴"，载《法律科学（西北政法大学学报）》2013 年第 5 期。

〔2〕　肖声高："以 SAS 案为例论计算机程序著作权的保护范围"，载《西安电子科技大学学报（社会科学版）》2013 年第 1 期。

中将"算法"剔除，其是否涵盖在概括列举的范围内，会因算法是标准算法或者具体算法而不同，也会因为具体案件中的不同情况而异。

2. 计算机软件保护范围限制的内容

软件领域专业人士一般认为，计算机软件包括文档、程序和程序指向的数据三部分，而《计算机软件保护条例》规定，计算机软件仅包含程序和文档，而忽略了程序所指向的数据，这使得司法实践中的运用也在一定程度上体现了软件著作权保护范围的狭窄。

《计算机软件保护条例》第6条明确规定，对软件著作权的保护不延及开发软件所用的思想、处理过程、操作方法或者数学概念等。具体来说，开发软件所用的思想是软件开发过程中的设计方案、构思技巧和功能的构想，处理过程和操作方法是指设计程序所实现的过程中涉及的处理步骤、操作流程、算法等具体操作，具体体现是完成某项功能的程序，只有当计算机软件的表达方式，即计算机软件的源代码、源文档被复制和修改时，才可能属于著作权保护范畴内。另外，数学概念等属于计算机软件基本理论的范围，是设计开发软件不可或缺的理论依据，属于社会公有领域。

案例7-1 广东群英网络有限公司与成都万维图新信息技术有限公司侵害计算机软件著作权纠纷案[1]

原告广东群英网络有限公司（以下简称群英网络公司）诉称，群英网上视频软件是由群英网络公司自行开发、取得国家版权局颁发的《计算机软件著作权登记证书》的计算机软件。成都万维图新信息技术有限公司（以下简称万维信息公司）未经群英网络公司许可，抄袭群英网络公司网上视频软件制作了一套界面和功能相同的软件，并将该侵权的软件交付给内江市群工局及内江市其他400多个单位使用。万维信息公司的行为侵害了群英网络公司的计算机软件著作权，群英网络公司请求判决万维信息公司：立即停止群英网上视频软件的使用，并书面赔礼道歉；赔偿群英网络公司经济损失1 000 000元，并承担群英网络公司为制止侵权行为而支付的律师费20 000元、公证费3100元、差旅费30 000元。被告万维信息公司辩称，万维信息公司从未获取过其

---

[1] 参见"广东群英网络有限公司与成都万维图新信息技术有限公司侵害计算机软件著作权纠纷案"，四川省成都市中级人民法院［2015］成知民初字第832号民事判决书。

"群英视频会议软件"或"群英网上视频接访软件"的源程序或代码，也无从进行抄袭使用。万维信息公司与群英网络公司曾于 2014 年 11 月 10 日签订过一份合同，约定由群英网络公司针对内江市群工局开发信访远程接访软件平台。但群英网络公司未按约完成系统开发，双方多次沟通无果，万维信息公司不得不终止合同履行，此外，群英网络公司主张的经济损失不实，不应得到支持，要求驳回群英网络公司的诉讼请求。

本案中，人民法院根据《计算机软件保护条例》第 2 条和第 6 条的规定认为：我国对计算机软件保护范围的基本原则是保护表达而不保护思想，[1]尤其是对计算机程序而言，其源代码和目标代码属于表达的范畴，而原告并不主张侵权软件与权力软件源代码相似，故法院驳回了群英网络有限公司的诉讼请求。此案对我国软件著作权的保护范围作出了进一步的确认，为司法实践的进步提供了判例上的参考。

（二）计算机软件著作权保护范围限制的司法认定

著作权保护制度自其诞生以来，对文化艺术的繁荣发展做出了不可磨灭的贡献。究其原因与著作权保护制度追求社会公众、作者之间的"利益平衡"密不可分，著作权合理使用制度是重要手段之一。[2]目前我国限制计算机软件著作权保护范围的规定见于《著作权法》第 24 条、第 25 条以及《计算机软件保护条例》第 6 条，二者对计算机软件保护范围限制的内容均采取了列举加概括的立法模式，虽然有其有利的方面，但也增加了司法实践中的判断难度。而司法认定是实施《著作权法》《计算机软件保护条例》及其相关法律规范的一种重要方式，通过司法实践中的具体案例，不仅能够更好地理解计算机软件著作权保护范围限制的问题，还能够切实地贯彻我国《著作权法》的价值内核。

1. 软件用户界面的著作权保护问题

依据《计算机软件保护条例》第 2 条对计算机软件的定义，就计算机软件客观范畴而言，软件著作权的保护范围仅限于计算机程序和文档。《计算机软件保护条例》第 3 条规定，计算机程序，是指为了得到某种结果而可以由

---

〔1〕《计算机软件保护条例》第 2 条规定："本条例所称计算机软件（以下简称软件），是指计算机程序及其有关文档。"第 6 条规定："本条例对软件著作权的保护不延及开发软件所用的思想、处理过程、操作方法或者数学概念等。"

〔2〕李林启主编：《著作权法司法适用实证研究》，中国政法大学出版社 2020 年版，第 193 页。

计算机等具有信息处理能力的装置执行的代码化指令序列，或者可以被自动转换成代码化指令序列的符号化指令序列或者符号化语句序列，同一计算机程序的源程序和目标程序为同一作品。文档，是用来描述程序的内容、组成、设计、功能规定、开发情况、测试结果及使用方法的文字资料和图表，如程序设计说明书、流程图、用户手册等。

用户界面是计算机程序在计算机屏幕上的显示与输出，是用户与计算机之间交流的平台，具有较强的实用性。用户通过用户界面操作计算机程序，用户界面则向用户显示程序运行的结果，某种程度上甚至可以说是计算机软件的源代码体现于软件运行过程中的一项特征。在我国当前的司法实践中，判断计算机软件侵权与否的一项评判标准就在于用户界面的相似程度，比较有代表性的案例是广州知识产权法院判决的广州乐网数码科技有限公司与中国联合网络通信有限公司广东省分公司侵害计算机软件著作权纠纷案。

案例7-2　广州乐网数码科技有限公司与中国联合网络通信有限公司广东省分公司侵害计算机软件著作权纠纷案[1]

本案中，广州乐网数码科技有限公司（以下简称乐网公司）系本案原告，为《计算机软件著作权登记证书》登记的"乐网运营商全业务全流程互联网化受理软件 V1.0"的登记人，提出诉讼请求："1. 中国联合网络通信有限公司广东省分公司（以下简称联通分公司）立即停止侵害'乐网运营商全业务全流程互联网化受理软件 V1.0'软件著作权的侵权行为，包括屏蔽、断开相关链接，删除侵权软件等；2. 联通分公司向乐网公司赔偿因其侵权对乐网公司造成的经济损失及调查和制止侵权行为而支出的合理费用共计345万元；3. 联通分公司在《南方日报》上刊登声明，消除影响、赔礼道歉；4. 联通分公司承担本案的诉讼费。"事实和理由：乐网公司是"乐网运营商全业务全流程互联网化受理软件 V1.0"软件（以下简称"乐网受理"软件）的著作权人，于2014年2月28日完成该软件的开发，并于2014年7月8日获得《计算机软件著作权登记证书》。"乐网受理"软件在运营业务网络化、集中化的运作中起到了显著作用，具有很高的市场价值和广阔的市场空间。乐网公司

---

〔1〕　参见"广州乐网数码科技有限公司与中国联合网络通信有限公司广东省分公司侵害计算机软件著作权纠纷案"，广州知识产权法院〔2015〕粤知法著民初字第18号民事判决书。

发现联通分公司未经许可，擅自在"广东联通集中生产管控系统"软件（以下简称"管控系统"软件）中使用了乐网公司拥有著作权的"乐网受理"软件。联通分公司的行为严重侵害了乐网公司对涉案软件所享有的署名权、修改权、复制权等权利。联通分公司的侵权行为给乐网公司带来了巨额的经济损失，并造成恶劣的市场影响和社会影响，因此还应消除影响、赔礼道歉，故乐网公司请求法院判如所请。联通分公司答辩称："1.'管控系统'软件是由联通分公司提出需求，并委托给广州华工奕高科技有限公司发（以下简称华工公司），历经业务流程制定、要点设计、研发、测试、上线、试运行、正式运行等系列过程而完成，经双方协商，该软件的著作权由联通分公司享有；2. 乐网公司通过复制、剽窃、反编译、录屏截图等非法方式获取'管控系统'软件用户界面、文档、源代码、目标代码；3. 经比对，'乐网受理'软件的源代码与'管控系统'软件的源代码存在实质近似，由于乐网公司的员工实质接触了'管控系统'软件，因此，是乐网公司涉嫌侵权。综上，请求法院驳回乐网公司所有诉讼请求。"联通分公司向本院提出反诉请求："1. 乐网公司立即停止侵害联通分公司'管控系统'软件著作权的侵权行为，包括向国家版权保护中心申请撤销'乐网运营商全业务全流程互联网化受理软件V1.0'软件，编号为软著登字第07××××10号的登记，删除软件等；2. 乐网公司向联通分公司赔偿经济损失及合理费用（包括公证费、律师代理费）共计30万元；3. 乐网公司在《南方日报》上刊登声明，赔礼道歉；4. 乐网公司承担本案的反诉诉讼费。"

此案原本为乐网公司起诉联通分公司侵害其设计的"乐网运营商全业务全流程互联网化受理软件V1.0"的软件著作权，但联通公司在庭审过程中出示的证据显示涉案软件与联通公司享有著作权的软件"管控系统"在用户界面以及源代码等方面存在实质近似，乐网公司实际上是通过复制、剽窃、反编译、录屏截图等非法方式获取"管控系统"的数据信息，由此，联通分公司提出反诉。法院依据《计算机软件保护条例》第23条的规定以及《著作权法》第49条的规定，[1]判决驳回原告广州乐网数码科技有限公司的全部诉讼请求；判决

---

[1]《计算机软件保护条例》第23条规定："除《中华人民共和国著作权法》或者本条例另有规定外，有下列侵权行为的，应当根据情况，承担停止侵害、消除影响、赔礼道歉、赔偿损失等民事责任：（一）未经软件著作权人许可，发表或者登记其软件的；（二）将他人软件作为自己的软件发表

反诉被告广州乐网公司停止侵犯反诉原告联通分公司"广东联通集中生产管控系统"软件复制权和署名权的侵权行为，并撤销乐网公司《计算机软件著作权登记证书》登记的"乐网运营商全业务全流程互联网化受理软件V1.0"软件中关于集中受理平台软件的部分；赔偿广州联通分公司经济损失12万元。

案例7-3　北京久其软件股份有限公司与上海天臣计算机软件有限公司著作权纠纷案[1]

北京久其软件技术有限公司系《财政部会计报表软件》（简称久其软件）的原始著作权人，2001年12月18日，久其软件著作权的各项权利由北京久其软件股份有限公司（以下简称久其公司）继受。久其软件系根据财政部会计决算报表编制工作要求而设计的一套报表管理软件，主要实现企业财务数据的录入、装入、汇总、审核、打印、传出等功能。2003年9月，上海天臣计算机软件有限公司（以下简称天臣公司）根据上海市国有资产监督管理委员会对企业资产年报数据处理、上报的要求，开发完成《上海市国资委统计评价管理平台软件》及《资产年报（2003录入版）系统软件》（简称天臣软件）并对外销售。天臣软件是与久其软件具有相同功能的报表管理软件。就用户界面具体内容而言，久其公司与天臣公司软件的用户界面在以下几个方面相同或相似：部分菜单相似，部分按钮名称基本相同，部分用户界面中的信息栏目名称基本相同，按钮功能的文字说明基本相同，部分表示特定报表的图标相同，部分用户界面布局相似。2004年5月，久其公司以天臣公司天臣软件抄袭久其软件用户界面，侵犯了久其公司久其软件用户界面著作权为由，向法院提起诉讼。

本案一个最大的争议焦点就是用户界面享不享有著作权，是不是属于软件保护范围。在庭审过程中，久其公司将久其软件用户界面与天臣公司天臣软

（接上页）或者登记的；（三）未经合作者许可，将与他人合作开发的软件作为自己单独完成的软件发表或者登记的；（四）在他人软件上署名或者更改他人软件上的署名的；（五）未经软件著作权人许可，修改、翻译其软件的；（六）其他侵犯软件著作权的行为。"2001年《著作权法》第48条规定："侵犯著作权或者与著作权有关的权利的，侵权人应当按照权利人的实际损失给予赔偿；实际损失难以计算的，可以按照侵权人的违法所得给予赔偿。赔偿数额还应当包括权利人为制止侵权行为所支付的合理开支。权利人的实际损失或者侵权人的违法所得不能确定的，由人民法院根据侵权行为的情节，判决给予五十万元以下的赔偿。"

　〔1〕　参见"北京久其软件股份有限公司与上海天臣计算机软件有限公司著作权纠纷案"，上海市高级人民法院［2005］沪高民三（知）终字第38号民事裁定书。

件的用户界面进行了分页对比。经比对，久其公司与天臣公司软件的用户界面均系图形用户界面，即用户通过控制图形化的功能（而不是输入命令）与程序进行通信，图形用户界面一般由菜单栏、对话框、窗口、滚动条等要素组成。另查明，久其公司久其软件的源程序、目标程序与天臣公司天臣软件的源程序、目标程序均不相同。法院认为，用户界面的实用性要求用户界面的设计必须根据用户的具体需求，并尽可能借鉴已有用户界面的共同要素，以符合用户的使用习惯，为用户所接受。用户界面是否构成作品，应当根据其具体组成予以具体分析。而通过比对分析，最终认为该界面不能称之为作品，不属于软件保护范围，因此不予保护。一审判决驳回了北京久其软件股份有限公司的诉讼请求，原告不服一审判决提出上诉，上诉法院经过审理维持原判。

2. 计算机字体的著作权保护问题

文字不仅在乎形，亦在乎形给人带来的美感。文字不仅是用来记录语言的符号，在现代视觉传达设计中，文字的图形美给人的艺术感染力使其尤为重要。字体设计是随着人类文明的发展而逐步产生并走向成熟的，在现代生活中有着越来越重要的意义。关于字体的法律性质，根据我国《著作权法》第 3 条以及《著作权法实施条例》第 4 条可知，字体在满足一定的审美性和独创性后一般认为应当作为美术作品予以保护，而多数司法实践中具有一定独创性的字体一般也被法院认定为美术作品。[1]对于侵犯字体所应承担的法律责任，我国《著作权法》第 52 条及第 53 条已有规定，在司法实践中涉及计算机字体侵权的侵权责任形式一般按照"使用他人作品"进行认定。[2]

〔1〕《著作权法》第 3 条规定，本法所称的作品，是指文学、艺术和科学领域内具有独创性并能以一定形式表现的智力成果。《著作权法实施条例》第 4 条规定，美术作品，是指绘画、书法、雕塑等以线条、色彩或者其他方式构成的有审美意义的平面或者立体的造型艺术作品。

〔2〕《著作权法》第 52 条规定："有下列侵权行为的，应当根据情况，承担停止侵害、消除影响、赔礼道歉、赔偿损失等民事责任：（一）未经著作权人许可，发表其作品的；（二）未经合作作者许可，将与他人合作创作的作品当作自己单独创作的作品发表的；（三）没有参加创作，为谋取个人名利，在他人作品上署名的；（四）歪曲、篡改他人作品的；（五）剽窃他人作品的；（六）未经著作权人许可，以展览、摄制视听作品的方法使用作品，或者以改编、翻译、注释等方式使用作品的，本法另有规定的除外；（七）使用他人作品，应当支付报酬而未支付的；（八）未经视听作品、计算机软件、录音录像制品的著作权人、表演者或者录音录像制作者许可，出租其作品或者录音录像制品的原件或者复制件的，本法另有规定的除外；（九）未经出版者许可，使用其出版的图书、期刊的版式设计的；（十）未经表演者许可，从现场直播或者公开传送其现场表演，或者录制其表演的；（十一）其他侵犯著作权以及与著作权有关的权利的行为。"

自 20 世纪中叶世界上第一台计算机问世以来，经过几十年发展，计算机的各种图形处理功能已经有了巨大的提升，目前已经可以将字体从结构、边缘、肌理等方面进行种种处理，产生一些全新的视觉效果，更能通过各种方式对字体进行编排组合，使字体在图形化方面走上新的途径，比如不同制版印刷、工艺手段形成类似木版印刷、网点、投影、立体构成等效果或形成文与图的组合、群化的汉字组成图形、特殊的材料肌理及影像动感等效果。[1]随着计算机字体字库的发展，计算机字体的著作权保护问题也随之而来。

案例 7-4　北京北大方正电子有限公司诉暴雪娱乐股份有限公司等侵犯著作权纠纷案[2]

北大方正电子有限公司（以下简称北大方正公司）是方正兰亭字库 V5.0 版中的方正北魏楷体 GBK、方正细黑-G＊＊、方正剪纸 GBK，方正兰亭字库 V3.0 版中的方正隶变 GBK，方正兰亭字库 V1.0 版中的方正隶变 GB 字体等 5 款方正字体的权利人。暴雪娱乐股份有限公司（以下简称暴雪公司）是网络游戏《魔兽世界》的版权所有人，其授权上海第九城市信息技术有限公司（以下简称第九城市公司）对网络游戏进行汉化，并由第九城市公司在我国大陆地区运营该网络游戏。九城互动信息技术（上海）有限公司从第九城市公司经营该游戏的收入中进行分成并作为 2005 年、2006 年该游戏的会计核算主体。北京情文图书有限公司是第九城市公司授权的网络游戏《魔兽世界》客户端软件光盘经销商之一。北大方正公司认为，暴雪公司等在《魔兽世界》游戏客户端中，未经许可复制、安装了北大方正公司享有著作权的上述 5 款字体；在该游戏运行过程中，各种游戏界面的中文文字分别使用了上述 5 款字体，这一行为侵犯了北大方正公司对上述 5 款字体的计算机软件著作权以及其中每个汉字的美术作品著作权，向北京市高级人民法院提起诉讼，请求判令其停止侵权、赔礼道歉并赔偿经济损失 4.08 亿元。

本案中，就涉及字体的著作权保护问题。北大方正公司认为，暴雪公司等在《魔兽世界》游戏客户端中，未经许可复制、安装了北大方正公司享有著作权的 5 款字体，并在游戏运行过程中的各种游戏界面分别使用了这 5 款

---

〔1〕　彭馨弘主编：《计算机辅助平面设计》，机械工业出版社 2011 年版，第 15 页。

〔2〕　参见《北京北大方正电子有限公司诉暴雪娱乐股份有限公司等侵犯著作权纠纷案》，最高人民法院［2010］民三终字第 6 号民事判决书。

字体，侵犯了北大方正公司对这 5 款字体的计算机软件著作权以及其中每个汉字的美术作品著作权。北京市高级人民法院认为，依据《计算机软件保护条例》相关规定，涉案 5 款字体不属于计算机软件保护范围，驳回了原告的诉讼请求。原告不服，提出上诉。最高人民法院认为，根据《著作权法实施条例》第 2 条的规定，著作权法意义上的作品是指文学、艺术和科学领域内具有独创性并能以某种有形形式复制的智力成果。本案中，诉争的字库由 5 款字体组成。根据北大方正公司陈述的字库制作过程，其字库中相关字体是在字型原稿的基础上，由其制作人员在把握原创风格的基础上，按照印刷字的组字规律，将原创的部件衍生成一套完整的印刷字库后，再进行人工调整后使用 Truetype 指令，将设计好的字型用特定的数字函数描述其字体轮廓外形并用相应的控制指令对字型进行相应的精细调整后，编码成 Truetype 字库。根据其字库制作过程，由于印刷字库中的字体字型是由字型原稿经数字化处理后和由人工或计算机根据字型原稿的风格结合汉字组合规律拼合而成，其字库中的每个汉字的字型与其字形原稿并不具有一一对应关系，亦不是字型原稿的数字化，且在数量上也远远多于其字型原稿。印刷字库经编码形成计算机字库后，其组成部分的每个汉字不再以汉字字型图像的形式存在，而是以相应的坐标数据和相应的函数算法存在。在输出时经特定的指令及软件调用、解释后，还原为相应的字型图像。根据《计算机软件保护条例》第 2 条规定，计算机软件是指计算机程序及有关文档。计算机程序是指为了得到某种结果而可以由计算机等具有信息处理能力的装置执行的代码化指令序列，或者可以被自动转换成代码化指令序列的符号指令序列或者符号化语句序列。本案中，诉争字库中的字体文件的功能是支持相关字体字型的显示和输出，其内容是字型轮廓构建指令及相关数据与字型轮廓动态调整数据指令代码的结合，其经特定软件调用后产生运行结果，属于计算机系统软件的一种，应当认定其是为了得到可在计算机及相关电子设备的输出装置中显示相关字体字型而制作的由计算机执行的代码化指令序列，因此其属于《计算机软件保护条例》第 3 条中规定的计算机程序，属于《著作权法》意义上的作品，依法应予以保护。

二、计算机软件著作权保护期限的限制

法律赋予著作权人以著作财产权，乃是基于法律尊重作者因设计完成其

文学艺术形式而获得相应的利益。但是任何新作品都是产生于人类已有文明成果的基础之上的，所以，对任何作品的支配权都不应当被永久独占。在实现了对作者创作劳动成果的合理回报和对创造性劳动的有效鼓励之后，对作品的支配与利用应当转化为全社会共享的公共财富，这一为社会共享的财富领域在著作权研究中被称之为公共领域。一旦作品进入公共领域，其著作财产权即归于消灭，不再是著作权法意义上的财产。

德国法学家拉德布鲁赫在其《法哲学》一书中提道："法律是一个有意识服务于法律价值和法律理念的现实。"[1]而这一观念体现在著作权保护领域就是著作权保护期的延长或缩短，当今世界各国基于著作权产业的经济需求，普遍将著作权保护期予以不同程度的延长。[2]甚至有观点认为，只要作品尚存在经济价值就应当留在私有领域，但我们应当知道，如在此等价值观念的作用下不断延长著作权保护期，势必会形成大国的科技文化垄断以及知识壁垒，更不符合著作权设立的初衷。著作权保护期的设置首先应当以有效维护公共领域作为其价值观念，根据这一原则，我国《著作权法》对著作财产权明确规定了一定的时间界限。同时，《著作权法》中对作品权利的限制，根据不同的主体也分别作了详细的规定，这些规定均符合《伯尔尼公约》和《与贸易有关知识产权协定》的相关规定，与国际立法通例一致。[3]计算机软件因其生命周期的特殊性，在《计算机软件保护条例》的制定、修改过程中，最终和其他作品一样，保持了50年的保护期限，但在财产权和人身权的保护期限、起算日期等方面又没有同《著作权法》一样进行严格的区分。

（一）计算机软件著作权保护期限的计算

我国著作权学术领域普遍认为，著作权的保护期限是著作权人对权利对象享有专有权的时间界限，在这一界限内，著作权受法律的保护，期限一旦届满，对象即进入公有领域，不再受法律保护，任何人都可以自由地、无偿地加以利用。这一观念充分体现了法律对著作权中的宣示性公共利益和制度性公共利益所作的取舍和平衡，既保留了私人激励机制也兼顾了公共利益至

---

〔1〕 ［德］G. 拉德布鲁赫：《法哲学》，王朴译，法律出版社 2005 年版，第 31 页。

〔2〕 卫绪华、向光富："论著作权保护期制度的价值取向"，载《云南大学学报（法学版）》2015年第 1 期。

〔3〕 何华："著作权保护期限研究三题"，载《法商研究》2012 年第 4 期。

上倾向。[1]因此，具体如何计算著作权的保护期限，不仅关乎著作权人的权利保护，而且还涉及社会公众的利益。计算机软件作为《著作权法》保护的一类作品，亦存在著作权保护期限的计算问题。

1. 著作权保护期限计算方法的立法例

公共领域是知识产权法中的一个非常重要的概念，《著作权法》中的公共领域指的是不受著作权法保护、可以为公众自由利用的部分，其中就包括著作权保护期届满的对象。近年来，公共领域逐渐式微，原本处于公共领域的思想、保护期届满的作品等被重新纳入私人控制之下的情况层出不穷，著作权法旨在实现促进知识传播的目的亦逐渐落空，再次确认和巩固著作权保护期限的计算方法迫在眉睫。[2]

著作权保护期限的计算方法，也就是确定作者生前或去世后著作权有效期的开始与终止的方法，各国一般都通过版权法、民法、刑法或诉讼法来规定版权保护期限的计算方法。概括起来，目前国际上关于著作权保护期限的计算方法有死亡起算主义和发表起算主义两种立法例。[3]一是死亡起算主义，即著作权的保护期限为作者终生加死后的若干年限，该立法例的起算日期并非作者死亡的确切时间，而是从死亡之年年末（通常为 12 月 31 日）或翌年年初（通常为 1 月 1 日）起计算。目前，大多数国家采用这种立法例，[4]《伯尔尼公约》《世界版权公约》亦采用这种方法。二是发表起算主义，即著作权从作品发表之年年末（通常为 12 月 31 日）或者翌年年初（通常为 1 月 1 日）起的若干年限内受到法律保护，与作者生存与否无关，美国、菲律宾等为数不多的国家采用此方法。比较两种方法，我们可以看到，死亡起算主义与发表起算主义各有利弊。一般情况下，确定作者的死亡日期（不要求确切到具体的月、日）比确定作品的首次发表日期要容易得多，并且也更容易执行。但是，在无法确定作者的死亡日期时，就只能运用首次发表日期的计算方法。比如，对享有作品著作权的法人或其他组织而言，由于法人或者其他组织没有自然人意义上的生命期限，其存续期间可长可短，也就无法确定作者的死亡日期，采用首次发表主义计算其保护期比死亡起算原则更合理、更

〔1〕 付继存："著作权法公共利益的结构"，载《武陵学刊》2018 年第 6 期。
〔2〕 杨利华："我国著作权制度的最新进展及其司法适用与完善"，载《中州学刊》2021 年第 7 期。
〔3〕 冯晓青主编：《知识产权法》，武汉大学出版社 2014 年版，第 53 页。
〔4〕 李雨峰、王迁、刘有东编著：《著作权法》，厦门大学出版社 2006 年版，第 105 页。

实用。

2. 计算机软件著作权保护期限的计算方法

我国《著作权法》兼采死亡起算主义和发表起算主义两种立法例。所谓死亡起算主义是作者版权保护期限的一种计算方法，即作者在世时享有版权，死后其作品存在版权保护期限，而发表起算主义则是主张著作财产权的保护期为 50 年，截止于作品首次发布的第 50 年的 12 月 31 日。主体是自然人（摄影作品除外）的，其作品的著作财产权和发表权的保护期的规定采用死亡起算主义；权利主体是法人的，其作品和部分特殊作品的著作财产权和发表权的保护期的规定采用发表起算主义。[1]而对于那些作者身份不明的作品，因难以使用死亡起算主义，根据我国《著作权法实施条例》第 18 条的规定，其财产权保护期限截止于作品首次发表后第 50 年的 12 月 31 日，作者身份一旦确定，使用《著作权法》第 21 条的规定。[2]

为了充分体现不同计算方法的优点，避免单一的计算方法带来的不便。《计算机软件保护条例》对计算机软件著作权保护期限的计算方法也采用了死亡起算主义和发表起算主义相结合的办法。对主体进行区分，因自然人的死亡日期更易确定，因此对自然人的软件著作权保护期限按照死亡起算原则进行规定；因法人或其他组织存续时间的不确定性，对法人或者其他组织的软件著作权保护期限则按照发表起算原则进行规定，具体体现在《计算机软件保护条例》第 14 条的规定。

---

[1]《著作权法》第 23 条规定："自然人的作品，其发表权、本法第十条第一款第五项至第十七项规定的权利的保护期为作者终生及其死亡后五十年，截止于作者死亡后第五十年的 12 月 31 日；如果是合作作品，截止于最后死亡的作者死亡后第五十年的 12 月 31 日。法人或者非法人组织的作品、著作权（署名权除外）由法人或者非法人组织享有的职务作品，其发表权的保护期为五十年，截止于作品创作完成后第五十年的 12 月 31 日；本法第十条第一款第五项至第十七项规定的权利的保护期为五十年，截止于作品首次发表后第五十年的 12 月 31 日，但作品自创作完成后五十年内未发表的，本法不再保护。视听作品，其发表权的保护期为五十年，截止于作品创作完成后第五十年的 12 月 31 日；本法第十条第一款第五项至第十七项规定的权利的保护期为五十年，截止于作品首次发表后第五十年的 12 月 31 日，但作品自创作完成后五十年内未发表的，本法不再保护。"

[2]《著作权法》第 21 条规定："著作权属于自然人的，自然人死亡后，其本法第十条第一款第五项至第十七项规定的权利在本法规定的保护期内，依法转移。著作权属于法人或者非法人组织的，法人或者非法人组织变更、终止后，其本法第十条第一款第五项至第十七项规定的权利在本法规定的保护期内，由承受其权利义务的法人或者非法人组织享有；没有承受其权利义务的法人或者非法人组织的，由国家享有。"

（二）计算机软件著作权保护期限限制法律规定的变化

随着知识经济时代的到来，在国际贸易中，知识产品成为贸易的主要对象，而作为知识产品主要生产者的发达国家自然更关注知识产权的保护问题。以美国为首的发达国家认为由于其知识产权没有得到有效的保护，使其遭受巨大损失，因此，极力推动对知识产权的高标准、高水平保护。[1]1994 年的TRIPS 协议第 10 条中明确规定，将计算机程序作为文字作品予以保护。其后，世界知识产权组织于 1996 年 12 月 20 日通过的《世界知识产权组织版权条约》（WCT）第 4 条也作了同样的规定。至此，计算机软件采用版权法进行保护成为国际主流。[2]

1. 1991 年《计算机软件保护条例》关于软件著作权保护期限限制的规定

软件是一种高新技术产品，虽然其功能卓著，但更新换代的速度过快。从软件出现到现在，不过短短的 50 余年的时间，但早期开发的软件已完成其历史使命，对后人已不再有多少影响力，甚至 10 年前发表的软件也在逐步退出历史舞台，也就是说，软件的生命周期一般在 10 年左右。由此可见，与小说、绘画、词曲相比，软件在对世人精神方面的影响是次要的。因此，对软件著作权的保护期限比对文字作品的保护期短一些，并不会对软件著作权人造成多大的实质性影响。

基于此，我国 1991 年《计算机软件保护条例》第 15 条规定，软件著作权的保护期为 25 年，截止于软件首次发表后第 25 年的 12 月 31 日。保护期届满前，软件著作权人可以向软件登记管理机构申请续展 25 年，但保护期最长不超过 50 年。软件开发者的开发者身份权保护期不受限制。

2. 现行《计算机软件保护条例》关于软件著作权保护期限限制的规定

著作权保护期是维系作者利益与社会公共利益之间"合理"平衡必须考虑的重要因素。纵观国际著作权法的制定与修正演变史，著作权保护期呈现不断延长的趋向，我国亦不例外。[3]1991 年《计算机软件保护条例》规定的

---

〔1〕　Anselm Kamperman Sanders，*Intellectual Property as a Complex Adaptive System：The Role of IP in the Innovation Society*，Edward Elgar Publishing，2021，p. 143.

〔2〕　宋玉萍："计算机软件的知识产权保护"，载《河南省政法管理干部学院报》2003 年第 3 期。

〔3〕　罗施福："著作权保护期立法的国际趋向及我国立法选择"，载《集美大学学报（哲社版）》2018 年第 4 期。

软件著作权的保护期限为 25 年，期满可以续展 25 年，但最长不超过 50 年，这样规定对软件产业的发展并不会产生多大影响。但是，根据 TRIPS 协议关于版权保护期限的规定，计算机软件的保护期限也应当使用 50 年的保护期，1991 年《计算机软件保护条例》的规定就与 TRIPS 协议相冲突。

为了与 TRIPS 协议相一致，2001 年《计算机软件保护条例》第 14 条将软件著作权保护期限修改为，软件著作权自软件开发完成之日起产生。自然人的软件著作权，保护期为自然人终生及其死亡后 50 年，截止于自然人死亡后第 50 年的 12 月 31 日；软件是合作开发的，截止于最后死亡的自然人死亡后第 50 年的 12 月 31 日。法人或者其他组织的软件著作权，保护期为 50 年，截止于软件首次发表后第 50 年的 12 月 31 日，但软件自开发完成之日起 50 年内未发表的，本条例不再保护。

我国《著作权法》的价值内核是专有权保护与公共领域保留及其相关利益的实现，实现这一价值则需要通过权利限制这一手段。[1]著作权保护期体现的便是一种权利限制，即公共利益的需要对私权要求的限制，著作权的具体保护期则是限制与被限制的双方力量对抗的平衡点。当著作权保护期发生变化时，就是这一平衡发生了变化，而就保护期的延长而言，其基本原因只有私权要求的加强及公共利益限制的减弱两个方面。[2]现行《计算机软件保护条例》中不仅将软件的保护期限规定为 50 年，而且对自然人、法人或其他组织等主体进行了分类阐述。需要特别注意的是，条例对软件著作权的所有权利的保护期都是有限制的，即无论其主体是自然人还是法人或其他组织，对软件著作权中的人身权的保护期限也不是永久性的，这一点与著作权法不一致。《著作权法》第 22 条规定，作者的署名权、修改权、保护作品完整权的保护期不受时间限制。这是因为，从著作权法的角度看，著作人身权，又称著作精神权利，指作者对其作品所享有的各种与人身相联系或者密不可分而又无直接财产内容的权利，是作者通过创作表现个人风格而依法享有获得名誉、声望和维护作品完整性的权利。[3]作为一种精神性权利，该权利由作者终身享有，不可转让、剥夺和限制。作者死后，可以由其继承人或者法定

---

〔1〕 杨利华："公共领域视野下著作权法价值构造研究"，载《法学评论》2021 年第 4 期。

〔2〕 程松亮："著作权保护期延长的合理性探究"，载《湖北社会科学》2012 年第 7 期。

〔3〕 朱晓娟、戴志强编著：《人身权法 原理·规则·案例》，清华大学出版社 2006 年版，第 48~51 页。

机构予以保护。实践中，对于一部文字作品或者美术作品，当它的著作权中财产权保护期届满时，尽管任何人都可以免费使用该作品，但是任何人都不能修改该作品的署名，也不能修改该作品的内容，不能影响该作品的完整权。而软件与文字作品相比有一定的特殊性，《计算机软件保护条例》对享有著作权的自然人、法人或者其他组织虽然认为其也享有发表权、署名权、修改权等人身性权利，但条例在保护期限上并未对人身权和财产权进行区分，也就意味着软件著作权中的所有权利的保护期是一致的。

（三）　自然人计算机软件著作权保护期限的限制

关于著作权保护期限的问题，我国与世界其他国家、地区的规定并不尽相同，欧洲各国虽然多为大陆法系国家，但在著作权保护期方面却各有千秋，其中大多数国家规定著作权保护期是死者有生之年加死后 50 年，但在西班牙则是作者有生之年加上 60 年，德国是作者有生之年加上 70 年。[1]而根据我国《著作权法》的规定，著作权的保护期限分为著作权中人身权的保护期限和著作权中财产权的保护期限。自然人的署名权、修改权、保护作品完整权 3项权利是可以独立于经济权利而存在的精神权利，属于人身权的范畴，其保护期不受限制，法律给予永久性保护，自然人的作品财产权及发表权的保护期为作者终生及其死亡后 50 年。因计算机软件的特殊性，《计算机软件保护条例》对自然人计算机软件著作权保护期限的规定有所不同。

1. 自然人计算机软件著作权保护期限限制的一般规定

就软件来说，纳入著作权保护本身存在的一个问题是著作权较长的保护期限不适用于软件，其主要原因在于软件技术的更新换代非常频繁，一般来说，随着美国微软公司的 windows 系统 4 年一更新的频次，大多数计算机内部软件的品质也会随之提升，因此，法律若赋予计算机软件以普通作品一样的保护期限则很可能损害软件产业的发展。[2]然而，我国的《计算机软件保护条例》依然采取长保护期限的保护模式，对自然人计算机软件著作权保护期限的规定亦未区分人身权和财产权，也就是说，自然人所有的软件著作权，保护期均为自然人终生及其死亡后 50 年，截止于自然人死亡后第 50 年的 12

---

〔1〕　韦之："欧盟著作权保护期指令评介"，载《中外法学》1999 年第 6 期。

〔2〕　冯晓青："著作权保护期限制之理论思考"，载《北京科技大学学报（社会科学版）》2006年第 3 期。

月 31 日。在此期间内，未经软件著作权人许可，任何人不得侵犯其发表权、署名权及修改权，不得以复制、发行、出租、信息网络传播、翻译等方式使用依法须经软件著作权人同意才能使用的作品，否则就属于侵权行为（法定许可使用、合理使用等例外情况除外），作者死亡后的其合法继承人、受遗赠人有权在法定保护期内通过法定程序要求侵权人承担相应的法律责任。

案例 7-5　奥腾公司、广东斯泰克电子科技有限公司侵害计算机软件著作权纠纷案[1]

奥腾公司系 Protel 软件的开发者、版权所有人。Protel 软件是广为人知的电子设计自动化软件，是用于辅助进行印制电路板（PCB）设计的软件，为奥腾公司最知名的软件产品之一。根据广东省广州市南沙区综合行政执法局（以下简称南沙执法局）软件检查登记表显示，广东斯泰克电子科技有限公司（以下简称斯泰克公司）在其经营场所复制并使用了两套 Protel99SE 软件，用于产品的设计和开发，属于商业性使用。但奥腾公司经核查数据库，未发现斯泰克公司有相应的购买记录，故奥腾公司有理由认为斯泰克公司存在未经许可，复制、使用奥腾公司享有著作权的涉案软件的侵权行为。斯泰克公司原审辩称："请求驳回奥腾公司的所有诉讼请求。斯泰克公司不存在侵犯奥腾公司著作权的事实，员工行为不应该由公司担责。"斯泰克公司随即于同日向南沙执法局进行了书面说明，并根据公司管理制度《HR-011 办公设备管理规定》对两名员工进行了口头警告。斯泰克公司不应承担员工个人行为的不利后果，且向一般公众公开提供涉案软件下载源的网络平台也有不可推卸的责任。被告斯泰克公司在明知涉案软件系奥腾公司享有著作权的软件的情况下，未经许克下载并以商业目的使用软件，且该软件著作权保护期限未届满，最高人民法院二审判决斯泰克公司赔偿奥腾公司经济损失 100 000 元。

与其他作品的著作权保护期的规定有所不同，《计算机软件保护条例》对自然人的软件著作权的保护期没有规定开始日，只规定了届满日。因此，自然人开发的软件不论是否发表，也不论在何时发表，只要软件开发完成，在开发者有生之年均享有著作权保护。开发者死亡后，其软件著作权的保护期

---

〔1〕　参见《奥腾公司、广东斯泰克电子科技有限公司侵害计算机软件著作权纠纷案》，最高人民法院〔2022〕最高法知民终 51 号民事判决书。

到开发者死亡后第 50 年的 12 月 31 日届满。

值得一提的是，在全世界的司法实践和立法活动中，计算机软件的法定保护期限这一要素正在被逐渐淡化，目前很多法院在处理计算机软件侵权案件时，会更多地去考虑涉案软件是否构成一个原创的表达，在这一过程中会更注重特定因素能否成为软件市场中的标准。也就是说，法院认为软件的某些特定要素只有在首次创作时才是原创性的表达，但当它成为一个广泛的标准时，尽管仍处于《计算机软件保护条例》所规定的软件著作权保护期内，亦不应当将其"一刀切"的认定为是值得保护的对象，还需要定义其适当的保护范围并重新评估市场要素。美国 1976 年著作权立法时，组建了著作权作品新技术使用国家委员会对计算机软件的理想保护期限进行了研究调查，此委员会在研究过程中提出，计算机软件的合理保护期限是由生产者的社会成本以及著作权保护的社会福利所共同构成的，并在此基础上建立了计算机软件合理保护期限的模型，也最终应用于美国 1976 年的著作权法中。[1]

2. 自然人合作开发软件著作权保护期限限制的规定

因实践的复杂性，《计算机软件保护条例》将自然人作品进一步区分为个人软件和合作开发的软件。我国法律规定由两个以上的自然人、法人或非法人组织合作开发的软件为合作开发软件，其著作权归属由合作开发者签订书面合同约定，而其著作权保护期亦与自然人个人软件著作权保护期有所不同。[2]对于自然人个人软件著作权的保护期，是开发者有生之年加死亡后 50 年。但对于合作开发的软件，开发者的年龄可能有大有小，寿命的长短有所不同，其软件著作权的保护期就不能简单适用开发者有生之年加死后 50 年的规定。为了更合理、更有效地全面保护合作开发者的合法权益，《计算机软件保护条例》规定，软件是合作开发的，截至最后死亡的自然人死亡后第 50 年的 12 月 31 日。[3]也就是说，最先死亡的合作开发软件的作者，其软件著作权的保护期一般要超过其独立创作软件的保护期，只有最后一位死亡的合作作者的软件著作权的保护期，与独立软件的作者有生之年加死后 50 年的规定相一致。因此说，合作开发的软件，比合作作者中大部分作者独立开发的软

---

〔1〕　William O'Meara B. S，"'Works Made for Hire' under the Copyright Act of 1976—Two Interpretations"，*Journal of Arts Management and Law*，2010（3）.

〔2〕　王小龙、谢江军："合作开发计算机软件的著作权归属"，载《人民法学》2008 年第 24 期。

〔3〕　曹新明："关于著作权保护期限的探讨"，载《法学》1991 年第 4 期。

件的著作权的保护期要长。

值得注意的是，我国《计算机软件保护条例》第 10 条规定，合作开发软件的著作权归属无书面合同约定或者合同未作明确约定，可以分割使用的，开发者对各自开发的部分可以单独享有著作权。根据该规定，合作作者对合作开发软件可以分割使用的部分单独行使著作权时，不适用合作作品保护期的一般规定，而应以各部分的作者的有生之年及其死后 50 年的方法来计算。

（四）法人或者其他组织计算机软件著作权保护期限的限制

法人和非法人组织是没有生命的，其存续期间可长可短，没有规律性也不具有可预测性。因此，在计算其享有的软件著作权保护期时不可能采用法人或者非法人组织的存续期加 50 年的规定，否则，对于同类作品，因创作主体的不同，可能会造成受法律保护的期限差距过大的问题，无形中也会造成保护期限的扩张，不利于文化多样性的表达。[1]

法人或非法人组织的著作权保护期应相当于为有效地促进新作品创作和传播而需要提供足够收益的保护期限，因此，《著作权法》对法人或者非法人组织享有著作权的保护期限依照发表主义进行计算，即对于由法人和非法人组织主持创作并体现其意志的作品，其作品的发表权、财产权的保护期为作品首次发表后第 50 年的 12 月 31 日。另外，作品自创作完成后 50 年内未发表的，不再受法律保护。这样规定的目的是督促法人或者非法人组织，将拥有著作权的作品尽快发表，可以在公共领域创造其应有的社会价值。一般来说，法人或者非法人组织拥有著作权的作品，其创作的投入和社会影响力都比较大，因此，社会各界对其关注程度也比较高，这些作品的尽快发表，有益于全社会文化艺术和科学技术的发展。

《计算机软件保护条例》依照《著作权法》也作了类似的规定，法人或者其他组织的软件著作权，保护期为 50 年，截至软件首次发表后第 50 年的 12 月 31 日，但软件自开发完成之日起 50 年内未发表的，本条例不再保护。

三、计算机软件著作权人复制权的限制

科技产业作为我国的新兴产业，在我国的国民经济中所占比重日益提升。

---

〔1〕 冯晓青："著作权保护期限制之理论思考"，载《北京科技大学学报（社会科学版）》2006年第 3 期。

随着数字化技术的快速发展，使得计算机融入当今社会生产和生活的各个领域，也促进了计算机软件产业的发展，软件产业对经济的发展发挥着无可代替的作用，具有现实的和潜在的巨大社会效益和经济效益。从法律权利属性的角度来看，复制权是个人在个人信息处理活动中的一项重要权利，该权利是个人对其个人信息所享有的知情权的具体体现，有利于贯彻落实公开透明原则，保障个人对信息处理的决定权。[1]而计算机软件不同于一般的文字作品、书法字画等艺术作品。首先，计算机软件属于技术成果，同时也属于技术方案，是一种实用工具；其次，计算机软件前期开发非常复杂，而且费用相对很高，而对软件的复制却极其容易，成本非常低。对于一个已经开发的软件，仅仅通过若干程序源代码便可以改编为一个新的形式同实质均相同的软件。[2]因此，《计算机软件保护条例》中着重强调了打击盗版和非法复制的行为，以加强对软件著作权人的保护，而对于侵害软件著作权人复制权的行为，根据我国《著作权法》第 53 条、第 57 条和第 58 条以及《计算机软件保护条例》第 24 条第（一）项、第 28 条、第 30 条之规定进行处罚。

案例 7-6　微软公司与杭州盛德嘉业科技有限公司著作权权属、侵权纠纷案[3]

原告微软公司系涉案 MicrosoftWindows 与 MicrosoftOffice 系列计算机软件的合法著作权人，并依法享有复制权，以及许可他人行使复制权并获得相应报酬的权利。原告系美国法人，目前是全球最大的电脑提供商和 PC 机软件开发的先导。经大量投入，原告开发完成了包括 MicrosoftWindowsXP 专业版在内的 MicrosoftWindows 系列计算机操作系统软件与包括 MicrosoftOffice2003 专业版在内的 MicrosoftOffice 系列计算机软件并依法享有各自的著作权。被告擅自复制、安装并商业使用了原告依法享有著作权的 MicrosoftWindows 与 Microsoft-Office 系列计算机软件，侵犯了原告享有的著作权。被告从事笔记本电脑与零售业务。原告调查发现，被告在经营中未经原告许可，擅自在其销售的笔记本电脑中安装原告拥有著作权的 MicrosoftWindowsXP 专业版与 MicrosoftOf-

---

〔1〕　程啸、王苑："论我国个人信息保护法中的查阅复制权"，载《法律适用》2021 年第 12 期。

〔2〕　汤颖："委托创作合同中计算机软件著作权权利范围界定研究"，载《中国版权》2016 年第 6 期。

〔3〕　参见《微软公司与杭州盛德嘉业科技有限公司著作权权属、侵权纠纷案》，浙江省杭州市西湖区人民法院［2011］杭西知初字第 144 号民事判决书。

fice2003 专业版软件，为此原告聘请了案外人北京必浩得知识产权代理有限公司对被告侵权行为进行调查取证。2010 年 11 月 17 日、11 月 24 日、12 月 7 日，2011 年 1 月 10 日，北京必浩得知识产权代理有限公司分别公证购买了 7 台方正笔记本电脑。被告在上述公证购买的 7 台方正笔记本电脑上安装的 MicrosoftWindowsXP 专业版与 MicrosoftOffice2003 专业版计算机软件微软（中国）有限公司鉴别后发现均未经授权，属于盗版软件。原告微软公司认为被告应就其侵权行为向原告承担相应的法律责任，为维护自身合法权利，原告依法提起诉讼。

本案中，微软公司的代表 BenjaminO. Orndorff 诉称微软公司享有涉案 MicrosoftWindows 与 MicrosoftOffice 系列计算机软件的合法著作权，并依法享有复制权，以及许可他人行使复制权并获得相应报酬的权利，被告杭州盛德嘉业科技有限公司擅自复制、安装并商业使用了原告依法享有著作权的 MicrosoftWindows 与 MicrosoftOffice 系列计算机软件，侵犯了原告享有的著作权，应当承担相应的赔偿责任，人民法院经过审理认定被告杭州盛德嘉业科技有限公司（以下简称盛德嘉业公司）未经微软公司许可擅自将安装有涉案软件的计算机对外销售的行为侵犯了原告微软公司的复制权，应当承担停止侵权、赔偿损失的民事责任。

然而，作为一个普通消费者，购买软件是为了使用，而在计算机及其具有信息处理能力的装置上使用该软件就必须进行必要的复制，包括制作备份复制品。因此，《计算机软件保护条例》第 16 条第（一）项、第（二）项对软件著作权人的复制权行使作了一定的限制，[1]以保障软件合法复制品所有人的合法权利。根据该规定，软件的合法复制品所有人享有下列权利：

（一）根据使用需要把软件装入计算机等具有信息处理能力的装置内

和其他所有消费品购买目的一致，消费者购买软件也是为了使用，但与大部分消费品不一致之处在于消费者购买的软件通常是软件的复制品，这些

---

　　[1]　《计算机软件保护条例》第 16 条规定："软件的合法复制品所有人享有下列权利：（一）根据使用的需要把该软件装入计算机等具有信息处理能力的装置内；（二）为了防止复制品损坏而制作备份复制品。这些备份复制品不得通过任何方式提供给他人使用，并在所有人丧失该合法复制品的所有权时，负责将备份复制品销毁；（三）为了把该软件用于实际的计算机应用环境或者改进其功能、性能而进行必要的修改；但是，除合同另有约定外，未经该软件著作权人许可，不得向任何第三方提供修改后的软件。"

复制品一般都固定在磁带、磁盘、光盘等磁介质上，要想使用该软件必须将其装入计算机中。因而，《计算机软件保护条例》第 16 条第（一）项规定，软件的合法复制品所有人可以根据使用的需要，把软件装入计算机等具有信息处理能力的装置内。

实际将软件装入计算机等具有信息处理能力的装置时有两种情形：一种装机情形是，软件被直接安装在计算机的硬盘上，在计算机运行该软件时才将软件从硬盘调入计算机内部的随机存取存储器中。在这种情况下，所购买的软件在硬盘上复制了一份，消费者购买的软件在计算机运行时已不再需要，除非原来的软件被从装入的硬盘上删去而需要重新安装。另一种装机情形是，按照软件生产厂商事先作好的安装程序，消费者只能将软件的一部分装入计算机的硬盘中，当计算机运行该软件时，计算机除了寻找硬盘上的软件信息外，还需要消费者购买的软盘或者光盘也处于被调用状态，如计算机提示插入载有该软件的原磁盘或者光盘等。

（二）为了防止复制品损坏而制作备份复制品

2004 年，索尼公司推出了只有拇指般大小却能储存上百 GB 文件的家用磁介质储存装置"Memory Stick"，掀起了储存介质快速发展的浪潮。经过十几年的发展，尤其是随着微电子技术水平的不断提高，存放软件的磁介质的质量有了极大飞跃，使用寿命也大大延长，但是，由于磁介质本身的特点，现阶段磁介质对于保存环境的要求还很苛刻，比如存放磁介质的温度、湿度、磁场强度都必须保持在一定范围内，并且也不能撞击磁介质，否则就会对磁介质造成不良影响，进而影响所存储软件的质量。因此，为了防止软件复制品的损坏，应当对软件著作权人的复制权进行必要的限制，《计算机软件保护条例》第 16 条第（二）项规定，软件的合法复制品所有人享有为了防止复制品损坏而制作备份复制品的权利。

尽管软件复制品的所有人享有制作备份复制品的权利，但是该项权利不能滥用，《计算机软件保护条例》第 16 条第（二）项规定，软件合法复制品的所有人不得将软件的备份复制以任何方式提供给其他人使用，并且当软件复制品的所有人丧失对该软件复制品的所有权时，应当将该备份复制品销毁，否则就会侵害软件著作权人的复制权。但值得一提的是，欧洲国家的法院普遍认为"不得将软件的备份复制品以任何方式提供给其他人使用"中存在例外情形，比如，欧盟法院和德国联邦法院在"USEDSOFT 案"中均认为计算机程序软件通过网络下载的方式进行销售的行为，不是向公众提供的行为，而是所有权转移的买卖行为，"权利用尽原则"同样适用无体软件复制件的再销售行为。在权利人已经就该软件复制件获得相应报酬的情况下，应当允许用户将该软件复制件通过转售许可证的方式进行再销售。[1]

综上，《计算机软件保护条例》第 16 条第（一）项、第（二）项在赋予软件复制品合法所有人装入权和备份权的同时，也要求其应当履行不得以任何方式将备份复制品提供他人使用、在丧失正版软件所有权时将备份复制品销毁的义务。当软件的合法复制品所有人不履行这些义务时，软件权利人可以诉请人民法院判决强制履行。

四、计算机软件著作权人修改权的限制

所谓修改权指的是作者依法所享有的自己或授权他人修改自己所创作作品的权利。修改权为著作人身权的重要内容，而我国现行《著作权法》的内容就是由著作人身权和著作财产权共同构成的。尽管随着法律的不断完善，《著作权法》中关于著作人身权的保护内容不断增加，且《计算机软件保护条例》对计算机软件保护的具体内容也不再仅限于计算机软件作品中的文字性要素，更扩展为包括与程序的运行密不可分的数据、接口等非文字性要素，[2]但我国《计算机软件保护条例》第 8 条中规定的软件著作权人所享有的修改权却未明确是软件著作权人的人身权还是财产权，立法方面也缺乏有关著作人身权的精神损害赔偿的规定。

另一方面，消费者购买软件的目的是使用，消费者为了将购买的软件应用于实际的计算机环境，有时还需要对该软件进行必要的修改，但是我国的计算机保护条例也规定了未经该软件著作权人许可，不得向任何第三方提供修改后的软件。这一规定的设立与计算机软件发展过程中出现的几次知名软件著作权纠纷案有一定的关系，其中比较有代表性的就是索尼公司诉讼黑客团体 fail0verflow 及美国知名黑客乔治·霍兹一案，黑客团体 fail0verflow 在购

---

〔1〕 刘晓海、陈铭："计算机程序无体复制件与发行权权利用尽问题研究——以德国"UsedSoft 案"为视角"，载《中国版权》2014 年第 5 期。

〔2〕 肖声高："以 SAS 案为例论计算机程序著作权的保护范围"，载《西安电子科技大学学报（社会科学版）》2013 年第 1 期。

入由索尼公司自主生产研发的游戏机后，联合黑客乔治·霍兹利用其设计破解工具修改游戏机内置的源代码以实现"破解"，并将"破解"后的游戏机加价销售，索尼公司认为这种行为违反了《数字千年版权法》和《计算机欺诈和滥用法》，并且实施了各种侵犯版权和违反二进制技术范例的行为，将其诉至加州联邦法院，法院审理后判决撤销网上所有破解工具，并查封霍兹的个人电脑和其他相关媒体并关闭了霍兹的个人网站 Geohot.com。

修改权在我国《著作权法》中的规定是一般作品等著作权人的人身权，是绝对属于作者个人的权利。由于计算机软件与其他作品在前期投入、后期盈利、市场占有等方面有截然不同的特点，导致软件著作权人享有的修改权的行使受到一定的限制，受软件合法复制品所有人为正常发挥软件应用功能而行使权利的制约。因此，无论计算机软件修改权属于人身权还是财产权，为了保障软件合法复制品所有人的合法权利，都应当赋予复制品所有人一定的权利，相对的也应当对软件的著作权人所享有的修改权进行一定的限制。如在美国，虽然没有关于计算机软件修改权的规定，但是它对广义上的修改行为即改编权进行了一定的限制。[1]为了保障软件合法复制品所有人的合法权利，《计算机软件保护条例》第 16 条对软件著作权人的复制权和修改权的行使做了一定的限制。[2]

（一）计算机软件著作权人修改权限制的规定

利益平衡原则是立法者在立法过程中对法律所涉及的相关利益群体的必要权益应尽可能地给予公平、均衡保护的立法原则，对于计算机软件著作权中所包含的修改权而言，涉及的利益群体众多，现有的法律规定也是在遵循利益平衡原则的基础上设立的。[3]我国对计算机软件著作权人修改权的限制规定在《计算机软件保护条例》第 16 条第（三）项，即软件的合法复制品所有人为了把该软件用于实际的计算机应用环境或者改进其功能、性能，享有对软件进行必要修改的权利。但是，除合同另有约定外，未经该软件著作权

---

〔1〕《美国版权法》第 106 条规定，为将软件用于计算机上或是为了存档的需要，计算机软件复制件的所有权人依法可以对该复制件进行再复制以及改编或者授权他人进行再复制或者改编，不构成侵权，在该软件复制品的合法所有权失效时，应销毁全部复制件。同时还规定，经软件原版权人许可，复制品所有人所享有的复制件或改编后的复制件可以和软件的复制件一并销售、出租或是以其他方式进行转让。

〔2〕参见《计算机软件保护条例》第 16 条。

〔3〕徐丹丽："关于完善对编辑修改权立法保护的思考"，载《出版参考》2017 年第 6 期。

人许可，不得向任何第三方提供修改后的软件。

软件的开发一般要借助于相应的计算机环境，由于开发这些软件的环境不同，因此，运行这些软件也需要不同的运行环境，这在早期开发的软件中是非常普遍的现象。自然人、法人或者非法人组织在购买软件后，软件要求的运行环境可能与其实际存在的环境不同，比如，所购买的软件只能在有硬盘的单机上运行，而购买者则要求在其实际存在的局域网环境中运行，这时就需要修改所购买的软件，以便适应实际需要。另外，购买软件的消费者也可能不是为了简单运行该软件，而是将购买的软件为其自己开发的软件提供服务，为了提高所购软件的功能和性能，购买者也可能需要对该软件进行必要的修改。因此，为了维护软件消费者的利益，对于软件著作权人的修改权也应做必要的限制，以允许软件复制品的所有人为了应用于实际的计算机环境，或者为了提高其功能、性能而进行必要的修改。

案例 7-7　商派软件有限公司、深圳市研唐科技有限公司侵害计算机软件著作权纠纷案[1]

"商派 ECStore 在线零售应用软件［简称：ECStore］V2.3"著作权人为商派软件有限公司（以下简称商派公司），开发完成日期、首次发表日期均为 2014 年 08 月 30 日；软著登字第 0886608 号计算机软件著作权登记证书显示："商派 ECMall 电子商务平台应用软件［简称：ECMall］V2.0"著作权人为商派公司，开发完成日期为 2014 年 8 月 1 日，首次发表日期为 2014 年 8 月 4 日。原告商派软件公司诉称："被告深圳市研唐科技有限公司（以下简称研唐公司）与上海育景信息技术有限公司（曾用名上海育景系统集成有限公司，以下简称上海育景公司）的合同不仅没有显示 ECStore、ECMall 系列软件（以下简称涉案软件），并且其显示的是其他软件名称。该份合同并不能证明研唐公司安装在济源职业技术学校的被诉软件采购自上海育景公司。商派公司主张研唐公司交付给济源职业技术学校的涉案软件是未经授权的盗版软件，侵害了商派公司的复制权、修改权，请求：1. 判令研唐公司停止侵害商派公司计算机软件著作权的行为；2. 判令研唐公司赔偿商派公司经济损失 544 000

---

〔1〕　参见《商派软件有限公司、深圳市研唐科技有限公司侵害计算机软件著作权纠纷案》，最高人民法院［2021］最高法知民终 2318 号民事判决书。

元；3. 判令研唐公司赔偿商派公司维权的合理费用 4 万元。案件诉讼费由研唐公司承担。"研唐公司在原审中辩称："双方签订的合同未约定研唐公司仅能向商派公司采购相关软件。在项目施工的过程中，商派公司的员工及上海育景公司员工全程参与，项目竣工报告由商派公司和济源职业技术学校完成，商派公司在验收环节盖章确认，且自始至终没有对竣工报告的真实性提出异议。考虑到计算机软件产品容易更改的特性，在安装后产品的开发者掌握了软件的服务器及后台的维护数据，可以轻易更改授权。因此，不能仅凭系统页面上显示未授权，就简单认为该软件为未授权产品。研唐公司不存在侵害计算机软件著作权的行为。"

该案中，研唐公司购买了商派软件公司设计的全套商务系统软件，将软件重新命名后用以教学，商派软件公司认为研唐公司的行为侵犯了自身的修改权，要求其进行赔偿，法院经过审理后认为被告给软件重新命名的行为并没有侵害原告的修改权，最终判决驳回了商派软件公司的诉讼请求。

需要注意的是，软件的合法复制品所有人对软件进行必要的修改后未经软件著作权人的许可，不能向任何第三人提供修改后的软件，否则就侵害了软件著作权人的修改权。

（二）计算机软件著作权人修改权限制应注意的问题

软件的合法复制品所有人虽然享有为了把软件用于实际的计算机应用环境对软件进行修改的权利，但其对修改后的软件不能主张著作权，这一点其实很好理解，我国《著作权法》所保护的乃是表达而非思想，所谓表达则体现为软件的源程序、目标程序等，而软件的合法复制品所有人对软件的修改一般难以及于软件的源程序、源代码等，因此经修改后的软件著作权依然归属于软件的设计者。

案例 7-8　珠海市飞梭电脑中心技术开发部诉中山市小霸王电子工业公司侵犯软件著作权纠纷案[1]

珠海市飞梭电脑中心技术开发部（以下简称飞梭电脑部）诉称："我公司

---

〔1〕　参见"珠海市飞梭电脑中心技术开发部诉中山市小霸王电子工业公司侵犯软件著作权纠纷案"，北京市高级人民法院［1995］高知终字第 28 号民事判决书。

为改进 FS-800 电脑学习系列机软件，在全国范围招聘软件工程师，专门从事软件开发研制工作。我公司的浮点 BASIC 软件存储在 EPROM 芯片中，存放的物理地址为 B000-FFFF，长度为 20 480 个代码，其功能可进行小数、指数、对数、三角函数运算，因而公司产品销售良好。1993 年年底，中山市小霸王电子工业公司（以下简称小霸王公司）生产的 SB486 机，包含了我公司开发产品的功能，使我公司产品失去了独特性，销量大减，被迫停产。1994 年年底，得知小霸王系列学习机中 F-BASIC 软件是盗自我公司的，故诉至法院，要求被告停止侵权行为，赔礼道歉，消除影响，赔偿损失 500 万元人民币（后在诉讼中要求将赔偿额变更为 400 万元），承担本案诉讼费。"被告小霸王公司辩称："飞梭电脑部不是 F-BASIC 软件著作权人，不能享有该软件著作权人的各项权利；修改的 32 个字节，不能视为新的软件而受到法律保护；本案涉及的 4K 程序不能独立发表，独立运行，不能成为独立的作品，也就不能享有著作权；该 4K 程序的内容是原告在他人软件上署名，不应受法律保护，请求法院依法驳回原告的诉讼请求。"法院认为，根据《计算机软件保护条例》的规定，软件著作权应属于软件开发者。飞梭电脑部的 FS-800 系列产品中配有的 F-BASIC 目标代码程序是复制某公司的 F-BASIC 目标代码程序，并非自己独立开发，其对 BASIC 软件著作权的主张不能成立。飞梭电脑部以某公司的产品已经淘汰，该公司可能倒闭，该软件已进入公有领域，自己对该软件进行了 32 个字节的修改为由，主张该软件修改版本的软件著作权因证据不足不能成立。

法院认为，飞梭电脑部产品中地址为 C000-FFFF 段程序是飞梭电脑部自某公司的 F-BASIC 软件复制来的，飞梭电脑部并未付出创造性的劳动，其虽然对该程序修改了 32 个字节，但这种修改仅是为适应硬件设备的需要，是用于应用环境所必需的，未能形成新的 F-BASIC 软件版本，其 32 个字节本身也不能构成一个完整的独立的软件作品，飞梭电脑部的修改不具有版权性，不能主张著作权。因而，飞梭电脑部在他人软件的基础上为适应硬件设备需要对该软件进行修改所付出的劳动，不能产生合法的权益，由此也就无权禁止他人使用该程序。故飞梭电脑部关于不应准许小霸王公司使用的诉讼请求不能获得法院的支持。

五、计算机软件使用限制：合理使用

众所周知，合理使用是著作权法有关利益平衡的最重要制度，其旨在特定情况下给予著作权人限制，使社会工作得以接触和使用作品，更好地促进文化的传播与创新。我国很多专家和法官都认为，在认定合理使用的过程中应当充分考虑侵权人的主观心理状态，只有当侵权行为符合合理使用所规定的情况，且主观上为善意使用时，才能构成合理使用。[1]立法上，我国现行《著作权法》对合理使用制度增加了概括性条款和兜底条款，但半封闭的立法模式本质上没有解决列举的局限性，对于计算机软件合理使用的边界问题，应当理论和实践经验相结合，进行综合考量。在完善合理使用制度的思考上，需秉持利益平衡原则，并提出具体对策。

从客体的角度来看，计算机软件与著作权中的其他保护客体相比更具有功能性。因此，《计算机软件保护条例》对软件著作权人行使其权利作了一定的限制，但与《著作权法》对其他客体使用的例外性规定有所不同，计算机软件使用的限制主要体现为合理使用和善意使用两种制度。善意使用制度和合理使用制度在司法实践中易出现混淆，事实上，二者是两种截然不同的制度，在司法适用、判断等方面具有质的不同。在美国最高法院审理的 Harper 案中，首次应用了"合理使用应以善意使用和公平交易为前提"这一原则，即将使用人在使用他人作品时是否具有善意这种主观状态作为判断其是否构成合理使用的一个构成要件。如果使用人出于善意的目的使用的就视为构成合理使用，不予追究侵权责任，如果使用人在使用时不是出于善意的目的而是"恶意"，就认为其不构成合理使用，应当承担侵权责任，在 Harper 案的审理过程中，美国最高法院认定"窃取"的行为不符合善意这一前提，因此限制了合理使用的适用。此后美国法院在认定使用性质时，确立了先考虑被告行为的适当性这一理念。而基于 Harper 案中确立的规则，联邦法院则采取了更加宽泛的理解，在"Atari 案"的判例中，联邦法院认为除"善意使用"是"合理使用"的判断前提之外，若被告使用合理使用进行抗辩，还必须拥有已授权的复制件。而从我国《著作权法》的角度看，所谓合理使用，是指在不损害创作者权益的前提下，对已经发表的作品，非著作权人根据法律的

---

[1]　张龙："善意使用在合理使用判断中的适用"，载《中国版权》2014 年第 3 期。

规定，可以不经著作权人许可，也不向著作权人支付报酬就可以使用其作品的行为，我国的《著作权法》规定了12种可以合理使用的情况。[1]规定合理使用制度的目的是在不损害著作权人合法权益的前提下，把那些原本构成侵权的行为，利用法定的方式排除出著作权的保护范围，从而保障使用者对智力成果的合理分享，这是法律基于利益平衡的考虑而对著作权人的著作财产权进行的限制，进而推动文化的传承与社会经济文化的进步。[2]

（一）1991年《计算机软件保护条例》关于软件著作权合理使用的规定

任何知识产权的保护都有其受限制的范围，这范围的主要界限是使用该知识产权是非商业性的还是以盈利为目的。前者不认为是侵权，而后者则认为是法定侵权，计算机软件著作权也不例外。[3]所谓计算机软件著作权的合理使用制度，其实是在软件所保护的各个利益群体之间达成某种平衡。具体来说，个人电脑的普及使软件保护问题和大多数的一般消费者的利益联系在一起：一方面，要保护软件开发商的利益；另一方面，要保护一般消费者使用软件的权利。[4]1991年《计算机软件保护条例》对软件的合理使用问题也

---

[1] 《著作权法》第24条规定："在下列情况下使用作品，可以不经著作权人许可，不向其支付报酬，但应当指明作者姓名或者名称、作品名称，并且不得影响该作品的正常使用，也不得不合理地损害著作权人的合法权益：（一）为个人学习、研究或者欣赏，使用他人已经发表的作品；（二）为介绍、评论某一作品或者说明某一问题，在作品中适当引用他人已经发表的作品；（三）为报道新闻，在报纸、期刊、广播电台、电视台等媒体中不可避免地再现或者引用已经发表的作品；（四）报纸、期刊、广播电台、电视台等媒体刊登或者播放其他报纸、期刊、广播电台、电视台等媒体已经发表的关于政治、经济、宗教问题的时事性文章，但著作权人声明不许刊登、播放的除外；（五）报纸、期刊、广播电台、电视台等媒体刊登或者播放在公众集会上发表的讲话，但作者声明不许刊登、播放的除外；（六）为学校课堂教学或者科学研究，翻译、改编、汇编、播放或者少量复制已经发表的作品，供教学或者科研人员使用，但不得出版发行；（七）国家机关为执行公务在合理范围内使用已经发表的作品；（八）图书馆、档案馆、纪念馆、博物馆、美术馆、文化馆等为陈列或者保存版本的需要，复制本馆收藏的作品；（九）免费表演已经发表的作品，该表演未向公众收取费用，也未向表演者支付报酬，且不以营利为目的；（十）对设置或者陈列在公共场所的艺术作品进行临摹、绘画、摄影、录像；（十一）将中国公民、法人或者非法人组织已经发表的以国家通用语言文字创作的作品翻译成少数民族语言文字作品在国内出版发行；（十二）以阅读障碍者能够感知的无障碍方式向其提供已经发表的作品；（十三）法律、行政法规规定的其他情形。前款规定适用于对与著作权有关的权利的限制。"

[2] 周玲玲："合理使用原则在我国立法中的实践应用及发展趋势"，载《科技与法律》2010年第4期。

[3] 周庭芳："计算机软件著作权的归属、合理使用与侵权"，载《交通与计算机》1994年第4期。

[4] 李芸慧："计算机软件著作权合理使用制度研究"，华中科技大学2009年硕士学位论文。

进行了规定，允许因课堂教学、科学研究、国家机关执行公务等非商业性目的的需要，对软件进行少量复制。[1]

1991 年《计算机软件保护条例》对软件合理使用的范围规定得比较宽泛，只使用了"非商业性目的"一个限定词，赋予了法院较大的自由裁量权，对软件著作权人的复制权产生了较大影响，亦损害了软件著作权人的经济权利。首先，因课堂教学、科学研究、国家机关执行公务等非商业性目的的需要，在复制软件时使用单位是否需要预先购买一个合法正版软件然后就该软件在本单位内部进行复制使用，还是使用单位可以不预先购买合法正版软件而直接从第三方处复制软件，对这个问题，该条款没有予以明确。因此，使用单位在复制某软件时，可以直接从软件著作权人以外的第三者获得软件，并进行免费复制。由于正版软件的价格要远远超过一般的作品，不购买一份软件而直接从第三方处对其进行复制，对软件著作权人来说是不公平的。其次，"少量复制"的定义非常模糊，实践中很难把握这个度。软件与一般文字作品不同，文字作品的发行量往往都在数千册以上，而软件因为受众比较少，其销售量也比较小，一些专业性较强的软件，尽管其非常复杂，投入的人力、物力也非常大，但是其销量往往甚少，更有甚者只有几十份或者十几份。而"少量复制"可以是几份，也可以是十几份、几十份，对少量没有一个明确的数额要求或范围限制，某些单位甚至可以通过合理使用，就占领该软件的销售市场。因此，"少量复制"的规定是不合理的。再次，软件是一种工具，其主要的特征在于其具有功能性，而且功能具有多样性。实践中，一些人通过课堂教学、科学研究甚至以国家机关执行公务的名义复制软件后，往往不以上述名义进行使用，甚至有人可能以学习为借口，以复制的软件为基础，进行其他软件开发工作，即间接取得了对该复制软件的使用权，这同样构成对软件著作权人合法权益的侵害。[2]

（二）现行《计算机软件保护条例》关于软件著作权合理使用的规定

随着科学技术的发展，使用计算机软件已经不再是社会精英们的特权，

---

[1] 1991 年《计算机软件保护条例》第 22 条规定："因课堂教学、科学研究、国家机关执行公务等非商业性目的的需要对软件进行少量的复制，可以不经软件著作权人或者其合法受让者的同意，不向其支付报酬。但使用时应当说明该软件的名称、开发者，并且不得侵犯著作权人或者其合法受让者依本条例所享有的其他各项权利。该复制品使用完毕后应当妥善保管、收回或者销毁，不得用于其他目的或者向他人提供。"

[2] 徐玉麟主编：《计算机软件保护条例释义》，中国法制出版社 2002 年版，第 76 页。

智能系统和各类移动终端的发展更是加速了计算机软件的广泛普及。然而，由于计算机软件自身所具有的可复制性、功能性等特点，因不合理使用所导致的经济损失一直居高不下，据美国商业软件联盟统计的数据，仅 2013 年因各类不合理使用行为所造成的经济损失就高达 630 亿美元。相较于计算机软件而言，文字作品不具有功能性，在教学中使用复制的文字作品，只是为了讲述其中的思想，只要作品的思想被领会后，作品的作用也就基本完成了。文字作品发行的市场价格一般都比较低，少量复制一本文字作品的成本与购买该作品的成本相差不大，甚至复制的成本要大于购买的成本。因此，人们在使用文字作品时，往往是选择购买而不是选择复制。而软件作品具有功能性，更多的投入是在其研发的过程中，其复制的成本往往要高度小于购买的成本，对于一些大型软件，即使只复制一份，也有可能从中获得较大的经济利益。软件销售的复制品数量可能远远低于文字作品，因此，即使对软件只进行少量复制，也会对软件著作权人的利益构成较大的侵害。因此，现行《计算机软件保护条例》不再把对他人软件进行少量复制作为合理使用的方式，而是改为以学习和研究为目的，以安装、显示、传输或者存储方式使用软件为合理使用。[1]

首先，计算机软件合理使用的目的，现行《计算机软件保护条例》只规定了一种情况，即为了学习和研究软件内含的设计思想和原理，这意味着其他目的都不属于合理使用的范围，即使非商业目的，比如国家机关为了执行公务也不能"合理使用"软件著作权人的软件，极大的缩小并明确了合理使用的范围，在一定程度上限制了法院的自由裁量权，更好地保护了软件著作权人的合法权益。

案例 7-9　深圳市利融科技有限公司、深圳英迈思信息技术有限公司侵害计算机软件著作权纠纷案[2]

2013 年深圳英迈思信息技术有限公司（以下简称英迈思公司）开发了一套网络贷款管理软件即 SP2P，该套软件有 3.0、4.0、5.0、6.0 等多个升级版本。英迈思公司就该计算机软件"晓风安全网贷平台软件（简称：SP2P5）

---

[1]　《计算机软件保护条例》第 17 条规定："为了学习和研究软件内含的设计思想和原理，通过安装、显示、传输或者存储软件等方式使用软件的，可以不经软件著作权人许可，不向其支付报酬。"

[2]　参见"深圳市利融科技有限公司、深圳英迈思信息技术有限公司侵害计算机软件著作权纠纷案"，广东省高级人民法院［2019］粤知民终 480 号民事判决书。

V6.0"向国家版权局申请了版权登记，国家版权局于 2014 年 09 月 25 日对该计算机软件予以登记，登记号为 2014SR143130。英迈思公司诉称："我方在市场上发现深圳市利融科技有限公司（原名称为深圳市云轩网络科技有限公司，以下简称利融公司）发售与我方一样的软件，且价格比我方低，我们通过利融公司网站上的联系方式与其联系，经过登录对方留下的网站链接，发现该站点的功能与我方雷同。登录后可见网页上是利融公司发布的销售广告，购买产品还赠送平安保险。因此，利融公司的行为不是学习研究，而是销售行为，于是英迈思公司向一审法院提起诉讼，请求判令：1. 深圳市利融公司停止侵犯英迈思科技公司网贷安全管理系统 SP2P6.0 管理软件的著作权，即停止销售云贷安全网络系统极致版 6.0 及派生版本；2. 利融公司删除、销毁非法持有的英迈思科技公司网贷安全管理系统 SP2P6.0 全部源代码及副本或含有源代码复制品及载体；3. 利融公司赔偿英迈思科技公司经济损失 500 万元；4. 利融公司赔偿英迈思科技公司为制止侵权行为支付的公证费 3444 元，律师费 30 000 元；5. 利融公司承担本案的诉讼费用。"利融公司上诉时辩称："利融公司对被诉软件属于合理使用，该软件仅用于内部测试，无法通过正常渠道进入，且仅为利融公司研究和学习软件内含的原理所用，并没有对外销售，所以属于《计算机软件保护条例》第 17 条的合理使用行为，应当减少相应赔偿金额。"

该案争议的焦点是被告利融公司以"内部测试"的方式使用涉案计算机软件的行为是否属于"合理使用"。在审理过程中，广东省高级人民法院认为判断计算机软件的使用行为是否属于合理使用，应考察该软件使用行为的性质和目的，而利融公司的主营业务与涉案软件有关，结合其发布的广告信息，足以认定上述行为系商业行为。综上，利融公司于抗辩时提出的其使用涉案软件系合理使用的理由无事实依据和法律依据，法院未予支持。此案中可以看出，我国法院在当前的司法实践中会慎重考虑合理使用的范围问题。

其次，计算机软件合理使用的方式，现行《计算机软件保护条例》规定，使用人只能以安装、显示、传输或者存储等方式使用软件，而不能通过"少量复制"的方式使用该软件。所谓以安装方式使用软件，是指将软件产品装入计算机以及其他具有信息处理能力的装置中进行使用，即通常所说的"装机"行为。所谓以显示方式使用软件，一般是指通过分步运行该软件，显示软件在每个分步运行过程中的不同结果以及软件中各参数值的变化，或者显示该软件的目标代码。通过这种方式，可以了解软件的功能和设计思想。所谓以传输方式使用软件，一般是指将软件安装在网络服务器上，通过网络线路，在网络工作站上调用该软件进行运行。其运行结果显示在网络工作站上。通过这种使用方式，使用者可以了解该软件在网络环境下的功能和原理。所谓以存储方式使用软件，一般是指将软件存放在单台计算机或者网络服务器的外部存储器（如硬盘）或者内部存储器中，在计算机操作系统达到一定条件时，将存放在外部存储器或者内部存储器中的软件激活并运行，从而了解该软件接口部分的设计方法。

尽管现行《计算机软件保护条例》同样没有明确使用者在合理使用某软件时是否应预先购置一份软件的问题，但是，从条例的各项规定来看，使用人如果不是预先购买一份正版软件，而是使用直接自第三方处复制的软件进行合理使用，则侵犯了软件著作权人的复制权，是一种侵权行为。

（三）计算机软件反向工程的著作权合理使用分析

反向工程又称为逆向工程，指的是通过技术手段对从公开渠道取得的产品进行拆卸、测绘、分析等而获得的有关技术信息，而在计算机软件领域，则体现为对目标软件的程序进行反向的解剖、分析，从而推导出他人软件产品的功能、组织结构、处理流程、算法、界面等设计要素。软件反向工程的合法性问题一直以来都是计算机软件著作权纠纷中颇具争议的话题，但从软件技术开放系统的国际趋势和国际计算机法学界的探讨来看，承认软件反向工程的合法性已成为一种趋势，我国亦承认反向工程的存在，并在《著作权法》第 50 条规定了计算机软件反向工程合法的实施方式。[1]

计算机软件反向工程所涉及的一般是著作权中的复制权，而软件反向工程的实施过程也是复制行为，因此软件著作权人很可能会认为反向工程实施人侵犯了其著作权。[2]按照我国《民法典》以及《著作权法》的规定，在既

---

[1] 《著作权法》第 50 条第 1 款规定："下列情形可以避开技术措施，但不得向他人提供避开技术措施的技术、装置或者部件，不得侵犯权利人依法享有的其他权利：（一）为学校课堂教学或者科学研究，提供少量已经发表的作品，供教学或者科研人员使用，而该作品无法通过正常途径获取；（二）不以营利为目的，以阅读障碍者能够感知的无障碍方式向其提供已经发表的作品，而该作品无法通过正常途径获取；（三）国家机关依照行政、监察、司法程序执行公务；（四）对计算机及其系统或者网络的安全性能进行测试；（五）进行加密研究或者计算机软件反向工程研究。"

[2] 杜昕曜："计算机软件反向工程法律问题探究"，载《山西省政法管理干部学院学报》2016年第 4 期。

无软件著作权人的授权，亦无免责事由的情况下对著作权人的作品进行复制是构成侵权的，那么按照此推论，实施计算机软件反向工程毫无疑问是侵权行为。但是在世界范围内的立法活动和司法实践中，笔者发现评判反向工程是否构成侵权并不单看复制行为本身，还会关注行为的目的和价值。例如，欧盟在1991年5月发布的《计算机程序法律保护指令》中就存在着"合法用户可以进行反向工程"的规定。我国《著作权法》中亦有着"为学校课堂教学或者科学研究，翻译、改编、汇编、播放或者少量复制已经发表的作品可以不经著作权人许可，不向其支付报酬"的规定。[1]而在司法实践当中，反向工程实施人主张其行为不构成侵权主要是通过鉴定其复制行为构成合理使用来实现的。可以看出，合理使用是阻却反向工程侵权责任的重要事由。

所谓合理使用指的是，以一定方式使用作品可以不经著作权人的同意，也不向其支付报酬。我国《著作权法》第24条和《计算机软件保护条例》第16条、第17条规定了合理使用的范围。[2]值得一提的是2020年《著作权

---

〔1〕《著作权法》第24条第1款规定："在下列情况下使用作品，可以不经著作权人许可，不向其支付报酬，但应当指明作者姓名或者名称、作品名称，并且不得影响该作品的正常使用，也不得不合理地损害著作权人的合法权益：（一）为个人学习、研究或者欣赏，使用他人已经发表的作品；（二）为介绍、评论某一作品或者说明某一问题，在作品中适当引用他人已经发表的作品；（三）为报道新闻，在报纸、期刊、广播电台、电视台等媒体中不可避免地再现或者引用已经发表的作品；（四）报纸、期刊、广播电台、电视台等媒体刊登或者播放其他报纸、期刊、广播电台、电视台等媒体已经发表的关于政治、经济、宗教问题的时事性文章，但著作权人声明不许刊登、播放的除外；（五）报纸、期刊、广播电台、电视台等媒体刊登或者播放在公众集会上发表的讲话，但作者声明不许刊登、播放的除外；（六）为学校课堂教学或者科学研究，翻译、改编、汇编、播放或者少量复制已经发表的作品，供教学或者科研人员使用，但不得出版发行；（七）国家机关为执行公务在合理范围内使用已经发表的作品；（八）图书馆、档案馆、纪念馆、博物馆、美术馆、文化馆等为陈列或者保存版本的需要，复制本馆收藏的作品；（九）免费表演已经发表的作品，该表演未向公众收取费用，也未向表演者支付报酬，且不以营利为目的；（十）对设置或者陈列在公共场所的艺术作品进行临摹、绘画、摄影、录像；（十一）将中国公民、法人或者非法人组织已经发表的以国家通用语言文字创作的作品翻译成少数民族语言文字作品在国内出版发行；（十二）以阅读障碍者能够感知的无障碍方式向其提供已经发表的作品；（十三）法律、行政法规规定的其他情形。"

〔2〕《计算机软件保护条例》第16条规定："软件的合法复制品所有人享有下列权利：（一）根据使用的需要把该软件装入计算机等具有信息处理能力的装置内；（二）为了防止复制品损坏而制作备份复制品。这些备份复制品不得通过任何方式提供给他人使用，并在所有人丧失该合法复制品的所有权时，负责将备份复制品销毁；（三）为了把该软件用于实际的计算机应用环境或者改进其功能、性能而进行必要的修改；但是，除合同另有约定外，未经该软件著作权人许可，不得向任何第三方提供修改后的软件。"第17条规定："为了学习和研究软件内含的设计思想和原理，通过安装、显示、传输或者存储软件等方式使用软件的，可以不经软件著作权人许可，不向其支付报酬。"

法》相较于之前的版本，增加了合理使用的范围，将 12 种合理使用情形扩大为 13 种。从中我们可以看出，现阶段的立法工作也更倾向于社会生产力的解放和发展。增加合理使用的范围不仅可以提升开发商参与制作兼容性软件的积极性，更可以从宏观上降低重新开发软件的成本，并为计算机软件领域带来更多的利益。同时法律也在兼顾著作权人的利益，两部法律和条例在关于合理使用的方面中均加入了不得将最终所获得的技术传播给第三人的规定，这主要是为了避免诸如反向工程之类的复制行为对著作权人的权利造成过分的伤害。

另一方面，虽然条例关于合理使用的规定在不断完善，但随着科技的发展及网络技术的普及，实践中关于合理使用仍然存在着不同程度的问题，如技术措施的问题，开发过程中，开发者为保护自身利益，常常采用加密技术对软件进行保护，避免使用者损害软件开发者的利益。但也有部分人员对软件密码解密，进而达到盗取、使用的目的，并且技术措施的使用限制了人们对软件的获取及使用，影响合理使用制度的落实和应用。再如，反向工程问题，就是使用者通过逆向解剖分析，寻找源代码，从而推导软件的组织结构、功能、算法、处理流程等。通常情况下，该技术措施用于对软件进行合理使用、更新和升级，但也有人用来篡改软件结构，影响开发者利益。

案例 7-10　济南白兔信息有限公司与广州联瑞知识产权代理有限公司等侵害作品信息网络传播权纠纷[1]

原告济南白兔信息有限公司（以下简称白兔公司）自 2001 年成立后，一直专注于商标信息软件及数据库的深层次研究开发，十多年来累计投入了大量的人力、物力、财力，持续编辑录入国家商标局的商标公告信息，建立了"白兔商标信息数据库系统"。2010 年 4 月 23 日原告与第一被告签署《CHATM—2010 商标查询信息系统授权使用协议书》，协议中明确约定第一被告拥有信息系统及附件的使用权，但该信息系统的程序与数据版权归原告所有，被告不得复制或部分复制该信息系统及计算机反向工程，不得擅自将本信息系统转让给第三方使用。2016 年初，原告发现，联瑞网、汇桔网两个网

---

〔1〕　参见"济南白兔信息有限公司与广州联瑞知识产权代理有限公司等侵害作品信息网络传播权纠纷案"，山东省济南市中级人民法院［2017］鲁 01 民初 1383 号民事判决书。

站，以及第一被告注册的 2 个微信公众号：联瑞网、联瑞知识产权，第二被告注册的 5 个微信公众号：汇桔网、汇桔知识产权、汇桔联瑞服务中心、汇桔知商圈、汇桔会，都可以查询商标信息，并在使用以上 9 个端口进行商标查询时都发现了隐藏的"白兔图形"等标识暗记。第一被告和第二被告系关联公司，第二被告是第一被告的独资股东，两被告的法定代表人都是陈晓丹。联瑞网主办单位是第一被告，汇桔网的主办单位是第二被告。原告对"白兔商标信息数据库系统"享有著作权，并有多次维权的法院生效判决予以确认，两被告未经著作权人许可，擅自破解了"白兔商标信息数据库系统"的加密措施，对商标信息数据库进行复制，并在其开办的 2 个网站和 7 个微信公众号中供不特定的社会公众公开使用，严重侵犯了原告的著作权及信息网络传播权，挤占了原告的市场份额，给原告带来了巨大的经济损失。被告联瑞公司辩称："一、原告所主张的'商标信息数据库'并不构成著作权的权利客体，该数据库不具有独创性，不属于著作权法意义上的作品。二、被告严格履行双方合同义务，未将原告的软件作品或商标数据库非法上传到互联网供公众下载，被告的行为没有侵害原告涉案数据库的作品信息网络传播权。"进一步地讲，即使法院认定被告侵害了原告的作品信息网络传播权，也应当综合考虑以下因素：①原告没有及时明确通知被告删除相关信息，对损失扩大负有主观过错；②被告没有侵权的主观故意或过错，只是采取了中立的技术手段；③被告在知道涉嫌侵权的情况下有无及时采取措施；④被告没有获利，原告也没有损失。综上，原告的起诉无事实和法律依据，应予驳回。被告博鳌纵横公司提交书面答辩状辩称："一、博鳌纵横公司是被告联瑞公司的控股股东，两被告是独立的民事主体，不存在共同侵权的主观故意或者客观行为。二、原告不是本案所涉知识产权合法权属人，起诉主体不适格。综上，请求驳回原告的诉讼请求。"

　　本案中，原告白兔公司与被告广州联瑞知识产权代理有限公司（以下简称联瑞公司）所签订的信息系统授权使用协议中明确约定："被告不得复制或部分复制该信息系统及计算机反向工程，不得擅自将本信息系统转让给第三方使用。"而被告联瑞公司和博鳌纵横公司未经著作权人许可，擅自破解了"白兔商标信息数据库系统"的加密措施，对商标信息数据库进行复制，并在其开办的 2 个网站和 7 个微信公众号中供不特定的社会公众公开使用，严重侵犯了原告的著作权及信息网络传播权，挤占了原告的市场份额，给原告带来了巨大的经济损失。法院经审理后判决被告联瑞公司、博鳌纵横公司于本判决生效之日起立即停止侵犯原告白兔公司涉案《白兔商标信息数据库》，并删除侵权的商标信息数据库；被告联瑞公司于本判决生效之日起 10 日内赔偿原告白兔公司经济损失及合理开支共计 20 万元。

六、计算机软件使用限制：善意使用

善意和恶意是表示行为人主观心理状态的民法学用语，在我国的司法实践中常被应用于侵权责任承担当中，而在著作权法中，所谓善意指的是尽到注意义务的主观状态，是一种无损害原作品著作权利益之心。如果应当注意而未能注意，就会构成主观上的故意与过失，这种过错体现了使用者主观上的应受非难性。[1]在此基础上就会诞生软件侵权善意使用者这一概念，所谓软件侵权善意使用者，是指在功能性使用软件侵权复制品的过程中，不知道也没有合理理由应当知道其所使用的软件是侵权复制品的使用者。从法律责任的角度来看，《计算机软件保护条例》规定了软件侵犯善意使用者只需承担停止使用和销毁该侵权复制品的责任，不承担赔偿责任。因此，无论是在立法活动还是在司法实践中，正确认定软件持有人是否为善意具有重大意义。

（一）认定软件复制品持有人善意使用的因素

认定软件持有人是否为善意使用最关键的因素是持有人对其所购买的软件为侵权复制品是否知情，笔者认为应当参考民法中善意使用制度的相关规定并结合《计算机软件保护条例》第 30 条的规定，从以下几个方面进行考虑：

（1）持有人获得软件复制品的渠道。如果行为人不能证明他持有的软件复制品有合法来源，就应当承担侵权责任。所谓合法来源，就是指行为人通过合法的渠道取得该软件复制品。如果持有人是从正规公司、渠道获得的软件或可以合理解释其获得的途径，例如行为人可以通过提供正式的购销合同、商业发票等证明其合法取得该软件复制品，就不能直接判定持有人是恶意的。而判断是不是正规公司、合法渠道，应该从一个正常的理性消费者的角度进行分析，如对于一家规模颇大的科技公司，一个正常的理性消费者都会认为其是正规的，而对于街头叫卖高科技产品的流动小贩，一般理性消费者都会

---

〔1〕 张龙："善意使用在合理使用判断中的适用"，载《中国版权》2014 年第 3 期。

对其产品持有一定的怀疑。

（2）持有人是否支付了合理的对价。根据民法中的相关规定，合理对价一般是指以市场价为基础上下浮动的价格。持有人如果支付了合理对价，就应当认为持有人是不知情的，至少是没有合理理由知道其为侵权复制品。相反，如果持有人以明显低于市场价的价格购买该复制品，就有理由认为持有人是知情的。

（3）持有人是否采用了一定的公示方法。基于优先权和物上请求权的效力，如果不以一定的方式表现权利的产生、变更和消灭，则必然纠纷不断，难以保证交易的安全。[1]我国民法善意取得制度中规定物权的变动必须有公示原则和公信原则，尽管计算机软件著作权与传统的物权在权能强度和权力范围上均有差异，但是在审查主体的使用意志是否为善意时则可以参考民法中的规定。如果持有人在使用或转让软件复制品时均进行了相应的记录且满足其他善意使用的构成要件则可以被视为是善意的，而持有人秘密转让、使用软件复制品则应当被视为是侵权行为。

（4）持有人是否给软件设计者造成了重大损失。尽管善意和恶意均属于行为人的主观心理范畴，但从法律责任的角度来看，善意与无过错的本质是一样的，笔者认为：故意和重大过失可以构成恶意，轻过失和轻微过失不构成恶意。因此，对于计算机软件的善意使用审查也是如此，持有人的复制行为给软件设计者造成重大损失的则应当被视为恶意，反之，仅造成轻微损失或无损失且满足其他善意使用要件的则应当被视为善意。

案例7-11 麦斯特人力资源有限公司、北京全景视觉网络科技股份有限公司侵害作品信息网络传播权纠纷[2]

本案中，北京全景视觉网络科技股份有限公司（以下简称全景视觉公司）经北京全景视拓图片有限公司转让，取得了摄影作品《中国图片库1R》在中国地区的著作权，期限自2006年1月4日起永久转让。《中国图片库1R》中包括涉案图片编号为×××96。麦斯特人力资源有限公司（以下简称麦斯特公司）在未提交相反证据的情况下，全景视觉公司对案涉图片的著作权应受法

---

〔1〕 魏振瀛主编：《民法》，北京大学出版社、高等教育出版社2017年版，第236~237页。

〔2〕 参见"麦斯特人力资源有限公司、北京全景视觉网络科技股份有限公司侵害作品信息网络传播权纠纷案"，福建省高级人民法院［2020］闽民申2541号民事裁定书。

律的保护。麦斯特公司在其新浪微博"麦斯特人力机构"中发表的文章中配图使用的被控侵权图片与全景视觉公司享有著作权的涉案图片内容一致。麦斯特公司在未经全景视觉公司许可的情况下，擅自使用涉案图片，未向权利人支付报酬，侵犯了著作权人全景视觉公司的信息网络传播权。麦斯特公司申请再审称，全景视觉公司未提供证据证明涉案图片处于著作权保护期内，无权要求麦斯特公司赔偿经济损失。一、二审法院在全景视觉公司未提供证据证明涉案图片处于著作权保护期内的情况下，即以麦斯特公司侵犯信息网络传播权为由判决麦斯特公司赔偿全景视觉公司经济损失明显属事实认定不清。退一步来讲，一、二审法院判决赔偿全景视觉公司经济损失 2000 元金额明显过高。麦斯特公司使用的涉案图片来自公开渠道，且全景视觉公司保全的证据信息可知，涉案图片基本上未通过麦斯特公司微博获得任何扩散，另麦斯特公司注册的新浪微博属公益性质的微博，属于善意使用，而不具有任何盈利及其他非法目的，事实上也未因该图片获得任何经济利益，未给全景视觉公司造成损失。全景视觉公司是专门进行图片的创意等工作的企业，创作图片成本低，且被控侵权作品并不具有很强的创意和领先性，仅为普通人物的照片，最多只能按普通照片的价格 25～100 元/张进行判决。法院综合考虑涉案图片的知名度、麦斯特公司侵权的时间、侵权行为的性质、侵权所造成的影响，及全景视觉公司为制止侵权所支付的合理费用等因素，酌情予以确定 2000 元。

（5）销售商是否作出了后续保障承诺。计算机软件作为一个高价消费品，而且涉及具体的使用操作，一般情况下，软件公司都会对购买者进行一个培训或至少给予操作说明，更有甚者，多数公司都会在一定时间内对安装、操作中存在的问题、使用中出现的漏洞等问题提供上门服务。如果销售商作出了类似的售后保障，应当认为其为正规销售商，销售的应为正版软件，可以推测认定购买者不知情。相反，销售商进行的只是"一锤子买卖"，没有任何售后服务可言，这是明显不符合商业惯例的，可以推测认为购买者知情，至少其有理由知情。

案例 7–12　香港 PU 公司、北京京延电子有限公司诉广州雅芳公司侵害计算机软件著作权纠纷案[1]

1984 年，岳明、岳阳兄弟及叶维明等人在美国注册了 Unidata 公司（以下简称美国 UI 公司），开发了一种大型数据库系统管理软件——Unidata。1992 年，岳明等将美国 UI 公司转让给新股东，转而在香港成立了 Pacific Unidata 公司（以下简称香港 PU 公司）。美国 UI 公司与香港 PU 公司签订了《授权总协议》，规定香港 PU 公司拥有在中国大陆、香港和台湾地区的一切知识产权，其他地域的知识产权归美国 UI 公司。PU 公司后来将软件的部分权利——独家代理、经营、开发、汉化和销售的权利——转让给了北京京延电子有限公司（以下简称京延公司），并在中国国家版权局以原始著作权人的身份，登记了 Unidata 软件 2.3.2 版本的著作权，1995 年，香港 PU 公司与京延公司签订了 "独家代理协议"。1996 年，京延公司与凯利公司签订了 5000 万美元的 "Unidata 软件独家使用协议"。1995 年广州雅芳公司（以下简称雅芳公司）从美国一家软件销售公司购买了一套正版英文软件，并安装在其软件系统使用。1996 年 6 月，香港 PU 公司向中国国家版权局投诉，指控雅芳公司侵犯其著作权。1997 年 5 月 26 日，国家版权局认定雅芳公司侵权，裁定雅芳公司不得再使用该软件，并处 49 万元罚款。1997 年 8 月，香港 PU 公司和京延公司又以同样理由向广东高级人民法院提起诉讼，索赔 3000 万美元。原告认为：早在 1995 年 1 月 12 日，美国 UI 公司总裁曾致函香港 PU 公司董事长岳明，告知其属下的代理商之一 Jenkon 公司，获知被告雅芳公司想安装 Unidata 软件。当时美国 UI 公司已经回复客户：他必须向原告香港 PU 公司购买，但可从 Jenkon 公司获得技术支持。当时美国 UI 公司与香港 PU 公司有过协商，探讨是否可以自行将软件卖给被告。但协商尚未达成一致，软件已从 Jenkon 公司卖出，最后 Jenkon 公司也并未与第一原告签订许可使用协议。由此，原告认为被告存在犯罪故意的情况。被告雅芳公司辩称：首先，第一原告在中国登记的是 Unidata 软件的汉化版本，而雅芳公司购买和使用的是原始著作权人的英文版本，因此并无侵犯原告版权。其次，被告按照中国计算机软件保护条例，取得了美国版权人的合法授权，已经尽到了 "合理注意" 的义务，

---

[1]　参见 "香港 PU 公司、北京京延电子有限公司诉广州雅芳公司侵害计算机软件著作权纠纷案"，最高人民法院［1998］知终字第 6 号民事裁定书。

对软件的使用和备份是合理的，并未超越许可使用的范围，更没有以营利为目的进行复制和销售。且雅芳公司从经销商 Jenkon 处购买正版软件 Unidata，该软件有合法的发票；有美国 UI 公司的商标标识、版本号和许可号；而且在软件程序的"启动界面"上还有美国 UI 公司的版权声明。并且，在雅芳公司购买软件后，美国 UI 公司和 Jenkon 公司派员工上门安装调试，并帮助培训，所以购买合法。至于 UI 与 PU、京延三家公司之间的关系，作为最终用户的被告雅芳公司事前不可能获悉。因此被告最大的责任范围不过是停止使用该软件而已。实际上，在原告向法院起诉前，雅芳公司已经停止使用并将争议软件退还给了美国 Jenkon 公司。所以，请求法院驳回原告的诉讼请求。

本案中，1998 年 6 月，广东省高级人民法院一审判决雅芳公司赔偿 1200 万美元。一审判决后，雅芳公司不服判决，向最高人民法院提出上诉。1999 年 2 月，最高人民法院开庭审理，裁定原判决部分事实认定不清，可能影响案件正确判决。撤销广东省高级人民法院一审判决，发回广东省高级人民法院重审，在重审过程中，原告提出新的诉讼请求，经调解后双方达成庭外和解。虽然双方最终经调解后达成庭外和解，但雅芳公司购买软件后，美国 UI 公司和 Jenkon 公司派员工上门安装调试，并帮助培训，其属于不知道也没有合理理由应当知道该软件是侵权复制品，不应承担赔偿责任。

（二）软件复制品持有人善意使用的责任

知识产权领域的侵权行为是一种特殊的民事侵权行为，在归责原则方面应当适用过错责任原则，在认定知识产权领域的侵权行为时也应当根据侵权行为的构成要件，即损害后果、行为违法性以及因果关系。但计算机软件不同于民法规定的一般客体，它的特殊性致使在认定软件复制品持有人的法律责任时不仅需要考虑复制行为是否属于侵权行为，还需考虑其行为的善意与恶意。

我国《计算机软件保护条例》第 30 条规定，软件的复制品持有人不知道也没有合理理由应当知道该软件是侵权复制品的，不承担赔偿责任；但是，应当停止使用、销毁该侵权复制品。根据该条规定，仅免除软件复制品持有人承担赔偿责任的义务。也就是说，软件复制品持有人善意使用的行为仍然属于侵权行为，而我国民法规定的侵权行为免责事由仅包括：依法执行公务、受害人同意、不可抗力、意外事件、受害人或第三人过错，善意使用并不在免责事由之列，因此善意使用行为只是不需要承担赔偿责任，仍然需要承担其他的侵权责任，如停止使用、销毁该侵权复制品。如果软件复制品持有人知道该软件是侵权复制品，或者有合理理由应当知道该软件是侵权复制品，仍然使用、销售该软件复制品，则应当承担包括赔偿责任在内的完全的侵权责任。

软件复制品持有人知道该软件是侵权复制品，或者有合理理由应当知道该软件是侵权复制品而停止使用的，一般不会有什么损失，即使有一定的损失，也是其不尊重知识产权带来的恶果。由于软件的功能性很强，在有些情况下，停止使用并销毁该侵权复制品可能会给使用人造成重大损失，为了体现公平原则，《计算机软件保护条例》第 30 条规定，复制品使用人可以在向软件著作权人支付合理费用后继续使用。这里的"合理费用"，由使用人和软件著作权人协商解决，一般可以参照该软件非专有许可使用费用来确定。

七、计算机软件表达方式的限制

著作权作为知识产权中的重要内容，如何明确划分保护界限是各国立法和司法实践中存在的难题。因为，对于立法者而言，他们不仅需要划出一条保护与不保护的界限，还要在著作权保护中兼顾私人权益保护与文化社会共享的平衡问题。著作权作为一种社会信息，它的生产、使用和传播中存在公私利益协调问题，思想与表达二分法可以有效解决这一问题。[1]由于大部分的作品最终呈现出来的是可被衡量的文字，所以在一些侵权的认定方面较为容易。计算机软件的表达方式与其他作品不同，它不仅包括最终呈现在计算机上的界面，更多的是支撑界面的代码、程序等。对软件表达方式的保护范围如何认定在《计算机软件保护条例》修改过程中存在一定的争议，最终，综合社会经济、产业发展、权利保障等各种因素，才有了呈现在现有法律规范中的对计算机软件表达方式限制的规定。

（一）思想与表达二分法原则下对计算机软件表达方式限制的争议

思想与表达二分法原则最早起源于 18 世纪下半叶的德国，是著作权法中的一项基本原则，在数百年的审判实践中，经常性地被引用和遵守，该原则

---

[1] 王凤娟、刘振："著作权法中思想与表达二分法之合并原则及其适用"，载《知识产权》2017 年第 1 期。

也被认为是目前为止能够解决著作权保护界限的最佳基本原则。[1]随着中国文化事业的蓬勃发展，各类文学、影视、计算机软件作品中的抄袭、剽窃现象频发，软件复制风尤甚，思想与表达二分法原则被认为是目前为止能够解决该问题的最佳基本原则。尤其是近年来，我国著作权保护范围的扩张趋势日益明显，同时在世界知识产权竞争中处于明显弱势的情形，这就要求我国结合国内经济文化发展水平及文化产业、知识产权保护现状及需求，积极吸纳思想与表达二分法原则。

思想与表达二分法在设计之初并非是为了解决权力界限的问题。18世纪的德国法学家萨拉认为，将思想内容与表达方式进行区别，把一般性的社会事件从作品中分离出来，排除在著作权保护范围之外，允许社会大众学者共享，符合文化发展的长远需要。不久，德国学者费希将素材和形式概念纳入著作权保护当中，认为应当在实践中把作品的内在与外在区分开来，即将作品之内容分为形而上与形而下的两个方面。实际上，费希的观点正是思想与表达二分法原则的思想源头。[2]此后，著作权只保护作品内容，而将思想排除在外的观念在欧美学术界生根发芽，最终成为西方世界著作权保护的基本原则。

根据我国《著作权法》原理，著作权保护的是作品的表达方式，而不保护作品的思想。延伸到计算机软件，就是《计算机软件保护条例》第6条规定的对软件著作权的保护不延及开发软件所用的思想、处理过程、操作方法或者数学概念等。这一原则被称为思想与表达二分法原则。[3]思想与表达二分法是实现著作权法立法目的的基本前提，该两分法在著作权法上的地位具有根本性。思想与表达二分法原则不仅在我国的法律条文中多有体现，在其他国家的成文法中也有一定的体现。如1976年《美国版权法》第102条规定版权法不保护思想、程序、工序、系统、操作方法、概念、原则或发现，而不管它们在作品中被描述、解释或体现的形式如何。而我国《计算机软件保护条例》规定，受保护的软件表达方式，包括文档、源程序、目标程序，而

---

〔1〕 陈思含："著作权中思想/表达二分法之合并原则的适用探究——以影视作品为实证对象"，载《中国发明与专利》2020年第9期。

〔2〕 王凤娟、刘振："著作权法中思想与表达二分法之合并原则及其适用"，载《知识产权》2017年第1期。

〔3〕 邹忭、孙彦主编：《案说计算机软件保护条例》，知识产权出版社2012年版，第251页。

不包括开发软件所用的思想、处理过程、操作方法或者数字概念等。[1]但是由于软件具有功能性、工具性等特征，不同的开发者基于不同的思想分别独立开发的软件有可能在表达方式上相同。为了鼓励软件开发人员积极开发，避免引发不必要的侵权纠纷，《计算机软件保护条例》第 29 条规定，软件开发者开发的软件，由于可供选用的表达方式有限而与已经存在的软件相似的，不构成对已经存在的软件的著作权的侵犯。

思想与表达二分法原则又涵盖以下两个子原则：第一个子原则就是思想与表达合并原则，该原则又称思想表达识别的例外原则。它只存在于特定的表达形式中，即构思与表达难以区分，甚至必须被认为混合在思想中。为解决这一难题，在作品著作权保护的司法实践当中，合并原则随之产生，其基本内涵是当思想与表达之间出现难以分清界限的情况时，将两个方面合并在一起，划入不受保护的思想范畴。即便思想与表达二分法的合并原则会对作品作者的个人权利造成一定损害，却也是应对思想与表达二分法在司法实践中面对的应用困境之无奈之举，不仅有助于活跃学术文化事业，而且有助于兼顾著作权的公私利益平衡。合并原则关注的是作品的表达性成分和作品表达体现的思想是否难以区分，或者表达性成分很有限以致他人的相同或相似的表达不构成侵权。[2]也就是说，如果一项构思的表达只有一种，这种表达同其所表达的构思已经合并在一起以致很难划分，则他人在表达这一构思时使用这一表达并不构成侵权行为。第二个子原则就是表达选择有限原则。该原则又称为"混同原则"，其含义是，如果一项构思的表达只有极其有限的少数几种，则这种类型的表达不能享有著作权保护。因为此种表达如果被著作权保护，则会一定程度上构成对此种思想的垄断，这显然是不合理的，违背了著作权法想要保护具有独创性的智力劳动成果的理念。例如，某网店知道 1 月 18 日为歌星周杰伦的生日，在这一天，全国乃至全世界喜欢周杰伦的歌迷都会庆祝他们偶像的生日，于是打算在当天推出与周杰伦相关的一系列产品，打包优惠销售，并且提前做出一整套产品促销策划方案。尽管这份方案是网店独立创作的，但若提出"未经许可他人不得复制此套方案，否则构成对其

---

[1]　张茹、杨榆、张啸编著：《数字版权管理》，北京邮电大学出版社 2008 年版，第 80 页。

[2]　冯晓青："著作权法中思想与表达二分法之合并原则及其实证分析"，载《法学论坛》2009年第 2 期。

著作权的侵权",这显然是一种不合理的要求,且不受著作权保护。因为类似于销售方案、菜谱等类型的表达,是非常有限的表达,这种表达也被视为"思想"而不受保护了,而在计算机软件领域,某一创意可能只有少数几种表达方式,这时已经很难对创意及其表达方式进行区分。更深层次的原因在于著作权法只保护表达,并不保护创意,因而在这种情况下对创意的表达也就无法给予保护,这便是著作权法中常谈的表达选择有限原则。思想与表达二分法原则的内涵主要是将思想和表达相区分,如果软件开发者在开发自己的软件时使用了他人软件的表达,就有可能构成对他人软件的侵权。比较有代表性的就是最高人民法院裁定终审的北京元图智慧科技有限公司、刘某喜等侵害计算机软件著作权纠纷案。

案例 7-13　北京元图智慧科技有限公司、刘某喜等侵害计算机软件著作权纠纷案[1]

　　龙软公司为国内领先的能源行业安全生产信息化服务提供商,在智能煤炭软件方面,先后开发了一系列以"龙软专业地理信息系统"为核心的计算机软件,并在国家版权局进行了登记,包括登记号为 2010SRBJ1680、2008SRBJ0076 等软件。结合不同的智能煤矿项目的实际情况,龙软公司的上述计算机软件会进行不同的排列组合来整体使用。龙软公司对上述计算机软件的著作权依法受到法律保护。刘某喜、L某某、W某某、X某某、B某某均系龙软公司前职工,在任职期间参与了龙软公司智能能源领域的关键技术开发,掌握了龙软公司的核心软件技术。该 5 人辞职后将龙软公司合法拥有的软件技术带至北京元图智慧科技有限公司(以下简称元图公司),使得元图公司在短时间内开发出功能应用与龙软公司软件相同的元图地测地理信息系统试用版软件(简称元图地测试用版软件),在市场上进行推广并在一些煤矿中得到应用。6 名被告未经许可,擅自以营利为目的,复制、展示、发行、修改、销售了侵害龙软公司"龙软地测空间管理信息系统 V3.0"软件(简称龙软地测 V3.0 软件)著作权的侵权复制品,侵害了龙软公司对龙软地测 V3.0 软件享有的复制权、发行权、修改权、信息网络传播权和改编权,给龙软公

---

　　〔1〕　参见"北京元图智慧科技有限公司、刘某喜等侵害计算机软件著作权纠纷案",最高人民法院〔2020〕最高法知民终 1639 号民事判决书。

司造成了巨大的经济损失，应承担相应法律责任。故向法院提起诉讼，请求支持龙软公司的全部诉讼请求。刘某喜辩称：龙软公司未提供任何证据证明刘某喜侵害其软件著作权，应承担举证不能的后果。龙软公司提供的劳动合同证明刘桥喜在龙软公司的工作岗位为"总经理"，负责经营与项目实施，而非技术人员，不具备接触龙软公司计算机软件程序的可能性，刘某喜在元图公司的岗位亦为"总经理"，与技术研究无关，龙软公司诉称刘某喜利用掌握的核心技术开发与其领域相同的软件，明显与刘某喜的岗位不符，也与刘某喜的专业不符。龙软公司提供的元图公司持有的软件著作权证明时间为 2011年 11 月 2 日至 2012 年 5 月 18 日，刘某喜 2011 年 2 月 23 日从龙软公司离职，2013 年 3 月 15 日才入职元图公司，龙软公司诉称的侵权行为发生时，刘某喜尚未入职。软件系统开发十分复杂，需要多专业、多方向、多组研发人员共同协作，元图公司的研发人员不止 5 个自然人，股东为 5 个自然人，不代表系统研发人员就是该 5 人。综上，刘某喜未侵犯龙软公司的软件著作权，请求法院依法驳回龙软公司的全部诉讼请求。二审中元图公司上诉请求：撤销原审判决，改判驳回龙软公司全部诉讼请求或发回重审。

　　该案一审中，北京市知识产权法院认为计算机软件系统的研发一般情况下是一个复杂的、长期的综合性技术工作，被告在明知龙软公司对权利软件龙软地测 V3.0 软件享有著作权的情况下利用其掌握的核心技术和数据信息，开发出与权利软件的源文档相似的元图地测试用版软件，侵害了龙软公司的计算机软件著作权，判令被告应停止侵权、赔礼道歉，并赔偿龙软公司经济损失人民币 50 万元，之后被告刘某喜以及元图公司提出上诉。二审中，法院技术部门经比对认定被诉软件与权利软件相对应的 13 个功能运行界面存在参数设置和选项设置相同情形，且被诉软件与权利软件的运行结果在主功能运行界面、数据处理、数据表信息和特征性漏洞等方面均具有不合理的相同之处，最终判定维持原审判决。

　　如果在开发的计算机程序中仅仅使用了他人计算机程序的构思，则视为没有侵犯他人的软件著作权。现实中，在表达方式有限的情况下，软件开发者开发的软件与已经存在的软件相似是否构成对已经存在的软件的著作权的侵犯，是存在争议的。一种意见认为，构成侵权。其主要理由是：生产、流通领域侵犯软件著作权的情况已十分严重，目前尚没有找到一个很好的解决办法，如果再规定在表达方式有限的情况下，软件开发者开发的软件与已经存在的软件相似不构成对已经存在的软件的著作权的侵犯，势必会造成开发领域的侵权泛滥。这样，保护软件著作权人合法权益就会变成一句空话。另一种意见认为，不构成侵权。其主要理由是：对软件著作权予以保护，是应当的、必要的，但不能绝对化，否则就会妨碍软件技术的进步，阻碍软件产业的发展。即使是软件技术比较发达的国家，其国内立法也有在表达方式有限的情况下软件开发者开发的软件与已经存在的软件相似不构成对已经存在的软件著作权的侵犯的类似规定，目前，我国的软件技术还比较落后，应当多鼓励软件的开发与应用。因而，在表达方式有限的情况下，软件开发者开发的软件与已经存在的软件相似的，不构成侵权。在昆明拓高新技术有限责任公司与昆明锐点科技有限公司、洪某、昆明市盘龙区中医院计算机软件著作权侵权纠纷案中，昆明锐点科技有限公司的锐康系统软件与昆明拓高新技术有限责任公司的好医信系统软件的功能、作用具有一致性，甚至在部分操作上具有重复性，但二者不具有实质性的相同，因而法院认定锐康系统软件不构成对好医信系统软件著作权的侵犯。从司法实践中我们可以看出，由于我国目前的软件技术尚未处于发达阶段，法院在表达有限的情况下倾向于排除涉案软件持有人的侵权责任的承担．这一做法也是符合《著作权法》保护和鼓励科学技术进步、促进文化发展的立法宗旨的。

案例 7-14　昆明拓高新技术有限责任公司与昆明锐点科技有限公司、洪某、昆明市盘龙区中医院计算机软件著作权侵权纠纷案[1]

洪猛曾系昆明拓高新技术有限责任公司（以下简称拓高公司）聘用的职员，负责拓高公司拥有著作权的好医信医院管理信息系统的技术工作，洪某在工作中曾接触、掌握了好医信系统软件的源程序代码、可执行文件、数据库、自开发动态库和自开发资源文件等计算机软件著作的内容。2004 年 5 月，洪某从拓高公司处辞职并于同月成立昆明锐点科技有限公司（以下简称锐点公司）。随后，洪某研制一套与好医信系统软件功能相类似的软件，以锐点公司的名义，以营利为目的给昆明市盘龙区中医院（以下简称中医院）使用。

---

[1] 参见"昆明拓高新技术有限责任公司与昆明锐点科技有限公司、洪某、昆明市盘龙区中医院计算机软件著作权侵权纠纷案"，云南省昆明市中级人民法院［2004］昆民六初字第 124 号民事判决书。

因此拓高公司以侵犯其对好医信系统软件的著作权为由将洪某、锐点公司、中医院分别作为被告起诉至法院。原告拓高公司诉称：被告洪某是利用其在原告处工作期间秘密剽窃、复制的好医信系统软件的源程序代码、可执行文件、数据库、自开发动态库和自开发资源文件等计算机软件著作的实质内容，开发出锐点公司的应用软件，是对原告自有软件的著作权侵犯。中医院曾于2002年3月21日与拓高公司签订《昆明市盘龙区中医院信息系统技术服务合同》，并因该合同而使用拓高公司提供的好医信系统软件。而中医院在明知该合同内容，并且明知未经拓高公司许可不得允许他人侵入该合同项下的计算机软件的情况下，擅自允许锐点公司和洪某侵入其系统，并且允许锐点公司和洪某在拓高公司的系统中加入并使用了侵犯拓高公司著作权的盗版软件，也构成了对好医信系统的侵权。被告昆明锐点科技有限公司和被告洪某答辩称：被告洪某曾在原告处工作，但早已辞职。后洪某成立锐点公司，独立开发了锐康医院信息系统，并于2004年10月在国家版权局登记，获得了计算机软件著作权，因此，锐康系统软件系锐点公司的作品，应受法律保护。两被告已经向法院提交了锐康系统软件的源程序代码、可执行文件、数据库等文件，并希望以其与原告的好医信系统软件进行比对以查明事实。

　　法院认为，评判不同计算机程序之间是否相同或相似必须经过源程序代码的比对。法院证据保全取得的光盘，内容是完整的锐康系统软件，通过整个界面和系统，欲证明该软件与原告方的好医信系统软件是完全不同的。通过对两套软件对比演示，可证明了两套软件没有一处相同，界面和操作都不相同。原告拓高公司对此比对结果并不认可，而根据谁主张谁举证的举证原则，拓高公司必须证明被控侵权计算机程序的源程序代码与自己的计算机程序的源程序代码相同或相似，因此，拓高公司负有提供被控侵权计算机程序的源程序代码与自己的计算机程序的源程序代码以供比对的责任。但是，拓高公司并未提供被控的锐康系统软件的源程序代码，对法院保全到的锐康系统软件的源程序代码，拓高公司甚至没有在举证期限内提供自己的好医信系统软件的源程序代码，拓高公司应当承担举证不能的法律后果。因为没有足够的证据可以证明锐康系统软件与拓高公司的好医信系统软件有实质性的相同，云南省昆明市中级人民法院判决：驳回原告昆明拓高新技术有限责任公司的诉讼请求。

（二）对计算机软件表达方式限制的理由

面对著作权保护扩张之趋势，如何明确保护与不保护之界限，一直是国内外学术界长期探讨的重要问题。而自 1879 年美国 Baker v. Selden 账簿格式侵权纠纷案发生，思想表达二分法在人类知识产权法律保护实践中的应用已经有近 140 年的历史，并在美国、德国、日本等发达国家和地区的立法和司法实践中得到不断充实，形成了任何作品的思想都属于公共财产，可供社会共享的观念，也成了各国普遍认可的解决著作权保护界限的最佳基本原则。[1]从立法角度来看，确立思想与表达二分法原则符合法律设置的目的，是著作权法为实现著作权人与社会公众间的利益分配所必需的。[2]虽然现实中对计算机软件表达方式是否加以限制存在争议，但现行《计算机软件保护条例》第 29 条规定，[3]可供选用的表达方式有限而与已存在的软件相似的，不构成侵权。从经济、行业发展等层面而言，这一规定都具有一定的合理性。

1. 有利于计算机软件的开发

从经济角度而言，在表达方式有限的情况下，对表达进行保护，将会增加创作的成本，导致软件等作品的减少。因为所有的创作都是在前人的基础上完成的，在一定程度上都不可避免地要体现前人的思想，借鉴前人的表达。如此，软件等作品的创作将受到很大阻碍，著作权法促进科学技术进步的目的将不能够圆满实现。[4]在司法实践中，这一理念也得到了支持。《计算机软件保护条例》第 29 条在表达选择有限的情况下，对软件著作权人权利的行使加以了必要的限制，有利于软件作品的开发，有利于鼓励科技进步，有利于社会公共利益。

---

　　〔1〕　冯晓青：“著作权法中思想与表达二分法原则探析”，载《湖南文理学院学报（社会科学版）》2008 年第 1 期。

　　〔2〕　林良倩：“我国著作权法立法应引入二分法原则与合并原则”，载《政法学刊》2010 年第 1 期。

　　〔3〕　《计算机软件保护条例》第 29 条规定：“软件开发者开发的软件，由于可供选用的表达方式有限而与已经存在的软件相似的，不构成对已经存在的软件的著作权的侵犯。”

　　〔4〕　［美］威廉·M. 兰德斯、理查德·A. 波斯纳：《知识产权法的经济结构》，金海军译，北京大学出版社 2005 年版，第 116~117 页。

案例 7-15　海南巴别时代科技有限公司等与北京幻方朗睿软件科技有限公司等著作权权属、侵权纠纷案[1]

原告北京巴别时代科技股份有限公司（以下简称北京巴别公司）、海南巴别时代科技有限公司（以下简称海南巴别公司）系安卓端手机游戏《三国挂机名将传》及 IOS 端手机游戏《不累三国》《逆战挂三国》《挂机猛将传》《挂机三国猛将传》《挂机三国战记》著作权证书登记人。原告诉称：被告北京幻方朗睿软件科技有限公司运营的安卓端手机游戏《三国挂机名将传》（以下简称被诉手游）中所包含的菜单布局设计侵犯原告海南巴别公司依法享有的手机游戏《放开那三国》（以下简称涉案手游）的图形作品著作权。涉案手游系原告海南巴别公司通过受让方式取得，对其中菜单布局设计的图形作品享有著作权，而原告北京巴别公司系涉案手游的运营人，亦享有运营和保护的共同利益。涉案手游自 2013 年 6 月 1 日首次发表以来，在市场上收获了良好的口碑，得到行业的认可，曾获得"十大风云手机游戏""年度十大最受玩家喜爱游戏"、第十三届中国网络游戏风云榜评选的"年度最佳剧情改编奖"及 2014 年度"最佳网络游戏"等奖项。被告嘉丰永道公司系被诉手游的开发者及游戏充值的收款人，被告享越公司系被诉手游登录界面标示的著作权人，同时也是原国家新闻传播广电总局办理游戏审批时的运营人，而被告幻方朗睿软件科技有限公司系被诉手游的出版单位。3 名被告未经 2 名原告许可，在被诉手游中擅自使用与涉案手游中原告海南巴别公司享有著作权的图形作品相同的菜单布局设计，根据《著作权法》第 47 条的规定，应当承担停止侵害、消除影响、赔礼道歉、赔偿损失的民事责任。现有证据证明 3 名被告获利数额巨大。根据被诉手游的游戏公告，截至 2017 年 12 月 2 日 3 名被告共计开放 187 组服务器，根据行业人员测算，每组服务器玩家至少为 5000 人，以此初步测算玩家数量为 935 000 人，以上玩家数量亦可由几家游戏平台的下载数据得以印证，根据 2 名原告提供的证据，豌豆荚等 4 家游戏平台的累计下载量为 51.8 万，结合其他游戏平台的下载渠道，以上 935 000 人的数量有较大可信度。根据被诉手游显示的数据，2017 年 11 月 23 日至 25 日仅仅 3 天时间内跨服充值排名前 7 名玩家的累计充值 28 998 元。截至 2 名原告起诉

---

[1]　参见"海南巴别时代科技有限公司等与北京幻方朗睿软件科技有限公司等著作权权属、侵权纠纷案"，北京市石景山区人民法院 [2018] 京 0107 民初 14647 号民事判决书。

之日，被诉手游上线已1年有余，仅以前7名玩家的数据测算，侵权获利数额已有300余万，故诉至法院。庭审中，原告撤回对被诉5款IOS端手机游戏《不累三国》《逆战挂三国》《挂机猛将传》《挂机三国猛将传》《挂机三国战记》的诉讼主张，变更诉讼请求为：判令3名被告立即停止在被诉手游中使用与涉案手游相同的图形作品，并立即停止复制、发行及通过信息网络传播安卓端手机游戏《三国挂机名将传》。

法院认为，原告巴别时代公司所设计的游戏菜单图形虽然具有独创性设计，但因受手机屏幕大小限制而表达有限，亦难以表达设计者的设计意图或创作思想，故不能构成受著作权法所保护的图形作品，且原告所主张权利的菜单布局设计图形已成为满足类似手机游戏功能性操作通用设计的表达，不应为任何游戏经营者所垄断使用，否则其他游戏经营者会因著作权的限制而无法开发运营卡牌类手机游戏，从而损害公众利益，因此驳回了原告海南巴别时代科技有限公司、北京巴别时代科技股份有限公司的诉讼请求。

2. 有利于计算机软件行业的发展

从行业发展的角度看，所有行业的创新都是一个积累的过程，都不可避免地受到其他人的思想或表达的影响。著作权法的目的是促进整个社会文化艺术科技的进步，这一目的的实现是通过赋予作者以专有权的形式对其予以保护而进行的，[1]但作者的专有权同时也是他人创作的障碍，在表达方式有限的情况下更是如此，这一道理同样普遍适用于计算机软件行业。

制定《计算机软件保护条例》的目的，是为了保护计算机软件著作权人的权益，调整计算机软件在开发、传播和使用中发生的利益关系，鼓励计算机软件的开发与应用，促进软件产业和国民经济信息化的发展。因此，根据我国软件产业现有发展水平，借鉴发达国家的立法经验，《计算机软件保护条例》第29条规定，由于软件可供选用的表达方式有限而与已经存在的软件相似的，软件开发者开发不构成对已经存在的软件的著作权的侵犯。对软件著作权人权利的行使进行必要的限制，有利于计算机软件技术的交流和传播，

---

〔1〕 ［西班牙］德利娅·利普希克：《著作权与邻接权》，联合国译，中国对外翻译出版公司2000年版，第41~42页。

有利于计算机软件行业的发展。

3. 有利于相关法律法规的适用

通常情况下，新开发的软件如果与已经存在的他人的软件相似或者实质相似，就可能会被他人指控为复制或者部分复制了原已存在的他人的软件，从而构成对他人软件著作权的侵犯。但是，由于可供选用的表达方式有限而与已经存在的软件相似，则不能认为是对他人软件著作权的侵犯。因为一旦如此，相关法律就难以适用。[1]此时，某人为表达同一创意而采用的表达，如果与他人已经存在的表达相似或者实质相似，则不能认定为构成侵权。基于此，《计算机软件保护条例》第 29 条作出了可供选用的表达方式有限而与已存在的软件相似不构成侵权的规定。

案例 7-16　广州市明静舞台灯光设备有限公司、广州市白云区石井欧朗舞台灯光音响设备厂侵害计算机软件著作权纠纷案[2]

原告广州市明静舞台灯光设备有限公司系证书号为软著登字第 0666560 号、软件名称为"金刚 1024 电脑灯控制台主程序 V2.0"、登记号为 2013SR160798 的计算机软件著作权登记证书的登记人，其起诉请求："1. 广州市白云区石井欧朗舞台灯光音响设备厂（以下简称欧朗设备厂）立即停止侵犯广州市明静舞台灯光设备有限公司（以下简称明静公司）名称为'金刚 1024 电脑灯控制台主程序 V2.0'（证书号：软著登字第 0666560 号）计算机软件版权权的行为，包括复制、发行的侵权行为，销毁侵权复制品；2. 欧朗设备厂赔偿明静公司经济损失及为制止侵权行为所支出的合理费用共 200 000 元；3. 欧朗设备厂承担本案全部的诉讼费用。为证明欧朗设备厂存在侵权行为，明静公司通过线上购买方式从欧朗设备厂经营的线上店铺"桦熠舞台灯光"购买了 2 台涉案被诉侵权金刚 1024 控台，并为此支付款项 4400.2 元。"欧朗设备厂确认被诉侵权金刚 1024 控台为其所生产、销售，但否认存在侵权行为，主张被诉侵权金刚 1024 控台使用的是欧朗设备厂自行开发的计算机软件。

本案中，法院认为尽管涉案软件与权利软件两者的文字、产品示意图在

---

[1] 卢海君："论思想表达两分法的'成文'化"，载《中国出版》2010 年第 21 期。

[2] 参见"广州市明静舞台灯光设备有限公司、广州市白云区石井欧朗舞台灯光音响设备厂侵害计算机软件著作权纠纷案"，广东省高级人民法院［2016］粤 73 民初 1205 号民事判决书。

使用手册中的编排组合亦大体相同，但在上述相同或者实质相似的表达中，部分内容确实系对软件功能、使用方法、步骤等的客观描述，属于思想与表达合一或者表达方式有限的情形，不宜作为认定欧朗设备厂侵权的依据，因此驳回了原告明静公司的诉讼请求。

第八章

计算机软件著作权侵权责任实践探讨

　　法律作为一种行为规则，其目的是规范人们的行为，使其行为被限制在法律所允许的范围内，从而维持稳定的社会秩序。权利、义务、责任是法律的基石，法律的内容是在权利、义务、责任的基础上展开的。法律责任，即违反法律规定而应当承担的消极的法律后果，[1]是法律义务履行的保障机制和法律义务违反的矫正机制，在整个法律体系中占有十分重要的地位。法律责任，一般有广义、狭义之分。广义的法律责任与法律义务意思相同。例如，每个公民都有遵守宪法和法律、维护宪法和法律尊严的责任（义务），人民法院有责任（义务）秉公执法，维护当事人的合法权益等。狭义的法律责任，又称违法责任，是专指法律关系中的主体由于其行为违法，按照法律规定必须承担的消极法律后果。我们通常所说的法律责任，是指狭义的法律责任。一般来说，根据违法行为所违反的不同法律的性质，法律责任可以分为刑事责任、行政责任和民事责任三大类。法律责任的具体承担方式，根据不同情形可分为人身责任、财产责任、行为（能力）责任等。具体责任承担上，采用哪一种或几种法律责任形式，应当根据法律所调整、违法行为人所侵害的社会关系的性质、特点以及侵害的程度等多种因素结合具体情况予以确定。计算机软件著作权侵权中，根据软件著作权的特点，《计算机软件保护条例》在其第4章法律责任中设定的侵犯软件著作权的法律责任，不仅有民事法律责任，还有行政法律责任和刑事法律责任。计算机软件著作权法规定的作品类型，与传统作品存在较大的差别，其中最为显著的特点是计算机软件作品具有功能性，通过其特定功能又衍生出了软件的实用性，因此计算机软件属于兼具作品性质与实用工具性质的新型技术知识体。本章将从民事责任、刑

---

〔1〕　沈宗灵主编：《法理学》，北京大学出版社2014年版，第505页。

事责任、行政责任三个方面综合分析侵犯计算机软件著作权的法律后果，将与这三个立法领域的相关知识相串联，以此类推并完善对计算机软件著作权的确定与保护。

一、侵犯计算机软件著作权的民事责任

民事责任是民事法律关系中重要的组成部分，是指民事主体在民事活动中，因实施违法行为而依法应承担的民事法律后果或基于法律特别规定而应承担的民事法律责任。民事责任乃是现代民法之生命力所在，民事立法的进步与完善，其着重点不在于规定人民可以享受民事权利之多寡，而在于制定尽量完善的民事责任制度。[1]《计算机软件保护条例》第 23 条[2]、第 24 条[3]对侵犯软件著作权的表现形式、民事责任承担方式等内容作了较为详细的规定。

（一）侵犯计算机软件著作权民事责任的法律特点

民事责任属于法律责任的一种，因此具有法律责任的一般特征，如以违法行为为前提、是当事人违反法律而需要承担的法律后果、法律的强制性等。就侵犯软件著作权民事责任而言，其是保障计算机软件著作权实现的重要措施，是相关主体因违反《计算机软件保护条例》所规定的民事义务应承担的

---

〔1〕 梁慧星：《民法学说判例与立法研究》，中国政法大学出版社 1993 年版，第 256 页。

〔2〕《计算机软件保护条例》第 23 条规定："除《中华人民共和国著作权法》或者本条例另有规定外，有下列侵权行为的，应当根据情况，承担停止侵害、消除影响、赔礼道歉、赔偿损失等民事责任：（一）未经软件著作权人许可，发表或者登记其软件的；（二）将他人软件作为自己的软件发表或者登记的；（三）未经合作者许可，将与他人合作开发的软件作为自己单独完成的软件发表或者登记的；（四）在他人软件上署名或者更改他人软件上的署名的；（五）未经软件著作权人许可，修改、翻译其软件的；（六）其他侵犯软件著作权的行为。"

〔3〕《计算机软件保护条例》第 24 条规定："除《中华人民共和国著作权法》、本条例或者其他法律、行政法规另有规定外，未经软件著作权人许可，有下列侵权行为的，应当根据情况，承担停止侵害、消除影响、赔礼道歉、赔偿损失等民事责任；同时损害社会公共利益的，由著作权行政管理部门责令停止侵权行为，没收违法所得，没收、销毁侵权复制品，可以并处罚款；情节严重的，著作权行政管理部门并可以没收主要用于制作侵权复制品的材料、工具、设备等；触犯刑律的，依照刑法关于侵犯著作权罪、销售侵权复制品罪的规定，依法追究刑事责任：（一）复制或者部分复制著作权人的软件的；（二）向公众发行、出租、通过信息网络传播著作权人的软件的；（三）故意避开或者破坏著作权人为保护其软件著作权而采取的技术措施的；（四）故意删除或者改变软件权利管理电子信息的；（五）转让或者许可他人行使著作权人的软件著作权。有前款第一项或者第二项行为的，可以并处每件 100 元或者货值金额 1 倍以上 5 倍以下的罚款；有前款第三项、第四项或者第五项行为的，可以并处 20 万元以下的罚款。"

民事法律后果，是一种法律制裁，对不法行为人和其他人起到行为矫正和行为导向的作用，其亦是一种民事救济手段，旨在使软件著作权人及其被侵犯的权益得以恢复。[1]

1. 侵犯软件著作权的民事责任是一种法律制裁

民事责任是法律上规定的对不法行为的制裁。制裁意味着法律依据社会公认的价值准则和行为准则对具体行为作出否定性评价和抑制性处理，是承担法律责任的一个重要方式。民事责任是前提，法律制裁是结果或体现。法律制裁的目的，是强制责任主体承担否定的法律后果，惩罚违法者，恢复被侵害的权利和秩序。[2]

侵犯软件著作权民事责任的制裁性主要是通过人民法院使不法行为人承担强制性给付义务和其他义务来实现的。这种强制性对不法行为人和其他人起到行为矫正和行为导向的作用，即通常所说的教育和预防作用。[3]例如，对于受保护的软件等作品，未经作者授权不得进行商业目的的复制，对于别人创作的软件等作品，不得以抄袭等方式使用，这些都是公民的义务。如果义务人即除软件著作权人以外的其他人违反了义务，法律将以国家强制力为保证，对其施以强制措施，使其承担法律后果。

2. 侵犯软件著作权的民事责任是一种法律补偿

民事法律关系是平等主体之间的关系，民事主体的地位平等。一方当事人不履行义务而侵犯另一方合法权益时，需对另一方当事人承担责任，以恢复其受到侵犯的平等地位，弥补其受到的损失。因此，民事责任是一方当事人对另一方当事人承担的责任，一般不具有惩罚性，而以补偿性为其特点。补偿性是民事责任区别于其他法律责任的主要标志。[4]

侵犯软件著作权的民事责任作为一种法律补偿，是法律强制力为受害者的合法权益提供的保护性措施。这种保护的方式一般是：软件著作权人在其权利受到侵害以后，有权请求加害人恢复其权利，加害人在法律的强制力下有义务向软件著作权人履行财产给付（如赔偿损失、返还财物）和其他行为

---

〔1〕 李林启、康东书、郭玲：《计算机软件著作权保护制度研究》，光明日报出版社 2021 年版，第 156 页。

〔2〕 沈宗灵主编：《法理学》，北京大学出版社 2000 年版，第 527～528 页。

〔3〕 刘稚主编：《著作权法实务与案例评析》，中国工商出版社 2003 年版，第 244 页。

〔4〕 刘金霞、温慧卿编著：《新编民法原理与实务》，北京理工大学出版社 2017 年版，第 91 页。

义务（如赔礼道歉、消除影响等），从而使软件著作权人就其所受的损害，获得物质和精神上的填补，并使其侵害的权利回复至法律上的完好状态。

需要注意的是，软件著作权侵权中，同一项侵权责任，通常既包含着补偿又包含着制裁。补偿是对软件著作权人而言的，具有填补损失、恢复权利的意义；制裁是对加害人而言的，具有惩戒不法行为、恢复秩序的意义。同时，补偿通过制裁实现，制裁寓于补偿之中，也就是说，权利的恢复以义务性强制为途径，权利的恢复同时也是秩序的恢复。对不法行为的惩戒，也通过补偿的方式得以实现。这种补偿性，使软件著作权人可以依据民事责任制度赋予他的请求权直接提起诉讼，也可以寻求其他更为简便灵活的权利恢复方式。这样，就使软件著作权侵权民事责任成为人民群众广泛而经常运用的、既保护自己合法权益又保护社会公共秩序的有力武器。

（二）侵犯计算机软件著作权民事责任的构成要件

侵权行为构成要件，是指行为人的具体行为依法律规定构成侵权行为并承担相应民事责任的必备条件。侵权责任的构成要件在侵权法中占有重要地位，是归责原则的具体适用。运用构成要件判断法，通过对具体行为的分析，就可以确定某一特定的致损事实是否构成侵权，亦即行为人是否应当承担民事责任。[1] 所谓侵犯软件著作权民事责任的构成要件，是指在一般情况下，构成侵犯软件著作权行为民事责任所必须具备的条件。符合侵犯软件著作权民事责任的构成要件，是承担民事责任的前提。关于侵权责任的构成要件，目前国内主要存在"三要件说"和"四要件说"。根据"三要件说"，侵权责任的构成要件包括：过失、损害结果、行为与损害结果间的因果关系。这种学说认为违法行为不足以作为侵权行为责任的构成要件。而"四要件说"则认为，侵权责任的构成要件包括：行为的违法性、损害结果、损害行为与损害结果间的因果关系以及行为人的过错。[2] 对于侵犯软件著作权民事责任的构成要件，一般采用"四要件说"。具体而言，包括损害事实、行为违法性、因果关系、过错等四项，这是构成承担民事责任的四个要件，缺一不可。

1. 损害事实的存在

侵权民事责任主要是一种财产责任。它主要是以财产赔偿的方式制裁致

---

〔1〕 寇广萍编著：《侵权责任法》，中国政法大学出版社 2017 年版，第 36~37 页。

〔2〕 孔祥俊、杨丽："侵权责任要件研究（上）"，载《政法论坛》1993 年第 1 期。

害人，从而补偿受害人所受到的财产损失。既然是对损害进行赔偿，当然要有损害事实存在，只有发生了损害事实，才有可能发生赔偿问题。所谓损害事实是指行为人因自己的行为及自己所控制的物件致他人人身或财产上的不利益。这种不利益，包括一切受法律承认和保护的权利和利益所遭受的不良后果和不良状态。如财产的减少、利益的丧失以及名誉的毁损、精神痛苦或疼痛、生命的丧失、身体健康及自由的损害等。

作为侵犯软件著作权民事责任构成要件之一的损害事实，必须符合以下特点：一是损害必须有实际的损害结果，损害是指软件著作权人因他人的加害行为而遭受人身和财产权益的不利后果。二是损害的确定性，意味着对软件著作权人权利的损害事实是一个确定的事实，而不是臆想的、虚构的、尚未发生的现象。三是损害的可补救性，这是指对软件著作权人权利的损害已发生，且必须达到一定程度，在法律上是可补救的。

案例 8-1　东莞市普赛特检测设备有限公司与东莞市晟鼎精密仪器有限公司等侵害计算机软件著作权纠纷案[1]

在东莞市普赛特检测设备有限公司（以下简称普赛特公司）与东莞市晟鼎精密仪器有限公司（以下简称晟鼎公司）等侵害计算机软件著作权纠纷一案中，2016 年 3 月 7 日，中华人民共和国国家版权局出具软著登字第 1224264 号计算机软件著作权登记证书，载明软件名称为“视频接触角测定仪软件（简称：接触角软件）v2.4.0”，著作权人为晟鼎公司，开发完成日期为 2013 年 11 月 1 日，首次发表日期为 2014 年 10 月 1 日，权利取得方式为原始取得，权利范围为全部权利。晟鼎公司主张普赛特公司侵害其对涉案软件作品的复制权、发行权和署名权。2019 年 5 月 15 日至 2019 年 6 月 4 日，晟鼎公司代理人与普赛特公司人员通过微信聊天软件进行了多次关于购买机器设备的谈话，洽谈购买价格在 21 000 元至 24 480 元区间。2019 年 6 月 17 日，普赛特公司通过微信向晟鼎公司代理人赵××发送购销合同，约定供方普赛特公司向需方赵××提供水滴角测试仪一台，单价为 24 480 元。现场组装被诉产品后，与水滴角测试仪连接的计算机开机显示了其中安装的被诉侵权软件。运行晟

---

〔1〕　参见“东莞市普赛特检测设备有限公司与东莞市晟鼎精密仪器有限公司等侵害计算机软件著作权纠纷案”，最高人民法院〔2021〕最高法知民终 1210 号民事判决书。

鼎公司涉案软件应用程序与被诉侵权软件应用程序进行对比，二者在各运行界面的整体布局、构图比例、背景颜色、字体大小、功能模块分布、按键设置、下拉菜单栏设置、操作方式、其中包含的 4 种算法等诸多细节均保持一致，包括管理员密码均为"shengding"，仅在应用程序图标及版权信息一栏有所区别。以上可以证明被诉侵权软件复制了涉案软件。

根据《计算机软件保护条例》第 8 条的规定，软件著作权人享有"署名权"，即表明开发者身份，在软件上署名的权利；"复制权"，即将软件制作一份或多份的权利；"发行权"，即以出售或者赠与方式向公众提供软件的原件或者复制件的权利。普赛特公司与晟鼎公司为同一城市、相同行业的同业竞争者，且晟鼎公司拥有一定的业内知名度，生产并公开销售装载有涉案软件的"视频接触角测定仪"，普赛特公司有极大可能性接触到晟鼎公司的涉案软件，且被诉侵权软件与晟鼎公司涉案软件构成实质性近似。普赛特公司未经许可制造、销售了装载有被诉侵权软件的"水滴角测试仪"，且未标明软件的开发者名称，应认定普赛特公司侵害了晟鼎公司对涉案软件享有的署名权、复制权和发行权。

关于本案侵权责任如何承担，《著作权法》（2010 年修正）第 48 条第（一）项规定，未经著作权人许可，复制、发行其作品的，应当根据情况，承担停止侵害、消除影响、赔礼道歉、赔偿损失等民事责任。《计算机软件保护条例》第 24 条规定，未经软件著作权人许可，复制或部分复制著作权人的软件的，向公众发行著作权人的软件的，应当根据情况，承担停止侵害、消除影响、赔礼道歉、赔偿损失等民事责任。普赛特公司应立即停止向公众复制、发行被诉侵权软件的行为，即立即停止制造、销售被诉侵权产品的行为。署名权属于人身权利，侵害人身权的责任承担方式包括消除影响等，且普赛特公司的侵权行为势必对晟鼎公司的行业声誉造成不良影响，故晟鼎公司诉请普赛特公司刊登声明消除影响，依据充分，原审法院给予适当合理支持。普赛特公司关于被诉侵权软件有合法来源的抗辩，未提供充分证据予以证明，原审法院不予采纳，普赛特公司的赔偿责任不能免除。

关于本案赔偿数额的确定，《计算机软件保护条例》第 25 条规定，侵犯软件著作权的赔偿数额，依照《著作权法》第 49 条的规定确定。《著作权法》第 49 条规定，侵犯著作权或者与著作权有关的权利的，侵权人应当按照权利人的实际损失给予赔偿；实际损失难以计算的，可以按照侵权人的违法所得给予赔偿。赔偿数额还应当包括权利人为制止侵权行为所支付的合理开支。权利人的实际损失或者侵权人的违法所得不能确定的，由人民法院根据侵权行为的情节，判决给予 50 万元以下的赔偿。本案中，鉴于晟鼎公司提交的财务报表及销售合同等证据并不能证明其实际损失，也无充分证据证明普赛特公司的侵权获利，亦无权利许可费参照，故原审法院综合考虑涉案软件类型、晟鼎公司在研发方面的投入力度、被诉侵权产品的售价、涉案软件在被诉侵权产品中所占价值比例、普赛特公司的经营规模等侵权行为具体情节，以及晟鼎公司维权合理开支等因素，酌情确定普赛特公司赔偿晟鼎公司经济损失及维权合理费用共计 50 万元。

2. 加害行为的违法性

加害行为的违法性是侵犯软件著作权民事责任的另一构成要件。民法中的行为，既包括积极的作为，也包括消极的不作为。不管是作为还是不作为，都构成民事意义上的"行为"。侵犯软件著作权民事责任构成要件中造成损害事实的行为，必须具有违法性质，行为人才负有赔偿责任。否则，即使存在损害事实，也不能使行为人承担赔偿责任。通常情况下，违法行为有 2 种表现形式，即作为的违法行为和不作为的违法行为。所谓作为的违法行为，是指行为人作了《计算机软件保护条例》等法律法规所不允许的行为。所谓不作为的违法行为，是指法律要求行为人做而行为人没有做的行为。判断行为人有无不作为的违法行为，最主要的是看两点：一是行为人在法律上是否有作为的义务；二是负有一定义务的人在当时是否具备履行的条件。行为人只有在法律上负有义务，并且具备履行条件而不履行，才能认定其有不作为的违法行为。

需要注意的是，对于加害行为违法性中"法"的内容的理解，既包括国家实体法律中的规定，也包括公序良俗等，乃至按照职务上的要求所应承担的义务，这是因为其特征就是要在客观上与法律规定的精神、基本原则相一致。[1]我国《著作权法》《计算机软件保护条例》等法律法规均对计算机软件著作权人享有的权利进行了规定，违反相关知识产权法律法规侵害软件著作权人的行为均属于违法行为。

---

[1]　江平主编：《民法学》，中国政法大学出版社 2007 年版，第 542 页。

3. 违法行为与损害结果之间有因果关系

侵权的因果关系，是指违法行为和损害事实之间的因果关系，即若不存在这种违法行为，损害就不会发生，则该行为是损害结果发生的原因；反之，即使不存在该行为，损害也会发生，则该行为就不是损害发生的原因。因果关系是侵权行为成立的基础，不论是大陆法系还是英美法系都把因果关系作为侵权责任的基本构成要件，也是判断责任大小的重要标准。[1]

侵犯软件著作权纠纷中，因果关系的认定目的是判断造成损害的后果是不是侵权人所为。在对因果关系进行认定时，我们不但要根据软件著作权人所举的证据判断是否成立因果关系，还要全面分析软件著作权人提供的证据是否必然导致损害结果的发生。如认定侵权人的行为与软件著作权人所受损害存在事实因果关系，则认定二者之间因果关系成立；如客观事实上侵权人的行为并非软件著作权人所受损失的原因，则二者之间不存在因果关系。

案例 8-2　密山市才子佳人文化传媒有限公司、深圳市腾讯计算机系统有限公司侵害计算机软件著作权纠纷案[2]

密山市才子佳人文化传媒有限公司（以下简称才子佳人文化公司）自主研发了"才子佳人商城平台系统 V6.5"计算机软件，但发现有一微信公众号名称为"才子佳人商城"并以电商平台网站名义进行宣传和经营行为，严重侵害了才子佳人文化公司的合法权益。才子佳人文化公司多次向深圳市腾讯计算机系统有限公司（以下简称腾讯公司）投诉，但腾讯公司只是将"才子佳人商城"微信公众号的网页内容予以禁止，但并未删除侵权信息，腾讯公司作为微信公众号的运营管理者，在才子佳人文化公司多次投诉后仍不作为，未尽到合理解决侵权问题的义务。那么能否认定腾讯公司为武侯区三才商贸部的侵权行为提供便利服务，构成帮助侵权，从而承担相应的侵权责任呢？[3]

本案中，主张"帮助他人实施侵权行为"，应当具备：一是帮助人实施了帮助行为；二是被帮助人实施了侵权行为，且帮助行为与侵权行为造成的损

---

〔1〕　寇广萍编著：《侵权责任法》，中国政法大学出版社 2017 年版，第 45 页。

〔2〕　参见"密山市才子佳人文化传媒有限公司、深圳市腾讯计算机系统有限公司侵害计算机软件著作权纠纷案"，最高人民法院〔2022〕最高法知民终 387 号民事判决书。

〔3〕　《侵权责任法》第 9 条第 1 款规定，帮助他人实施侵权行为的，应当与行为人承担连带责任。

害后果之间具有因果关系；三是帮助行为出于故意。首先可以认定武侯区三才商贸部侵害了才子佳人文化公司的署名权，至于是否构成侵害涉案软件著作权的行为，才子佳人文化公司没有出示相关证据，[1]因此不能认定其所诉称的腾讯公司实施了帮助侵权行为，其仅以"才子佳人商城"微信公众号中的名称与涉案软件相同主张涉案软件著作权中的署名权被侵害，缺乏事实和法律依据。

4. 行为人主观上有过错

过错是侵权责任构成中的重要因素，它不仅是责任的构成要件，而且是责任的最终构成要件。具体而言，过错是加害人在实施行为时主观上对其行为后果具有故意或过失的一种可归责的心理状态，包括故意和过失两种形式。行为人预见到自己行为的后果，并希望其发生或者放任其到来的，称为故意。行为人对其行为的结果应当预见到或者能够预见到但没有预见到，或者虽然预见到但轻信其不会发生，以致造成损害结果的，称为过失。

侵犯软件著作权纠纷中，行为人的行为是故意或者过失，或者过失程度大小如何，一般情况下对于确定其民事责任并无实际意义。这是因为，确定侵犯软件著作权民事责任的范围，通常取决于损害的有无或大小，并不因为行为人的故意或者过失而有所不同。

上述才子佳人文化公司与腾讯公司的案例也可以说明，要构成计算机软件著作权的侵权行为，必须以行为主体主观上的过错为前提，应当符合《民法典》规定的过错责任原则，[2]缺失了以上4要件中的任何一个，都不能认定行为系侵权。

（三）侵犯计算机软件著作权民事责任的表现形式

依照《计算机软件保护条例》第23条的规定，因侵犯软件著作权而应当承担民事责任的侵权行为主要表现为以下几种形式：

---

〔1〕 根据《最高人民法院关于适用〈中华人民共和国民事诉讼法〉的解释》第90条的规定："当事人对自己提出的诉讼请求所依据的事实或者反驳对方诉讼请求所依据的事实，应当提供证据加以证明，但法律另有规定的除外。在作出判决前，当事人未能提供证据或者证据不足以证明其事实主张的，由负有举证证明责任的当事人承担不利的后果。"

〔2〕 根据《民法典》第1165条的规定："行为人因过错侵害他人民事权益造成损害的，应当承担侵权责任。依照法律规定推定行为人有过错，其不能证明自己没有过错的，应当承担侵权责任。"

1. 未经软件著作权人许可，发表或者登记其软件

未经软件著作权人许可，发表或者登记其软件，就侵犯了软件著作权人的发表权。这是因为，决定软件是否公之于众是软件著作权人的权利，应当由软件著作权人自己来决定，他人未经软件著作权人同意而将其软件发表或者登记，就是侵权行为。因侵权行为致使软件著作权人人身或财产损失，行为人应当承担民事责任。发表权中还包括软件著作权人有权以某种形式首次发表其软件，如果未按软件著作权人决定的形式发表其软件，也是侵犯其发表权的行为，也应当承担相应的民事责任。

案例 8-3　深圳市凉屋游戏科技有限公司诉湖北网侠计算机科技有限公司侵害计算机软件著作权纠纷案[1]

本案中，湖北网侠计算机科技有限公司（以下简称网侠公司）未经深圳市凉屋游戏科技有限公司（以下简称凉屋公司）许可，在其经营的"手机乐园"APP 中发布并宣传凉屋公司旗下的网络游戏《元气骑士》破解版。玩家下载《元气骑士》破解版后，无需付费即可获取大量游戏币，用于购买游戏中的虚拟道具等物品。网侠公司的行为侵犯了凉屋公司对《元气骑士》网络游戏软件所享有的信息网络传播权。

根据凉屋公司提供的涉案《计算机软件著作权登记证书》、原国家新闻出版广电总局《网络游戏出版物号（ISBN）核发单》，能够证明凉屋公司享有《元气骑士》网络游戏软件的著作权。同时，根据凉屋公司提供的《元气骑士》网络游戏的运营及获奖情况，能够证明凉屋公司的《元气骑士》网络游戏在市场上具有一定的知名度。凉屋公司通过举证证明，网侠公司经营的手机乐园网站未经许可对《元气骑士》网络游戏破解版软件进行广泛宣传，网络用户通过付费即可下载《元气骑士》网络游戏破解版软件，并可以打开运行软件玩游戏。由于网侠公司已停止在手机乐园 APP 上传《元气骑士》网络游戏，因此，判决网侠公司停止侵害凉屋公司《元气骑士》网络游戏软件的著作权，已无必要。由于网侠公司并未侵犯凉屋公司《元气骑士》网络游戏软件的著作人身权或致凉屋公司商誉受损，因此，凉屋公司要求网侠公司承

---

[1] 参见"湖北网侠计算机科技有限公司、深圳市凉屋游戏科技有限公司侵害计算机软件著作权纠纷案"，最高人民法院［2021］最高法知民终 1092 号民事判决书。

担消除影响、赔礼道歉的法律责任，原审法院不予支持。由于凉屋公司与网侠公司均未提供"因网侠公司侵权致凉屋公司受损或网侠公司因侵权获利数额"的确切证据，故原审法院综合考虑凉屋公司《元气骑士》网络游戏软件的研发需要付出较大的成本、《元气骑士》网络游戏具有较高的市场知名度、网侠公司实施著作权侵权行为的方式为信息网络传播、侵权传播较快且传播范围较广、侵权在主观上为故意、网侠公司的侵权行为给凉屋公司正版游戏运营带来较大影响、凉屋公司为维权支付的必要合理费用等因素，酌情判定网侠公司赔偿凉屋公司经济损失及合理维权费用 50 万元。

2. 将他人软件作为自己的软件发表或者登记

将他人软件作为自己的软件发表或者登记，不仅侵犯了软件著作权人的发表权，而且侵犯了软件著作权人的署名权和其他财产权利，行为人应当承担相应的民事责任。

案例 8-4　武汉蓝星科技股份有限公司、李某著作权权属、侵权纠纷、商业贿赂不正当竞争纠纷案[1]

2012 年 1 月 20 日，武汉蓝星科技股份有限公司（以下简称蓝星公司）（甲方）与无懈公司（乙方）签订《ScreenLink 定制开发合同书》及其附件，双方约定，基于蓝星公司的 IVI 产品，按照甲方的需求定制开发系统及运行在其上的软件，产品名称为 ScreenLink 系统。合同 3.4 条约定，甲方主要负责设计 UI 流程和部分界面逻辑；乙方主要负责底层系统支持、中间件、空间封装以及部分重要界面开发工作；4.3 条约定本项目开发费用共计人民币 8 万元整，其中 4 万元分摊至 4K 套产品中，该条还按照软件数量分别约定了授权费用；8.1 条约定，甲方销售或使用乙方独立开发的 ScreenLink 产品时，均需向乙方支付授权费用，甲方未经乙方书面同意，不得转让 ScreenLink 产品的知识产权，在保证乙方权益的情况下，乙方不得拒绝甲方转让给第三方；8.2 条约定，在 8.1 条的基础上，乙方同意因履行本协议所产生的研究开发成果及其知识产权归甲方所有，产品的生产、经营、销售权归甲方所有。无懈公司在 2012 年 6 月 1 日完成了无懈科技手机互联开发工具软件 V1.0 版本，并提

---

[1] 参见《武汉蓝星科技股份有限公司、李某著作权权属、侵权纠纷、商业贿赂不正当竞争纠纷案》，湖北省高级人民法院［2017］鄂民终 244 号民事判决书。

交国家版权局进行登记，登记号：2013SR050640，登记日为 2013 年 5 月 28 日，软件环境为 Linux 系统，编程语言为 C99，主要功能为本系统构建于 Linux 操作系统之上，实现了电脑与智能手机之间的互联功能。亿维特公司与无懈公司 2014 年 4 月 17 日、2014 年 7 月 29 日、2014 年 8 月 26 日、2014 年 10 月 20 日、2014 年 11 月 20 日签订的 5 份《采购合同》载明，亿维特公司向无懈公司采购了品名为"无懈科技手机互联开发工具软件（简称：手机互联开发工具）V1.0"的软件，合同金额合计为 232 382 元。

本案中，无懈科技手机互联开发工具 V1.0 系蓝星公司与无懈公司签订的定制合同的开发成果，依合同约定，该软件的著作权应归属于蓝星公司。无懈公司将蓝星公司享有著作权的无懈科技手机互联开发工具软件 V1.0 登记在自己名下，即属于将他人软件作为自己的软件登记的侵权行为。法院的具体理由为：其一，无懈科技手机互联开发工具 V1.0 著作权登记的开发完成日期是 2012 年 6 月 1 日，在 2012 年 1 月合同签订与 2012 年 12 月软件测试验收之间，其申请时间显然是在 2012 年 1 月合同约定的技术成果研发期间之内。其二，无懈科技手机互联开发工具 V1.0 的源代码中，出现了大量的 ScreenLink 字样，而 ScreenLink 正是 2012 年 1 月合同约定的软件名称。其三，从 2012 年 1 月合同的目的来看，双方签订该合同是为了实现合同附件《ScreenLink 需求规约》要求的"实现手机到车机屏幕的同步"以及"双屏互动启动手机屏幕到车机屏幕的映射和操作"的技术目标，而无懈科技手机互联开发工具 V1.0 著作权登记资料记载，该软件的主要功能为构建于 Linux 操作系统之上，实现了电脑与智能手机之间的互联功能。由此可见，无懈科技手机互联开发工具 V1.0 的主要功能与 2012 年 1 月合同约定 ScreenLink 软件的研发目的具有一致性。其四，本案一审中，蓝星公司和无懈公司均认可，蓝星公司主张权利的无懈科技手机互联开发工具 V1.0 与无懈公司交付的 ScreenLink 软件具有对应关系，且无懈公司二审并未提交相反证据证明，无懈科技手机互联开发工具 V1.0 与 ScreenLink 软件不具有同一性。基于上述事实，本案可以认定，无懈科技手机互联开发工具 V1.0 是双方 2012 年 1 月合同约定的研发成果。根据双方 2012 年 1 月合同关于研究开发成果的知识产权归属蓝星公司所有的约定，无懈科技手机互联开发工具 V1.0 的著作权应当为归蓝星公司所有。

3. 未经合作者许可，将与他人合作开发的软件作为自己单独完成的软件发表或者登记

合作开发的软件是两个或者两个以上的自然人、法人共同创作完成的软件，合作范围包括软件的代码编写、调试、测试等开发工作。现实软件开发中，合作开发软件分为分工合作开发和以一方为主的合作开发。分工合作开发，即根据合作协议，合作各方坚持勤勉努力、诚实信用原则，在考虑各方软件兼容和接合的基础上，按照软件编程工作的正常分工进行各方分别负责的软件的编程工作，任何一方不得随意更改软件的重大功能和事项，以免对其余各方造成履约困难。如部分合作人发生特殊技术困难，其余合作方有义务为其提供合理适当的技术帮助。以一方为主的合作开发，即双方采取由乙方向甲方提供符合合同约定的软件开发专业技术人员，由甲方进行统一软件开发管理并支付乙方合作费用的合作模式。此种合作模式下，甲方应当提供专人与乙方联络并对乙方的开发进度及质量进行监督，应当将软件开发所需要的所有数据交给乙方，并保证数据的正确性，应当及时支付软件合作开发费用。乙方应当制定软件开发研究计划，经甲方确认后，按照软件开发研究计划的约定，及时、正确地完成系统的开发，乙方交付产品时需要向甲方提交完成甲方功能要求的可执行软件、软件的开发计划文件、软件的设计文件、软件的模拟环境、软件的质量保证计划、软件的确认测试计划、软件的源代码、软件的使用说明书、软件开发过程中产生的其它文档等材料。

合作开发软件凝结了合作者共同的创造性劳动，其著作权应当由合作者共同享有，合作者中的任何一个自然人或者法人都无权单独行使合作开发软件的著作权。未经合作者许可，将与他人合作开发的软件作为自己单独完成的软件发表或者登记，不仅侵犯了合作者的发表权，而且等于窃取了他人的创造成果，侵犯了合作者的署名权和其他财产权利，行为人应当承担相应的民事责任。实践中，这种侵权行为大体分两种情况：一是合作开发的软件完成后，合作作者之一或者一部分人抢先以自己的名义单独予以发表，或者单独以自己的名义登记，侵犯其他合作作者的发表权、署名权；二是将已经发表的合作开发的软件经过改编、加工，形成一个新的改编的软件后，未经原合作开发者的许可就以自己的名义发表或者登记，从而侵犯其他合作开发者

的改编权。[1]

4. 在他人软件上署名或者更改他人软件上的署名

依照《计算机软件保护条例》的有关规定，署名权属于软件著作权人。软件著作权人有权在其开发的软件上表明自己的身份，即署上自己的名字，也有权署笔名或者不署名。未参加软件开发的人为谋取个人名利，无论采取何种方式在他人软件上署名或者更改他人软件上的署名，都是侵犯软件著作权人署名权的行为。软件著作权人有权禁止未参加开发的人在其软件上署名，也有权禁止他人更改其软件上的署名，侵权人应对其侵权行为承担相应的民事责任。

案例 8-5　不乱买电子商务（北京）有限公司与北京闪亮时尚信息技术有限公司侵害计算机软件著作权纠纷案[2]

本案中，不乱买电子商务（北京）有限公司（以下简称不乱买公司）是一家电子商务公司，并自主开发旗下网站"不乱买"（http://www.buluanmai.com）。该网站是一个创新的全中文海淘搜索引擎，自 2014 年 8 月上线以来积累了大量用户，并享有很高知名度。北京闪亮时尚信息技术有限公司（以下简称北京闪亮时尚公司）经营范围与不乱买公司相同，旗下网站"闪亮时刻"（http://www.blinghour.com）自 2016 年 7 月上线，同为海淘搜索引擎，其网站设计、布局及源代码均与不乱买公司网站实质性相同。"闪亮时刻"网站相对于"不乱买"网站增加了一些不同国家转运的信息，以及拼单服务的代码，其他代码逻辑基本上两者一致，有变量名不同，但仅仅是细微的命名差异。由此可以认定北京闪亮时尚公司未经许可使用了与不乱买公司网站相同的设计、布局，采用相同源代码，牟取利益，损害了不乱买公司依法享有的署名权、修改权、复制权等。

法院认为，关于署名权，因涉案侵权软件使用了原告的软件代码，但却并未注明该软件部分系来源于原告，该行为已侵害原告就其软件享有的署名权，依法应当承担赔礼道歉的民事责任。

---

〔1〕　徐玉麟主编：《计算机软件保护条例释义》，中国法制出版社 2002 年版，第 102 页。

〔2〕　参见"不乱买电子商务（北京）有限公司与北京闪亮时尚信息技术有限公司侵害计算机软件著作权纠纷案"，北京知识产权法院〔2016〕京 73 民初 1111 号民事判决书。

5. 未经软件著作权人许可，修改、翻译其软件

依照《计算机软件保护条例》的有关规定，修改、翻译其软件是软件著作权人享有的专有权利。未经软件著作权人许可，修改、翻译其软件，就侵犯了软件著作权人的修改权、翻译权，侵权人应对其侵权行为承担相应的民事责任。

案例 8-6　长沙米拓信息技术有限公司与驰稳流体设备（上海）有限公司侵害计算机软件著作权纠纷案[1]

本案中，长沙米拓信息技术有限公司（以下简称米拓公司）自主开发了"MetInfo 企业网站管理系统"，后于 2018 年更名为"米拓企业建站系统"（以下简称米某），并取得国家版权局颁发的计算机软件著作权登记证书，米拓公司依法享有米某的软件著作权。经宣传推广，米某已获得了极高的市场知名度和影响力，已有超过数十万客户下载使用米某，用以构建自己的企业官网。但驰稳流体设备（上海）有限公司在未获得米拓公司商业授权许可的情形下擅自复制、修改、使用米拓公司的米某建设网站，没有按《最终用户授权许可协议》的要求保留版权标识"PoweredbyMetInfo"和米拓信息下属网站"www. Metinfo. cn、www. Mituo. cn"链接。上述行为，直接违反了《最终用户授权许可协议》，侵犯了米拓公司就米某依法享有的署名权、修改权、复制权、信息网络传播权、获得报酬权等多项著作权利，给米拓公司造成了极大的经济损失。

6. 其他侵犯软件著作权的行为

兜底条款，也叫堵截条款、堵漏条款、概括条款或口袋条款，它作为一项立法技术，被广泛运用于各领域、各层级的法律、法规、规章等法律文件中。兜底条款将所有其他条款没有包括的，或者难以包括的，或者目前预测不到的都包括进来。兜底条款是法律文本中常见的法律表述，主要是防止法律的不周严以及社会情势的变迁。因为法律一旦制定出来，其稳定性就必然带来相对的滞后性。况且法律制定者受主观认识、能力等方面的限制，无法准确预知法律所要规范的所有可能出现的情形，所以有必要通过兜底条款来

---

〔1〕 参见"长沙米拓信息技术有限公司与驰稳流体设备（上海）有限公司侵害计算机软件著作权纠纷案"，上海知识产权法院〔2021〕沪 73 知民初 588 号民事判决书。

尽量减少人类主观认识能力不足所带来的法律缺陷，以保持法律的相对稳定。据此执法者可以依据法律的精神和原则，适应社会情势的客观需要，将一些新情况通过兜底条款这种立法技术的适用解决，从而保证法律无需修改也能保持适当的张力。

我国知识产权立法的指导思想是，尽量为司法实践提供具体行动的指南。因此，在很多情况下，对权利内容、侵权行为等采取的是列举主义立法模式。然而，列举主义不免挂一漏万，为解决这一矛盾，立法者采用了"列举主义+兜底条款"的立法体例。[1]侵犯软件著作权的行为比较复杂，上述列举的内容只是侵权行为中较为常见的，还有一些侵权行为，在上述 5 项中并没有包括，例如，使用他人的软件而未向其支付报酬的。本项作为兜底性的规定，将其他侵犯软件著作权人权益的侵权行为包括进来，能够更好地保护软件著作权人的合法权益。需要注意的是，兜底条款的适用应当具备合理性基础，且应当在穷尽有名权利仍不能对被诉行为进行规制的前提下适用。[2]

需要注意的是，《计算机软件保护条例》第 23 条有一个但书规定，即"除《中华人民共和国著作权法》或者本条例另有规定外"。在通常情况下，造成他人损害的行为都是违法的，但有些行为表面上似乎是侵害了他人的权益，而行为本身却是合法的，因而不能追究行为人的民事责任。具体而言，《著作权法》规定了合理使用、[3]法定许可[4]等情形，《计算机软件保护条例》也规定了合理使用、[5]善意使用、[6]表达方式竞合[7]等情形。在这些情况下使用软件著作权人的软件，都会给权利人造成一定的损失，但都不构成侵权，因而也无需承担民事责任。

《计算机软件保护条例》第 24 条规定："除《中华人民共和国著作权法》、本条例或者其他法律、行政法规另有规定外，未经软件著作权人许可，有下列侵权行为的，应当根据情况，承担停止侵害、消除影响、赔礼道歉、赔偿损失等民事责任；同时损害社会公共利益的，由著作权行政管理部门责令停

---

[1] 李雨峰：《中国著作权法：原理与材料》，华中科技大学出版社 2014 年版，第 94 页。
[2] 张俊发："论著作权权项设置中兜底条款的适用"，载《知识产权》2018 年第 12 期。
[3] 参见《著作权法》第 23 条。
[4] 参见《著作权法》第 33 条第 2 款。
[5] 参见《计算机软件保护条例》第 17 条。
[6] 参见《计算机软件保护条例》第 30 条。
[7] 参见《计算机软件保护条例》第 29 条。

止侵权行为，没收违法所得，没收、销毁侵权复制品，可以并处罚款；情节严重的，著作权行政管理部门并可以没收主要用于制作侵权复制品的材料、工具、设备等；触犯刑律的，依照刑法关于侵犯著作权罪、销售侵权复制品罪的规定，依法追究刑事责任：（一）复制或者部分复制著作权人的软件的；（二）向公众发行、出租、通过信息网络传播著作权人的软件的；（三）故意避开或者破坏著作权人为保护其软件著作权而采取的技术措施的；（四）故意删除或者改变软件权利管理电子信息的；（五）转让或者许可他人行使著作权人的软件著作权的。有前款第（一）项或者第（二）项行为的，可以并处每件 100 元或者货值金额 5 倍以下的罚款；有前款第（三）项、第（四）项或者第（五）项行为的，可以并处 5 万元以下的罚款。"从性质和后果看，条例第 24 条规定的侵权行为与前一条规定的有些不同，第 24 条规定的侵权行为不仅侵害了软件著作权人的合法权益，同时，也扰乱了社会主义市场经济秩序，损害了社会公共利益。因此，本条除规定行为人应承担民事责任外，还规定可以由著作权行政管理部门给予行政处罚，触犯刑律的，还应当依照刑法关于侵犯著作权罪、销售侵权复制品罪的规定，依法追究刑事责任。关于第 24 条规定的 5 项侵权行为，本书在侵犯软件著作权的行政责任部分具体论述。

（四）侵犯计算机软件著作权民事责任的承担方式

民事责任的承担方式，是指对软件著作权侵权人追究民事责任的具体处置形式。随着现代社会的发展，民事侵权呈现多样化、复杂化，新的民事责任形式不断增加，独立的民事责任制度逐步建立并日渐完善。一个国家的侵权责任法规定哪些侵权责任方式，取决于该国的民事立法政策和法律文化传统等因素。我国《民法典》规定了停止侵害、排除妨碍、消除危险、返还财产、恢复原状、赔偿损失、赔礼道歉、消除影响、恢复名誉等具体的民事责任方式，且这些民事责任方式在具体案件中可以单独适用，也可以合并适用。上述侵权责任方式可以分为两大类，即填补损害类型的侵权责任承担方式与预防类型的侵权责任承担方式。前者包括返还财产、恢复原状、赔偿损失、赔礼道歉、消除影响、恢复名誉，后者包括停止侵害、排除妨碍、消除危险。[1]为正确适用法律，准确适用不同的民事责任形式，法律需要对不同的

---

[1] 张钢成主编：《侵权责任案件裁判方法与规范》，法律出版社 2015 年版，第 25 页。

民事责任形式的适用条件作出规定，从而根据各种责任形式适用于各类不同的侵权行为，通过这些责任方式的承担达到预防、制裁侵权行为的要求。根据《计算机软件保护条例》第 23 条、第 24 条的规定，实施侵犯软件著作权侵权行为的，应当根据情况，承担停止侵害、消除影响、赔礼道歉、赔偿损失等民事责任。根据《侵权责任法》的规定，停止侵害、消除影响、赔礼道歉、赔偿损失等民事责任，可以单独适用，也可以几项合并适用。除上述民事责任外，根据侵犯软件著作权的实际情况，还可以要求侵权人承担其他民事责任。

1. 停止侵害

停止侵害，即责令侵权人停止正在进行的侵权行为。停止侵害的责任方式可以适用于各种侵权行为。其适用条件为侵权行为正在进行中或仍在延续，对尚未发生或已经终止的行为不适用。无论侵权人主观上是否有侵权的动机，都必须立即停止侵权行为，防止损害后果的扩大，使被害人的利益免受进一步的损失。如责令销售盗版软件的侵权人立即停止销售行为，对于已经销售的盗版软件，能够追回的应当追回。

根据《计算机软件保护条例》第 26 条的规定，软件著作权人有证据证明他人正在实施或者即将实施侵犯其权利的行为，如不及时制止，将会使其合法权益受到难以弥补的损害的，可以依照《著作权法》第 50 条〔1〕的规定，在提起诉讼前向人民法院申请采取责令停止有关行为的措施，法院可以针对加害行为的具体情况裁定是否先予执行。此外，根据《民法典》的相关规定，停止侵害责任方式可以单独适用，也可以与其他责任方式合并适用。可见，停止侵害责任方式是属于软件著作权人根据案件具体情况可供选择的侵权责任方式之一。

2. 消除影响

在对侵害软件著作权的救济中，"停止侵害"制止了正在进行中的侵害行为，同时也对行为人将来的行为进行了一定程度的约束。这种责任承担方式，使得侵权导致的后果不再继续发生或扩大。而对于侵权行为已经产生的损害

---

〔1〕 2010 年《著作权法》第 50 条规定："著作权人或者与著作权有关的权利人有证据证明他人正在实施或者即将实施侵犯其权利的行为，如不及时制止将会使其合法权益受到难以弥补的损害的，可以在起诉前向人民法院申请采取责令停止有关行为和财产保全的措施。人民法院处理前款申请，适用《中华人民共和国民事诉讼法》第九十三条至第九十六条和第九十九条的规定。"

后果而言，法律还应该予以相应的救济和补偿。消除影响即责令侵权人以适当方式消除因侵权行为给权利人造成的不利影响，这种民事责任主要适用于侵害软件著作权中的人身权，是恢复受害人名誉的一种方式，是侵害著作人格权行为的一种重要的"非金钱赔偿"民事责任方式，[1]其主要目的是消除侵权人的侵权行为对受侵害人著作人格权造成的不良影响，使权利人遭受的人格毁损恢复如初。

软件著作权侵权中，一般消除影响的范围应当与造成损害的范围相符，如侵权人在某期刊上发表了侵权作品，就应在此期刊上公开声明，以恢复权利人的名誉。如在武汉蓝星科技股份有限公司、李某著作权权属、侵权纠纷、商业贿赂不正当竞争纠纷案中，蓝星公司依法享有无懈科技手机互联开发工具 V1.0 著作权，无懈公司和亿维特公司共同侵犯了蓝星公司计算机软件的著作权，且其复制、发行蓝星公司无懈科技手机互联开发工具 V1.0 的侵权规模较大，无懈公司、亿维特公司的侵权行为给蓝星公司造成了不良影响，上述两公司应就侵犯蓝星公司复制权、发行权的行为在新浪网、搜狐网、《湖北日报》上刊登声明，消除其侵权行为对蓝星公司造成的不良影响。[2]

3. 赔礼道歉

赔礼道歉是一种具有中国文化底蕴的责任形式，深具中国特色。赔礼道歉不但体现了对侵权人侵权行为的否定性评价，也不同程度地平复了受害人的精神创伤，具有类似于精神损害赔偿的作用。[3]赔礼道歉作为民事责任方式，具有民事责任方式所具有的预防、惩罚功能。但是，它不同于其他责任方式，它是集话语性、强制性、人身性、惩罚性于一体的责任方式，其前提必须是道歉者的"自愿加真诚"。因为，道歉是行为人的内疚感，良心发现，是自向性行为，它不考虑受害人的感受。所以，道歉不能被强制。此外，赔礼道歉不是"用精神补救办法解决精神损失的有效方式"，[4]也不能作为减轻民事赔偿的手段。

---

〔1〕　周晓冰：《著作人格权的保护》，知识产权出版社 2015 年版，第 202 页。

〔2〕　参见"武汉蓝星科技股份有限公司、李某著作权权属、侵权纠纷、商业贿赂不正当竞争纠纷案"，湖北省高级人民法院［2017］鄂民终 244 号民事判决书。

〔3〕　崔建远："债法总则与中国民法典的制定——兼论赔礼道歉、恢复名誉、消除影响的定位"，载《清华大学学报（哲学社会科学版）》2003 年第 4 期。

〔4〕　江平、巫昌祯主编：《现代实用民法词典》，北京出版社 1988 年版，第 244 页。

赔礼道歉，即责令侵权人在侵权行为影响所及的范围内公开承认错误，向受害人赔礼道歉。这种责任方式在一般侵权中适用范围最广，有时与消除影响的责任方式结合在一起适用，也可以与其他民事责任方式并用。赔礼道歉的具体方式如登报致歉、在公开场合声明或者借助其他媒介表明歉意等。诉讼中如果当事人双方相互间已经达成了谅解，法院可以不必在判决书中写明公开赔礼道歉这种责任方式。

在软件著作权侵权中，赔礼道歉作为一种民事责任承担方式，一方面，对外可以达到公示是非曲直，消除公众因侵害软件著作人格权行为产生的对于软件和作者的错误认识、不良社会评价的目的；另一方面，对内可以抚慰和减轻作者因软件著作人格权被侵害所产生的精神痛苦。需要注意的是，由于软件的实用性等特征，软件著作权侵权中赔礼道歉的适用并不常用。如在上述武汉蓝星科技股份有限公司、李某著作权权属、侵权纠纷、商业贿赂不正当竞争纠纷案中，湖北省高级人民法院认为，无懈公司、亿维特公司侵犯的是蓝星公司的著作财产权而不是著作人身权，故对于蓝星公司请求判令上述两公司赔礼道歉的诉讼请求，不予支持。[1]

案例 8-7　欧特克公司与西安思坦仪器股份有限公司侵害计算机软件著作权纠纷案[2]

法院经审理查明，美国与中国均为《伯尔尼公约》的成员国。原告系一家美国公司，于 1994 年 5 月 10 日设立。2003 年 6 月 9 日至 2013 年 6 月 3 日，原告先后将 AutoCAD2004、AutoCAD2006、AutoCAD2007、AutoCAD2008、Auto-CAD2009、AutoCAD2010、AutoCAD2011、AutoCAD2012、AutoCAD2013、AutoCAD2014 计算机软件在美国版权局进行登记，著作权人为原告。被告于 2008 年 2 月 18 日在中国设立。2016 年 9 月 14 日，原告以被告实施了侵权行为为由向本院提起诉讼，请求判令被告停止侵权、赔礼道歉、赔偿经济损失及合理费用总计 1 100 700 元。

法院认为，原告主张被告应在《人民日报》刊登声明，公开向原告赔礼

---

〔1〕　参见"武汉蓝星科技股份有限公司、李某著作权权属、侵权纠纷、商业贿赂不正当竞争纠纷案"，湖北省高级人民法院［2017］鄂民终 244 号民事判决书。

〔2〕　参见"欧特克公司与西安思坦仪器股份有限公司侵害计算机软件著作权纠纷案"，陕西省西安市中级人民法院［2016］陕 01 民初 1494 号民事判决书。

道歉，因原告未提供证据证明被告的侵权行为使原告的商誉等受到了损害，故对原告的此项诉讼请求不予支持。

4. 赔偿损失

现代侵权责任法不仅具有传统侵权责任法消极补偿被侵权人损害的功能，而且还有积极预防和减轻损害的功能。多种侵权民事责任方式的适用对被侵权人提供了更多的救济方式，也能够更充分地发挥侵权责任法的多重功能。[1]在诸多责任方式中，赔偿损失无疑是其中最为重要的方式。

赔偿损失是指侵权人的侵权行为致使被侵权人的软件著作权的财产权利和人身权利受到损害而不能用其他方式弥补时，侵权人有义务用自己的财产补偿被侵害人所遭受的损失。赔偿损失是侵犯软件著作权所应承担民事责任中的一种最常用的方式，无论是侵害软件著作权中的财产权还是侵害软件著作权中的人身权，受害人都可以要求侵权人赔偿损失。

对于赔偿损失中赔偿数额的确定，《计算机软件保护条例》第 25 条作出了明确规定，即依照《著作权法》第 49 条的规定确定。《著作权法》第 49 条规定，侵犯著作权或者与著作权有关的权利的，侵权人应当按照权利人的实际损失给予赔偿；实际损失难以计算的，可以按照侵权人的违法所得给予赔偿。赔偿数额还应当包括权利人为制止侵权行为所支付的合理开支。权利人的实际损失或者侵权人的违法所得不能确定的，由人民法院根据侵权行为的情节，判决给予 50 万元以下的赔偿。关于侵犯软件著作权赔偿数额的确定，本书将在下一章进行专门探讨。

二、侵犯计算机软件著作权的行政责任

计算机软件作为我国《著作权法》中作品的一种，依照《计算机软件保护条例》第 24 条的规定，本条所列的侵权行为除承担停止侵害、消除影响、赔礼道歉、赔偿损失等民事责任形式外，同时损害社会公共利益的，应当承担行政责任，由著作权行政管理部门责令停止侵权行为，没收违法所得，没收、销毁侵权复制品，可以并处罚款；情节严重的，著作权行政管理部门可以没收主要用于制作侵权复制品的材料、工具、设备等。

---

〔1〕　王利明主编：《民法学》，复旦大学出版社 2015 年版，第 667 页。

（一）侵犯计算机软件著作权承担行政责任的前提

1. 行政处罚以损害社会公共利益为前提

侵犯软件著作权行为性质不同，其危害程度和范围也有区别。有些侵权行为只损害了软件著作权人的合法权益，有些侵权行为不仅侵害了软件著作权人的权益，同时还欺骗了广大公众，破坏了社会正常的市场经济秩序。对这种行为，除了要依法承担民事责任以外，是否还要承担相应行政责任以及什么情况下需要承担行政责任，存在不同的观点。世界上绝大多数国家和地区在著作权法中只规定了民事责任和刑事责任，并没有行政责任。究其原因主要是著作权是一种私有财产权，用行政权力解决民事主体之间的侵权纠纷，会使得本来处于平等地位的双方当事人的利益天平因行政干预而倾斜。再加上行政资源的相对有限，在通过民事诉讼和刑事诉讼可以进行有效救济情形下，没有必要动用国家行政力量介入。[1]我国是从计划经济向市场经济转变而来的，社会各界对行政机关解决社会问题的高效率依然十分信奉，加之国民权利意识特别是尊重和保护知识产权意识还有待提高，为了能有效地解决影响市场经济秩序的著作权侵权行为，我国《著作权法》规定，著作权侵权行为同时损害公共利益的，应当承担行政责任。当侵权行为不仅侵害了权利人利益，也损害市场经济秩序时，根据我国著作权法及其实施条例等相关规定，著作权人可以向著作权行政主管管理部门进行投诉并要求对侵权行为给予行政处罚，著作权行政主管部门也可以依职权主动进行行政查处。著作权侵权行为的行政责任是我国《著作权法》独有的制度。

《计算机软件保护条例》在修改过程中，对于侵犯软件著作权承担行政责任是否增加"同时损害社会公共利益的"，即行政处罚是否以损害社会公共利益为前提这一问题上出现过争论：有意见认为，软件行业侵犯软件著作权的情况比较多，而且越来越严重，许多企业对软件盗版深恶痛绝，强烈呼吁国家加大对制作、贩卖盗版软件的打击力度。因而没有必要人为地设置一个障碍，束缚行政机关的手脚。还有意见认为，软件著作权是一种民事权利，侵权后的救济应主要采用司法救济方式，但这并不是说行政机关对侵权行为可以坐视不管，相反地，对于同时损害社会公共利益、扰乱市场经济秩序的侵

---

[1] 潘灿君：《著作权法》，浙江大学出版社2013年版，第201页。

权行为，著作权行政管理部门可以主动查处，对于情节严重的侵权行为，著作权行政管理部门甚至可以给予严厉的行政处罚。

《计算机软件保护条例》采纳了后一种意见，规定了行政处罚以损害社会公共利益为前提，即著作权行政执法的介入前提是软件著作权侵权行为同时损害社会公共利益。行政处罚可以最大限度地保护软件著作权的合法权益，面对大规模的软件侵权盗版、网络侵权行为，仅仅依靠民事诉讼难以有效保护权利人的合法权益。当民事活动扰乱社会经济秩序，并损害社会公共利益时，应当而且必须通过设立行政处罚予以规制。依靠政府部门的行政监管介入，可以最大限度地保护权利人的合法权益，有效规范著作权传播市场秩序。而行政处罚以损害社会公共利益为前提，一是可以有效遏制行政权力的滥用，这就要求软件著作权行政执法应针对破坏公共秩序、不正当竞争、损害公共利益的违法行为予以行政处罚。公权力应适度介入著作权侵权的私权纠纷，过度介入会导致公权力对私权利的干涉。二是防止软件著作权侵权民事诉讼的行政化。由于权利人投诉行政执法部门成本低，效率高，会形成"事事找政府、件件靠执法"的怪象，给行政执法部门造成巨大压力，不堪重负，因而要以损害社会公共利益为前提。[1]

2. 著作权法对公共利益的界定

著作权法是立足于保护著作权人专有权的法律，在本质上属于私法范畴。但是，由于著作权的保护客体智力作品作为一种信息，具有私人产品和公共产品的双重性质，著作权法具有重要的公共利益目标。政府为促进整体文明进步而确定的著作权公共政策的基本目标，主要包括鼓励作者的文学艺术创作力和言论自由，鼓励相关企业对作品的传播进行投资，以及为公众提供自由选择文化产品的机会。[2]我国《著作权法》的立法宗旨亦体现了这一目标。[3]

著作权法中的公共利益可从不同的认识视角加以理解：其一，从著作权增进民主目的的角度认识。著作权法具有增进民主的目的，著作权法服务于

---

[1]　杨勇："著作权法中损害公共利益的认定研究"，载《中国版权》2016 年第 5 期。

[2]　郑成思主编：《知识产权文丛》（第 2 卷），中国政法大学出版社 1999 年版，第 17 页。

[3]　《著作权法》第 1 条规定："为保护文学、艺术和科学作品作者的著作权，以及与著作权有关的权益，鼓励有益于社会主义精神文明、物质文明建设的作品的创作和传播，促进社会主义文化和科学事业的发展与繁荣，根据宪法制定本法。"

促进重要的公共利益，像学术争鸣、公众教育、表达的多样性等。著作权法公共利益目的的实现关注信息自由、教育利益和知识的扩散与效用等方面，而这些利益涉及自由与民主社会的本质问题。著作权立法和司法保护都不可能不对这些重要的公共利益问题予以重视。其二，从著作权法的激励理论角度认识。著作权激励理论主张著作权法的目的是通过激励创造性作品的创作和传播而促进知识和学习，而不是强调这些作品的价值。根据激励理论，著作权原理基于这样一种观念之上，即著作权法的重要目标是为了公众的利益而对知识的创造和传播的支持。其三，从效用理论角度认识。从著作权的效用理论看，著作权立法的最后目的是公共福利，是促进学习和文化的增进，并且作者有时间限制的专有权赋予是实现这样一个目标的手段。[1]

3. 判定软件著作权侵权行为损害公共利益应考虑的因素

行政处罚的目的是维护政府法定授权对扰乱公共秩序，违反法律法规、规章，并损害公共利益行为的惩戒。在判定软件著作权侵权行为是否损害公共利益时，应考虑以下因素：首先，未经许可公开提供作品的数量、次数或持续时间，这是判定侵权行为是否"损害公共利益"时最先需要考虑的因素。如民事侵权诉讼的屡次败诉，主观上表现为对遵守《著作权法》等法律的漠视，客观上已经扰乱了公共管理秩序，损害了公共利益；行政监管的屡次警示，客观上损害了行政部门对著作权传播的公共管理秩序，损害了公共利益；软件著作权利人根据相关法规、规章维护自身的合法权益，屡次通知侵权单位停止侵权，但仍然反复侵权，难以有效停止侵权的行为，既扰乱了公共秩序，也违反了公共社会道德。其次，实施著作权侵权行为的违法所得，也是判定侵权行为是否"损害公共利益"时需要考虑的因素。如擅自复制和商业性使用计算机软件用于设计、制作公司产品并获得经济利益的行为等，既破坏了公共管理秩序，又违反了公平竞争原则，显然损害了公共利益。最后，判定侵权行为是否"损害公共利益"时，除考虑上述两点因素外，还应结合其他情况综合考虑。过错程度、侵权时间长短、侵权范围大小往往与侵权人的营利方法、商业模式相关，具有一定的经济特性。在认定侵权行为是否"损害公共利益"时，应该考虑这些经济因素。此外，作品的受欢迎程度也与侵权行为是否损害公共利益相关，同样属于判定侵权行为是否"损害公共利

---

〔1〕 冯晓青："论著作权法与公共利益"，载《法学论坛》2004 年第 3 期。

益"时应考虑的因素。[1]

（二）侵犯计算机软件著作权承担行政责任的表现形式

《计算机软件保护条例》第 24 条采取列举的方式规定了侵犯软件著作权应承担行政责任的五种表现形式，即复制或者部分复制著作权人的软件，向公众发行、出租、通过信息网络传播著作权人的软件，故意避开或者破坏著作权人为保护其软件著作权而采取的技术措施，故意删除或者改变软件权利管理电子信息，转让或者许可他人行使著作权人的软件著作权。需要注意的是，这五种侵权行为同时损害社会公共利益的，应承担行政责任。除了行政责任外，还要根据侵权行为的性质、后果等情况，承担相应的民事责任和刑事责任。

1. 复制或者部分复制著作权人的软件

复制权是软件著作权人享有的专有权利，任何人未经软件著作权人许可，复制或者部分复制软件著作权人的软件，就构成对软件著作权人合法权益的侵犯，同时损害社会公共利益的，应根据侵权行为的性质、后果等情况，承担相应的行政责任。

2. 向公众发行、出租、通过信息网络传播著作权人的软件

发行权、出租权、信息网络传播权是软件著作权人享有的专有权利，任何人未经软件著作权人许可，向公众发行、出租、通过信息网络传播软件著作权人的软件，就构成对软件著作权人合法权益的侵犯，同时损害社会公共利益的，应根据侵权行为的性质、后果等情况，承担相应的行政责任。

3. 故意避开或者破坏著作权人为保护其软件著作权而采取的技术措施

数字技术给著作权人带来新机遇的同时，也让其不得不去面对作品之上的著作权利益在网络环境中被大量侵权行为所侵蚀的问题与挑战。基于此，著作权人开始"借力打力"——用技术手段去应对数字技术所带来的冲击，这些技术手段被称为技术措施。技术措施一般是指著作权人所实施的旨在控制其作品的接触、复制或传播等的有效技术手段。技术措施根据其功能一般被分为控制访问的技术措施和控制使用的技术措施。[2]技术措施的出现也催生了大量的规避行为，规避技术措施通常是指利用特殊的技术或工具避开、

---

〔1〕　陈绍玲："著作权侵权行政执法'公共利益'研究"，载《中国版权》2011 年第 5 期。

〔2〕　董慧娟：《版权法视野下的技术措施制度研究》，知识产权出版社 2014 年版，第 31~33 页。

破坏技术措施的行为。如果放任对技术措施的攻击行为，则会使得著作权人无法抵御网络中频发的侵权行为，将作品的保护层——技术措施纳入著作权法的保护，是著作权法的动态利益平衡机制发挥了作用。就此，技术措施具备的功能才能得以有效发挥，著作权人才不会失去源源不断创作和传播优秀作品的动力。[1]

软件著作权人为了保护其软件著作权，经常会在其软件中采取一些技术措施，任何人未经软件著作权人许可，故意避开或者破坏软件著作权人为保护其软件著作权而采取的技术措施，就构成对软件著作权人合法权益的侵犯，同时损害社会公共利益的，应根据侵权行为的性质、后果等情况，承担相应的行政责任。

技术措施自身的特性决定了其在现实中使得权利人对作品及信息的控制容易滑向轻易且绝对的局面，不对技术措施的有效性及相关目的进行限定，则容易滋生对技术措施的滥用，如借助技术措施去影响消费者的利益、技术发展和市场竞争以实现其他与保护著作权人在著作权法中正当利益无关的目的。[2]

案例8-8　北京精雕科技有限公司诉上海奈凯电子科技有限公司侵害计算机软件著作权纠纷案[3]

本案中，北京精雕科技有限公司（以下简称精雕公司）采用特定格式而非通用格式完成数据交换的目的并不在于对相关软件进行加密保护，而是限定相关软件只能在特定系统中使用，其根本目的和真实意图在于建立和巩固捆绑销售关系。法院生效裁判认为，根据《著作权法》第48条第1款第（六）项、[4]《计算机软件保护条例》第24条第1款第（三）项的规定，故意避开或者破坏著作权人为保护其软件著作权而采取的技术措施的行为是侵犯软件著作权的行为。上述规定体现了对恶意规避技术措施的限制，主要限制的是针对受保护的软件著作权实施的恶意技术规避行为，是对计算机软件

---

〔1〕 来小鹏、许燕："技术措施与合理使用的冲突与协调——对《著作权法》第49条及第50条的再思考"，载《中国应用法学》2022年第3期。

〔2〕 王迁："论版权对滥用技术措施行为的规制"，载《现代法学》2018年第4期。

〔3〕 参见"北京精雕科技有限公司诉上海奈凯电子科技有限公司侵害计算机软件著作权纠纷案"，上海市高级人民法院［2006］沪高民三（知）终字第110号民事判决书。

〔4〕 此处的《著作权法》为2001年修正的《著作权法》。

著作权的保护。但是，上述限制"恶意规避技术措施"的规定不能被滥用。著作权人为输出的数据设定特定文件格式，并对该文件格式采取加密措施，限制其他品牌的机器读取以该文件格式保存的数据，从而保证捆绑自己计算机软件的机器拥有市场竞争优势的行为，不属于上述规定所指的著作权人为保护其软件著作权而采取技术措施的行为。他人研发能够读取著作权人设定的特定文件格式的软件的行为，不构成对软件著作权的侵犯。根据本案事实，JDPaint 输出的 Eng 格式文件是在精雕公司的"精雕 CNC 雕刻系统"中两个计算机程序间完成数据交换的文件。从设计目的而言，精雕公司采用 Eng 格式而没有采用通用格式完成数据交换，并不在于对 JDPaint 软件进行加密保护，而是希望只有"精雕 CNC 雕刻系统"能接收此种格式，只有与"精雕 CNC 雕刻系统"相捆绑的雕刻机床才可以使用该软件。精雕公司对 JDPaint 输出文件采用 Eng 格式，旨在限定 JDPaint 软件只能在"精雕 CNC 雕刻系统"中使用，其根本目的和真实意图在于建立和巩固 JDPaint 软件与其雕刻机床之间的捆绑关系。这种行为不属于为保护软件著作权而采取的技术保护措施。如果将对软件著作权的保护扩展到与软件捆绑在一起的产品上，必然超出我国著作权法对计算机软件著作权的保护范围。精雕公司在本案中采取的技术措施，不是为保护 JDPaint 软件著作权而采取的技术措施，而是为获取著作权利益之外利益而采取的技术措施。因此，精雕公司采取的技术措施不属于《著作权法》《计算机软件保护条例》所规定著作权人为保护其软件著作权而采取的技术措施，上海奈凯电子科技有限公司（以下简称奈凯公司）开发能够读取 JDPaint 软件输出的 Eng 格式文件的软件的行为，并不属于故意避开和破坏著作权人为保护软件著作权而采取的技术措施的行为。

4. 故意删除或者改变软件权利管理电子信息

在网络环境下，为了保护其软件著作权不受侵犯，软件著作权人经常使用一些权利管理电子信息，任何人未经软件著作权人许可，故意删除或者改变软件权利管理电子信息，就构成对软件著作权人合法权益的侵犯，同时损害社会公共利益的，应根据侵权行为的性质、后果等情况，承担相应的行政责任。

5. 转让或者许可他人行使著作权人的软件著作权

软件著作权人享有发表权、署名权、复制权、发行权、出租权、信息网络传播权、翻译权等多种权利。软件著作权人可以许可他人行使其软件著作权，并有权获得报酬。软件著作权人可以全部或者部分转让其软件著作权，并有权获得报酬。换言之，转让或者许可他人行使其软件著作权，是软件著作权人的专有权利，任何人未经软件著作权人同意，转让或者许可他人行使软件著作权人的软件著作权，就构成对软件著作权人合法权益的侵犯，同时损害社会公共利益的，应根据侵权行为的性质、后果等情况，承担相应的行政责任。

（三）侵犯计算机软件著作权行政责任中的行政处罚

行政处罚指行政主体为达到对违法者予以惩戒，促使其以后不再犯，有效实施行政管理，维护公共利益和社会秩序，保护公民、法人或其他组织的合法权益的目的，依法对行政相对人违反行政法律规范尚未构成犯罪的行为，给予人身的、财产的、名誉的及其他形式的法律制裁的行政行为。《计算机软件保护条例》第24条规定了软件著作权侵权行为同时损害社会公共利益应当承担行政责任的，由著作权行政管理部门责令停止侵权行为，没收违法所得，没收、销毁侵权复制品，可以并处罚款；情节严重的，著作权行政管理部门可以没收主要用于制作侵权复制品的材料、工具、设备等。此处，"责令停止侵权行为"属于行政措施，是指著作权行政管理部门为了防止权利人的损失进一步扩大而强制侵权人立即停止侵权的一种行政措施。"没收违法所得、没收、销毁侵权复制品、罚款、没收主要用于制作侵权复制品的材料、工具、设备等"是行政处罚。

1. 没收违法所得

没收违法所得是《行政处罚法》规定的处罚种类之一，在行政执法实践中得到广泛适用。所谓没收违法所得，是指行政机关依法将违法行为人取得的违法所得财物，运用国家法律法规赋予的强制措施，对其违法所得财物的所有权予以强制性剥夺的处罚方式。侵犯软件著作权行政责任中的没收违法所得，是指著作权行政管理部门将侵权人因侵害软件著作权而获得的收入全部收归国有的一种行政处罚。

2. 没收、销毁侵权复制品

侵犯软件著作权行政责任中的没收、销毁侵权复制品，是指著作权行政管理部门将侵权复制品全部予以没收、销毁的一种行政处罚。根据《计算机软件保护条例》第 24 条的规定，在软件领域中，侵权复制品包括复制或者部分复制著作权人的软件、向公众发行、出租、通过信息网络传播著作权人的软件两个方面的内容。

3. 罚款

罚款，是行政机关对行政违法行为人强制收取一定数量金钱，剥夺一定财产权利的制裁方法。罚款是行政处罚手段之一，它不需经人民法院判决，只要行政执法单位依据行政法规的规定，作出处罚决定即可执行。如：违反《治安管理处罚法》的，由公安机关依《治安管理处罚法》规定的程序即可执行；违反工商管理相关规定的，由工商行政管理机关依据工商行政管理的具体规定程序作出决定即可执行。侵犯软件著作权行政责任中的罚款，是指著作权行政管理部门强迫侵权人缴纳一定数额的金钱的一种行政处罚。

根据《计算机软件保护条例》第 24 条的规定，侵犯软件著作权行政责任中的罚款是一种并处的行政处罚，不能单独使用，而是由著作权行政管理部门根据侵权行为的性质、情节和造成的后果等具体情况，在作出没收违法所得，没收、销毁侵权复制品处罚的同时，决定是否予以罚款。这种处罚可以处，也可以不处。关于罚款的数额问题，是执法中一个比较敏感的问题。为了方便著作权行政管理部门执法，同时防止执法过程中可能产生的执法不公现象，第 24 条第 2 款对罚款的数额作了明确规定：复制或者部分复制著作权人的软件的，或者向公众发行、出租、通过信息网络传播著作权人的软件的，可以并处每件 100 元或者货值金额 1 倍以上 5 倍以下的罚款；故意避开或者破坏著作权人为保护其软件著作权而采取的技术措施的，故意删除或者改变软件权利管理电子信息的，转让或者许可他人行使著作权人的软件著作权的，可以并处 20 万元以下的罚款。

4. 没收主要用于制作侵权复制品的材料、工具、设备等

侵犯软件著作权行政责任中的没收主要用于制作侵权复制品的材料、工具、设备等，是指著作权行政管理部门对情节严重的侵权行为给予的一种更为严厉的行政处罚，属于《行政处罚法》规定的行政处罚种类中的没收非法财物。非法财物，指的是被处罚人直接用于违法行为，且属于本人所有的物品。如为制造软件侵权复制品而准备的材料或者购置的工具、设备等就是非法财物。非法财物必须是直接用于违法活动的物品，间接用于违法活动的不包括在其中，且非法财物必须是属于违法行为人自己的物品，属于善意第三

人和受害人的财产不能被没收，最多只能做证据登记。

根据《计算机软件保护条例》第 24 条的规定，有些侵犯软件著作权的行为不仅要承担民事赔偿法律责任，还要承担没收侵权复制品或违法财物、罚款等行政法律责任。如果侵权人财产不足以承担民事责任和行政责任，则会在对侵权人财产处置上产生冲突。当侵犯软件著作权行为产生民事责任和行政责任冲突时，应坚持民事责任优先原则，即优先补偿软件著作权人的利益。因为侵权行为首先是侵犯了软件著作权人的合法权益，坚持软件著作权人利益补偿优先原则才能切实保障著作权人的合法利益，达到协调软件著作权人与著作权行政管理部门利益平衡的最佳社会效果。[1]

三、侵犯计算机软件著作权的刑事责任

著作权是私有民事权利，对侵犯著作权的行为多数情况下是通过追究侵权者的民事责任方式进行救济。但是，对于严重侵犯著作权行为，其不仅对权利人利益造成了损害，也对市场经济秩序造成了损害，可以追究侵权人的刑事责任。对严重的著作权侵权者适用刑事制裁，是打击著作权侵权行为的最严厉措施。世界各国的著作权法或者与著作权有关的刑事法律都规定了著作权严重侵权行为的刑事制裁。在我国，1979 年 7 月 1 日第五届全国人民代表大会第二次会议通过的《刑法》中没有规定著作权的刑事责任。我国最初制定《著作权法》时，对于是否规定侵犯著作权的刑事责任，曾有分歧意见，1990 年 9 月 7 日第七届全国人民代表大会常务委员会第十五次会议通过的《著作权法》并没有规定侵犯著作权的刑事责任。当时，全国人大宪法和法律委员会在对著作权法草案的审议报告中说，刑事处罚"可以另作决定或者在修改刑法时增加规定"。按照上述设想，1994 年 7 月 5 日第八届全国人民代表大会常务委员会第八次会议通过了《关于惩治侵犯著作权的犯罪的决定》，规定了几种著作权侵权的刑事责任。1997 年 3 月 14 日第八届全国人民代表大会第五次会议修订《刑法》时将该决定中有关著作权刑事责任的内容收录《刑法》中。我国现行刑法关于著作权犯罪和相应的刑事制裁措施，分别规定于《刑法》第 217 条、第 218 条和第 220 条三个条文中。《计算机软件保护条例》作为著作权法的配套法规，在第 24 条也规定了侵犯软件著作权的刑事责任，

---

〔1〕 潘灿君：《著作权法》，浙江大学出版社 2013 年版，第 205 页。

即"触犯刑律的，依照刑法关于侵犯著作权罪、销售侵权复制品罪的规定，依法追究刑事责任。"显然，刑法规定的侵犯软件著作权的犯罪有两种：一是侵犯著作权罪；二是销售侵权复制品罪。

（一）侵犯著作权罪

根据《刑法》第 217 条第（一）项的规定，以营利为目的，未经软件著作权人许可，复制发行其计算机软件的，违法所得数额较大或者有其他严重情节的，就构成侵犯著作权罪。侵犯著作权罪，违法所得数额较大或者有其他严重情节的，处 3 年以下有期徒刑或者拘役，并处或者单处罚金；违法所得数额巨大或者有其他特别严重情节的，处 3 年以上 7 年以下有期徒刑，并处罚金。根据《刑法》第 220 条的规定，单位犯侵犯著作权罪的，对单位判处罚金，并对其直接负责的主管人员和其他直接负责人员，依侵犯著作权罪的规定及相应个人犯罪的定罪量刑标准定罪处罚。[1]

案例 8-9　袁某兵侵犯著作权罪案[2]

本案中，被告人袁某兵伙同袁某（已判决）、熊某（已判决）、袁某（已判决）、从孙某（已判决）、宋某（已判决）处购买未经著作权人许可，使用《剑侠世界》网络游戏源代码，私自架设服务器运营的《情缘剑侠》网络游戏，并继续运营该网络游戏，非法经营额达人民币 40 余万元。被告人袁某兵的行为触犯了《刑法》第 217 条第（一）项、第 25 条第 1 款之规定，已构成侵犯著作权罪。

法院认为，被告人袁某兵以营利为目的，未经著作权人许可，发行他人享有著作权的计算机软件，情节特别严重，其行为已构成侵犯著作权罪，应予惩处。北京市海淀区人民检察院指控被告人袁某兵犯侵犯著作权罪的事实清楚，证据确实、充分，指控罪名成立。鉴于被告人袁某兵在共同犯罪中起次要作用，系从犯，且其系初犯，到案后及在庭审过程中均能如实供认自己的罪行，认罪、悔罪态度较好，本院对其依法减轻处罚。辩护人的部分相关

---

〔1〕 参见最高人民法院、最高人民检察院《关于办理侵犯知识产权刑事案件具体应用法律若干问题的解释（二）》第 6 条。

〔2〕 参见"袁某兵侵犯著作权罪案"，北京市海淀区人民法院［2019］京 0108 刑初 776 号刑事判决书。

辩护意见，本院酌予采纳。综上，依照《刑法》第 217 条第（一）项、第 25 条第 1 款，第 27 条、第 67 条第 3 款、第 53 条第 1 款之规定，判决如下：被告人袁某兵犯侵犯著作权罪，判处有期徒刑 1 年 8 个月，罚金人民币 10 万元。

1. 侵犯软件著作权犯罪中"以营利为目的"的认定

刑法上的营利分为直接营利和间接营利，侵犯计算机软件著作权犯罪中的"以营利为目的"，在直接营利和间接营利模式中表现出不同的特点，尤其是网络环境下的计算机软件侵权行为，由于其营利模式的隐蔽性、复杂性、技术性，使得对行为人是否"以营利为目的"的认定十分困难。[1]

在侵犯计算机软件著作权犯罪中，间接营利模式越来越多样化，由于我国《刑法》未对间接营利的情况进行明确的规定，因而在司法实践中认定行为人是否具有营利的目的出现了越来越多的难题。为依法惩治侵犯知识产权犯罪活动，维护社会主义市场经济秩序，最高人民法院、最高人民检察院颁行的《关于办理侵犯知识产权刑事案件具体应用法律若干问题的解释》第 11 条第 1 款规定，以刊登收费广告等方式直接或者间接收取费用的情形，属于《刑法》第 217 条规定的"以营利为目的"，对侵犯知识产权犯罪领域的间接营利作出了明确的规定。为解决公安机关、人民检察院、人民法院在办理侵犯知识产权刑事案件中遇到的新情况、新问题，最高人民法院、最高人民检察院、公安部 2011 年 1 月发布了《关于办理侵犯知识产权刑事案件适用法律若干问题的意见》，意见第 10 条对侵犯著作权犯罪案件"以营利为目的"的认定问题作出了更为详细的规定，即除销售外，具有下列情形之一的，也可以认定为"以营利为目的"：一是以在他人作品中刊登收费广告、捆绑第三方作品等方式直接或者间接收取费用的；二是通过信息网络传播他人作品，或者利用他人上传的侵权作品，在网站或者网页上提供刊登收费广告服务，直接或者间接收取费用的；三是以会员制方式通过信息网络传播他人作品，收取会员注册费或者其他费用的；四是其他利用他人作品牟利的情形。

---

〔1〕 鲁力、潘永涓："论侵犯计算机软件著作权犯罪中的'以营利为目的'"，载《湖南社会科学》2010 年第 6 期。

案例8-10　邓某侵犯著作权罪案[1]

本案中，上海柏楚电子科技股份有限公司依法拥有"柏楚cypNest平面套料软件"的软件著作权，用户需要通过购买加密狗方式获取该软件的永久使用权。2021年3月至9月，被告人邓某在未得到上海柏楚电子科技股份有限公司授权、许可的情况下，通过聘请网络黑客将该公司的"柏楚cypNest平面套料软件"进行破解，并通过其开设的淘宝网店"东方数控焊割城"销售盗版加密狗共计50单，非法获利132 450元。被告人邓浩以营利为目的，未经著作权人许可，对其软件进行破解并销售侵权复制品，违法所得数额较大，其行为构成侵犯著作权罪，依法应予以刑事处罚。被告人邓某在得知其被调查后，于2021年8月29日至31日先后主动向买家退款24笔共计62 800元。2021年9月6日，被告人邓某主动投案，如实供述其全部犯罪事实，并退缴违法所得人民币7万元。

法院认为，被告人邓某主动投案并如实供述了自己的犯罪事实，自愿认罪认罚，且退缴了违法所得，依法可以从轻处罚。公诉机关的量刑建议适当。据此，根据邓某犯罪的事实，犯罪的性质、情节和对于社会的危害程度，依照《刑法》第217条第6项、第67条第1款、第72条、第73条以及《刑事诉讼法》第15条、第201条之规定，判决如下："一、被告人邓某犯侵犯著作权罪，判处有期徒刑2年，缓刑3年，并处罚金人民币70 000元。（缓刑考验期限，从判决确定之日起计算。所判罚金限本判决生效后缴纳。）二、被告人邓某的违法所得70 000元，由暂扣机关依法处置。"

2. 侵犯软件著作权犯罪中"未经著作权人许可"的认定

"未经著作权人许可"是认定侵犯著作权罪的核心要件，直接关系侵犯著作权罪的司法适用。首先，认定侵犯软件著作权犯罪中"未经著作权人许可"的相关作品应具有合法性，属于《著作权法》所保护的对象，具有合法的著作权人。如果作品违反法律、危害国家安全、公众利益或破坏社会善良风俗，因而被禁止出版传播的，则被定义为非法出版物，自然不存在未经著作权人许可的问题。[2]"未经著作权人许可"，是指没有得到著作权人授权或者伪

---

[1]　参见"邓某侵犯著作权罪案"，湖北省罗田县人民法院［2022］鄂1123刑初65号刑事判决书。
[2]　刘广三、李晓："论侵犯著作权罪的司法认定——以'未经著作权人许可'的司法证明问题为主线"，载《刑法论丛》2017年第1期。

造、涂改著作权人授权许可文件或者超出授权许可范围的情形。[1]"未经著作权人许可"一般应当依据著作权人或者其授权的代理人、著作权集体管理组织、国家著作权行政管理部门指定的著作权认证机构出具的涉案作品版权认证文书，或者证明出版者、复制发行者伪造、涂改授权许可文件或者超出授权许可范围的证据，结合其他证据综合予以认定。在涉案作品种类众多且权利人分散的案件中，上述证据确实难以一一取得，但有证据证明涉案复制品系非法出版、复制发行的，且出版者、复制发行者不能提供获得著作权人许可的相关证明材料的，可以认定为"未经著作权人许可"。但是，有证据证明权利人放弃权利、涉案作品的著作权不受我国著作权法保护或者著作权保护期限已经届满的除外。[2]

案例 8-11　许某峰、孙某泽侵犯著作权罪案[3]

2017 年年底，为谋取非法利益，蓝某（另案处理）在未经著作权人北京光宇在线科技有限公司许可的情况下，伙同朱某、宋某（均另案处理）以 10 万元的价格非法获取《问道》1.60 版本服务端程序，并由朱某改编为与《问道》1.60 版本实质性相似的"一战成名"和"一鸣惊人"两个私服游戏。2018 年 1 月，蓝某带领团队成员被告人许某峰、孙某泽等人负责推广《一战成名》。被告人许某峰、孙某泽负责宣传拉玩家，并按照各自拉进的玩家充值金额提成。截至 2018 年 5 月，被告人许某峰非法经营额达 105 万元，被告人孙某泽非法经营额达 76 万元。

法院认为，上诉人许某峰、原审被告人孙某泽以营利为目的，未经著作权人许可，通过信息网络传播他人计算机软件，情节特别严重，其行为已构成侵犯著作权罪。上诉人许某峰、原审被告人孙某泽侵犯著作权的犯罪行为发生在《刑法修正案（十一）》施行前，根据从旧兼从轻的原则，应适用行为时的法律即 2020 年修正前的《刑法》追究法律责任。上诉人许某峰、原审

---

[1]　参见最高人民法院、最高人民检察院《关于办理侵犯知识产权刑事案件具体应用法律若干问题的解释》第 11 条第 2 款。

[2]　参见最高人民法院、最高人民检察院、公安部《关于办理侵犯知识产权刑事案件适用法律若干问题的意见》第 11 条。

[3]　参见"许某峰、孙某泽侵犯著作权罪案"，江苏省高级人民法院［2021］苏刑终 34 号刑事判决书。

被告人孙某泽共同故意犯罪，系共犯。上诉人许某峰、原审被告人孙某泽自动投案并能如实供述犯罪事实，系自首，可从轻或减轻处罚。上诉人许某峰、孙某泽到案后均能够积极赔偿权利人损失并取得谅解，自愿认罪认罚，可酌情从轻处罚。综合考虑以上因素，可对上诉人许某峰、原审被告人孙某泽减轻处罚。经委托调查，上诉人许某峰具备社区矫正的条件。根据上诉人许某峰的犯罪事实、犯罪性质、犯罪情节和对社会的危害程度，以及其在二审期间的认罪、悔罪表现，可对其宣告缓刑。故判处有期徒刑2年，缓刑3年。

3. 侵犯软件著作权犯罪中违法所得数额和其他情节的认定

侵犯软件著作权犯罪中，违法所得数额和其他情节在区分罪与非罪及犯罪的量刑中具有重要的作用。违法所得数额的大小和其他情节的轻重既影响本罪的成立，也影响对本罪的量刑。准确认定侵犯软件著作权犯罪中违法所得数额和其他情节，有利于准确打击犯罪，及时保障被害人权益[1]需注意的是，违法所得数额和其他情节是选择性要件，只要符合其中之一即可，无需同时具备。

（1）违法所得数额较大或者具有其他严重情节的认定。违法所得数额较大或者具有其他严重情节是区分侵犯著作权罪与一般违法行为的主要标准。以营利为目的，未经软件著作权人许可，复制发行其计算机软件，违法所得数额在3万元以上的，属于"违法所得数额较大"；非法经营数额在5万元以上的，属于"有其他严重情节"；[2]以营利为目的，未经著作权人许可，复制发行其计算机软件，复制品数量合计在500张（份）以上的，属于"有其他严重情节"；[3]以营利为目的，未经著作权人许可，通过信息网络向公众传播他人计算机软件，具有下列情形之一的，属于"有其他严重情节"：①非法经营数额在5万元以上的；②传播他人作品的数量合计在500件（部）以上的；③传播他人作品的实际被点击数达到5万次以上的；④以会员制方式传播他人作品，注册会员达到1000人以上的；⑤数额或者数量虽未达到第①项

---

〔1〕 刘丽娜："侵犯知识产权犯罪'违法所得数额'的认定"，载《中国刑事法杂志》2015年第2期。

〔2〕 参见最高人民法院、最高人民检察院《关于办理侵犯知识产权刑事案件具体应用法律若干问题的解释》第5条第1款。

〔3〕 参见最高人民法院、最高人民检察院《关于办理侵犯知识产权刑事案件具体应用法律若干问题的解释（二）》第1条。

至第②项规定标准，但分别达到其中两项以上标准一半以上的；⑥其他严重情节的情形，应当以侵犯著作权罪判处 3 年以下有期徒刑或者拘役，并处或者单处罚金。[1]

（2）违法所得数额巨大或者具有其他特别严重情节的认定。违法所得数额巨大或者具有其他特别严重情节是区分侵犯著作权罪量刑的主要标准。以营利为目的，未经软件著作权人许可，复制发行其计算机软件的，违法所得数额在 15 万元以上的，属于"违法所得数额巨大"；非法经营数额在 25 万元以上的，属于"有其他特别严重情节"；[2]以营利为目的，未经著作权人许可，复制发行其计算机软件，复制品数量合计在 2500 张（份）以上的，属于"有其他特别严重情节"；[3]以营利为目的，未经著作权人许可，通过信息网络向公众传播他人计算机软件，实施下列行为之一，数额或者数量达到第①项至第②项规定标准 5 倍以上的，属于"有其他特别严重情节"：①非法经营数额在 5 万元以上的；②传播他人作品的数量合计在 500 件（部）以上的；③传播他人作品的实际被点击数达到 5 万次以上的；④以会员制方式传播他人作品，注册会员达到 1000 人以上的；⑤数额或者数量虽未达到第①项至第④项规定标准，但分别达到其中两项以上标准一半以上的；应当以侵犯著作权罪判处 3 年以上 7 年以下有期徒刑，并处罚金。[4]

（二）销售侵权复制品罪

根据《刑法》第 218 条的规定，以营利为目的，销售明知是未经软件著作权人许可而复制发行的计算机软件侵权复制品，违法所得数额巨大的，就构成销售侵权复制品罪。销售侵权复制品罪，处 3 年以下有期徒刑或者拘役，并处或者单处罚金。根据《刑法》第 220 条的规定，单位犯销售侵权复制品罪的，对单位判处罚金，并对其直接负责的主管人员和其他直接负责人员，依

---

〔1〕 参见最高人民法院、最高人民检察院、公安部《关于办理侵犯知识产权刑事案件适用法律若干问题的意见》第 13 条第 1 款。

〔2〕 参见最高人民法院、最高人民检察院《关于办理侵犯知识产权刑事案件具体应用法律若干问题的解释》第 5 条第 2 款。

〔3〕 参见最高人民法院、最高人民检察院《关于办理侵犯知识产权刑事案件具体应用法律若干问题的解释（二）》第 1 条。

〔4〕 参见最高人民法院、最高人民检察院、公安部《关于办理侵犯知识产权刑事案件适用法律若干问题的意见》第 13 条第 2 款。

销售侵权复制品罪的规定及相应个人犯罪的定罪量刑标准定罪处罚。[1]从《刑法》第217条和第218条的具体条文来看，销售侵权复制品罪具有明显的伴生性，是紧随侵犯著作权罪的下游犯罪。本罪名保护的法益是复杂法益，即著作权人和邻接权人享有的著作权和邻接权，以及国家对著作权管理的社会主义市场经济秩序。本罪是1997年《刑法》修订后新设置的，立法目的是打击当时日趋严重的销售盗版等侵权复制品的行为。

1. 对销售侵权复制品罪中"销售"行为的界定

在社会日常生活中，销售行为是一种极为常见的经济行为。本罪的行为方式是销售，所谓销售，是指采用批发、零售等方式，将侵权复制品卖给他人，以谋取利润的行为。[2]至于销售侵权复制品的具体内容，依据《刑法》第217条的规定，即未经著作权人许可复制发行其计算机软件。根据罪刑法定原则，只有销售未经著作权人许可复制发行其计算机软件的，才能构成销售侵权软件复制品的犯罪。

案例8-12　王某德销售侵权复制品罪案[3]

被告人王某德供述，其在网上开淘宝店，地址是"hrzg. taobao. com"，网店名是行软中国，主要经营"金蝶软件"等多个版本的破解销售，注册实名信息不是张某锋的就是呈某华，销售信息在淘宝交易记录里都有。其销售的破解的盗版"金蝶软件"是自己破解的，一套200元到2000元不等，正版的一套30 000元到50 000元不等。破解和销售的"金蝶软件"存放在家里自己的"PC台式电脑"、移动硬盘、两个台式机硬盘里，还有百度云盘里，百度云盘账号是×××。其破解完后存放在PC台式机硬盘、云盘里，如果有客户想买盗版软件，谈好价钱后，会让客户加上其销售QQ号×××，通过QQ远程给客户安装。客户支付费用使用支付宝、微信转账、银行卡汇款，通过QQ销售的支付宝收款信息用张国锋的身份信息注册的，账号是×××@ 163. com，通过淘宝店销售对应的支付宝账号是呈某华的身份信息注册的，账号是×××@

---

[1]　参见最高人民法院、最高人民检察院《关于办理侵犯知识产权刑事案件具体应用法律若干问题的解释（二）》第6条。

[2]　王作富主编：《刑法分则实务研究》，中国方正出版社2007年版，第760页。

[3]　参见《王某德销售侵权复制品罪案》，吉林省白山市浑江区人民法院［2019］吉0602刑初89号刑事判决书。

qq. com。微信号是130××××、×××，中国工商银行卡卡号是×××。其没有得到"金蝶国际软件集团有限公司"的授权。其交易记录中总收入为95万元左右，其中有一部分是为客户或厂家做技术服务的费用是合法收入，其他是卖盗版软件的不合法收入。公安机关提供的流水中划"√"的是卖金蝶盗版软件所赚的钱，共计113 881.8元。

法院认为，被告人王某德以营利为目的，未经著作权人的许可，擅自破解"金蝶软件"并销售，违法所得数额巨大，其行为已构成销售侵权复制品罪。公诉机关指控被告人王某德犯销售侵权复制品罪，事实清楚，证据确实、充分，罪名成立。鉴于被告人王某德归案后如实供述自己的犯罪事实，并主动交纳罚金，且认罪认罚，故对其予以从轻处罚。依照《刑法》第218条、第52条、第53条、第64条、第67条第3款之规定，判决如下："一、被告人王某德犯销售侵权复制品罪，单处罚金人民币15万元；（已缴纳）二、依法扣押的违法所得人民币113 881.8元予以没收，由扣押机关白山市公安局直属分局依法处理。"

2. 销售侵权复制品罪违法所得数额巨大的认定

"违法所得数额巨大"是本罪客观方面的构成要件，是定罪量刑的重要依据。1997年《刑法》修订后，第218条规定销售侵权复制品的行为只有达到违法所得数额巨大的情形才能构成本罪。但是对于违法所得数额巨大的具体标准，刑法条文没有具体规定。1998年12月17日最高人民法院颁布的《关于审理非法出版物刑事案件具体应用法律若干问题的解释》第4条规定，销售侵权复制品"违法所得数额巨大"的标准是指个人违法所得数额在10万元以上，单位违法所得数额在50万以上。该司法解释颁布以后，学术界和实务界普遍认为，违法所得数额的标准过高，导致了对销售侵权复制品罪的刑事制裁门槛过高，不利于打击日益严重的侵犯著作权的犯罪行为。[1]尤其是对单位违法所得数额标准的规定，数额规定在50万以上，导致单位犯罪的入罪门槛过高。2004年，最高人民法院和最高人民检察院联合颁布《关于办理侵犯知识产权刑事案件具体应用法律若干问题的解释》，个人违法所得数额巨大

---

[1] 赵秉志主编：《侵犯著作权犯罪研究》，中国人民大学出版社2008年版，第130页。

的标准仍为 10 万元以上,[1]单位按照相应个人犯罪的定罪量刑标准的 3 倍定罪量刑,[2]即单位违法所得数额 30 万以上。2007 年,最高人民法院、最高人民检察院《关于办理侵犯知识产权刑事案件具体应用法律若干问题的解释(二)》将单位违法所得数额巨大的标准进一步降低,即按照相应个人犯罪的定罪量刑标准定罪处罚。[3]

需要说明的是,《计算机软件保护条例》第 24 条有一个但书规定,即"除《中华人民共和国著作权法》、本条例或者其他法律、行政法规另有规定外"。意思是说,在通常情况下,造成他人损害的行为都是违法的,但有些行为表面上似乎是侵害了他人的权益,而行为本身却是合法的,因而不能追究行为人的民事责任。具体而言,《著作权法》规定了合理使用、法定许可等情形,本条例也规定了合理使用、善意使用、表达方式竞合等情形。这些情况下使用软件著作权人的软件,都会给权利人造成一定的损失,但都不构成侵权,因而也无须承担民事责任。这里的"其他法律、行政法规",既包括已经颁布的法律、行政法规,如全国人大常委会《关于维护互联网安全的决定》《计算机信息系统安全保护条例》《计算机信息网络国际互联网管理暂行规定》《计算机信息网络国际互联网安全保护管理办法》等,也包括尚未颁布的法律、行政法规。[4]

---

〔1〕 参见最高人民法院、最高人民检察院《关于办理侵犯知识产权刑事案件具体应用法律若干问题的解释》第 6 条。

〔2〕 参见最高人民法院、最高人民检察院《关于办理侵犯知识产权刑事案件具体应用法律若干问题的解释》第 15 条。

〔3〕 参见最高人民法院、最高人民检察院《关于办理侵犯知识产权刑事案件具体应用法律若干问题的解释(二)》第 6 条。

〔4〕 徐玉麟主编:《计算机软件保护条例释义》,中国法制出版社 2002 年版,第 110 页。

第九章

计算机软件著作权侵权赔偿数额确定实证探究

侵权行为认定是知识产权侵权案件审理的核心问题，损害赔偿责任则是对知识产权权利人最重要和最有效的救济方式。而赔偿数额的确定则是适用损害赔偿责任中最重要的实际问题，它不仅涉及对被侵权人所受损害的弥补，更是保障权利人知识产权的重要调控机制。知识产权侵权损害赔偿的准确计算是"一个充满高度的个案特性和事实特性的分析过程"，[1]"损害赔偿之计算，兼具事实、法律二问题之性质。谓事实问题者，盖以损害事故所造成之损害如何，本质上为一种事实；谓法律问题者，盖以探讨该一事实，须借助法律方法"。[2]虽然知识产权侵权损害赔偿遵循民法基本理论中的填平原则，但由于知识产权权利客体的无形性和可重复利用性、侵权行为的隐蔽性和复杂性等，使得侵权赔偿数额的确定不可能像套用数学公式那样简单快捷地计算出赔偿数额。[3]实践当中，法院确定知识产权侵权损害赔偿数额的过程，实际上是一个利益平衡的过程，我国倡导要加强对知识产权的保护，但在保护过程中不能形成新的损害，造成新的不平衡，保护知识产权人的权利是目的，损害赔偿只是一种手段，在计算机软件著作权侵权损害赔偿中需要通过比例原则的运用来实现目的与手段的均衡。[4]因此，侵权损害赔偿数额的确定一直是知识产权侵权案件审理中的重点和难点，计算机软件著作权侵权中亦然。我国有关计算机软件侵权赔偿制度比较薄弱，相关的配套规定也不完善，计算机软件侵权赔偿数额的规定更是如此，严重阻碍计算机软件的发展，也不能更好地保护有关的合法权益。科学的确定损害赔偿数额是软件著作权

---

〔1〕 Mars Inc. v. Coin Acceptors Inc. ，527E 3d at 1366~1377（Fed. Cir. 2008）.

〔2〕 曾世雄：《损害赔偿法原理》，中国政法大学出版社 2001 年版，第 161 页。

〔3〕 周根才、高毅龙："知识产权侵权救济中损害赔偿数额的确定"，载《法律适用》2008 年第 12 期。

〔4〕 李双："版权侵权损害赔偿数额确定研究"，中南财经政法大学 2019 年硕士学位论文。

损害赔偿制度的重要构成内容，是将复杂的侵权责任承担问题转换为一定的量化方式，[1]其对当事人利益影响极大，同时也是法院在确定损害赔偿数额时首先要明确的问题。因此，对计算机软件著作权侵权赔偿数额的确定进行实证研究，具有非常重要的实践意义与理论价值。

一、赔偿数额确定依据的变迁

计算机软件著作权侵权不仅会造成软件著作权人财产上的损失，同时还可能会对相关权利人产生精神损害。如何充分、合理地计算侵权赔偿数额是软件著作权侵权赔偿中的重要问题。《计算机软件保护条例》第 25 条规定，侵犯软件著作权的赔偿数额，依照最新修订的《著作权法》第 54 条[2]的规定确定，此即计算机软件著作权侵权赔偿数额确定的法律依据。在我国，计算机软件著作权侵权赔偿数额的确定依据经历了一个不断发展的过程。[3]

（一）审理专利纠纷案件解答中确定专利侵权赔偿数额的规定

1990 年 9 月 7 日第七届全国人民代表大会常务委员会第十五次会议通过的《著作权法》中，并未对著作权侵权赔偿数额的确定作出规定。为解决知识产权特别是专利纠纷案件中出现的问题，1992 年 12 月 29 日，最高人民法院在总结司法实践经验和参照国外经验的基础上，发布了《关于审理专利纠纷案件若干问题的解答》，[4]对专利侵权的损害赔偿问题作了规定。专利侵权的损害赔偿，应当贯彻公正原则，使专利权人因侵权行为受到的实际损失能够得到合理的赔偿。专利侵权的损失赔偿额可按照专利权人因侵权行为受到

---

〔1〕　刘远山、余秀宝："著作权侵权损害赔偿要论"，载《行政与法》2011 年第 5 期。

〔2〕　《著作权法》第 54 条前 3 款规定："侵犯著作权或者与著作权有关的权利的，侵权人应当按照权利人因此受到的实际损失或者侵权人的违法所得给予赔偿；权利人的实际损失或者侵权人的违法所得难以计算的，可以参照该权利使用费给予赔偿。对故意侵犯著作权或者与著作权有关的权利，情节严重的，可以在按照上述方法确定数额的一倍以上五倍以下给予赔偿。权利人的实际损失、侵权人的违法所得、权利使用费难以计算的，由人民法院根据侵权行为的情节，判决给予五百元以上五百万元以下的赔偿。赔偿数额还应当包括权利人为制止侵权行为所支付的合理开支。"

〔3〕　李林启、康东书、郭玲：《计算机软件著作权保护制度研究》，光明日报出版社 2021 年版，第 187 页。

〔4〕　最高人民法院《关于审理专利纠纷案件若干问题的解答》（法发〔1992〕3 号），1992 年 12 月 29 日最高人民法院审判委员会第 561 次会议讨论通过。

的实际经济损失、[1]侵权人因侵权行为获得的全部利润[2]及不低于专利许可使用费的合理数额等 3 种方法予以确定。对于上述 3 种计算方法，人民法院可以根据案情的不同情况选择适用。当事人双方商定用其他计算方法计算损失赔偿额的，只要是公平合理的，人民法院可予准许。

《关于审理专利纠纷案件若干问题的解答》发布后的很长一段时间内，上述规定成为人民法院确定专利侵权赔偿数额的主要依据，并在后来成为知识产权审判的一般指导原则。[3]

（二）知识产权审判工作座谈会纪要中确定知识产权侵权赔偿数额的规定

司法实践中，最高人民法院《关于审理专利纠纷案件若干问题的解答》，对知识产权纠纷中损害赔偿数额的确定发挥了重要作用，但也存在一些问题，如由于知识产权的特殊性，很多案件中权利人的实际经济损失、侵权人因侵权行为获得的利润难以计算。为了总结交流经验，研究解决新情况和新问题，推动知识产权审判工作顺利进行，1997 年 11 月 14~18 日，最高人民法院在江苏省吴县市召开了全国部分法院首次知识产权审判工作座谈会，并于 1998 年 7 月 20 日发布了《关于全国部分法院知识产权审判工作座谈会纪要》。

《关于全国部分法院知识产权审判工作座谈会纪要》认为，赔偿损失是侵权人承担民事责任的最广泛、最基本的方式之一。如果对权利人提出的赔偿损失问题解决不好，就会出现"赢了官司输了钱""损失大赔偿少""得不偿失"的情况，不能依法有效地保护知识产权。根据《民法典》的规定，民事权利受到侵害的基本赔偿原则是赔偿实际损失。对于已查明被告构成侵权并造成原告损害，但原告损失额与被告获利额等均不能确认的案件，可以采用定额赔偿的办法来确定损害赔偿额。定额赔偿的幅度，可控制在 5000 元至 30 万元之间，具体数额，由人民法院根据被侵害的知识产权的类型、评估价值、侵权持续的时间、权利人因侵权所受到的商誉损害等因素在定额赔偿幅度内确定。

---

〔1〕 计算方法是：因侵权人的侵权产品（包括使用他人专利方法生产的产品）在市场上销售使专利权人的专利产品的销售量下降，其销售量减少的总数乘以每件专利产品的利润所得之积，即为专利权人的实际经济损失。参见最高人民法院《关于审理专利纠纷案件若干问题的解答》第 4 条。

〔2〕 计算方法是：侵权人从每件侵权产品（包括使用他人专利方法生产的产品）获得的利润乘以在市场上销售的总数所得之积，即为侵权人所得的全部利润。参见最高人民法院《关于审理专利纠纷案件若干问题的解答》第 4 条。

〔3〕 徐玉麟主编：《计算机软件保护条例释义》，中国法制出版社 2002 年版，第 112 页。

（三）《著作权法》中确定著作权侵权赔偿数额的规定

1. 2001 年《著作权法》中确定著作权侵权赔偿数额的规定

1990 年 9 月 7 日颁布、1991 年 6 月 1 日实施的《著作权法》，在建立中国的著作权保护制度，保护广大文学、艺术和科学作品作者的合法权益，鼓励优秀作品的创作和传播，促进中国著作权产业的发展，繁荣中国的科学、文化与教育事业等方面起到了十分重要的作用。但是，1991 年的《著作权法》并未对著作权侵权赔偿数额作出规定。在《著作权法》实施后，中国的政治、经济、文化和社会生活发生了巨大的变化，其中一个突出的特点是中国改革开放逐步深入，加入世界贸易组织（WTO）的进程不断加快，从而使得中国的整个知识产权制度置身于国际知识产权制度的大环境之下。就著作权保护制度而言，中国在颁布实施《著作权法》以后不久就参加了《保护文学艺术作品伯尔尼公约》《世界著作权公约》《保护录音制品制作者防止未经许可复制录音制品公约》等。中国已经成为国际著作权大家庭中的重要一员。随着著作权保护制度国际化趋势的增强，中国著作权立法越来越需要与国际接轨，加之为适应数字技术和网络传输技术发展需要、为适应中国特色社会主义市场经济发展需要，20 世纪 90 年代，《著作权法》的修改和完善问题就被提上日程。1998 年 11 月 28 日，国务院向全国人大常委会提交了《著作权法修正案（草案）》议案，请求审议。2000 年 11 月 29 日，国务院再次向全国人大常委会提交了新的《著作权法修正案（草案）》。2000 年 12 月 16 日，九届全国人大常委会进行了初次审议，2001 年 4 月 27 日，九届全国人大常委会第二十一次会议进行了二审。2001 年 10 月 27 日，九届全国人大常委会第二十四次会议通过了《关于修改〈中华人民共和国著作权法〉的决定》。[1]

在著作权法修改过程中，对是否规定赔偿数额的计算方法以及如何规定，曾有过分歧。在是否规定赔偿数额的计算方法上，一种意见认为，著作权法可以不作规定，其主要理由为：一是著作权侵权是民事侵权的一种形式，处理著作权侵权案件可以沿用处理一般民事侵权案件的一些通常做法；二是最高人民法院已经发布了司法解释，人民法院已经适用了该司法解释审理专利侵权案件。另一种意见认为，著作权法应当作出明确规定，其主要理由是，

---

〔1〕　冯晓青、杨利华：“我国《著作权法》与国际知识产权公约的接轨——《著作权法》第一次修改研究”，载《河南省政法管理干部学院学报》2002 年第 5 期。

虽然著作权侵权是民事侵权的一种形式，但由于著作权是一种无形财产，著作权被侵犯后，其损失往往难以计算；虽然目前已经有了最高人民法院的司法解释，但从严格意义上讲，其已超出了国家法律的规定，即新增了一种赔偿的形式，其法律效力还有待最高权力机关的确认。经过各方讨论，最后都倾向于在《著作权法》中作出明确规定。但在如何规定赔偿数额的计算方法上，却未能取得一致意见。有的意见认为，应当规定一个法定赔偿额，有的意见认为，规定一个法定赔偿额不可取，有的意见认为，按照 TRIPS 协议第 45 条的规定，赔偿数额还应包括权利人为制止侵权行为所支付的其他合理开支，还有的意见认为，应当确定惩罚性赔偿的原则。[1]2001 年《著作权法》的修改，标志着我国著作权保护水平从此迈进了一个新的阶段。它是一部既符合我国国情又与国际规则相衔接的法律，特别是符合我国加入 TRIPS 协议的要求，突出地体现了其现代化和先进性的特色。关于著作权侵权赔偿数额的确定，修改后的《著作权法》新增加了一条，即第 48 条，对著作权侵权赔偿标准作了规定。[2]该条确立了以一般赔偿原则为主，以法定赔偿为辅的赔偿原则，这是我国知识产权侵权赔偿制度新的发展，极大地增强了对著作权保护的力度。

在实践中侵犯著作权的行为极为复杂，造成的损失，有的难以查证，有的难以估算，给著作权侵权纠纷的解决带来极大的困难。例如，著作权人对被盗版的作品的数量、出售的数量，以及对自己作品将来使用和收益造成多大损害，难以查证。又如，未经著作权人许可，侵权行为人擅自将其作品输入网站，供他人随意下载和使用，著作权人对其所受损失也难以估算等。

案例 9-1　奥腾公司与广东斯泰克电子科技有限公司侵害计算机软件著作权纠纷案[3]

本案中，二审法院认为，奥腾公司提交的制高公司与德正公司签订的软

---

[1]　徐玉麟主编：《计算机软件保护条例释义》，中国法制出版社 2002 年版，第 113 页。

[2]　2001 年《著作权法》第 48 条规定："侵犯著作权或者与著作权有关的权利的，侵权人应当按照权利人的实际损失给予赔偿；实际损失难以计算的，可以按照侵权人的违法所得给予赔偿。赔偿数额还应当包括权利人为制止侵权行为所支付的合理开支。权利人的实际损失或者侵权人的违法所得不能确定的，由人民法院根据侵权行为的情节，判决给予五十万元以下的赔偿。"

[3]　参见"奥腾公司与广东斯泰克电子科技有限公司侵害计算机软件著作权纠纷案"，最高人民法院［2022］最高法知民终 51 号民事判决书。

件销售合同中，制高公司购买的软件为 AlutimDesigner20，而涉案软件版本为6.6.7，版本老旧，且该合同中价格是永久授权的价格，故在本案中不能作为判赔依据；涉案软件官网上 AlutimDesignerSE 价格为 115 美元/月，AlutimDesigner 价格为 325 美元/月，但该价格并非中华人民共和国国内销售价格，因此，也不能作为本案判赔的依据。依据本案现有证据，无论是奥腾公司因广州斯泰克电子科技有限公司侵权行为造成的实际损失，还是斯泰克公司因侵权而获利，均无法确定。原审法院综合涉案作品的类型、广州斯泰克电子科技有限公司侵权行为性质、侵权软件的数量、参考奥腾公司和广州斯泰克电子科技有限公司提供的不同版本的涉案软件销售价格等因素，酌情确定广州斯泰克电子科技有限公司承担赔偿奥腾公司经济损失的数额为 100 000 元，符合法律规定，并无不当，予以支持。

目前我国的司法实践中，损害赔偿的数额主要是根据一般损害赔偿的原则进行处理。一般损害赔偿的原则是按照侵权行为人给权利人造成的实际损失来计算。实际损失难以计算的，根据侵权行为人因侵权行为所获得的违法所得给予赔偿。这种赔偿额的计算方法对某些情况是可行的，但由于著作权和与著作权有关的权利的特殊性，在有些情况下，无论是权利人的实际损失，还是侵权行为人的违法所得都难以计算，往往导致纠纷长期得不到解决。由于查证难，实践中经常出现即使著作权人打赢了官司也得不到多少赔偿的现象，有时得到的赔偿远不如为打官司所付出的代价，以致著作权人不愿打官司，吃点亏也忍了，而侵权行为人即使败诉也损失不大，赚多赔少，反而变本加厉地侵权。根据实践中存在的问题，2001 年《著作权法》第 48 条在原有的一般处理原则上，明确规定了著作权侵权赔偿实际损失的原则，并且规定了赔偿数额还应当包括权利人为制止侵权行为所支付的合理开支。这从经济上维护著作权人为保护自己的权利所付出的代价，提高了著作权人保护自己权利的积极性。

在著作权侵权损害赔偿数额确定实践中，各种计算方法适用不均衡。法定赔偿制度是在被侵权人的实际损失和侵权人的违法所得都难以计算的情况下适用的著作权赔偿制度。在当前以"发回重审率"和"改判率"作为重要参考的司法环境下，为了规避当事人上诉带来的发回重审和改判风险，法院在判赔时也习惯适用法定赔偿来规避此种风险，这成了各法院裁判时的惯例，再加上实践当中原告举证不足或者举证不能，都在一定程度上导致了法定赔偿适用的泛滥。为了给权利人以起码的保障，相当一部分国家著作权法都规定了这种制度。如《美国版权法》规定，版权所有者在终局判决之前，可要求诉讼中涉及的任何一部作品版权侵权行为的法定赔偿。此项法定赔偿金额，每部作品最少不低于 250 美元，最多不超过 1 万美元，由法院酌情判决。吸取外国和地区的有益的经验，根据我国的实际情况，采取有条件的法定赔偿制度是可行的。2001 年《著作权法》第 48 条第 2 款规定了法定赔偿制度，为权利人提供了另外一个权利保障。

2. 2020 年《著作权法》中确定著作权侵权赔偿数额的规定

2010 年 2 月 26 日，第十一届全国人民代表大会常务委员会第十三次会议《关于修改〈中华人民共和国著作权法〉的决定》对《著作权法》进行了第 2 次修正，本次修订了 2 处：一是将第 4 条修改为："著作权人行使著作权，不得违反宪法和法律，不得损害公共利益。国家对作品的出版、传播依法进行监督管理"；二是增加一条，作为第 26 条："以著作权出质的，由出质人和质权人向国务院著作权行政管理部门办理出质登记"，未涉及著作权侵权赔偿数额的问题。

2020 年 11 月 11 日，第十三届全国人民代表大会常务委员会第二十三次会议《关于修改〈中华人民共和国著作权法〉的决定》对《著作权法》进行了第 3 次修正，自 2021 年 6 月 1 日起施行。修改后的《著作权法》完善了网络空间著作权保护的有关规定，特别是大幅提高侵权法定赔偿额上限和明确惩罚性赔偿原则等，[1]为创作者们维护自身合法权益进一步"撑腰"，向侵

---

〔1〕 2020 年《著作权法》第 54 条规定："侵犯著作权或者与著作权有关的权利的，侵权人应当按照权利人因此受到的实际损失或者侵权人的违法所得给予赔偿；权利人的实际损失或者侵权人的违法所得难以计算的，可以参照该权利使用费给予赔偿。对故意侵犯著作权或者与著作权有关的权利，情节严重的，可以在按照上述方法确定数额的一倍以上五倍以下给予赔偿。权利人的实际损失、侵权人的违法所得、权利使用费难以计算的，由人民法院根据侵权行为的情节，判决给予五百元以上五百万元以下的赔偿。赔偿数额还应当包括权利人为制止侵权行为所支付的合理开支。人民法院为确定赔偿数额，在权利人已经尽了必要举证责任，而与侵权行为相关的账簿、资料等主要由侵权人掌握的，可以责令侵权人提供与侵权行为相关的账簿、资料等；侵权人不提供，或者提供虚假的账簿、资料等的，人民法院可以参考权利人的主张和提供的证据确定赔偿数额。人民法院审理著作权纠纷案件，应权利人请求，对侵权复制品，除特殊情况外，责令销毁；对主要用于制造侵权复制品的材料、工具、设备等，责令销毁，且不予补偿；或者在特殊情况下，责令禁止前述材料、工具、设备等进入商业渠道，且不予补偿。"

犯知识产权不法行为"亮剑"。

新《著作权法》规定，侵犯著作权或者与著作权有关的权利的，侵权人应当按照权利人因此受到的实际损失或者侵权人的违法所得给予赔偿；权利人的实际损失或者侵权人的违法所得难以计算的，可以参照该权利使用费给予赔偿。对故意侵犯著作权或者与著作权有关的权利，情节严重的，可以在上述方法的基础上确定数额的 1 倍以上、5 倍以下给予赔偿。侵权损害赔偿制度的确立，加大了著作权侵权的违法成本，对于打击重复侵权、大规模侵权具有极大的威慑作用。新法还进一步完善了法定赔偿额制度。以前法定赔偿额最高 50 万元，这次将上限提到了 500 万元，另外还规定了下限为 500 元，这是因为著作权中作品形式不一样，所以要规定一个下限。

新《著作权法》将权利许可费增设为确定侵权损害赔偿的参考方法，与《专利法》《商标法》相衔接。更重要的是这次特别增加了侵权惩罚性赔偿制度，这是一个重大的制度变革，在中国当下，增加侵权损害赔偿可以进一步扼制恶意侵权行为。所以新法明确规定对故意侵害著作权或者与著作权有关的权利，情节严重的可以按照损失赔偿额的 1 倍以上、5 倍以下给予赔偿。

从上述的制度沿革可以看到，增加著作权侵权损害赔偿计算方式，提高著作权侵权法定赔偿数额是整个制度演进的主要轨迹。[1]

（四）《计算机软件保护条例》中确定软件著作权侵权赔偿数额的规定

依照《著作权法》的规定，计算机软件作为作品形式之一，受著作权法保护。[2]但是，计算机软件作为工程技术作品，和著作权法保护的其他作品相比，有自己的特点。《著作权法》不可能作出具体规定，需要根据计算机软件的性质规定相应的保护办法。因而，《著作权法》第 64 条规定，计算机软件的保护办法由国务院另行规定。

计算机软件是和计算机硬件相对而言的，计算机硬件是指组成计算机的

---

〔1〕　谢惠加："著作权侵权损害赔偿制度实施效果分析——以北京法院判决书为考察对象"，载《中国出版》2014 年第 14 期。

〔2〕　2001 年《著作权法》第 3 条规定："本法所称的作品，包括以下列形式创作的文学、艺术和自然科学、社会科学、工程技术等作品：（一）文字作品；（二）口述作品；（三）音乐、戏剧、曲艺、舞蹈、杂技艺术作品；（四）美术、建筑作品；（五）摄影作品；（六）电影作品和以类似摄制电影的方法创作的作品；（七）工程设计图、产品设计图、地图、示意图等图形作品和模型作品；（八）计算机软件；（九）法律、行政法规规定的其他作品。"

物理装置，包括主机及外部设备，即电子、电磁、机械、光、电等多种类型的元件或装置。计算机软件是指计算机运行所需的各种程序及其相关资料（包括各种使用手册、维护手册及程序说明书等文档）的总称。软件是运行在计算机硬件系统之上的，起着充分发挥和扩充计算机硬件系统功能的作用，是计算机不可缺少的组成部分。国际上从 20 世纪 60 年代后期才开始提出对计算机软件的法律保护问题。提出这一问题有两个先决条件：其一是计算机问世之初，计算机软件作为计算机硬件的配套产品一起出售，但到了 20 世纪 60 年代末，计算机软件脱离计算机硬件，开始批量生产并单独出售，社会上也出现以营利为目的擅自复制计算机软件的"盗窃"行为；其二是计算机的功能之一是储存信息并快速检索，但一开始使用于书目、法律、判决等重复使用量大而检索比较困难的项目，书目、法律、判决等不受著作权法的保护。之后计算机的使用范围不断扩大，许多文字、艺术、科学作品的保存和研究都离不开计算机，社会生活中越来越多的活动都在计算机化。这样，对计算机软件的法律保护问题才引起重视。世界各个国家中，对计算机软件实行著作权法保护的国家有美国、日本、法国、英国、德国、新加坡等。在上述国家中，对计算机软件的保护办法，有些不同于对一般作品的保护。比如一般文学艺术作品享有著作权在日本无需登记，但计算机程序受保护则需登记，并专门制定了《计算机程序登记法》。又如一般作品的著作权人享有复制权，不享有使用权，但有些国家规定对计算机程序的保护，不但不允许擅自复制，而且不允许擅自使用，即计算机程序的著作权人享有使用权。另外，在著作权的保护期问题上，计算机软件的保护期比一般作品的保护期要短一些。1978 年，世界知识产权组织公布的《计算机软件保护示范条款》规定，计算机软件的保护期自创作之日起不得超过 25 年。1990 年《著作权法》通过后，国务院根据著作权法的原则，于 1991 年 6 月 4 日发布了《计算机软件保护条例》。[1]

因 1990 年的《著作权法》中未对著作权侵权赔偿数额的确定作出规定，1991 年的《计算机软件保护条例》对软件著作权侵权赔偿数额的确定也未作规定。2001 年修改的《著作权法》新增加了对著作权侵权赔偿标准的规定，《著作权法》修改后，《计算机软件保护条例》随后进行了修改，并于 2001 年

---

〔1〕《计算机软件保护条例》，1991 年 6 月 4 日国务院令 84 号发布。

12 月 20 日发布。[1]修改后的《计算机软件保护条例》第 25 条是关于软件著作权侵权赔偿数额确定的规定，本条没有明确规定如何计算侵犯软件著作权的赔偿数额，只是原则规定适用 2001 年修订的《著作权法》第 48 条的规定（现第 54 条）的规定。这主要是考虑到计算机软件是著作权法的一个保护客体，而《著作权法》[2]已在第 48 条明确规定了侵犯著作权赔偿数额的计算方法，《计算机软件保护条例》作为著作权法的配套法规，没有必要再将《著作权法》的有关规定重复一遍。根据《计算机软件保护条例》第 25 条及《著作权法》第 54 条的规定，对计算机软件著作权侵权赔偿数额的确定主要有"按照权利人的实际损失确定""按照侵权人的违法所得确定"及"法定赔偿"三种方法。

二、按照权利人的实际损失确定

根据《著作权法》及《计算机软件保护条例》的规定，"权利人的实际损失"是软件著作权侵权中侵权人承担损害赔偿数额计算的第一序位标准之一。凡侵权人因其侵权行为，给软件著作权人造成某种损害，依法承担赔偿责任时，赔偿数额应为软件著作权人因侵权行为所受到的实际损失。而 2020 年《著作权法》取消了之前权利人实际损失和侵权所得在侵权赔偿数额确定中的先后顺序，将实际损失和侵权所得摆在同等优先顺位，涉案当事人可以根据举证难度等因素自主选择能更有力地维护自己合法权益的方式。[3]

（一）权利人实际损失的确定

软件著作权侵权损害赔偿数额的确定，首先应考虑的是权利人所遭受的实际损失。这是软件著作权损害赔偿原则的要求，既体现了侵权行为法的机能，又体现了赔偿相当原则。由于赔偿损失的主要目的在于补偿权利人因他人侵权行为而遭受的实际损失，相对于法定赔偿而言，实际损失更贴近权利人的损害缺口。如果权利人所遭受的实际损失能够计算清楚，那么以此标准执行是最为合理的。[4]以权利人所受实际损失为标准，可以通过权利人的举证，

---

[1] 《计算机软件保护条例》，2001 年 12 月 20 日国务院令 339 号发布。

[2] 此处《著作权法》为 2001 年《著作权法》。

[3] 程熙镕、李诗怡、黄文琴："文学作品著作权侵权损害赔偿评估的中外比较研究"，载《中国资产评估》2022 年第 5 期。

[4] "昆明圣都娱乐中心与中国音像著作权集体管理协会侵害作品放映权纠纷案"，云南省高级人民法院 [2014] 云高民三终字第 87 号民事判决书。

证明侵权行为的具体情节及后果，便于及时、妥当地处理软件著作权纠纷。

从侵权行为对软件著作权的作用来看，可以将权利人的损失分为直接损失和间接损失。直接损失，即侵权行为造成软件著作权人现存财产的直接减少，比如含有软件著作权产品销售量的下降，利润降低，因侵权产品不得不降价出售的损失，因调查、制止侵权行为而支出的合理费用等。通常将侵权人实施侵权行为前后软件著作权人的财产状态相比较，其差额即为直接损失。

间接损失，主要是预期利益损失，是指由于侵权行为的发生导致权利人财产应增加利益的丧失。[1]由于著作权的特殊性，侵权人制造、销售、许诺销售侵权产品的行为通常不会造成权利人有形财产的减少，却会造成权利人市场份额下降、销售价格下降、商誉贬损、附带产品销量下降，这些都属于间接经济损失，都是权利人本应得到且将来极有可能获得的利益。[2]软件著作权侵权中的间接损失也即软件著作权人可得利益的减少，一般指软件著作权人在正常情况下本来可以得到的某种利益，由于侵权人实施了侵权行为而丧失了某项利益。间接损失本质上是期待利益，是否存在依因果关系来确定。预期利益的确定，首先应以一般人的标准在通常情形下获得的可能性为判断依据，再依据软件著作权特殊性来衡量。比如甲许可乙使用其软件，并已签订了许可使用合同，由于丙大量复制，致使乙不再使用，从而丙应赔偿甲的损失。此为一般人依通常情形都可以得到的许可使用报酬。无论直接损失还是间接损失，既可表现为软件著作权人预计的在发生侵权行为的情况下本应获得的利润额，也可表现为软件著作权人预计的在正常发放许可证的情况下应得的使用费的数额。

案例 9-2　昆明圣都娱乐中心与中国音像著作权集体管理协会侵害作品放映权纠纷案[3]

本案中，二审法院认为，上诉人昆明圣都娱乐中心以营利为目的，未经涉案作品相关权利人的许可，向不特定的公众提供这些作品的点播服务，该行为已侵害中国音像著作权集体管理协会对涉案作品享有的放映权，依法应

---

〔1〕　张新宝：《侵权责任法原理》，中国人民大学出版社 2005 年版，第 56 页。

〔2〕　商建刚："知识产权侵权损害赔偿中实际损失的司法认定"，载《电子知识产权》2020 年第4 期。

〔3〕　赵明："著作权侵权损害赔偿数额计算"，载《中国集体经济》2019 年第 36 期。

当承担相应的侵权责任。虽然上诉人认为中国音像著作权集体管理协会的主张以及一审判决的经济损失和维权费用过高，缺乏事实和法律依据，并向本院提交中国音像著作权集体管理协会发布的"关于2008年卡拉OK版权使用费收费标准的公告"，欲证实中国音像著作权集体管理协会自己对云南地区确定的收费标准每天每终端为8.2元，据此计算，昆明圣都娱乐中心总共45间包房，每年只需支付使用费438元。经质证，中国音像著作权集体管理协会认可这份材料的证据效力，但不同意上诉人的证明目的。本院经审查认为，虽然这份公告的真实性、合法性没有问题，但上诉人根据这份证据计算出的所谓使用费不正确，因为不仅其使用的计算方法不正确，而且由于目前没有任何证据证实上诉人侵权行为的持续时间及其实际侵权规模，因此即使有中国音像著作权集体管理协会的收费标准，目前本案中也无法计算上诉人侵权行为给权利人中国音像著作权集体管理协会造成的实际损失或上诉人的实际获利数额，而一审基于这一情况和本案的具体情节，根据《著作权法》第49条关于法定赔偿的规定而酌情确定的侵权赔偿数额和合理费用并无不当，本院予以支持。

（二）权利人实际损失的计算方法

侵权行为所造成的实际损失，是损害赔偿额计算的核心和首要依据。最高人民法院《关于审理著作权民事纠纷案件适用法律若干问题的解释》[1]第24条规定："权利人的实际损失，可以根据权利人因侵权所造成复制品发行减少量或者侵权复制品销售量与权利人发行该复制品单位利润乘积计算。发行减少量难以确定的，按照侵权复制品市场销售量确定。"从上述规定来看，在确定权利人损失方面，有三个因素需要证明：知识产权产品的单位利润、因侵权而减少的知识产权产品销售数量、侵权产品销售量。具体权利人受损的计算方面，有两种方法：一种是权利人的实际损失等于因侵权而减少销售的软件复制品数量乘以软件复制品的单位合理利润，这种方法反映的是权利人损失的实际情况；另一种是侵权人的侵权产品销售量乘以软件复制品的单位销售利润，这种方法其实是一种推定，将侵权产品的销售量推定为权利人软件复制品的减少量。

---

〔1〕　最高人民法院《关于审理著作权民事纠纷案件适用法律若干问题的解释》（法释〔2002〕31号），2002年10月12日最高人民法院审判委员会第1246次会议通过。

(三) 完善"实际损失"计算方法

实际损失作为我国规定的软件著作权侵权损害赔偿的首选方法之一,虽然最能体现知识产权损害赔偿的实质,但权利人损失的证明非常困难。著作权的无形性在一定程度上决定了著作权损害赔偿案件的举证难度要明显高于一般的民事侵权案件。在互联网技术高度发达的当下,侵权行为更加难以收集取证,在网络空间中一切信息都以数字化的方式表现出来,著作权人较难固定相关侵权证据。计算机软件著作权的相关纠纷的举证更是要求著作权人具备一定的专业技术,才能固定相关侵权证据进而充分举证。在当下这个信息时代,著作权侵权行为主要是通过网络等信息手段实现的,同时相关侵权证据的载体往往就是信息技术的载体,因此权利人想要固定收集相关证据就必须对此种高新技术有一定程度的了解并且能够有效利用,才能切实维护自身合法权益。[1]

实践当中,真正按照权利人的实际损失来确定侵权损害赔偿数额的案件少之又少,绝大部分案件当中权利人的实际损失都是难以被准确界定的。例如,在长沙米拓信息技术有限公司(以下简称米拓公司)武汉光谷生物医药产业园发展有限公司(以下简称米谷公司)侵害计算机软件著作权纠纷案中,米拓公司因侵权所受实际损失及光谷公司违法所得均不明,原审法院综合考虑米拓公司涉案建站软件价值、光谷公司侵权行为方式与性质等因素,酌定光谷公司赔偿米拓公司经济损失及维权合理支出6000元,二审法院予以维持。[2]在掌游天下北京信息技术股份有限公司(以下简称掌游天下公司)嘉丰永道北京科技股份有限公司(以下简称嘉丰永道公司)侵害计算机软件著作权纠纷案中,该案无法依据权利人因被侵权所受到的实际损失、侵权人因侵权所获得的利益的标准判定损失数额。综合考虑涉案游戏软件的类型、被诉侵权行为的持续时间和侵权情节、嘉丰永道公司的侵权故意等因素,原审法院判令嘉丰永道公司停止侵权、消除影响,并赔偿掌游天下公司经济损失

---

〔1〕 张诚麟:"著作权侵权损害赔偿问题研究——以华盖创意图像技术有限公司系列诉讼案件为研究对象",四川省社会科学院2019年硕士学位论文。

〔2〕 参见"长沙米拓信息技术有限公司武汉光谷生物医药产业园发展有限公司侵害计算机软件著作权纠纷案",最高人民法院〔2022〕最高法知民终384号民事判决书。

500万元及全额支持维权合理支出132 500元，二审法院予以维持。[1]在濮阳市泰正电子电力工程有限公司（以下简称泰正公司）北京律政信息技术有限公司（以下简称律政公司）侵害作品信息网络传播权纠纷案中，律政公司的实际损失和泰正公司的违法所得均无证据直接证明，一审法院综合考虑涉案影片的知名度及商业价值、侵权行为的性质及影响范围、泰正公司的经营规模情节、律政公司未提交证据证明其支出、律政公司同时在本院提起多起诉讼等情况综合判定泰正公司赔偿律政公司经济损失及维权合理费用共计5000元并无不当，二审法院予以维持。[2]

在计算机软件市场不饱和的情况下，权利人的计算机软件销售量处于扩张趋势，即使部分侵权产品出现，计算机软件的销售量也不一定会减少，此时权利人损失表现为可得利益的损失，权利人很难证明。在计算机软件市场较为饱和的情况下，一旦市场上出现侵权产品，权利人计算机软件的销售量就会减少，或者价格就会降低，权利人的实际损失就是侵权行为没有发生时所能获得的利润与出现侵权情况下实际所获利润之差。不管采用何种计算方法，计算机软件销售量的减少、计算机软件的单位利润、计算机软件降价数额的依据等很多都是由权利人单方面形成。我国许多企业的财务制度不完善，实践中一旦被告否认，权利人提供的会计账册、利润损失说明、制作的评估报告等基本上不会被认可。再者，如果侵权行为侵害的是未发表的计算机软件，即软件著作权人尚未行使其权利就遭到侵害，则不存在直接损失，间接损失的计算也比较困难。为促进按照权利人的实际损失确定赔偿数额这一赔偿方法的有效适用，应对其进行进一步的完善。

1. 准确界定相关"市场"或"可预期"范围

在实际损失的计算中，与计算机软件相关的"市场"或"可预期"范围的界定至关重要。除原告正在提供软件或提供软件著作权许可的情形可列入"市场"或"可预期收益"范畴之外，尚未提供软件或软件著作权许可但却被被告实施的行为是否可以被"市场"涵盖或可以列入"可预期收益"范畴，存在不同的看法。笔者认为，"正在服务"的市场很容易去证明，而"即

---

〔1〕　参见"掌游天下北京信息技术股份有限公司嘉丰永道北京科技股份有限公司侵害计算机软件著作权纠纷案"，最高人民法院〔2020〕最高法知民终1456号民事判决书。

〔2〕　参见"濮阳市泰正电子电力工程有限公司北京律政信息技术有限公司侵害作品信息网络传播权纠纷案"，河南省高级人民法院〔2022〕豫知民终25号民事判决书。

将服务"的市场中"即将"是主观性很强的判断，很容易被原告滥用从而任意扩大保护范围。在界定计算机软件市场时，应将原告"正在服务"的客户人群与软件创造时"可预见"的客户人群结合起来进行考虑，即原告正在使用的方式和所有作者在创作软件时已经预见到的软件使用都可以归入计算机软件的市场范围内，而那些不能被预料到且没有实际进行后续创新性开发利用的软件使用均不能被软件市场所涵盖。在"可预见"的判断上，应将时间点固定于软件创造时，可以证明的证据包括原告当时的商业规划、可行性研究报告、各种出版物等媒介中已提及的软件使用方式和使用范围、商业经营方式和经营范围等。在限定的潜在客户人群范围内，如果原告能证明被告行为与其可预期收益之间存在着合理可能性的因果联系，原告的可预期收益都将被视为其所遭受的实际损失。[1]

2. 增加权利人损失的计算方法

除法律规定的因侵权而减少的知识产权产品数量乘以知识产权产品的单位合理利润这一计算方法外，应增加权利人损失的计算方法，根据情况使用大致推定方法。对于权利人销售量的减少，价格的降低与侵权行为的因果关系，权利人很难证明，对这种因果关系的举证不比有形财产那样具体、明确，法律应当允许对该因果关系采用推定方法予以判定，即只要权利人证明其销售量减少或价格降低，我们就推定该减少或降低的数额系因侵权行为所致，除非被告反证原告有非正常经营等导致原告损失异常的情形。对权利人的合理单位利润无法证明的，可以参照相同或近似行业的利润率予以确定。此外，应降低原告证明标准。证明原告损失的证据只要达到优势证明标准，即可以予以认定，对损失数额的计算不要求达到精确数字，只要具有合理性，就予以确认。一般来说，根据权利人受损得出的赔偿额总比依据法定赔偿得出的赔偿额要精确。要摒弃现在司法实践中对权利人损失一定要精确到元、角、分的观点，让尽可能多的案件适用权利人损失的计算方法。

在计算方法上，北京市高级人民法院关于"权利人的实际损失"计算方法的规定可供借鉴。北京市高级人民法院《关于确定著作权侵权损害赔偿责

---

[1] 杨红军："对我国版权侵权赔偿制度的结构性反思"，载《河南大学学报（社会科学版）》2018年第1期。

任的指导意见》第 7 条规定，"权利人的实际损失"可以依据以下方法计算："（一）被告侵权使原告利润减少的数额；（二）被告以报刊、图书出版或类似方式侵权的，可参照国家有关稿酬的规定；（三）原告合理的许可使用费；（四）原告复制品销量减少的数量乘以该复制品每件利润之积；（五）被告侵权复制品数量乘以原告每件复制品利润之积；（六）因被告侵权导致原告许可使用合同不能履行或难以正常履行产生的预期利润损失；（七）因被告侵权导致原告作品价值下降产生的损失；（八）其他确定权利人实际损失的方法。"

三、按照侵权人的违法所得确定

根据《著作权法》及《计算机软件保护条例》的规定，"侵权人违法所得"在软件著作权侵权赔偿数额确定方法中是第一序位标准。依据规定，侵权人应当按照权利人因此受到的实际损失或者侵权人的违法所得给予赔偿，当权利人因被侵权所受到的实际损失难以确定时，法院可适用侵权人的违法所得作为计算标准，用以确定侵权人应当承担的损害赔偿数额。这在北京畅游时代有限公司与北京奇游科技有限公司一案中很好地体现了出来。

案例 9-3　北京奇游互动网络科技有限公司与北京畅游时代数码技术有限公司等著作权权属、侵权纠纷案[1]

一审法院经审理认为，关于赔偿数额，畅游公司索赔 4 999 000 元，数额过高，证据不足，一审法院不能全部支持。但是，考虑到涉案 11 部作品均为脍炙人口的经典武侠小说，北京畅游时代数码技术有限公司（以下简称畅游公司）为取得权利支付了 2000 万元版权费，游戏行业利润率通常较高，《全民武侠》游戏上线时间较长，在业内也具有一定影响，北京奇游互动网络科技有限公司（以下简称奇游公司）的侵权行为势必给畅游公司运营的《天龙八部》等游戏造成较大冲击。综合考虑上述因素，一审法院认为被告侵权行为给原告造成的损失明显超过 50 万元，本案适用法定赔偿将导致显失公平的结果，故一审法院综合考虑上述因素和在案证据，在法定赔偿限额之上酌定

---

[1]　参见"北京奇游互动网络科技有限公司与北京畅游时代数码技术有限公司等著作权权属、侵权纠纷案"，北京知识产权法院［2015］京知民终字第 1619 号民事判决书。

被告赔偿数额为 150 万元。畅游公司主张的诉讼支出，一审法院已在酌定赔偿数额时予以考虑，不再另行处理。

北京知识产权法院二审认为，对于著作权侵权案件中赔偿数额的确定，在先生效判决可以作为本案裁判的参考，我院在 [2015] 京知民终字第 925 号民事判决中明确，著作权受到侵害遭受的损失属于可得利益的损失，实际损失具有难以举证的特点，依据《著作权法》第 49 条，法律赋予了法官在法定额范围内进行酌定的权力，该定额不能突破。但是，在综合考虑涉案台标的独创性程度及知名度、爱美德公司对涉案图标的使用方式、使用持续时间、涉案台标艺术美感等因素的前提下可以酌情确定侵权人的违法所得，该数额可以高于法定赔偿的限额。该在先判决确定，即使侵权人的违法所得不能予以确定，但亦可以在法定赔偿的限额上予以确定。

本案中，依据相关证据足以确信赔偿损失已经超出法定赔偿额，应基于个案情况在法定赔偿额的限额之上予以酌定。本院认为，一审法院根据当事人举证情况确定奇游公司赔偿畅游公司经济损失及合理费用 150 万元并无不当：首先，畅游公司为自己的赔偿数额主张，积极进行了举证，在案证据证明奇游公司将涉案游戏在 91 平台推广运营，游戏上线时间较长，游戏玩家数量巨大。畅游公司结合涉案游戏的发布渠道和游戏的常规运营方式证明，并依据网站统计公布的 2014 年手机游戏用户的付费率推算，涉案游戏的获利情况在数百万元，并可高达数千万元。其次，畅游公司作为权利人，已经支付了巨额的版权费用，开发的同类游戏具有较高的知名度，在游戏的实际运营过程中支付了巨额的费用。最后，奇游公司虽然主张涉案游戏仅在 91 游戏平台推广，且实际收入为 14 万余元，但由于涉案游戏的运营全部通过网络平台进行，其间的运营状况、其实际受益难以获得确切的数据，奇游公司一方提供的上述盈利的单据不能作为获利的直接依据。涉案游戏在同期上线，公开推广，影响较大，必然使得畅游公司的游戏受到影响，造成权利人的损失。此外，游戏行业具有运营推广平台多，行业利润较高的特点，一旦原创游戏尤其是具有一定知名度的游戏遭受侵权，将对该游戏的发展产生极大的影响，基于游戏类文化创意产业保护的需求，根据游戏特点，除降低维权成本外，还需加大侵权惩罚力度，提高侵权成本，法院亦应为游戏产业的发展提供良好的知识产权司法环境。

综上，本院认为，畅游公司提出的损害赔偿数额的计算方式具有充足依据，能够作为认定奇游公司涉案侵权行为获利的参考，综合考虑涉案游戏的知名度以及游戏开发、上线时间、运行特点等情节，一审法院确定的赔偿数额并无不当。

（一）侵权人违法所得即非法利润

软件著作权人的实际损失难以计算的，可以按照侵权人的违法所得给予赔偿。恰当适用"违法所得"的计算方式，既坚持了民事责任承担的基本原则、符合 TRIPS 协议的宗旨，[1]与没收违法所得等责任承担方式协调适用也能达到补偿权利人损失、遏制侵权行为的司法政策目标。[2]

违法所得作为一个法律术语，经常出现在法律、法规、规章及司法解释等规范性文件中，是一个跨多个部门法领域的涉物法律概念。软件著作权侵权中，关于违法所得是否包括侵权人所投入的成本，历来有两种观点：一种观点认为，违法所得应当包括侵权人所投入的成本，即违法所得指违法生产或者违法销售的产品的全部收入；另一种观点认为，违法所得不应当包括侵权人所投入的成本，即违法所得是指侵权人因侵权行为所得到的利益，即"非法利润"。[3]司法实务中，"违法所得数额"是否包括侵权人所投入的成本，检察机关和人民法院的意见也不统一。《人民检察院扣押、冻结涉案款物工作规定》[4]第 2 条第 2 款规定，犯罪嫌疑人、被告人实施违法犯罪行为所取得的财物及其孳息属于违法所得。该司法解释将"违法所得"界定为"所取得的财物及其孳息"，即包括所投入的成本。根据最高人民法院

---

〔1〕　TRIPS 协议第 45 条第 1 款规定："成员国应赋予司法机关相应权利，使其对已知或有充分理由应知自己从事之活动系侵权的侵权人，有权责令该侵权人向权利人支付足够弥补因侵犯知识产权而给权利人造成之损失的损害赔偿费。"由此可以看出 TRIPS 协议所奉行的是足够弥补的原则。

〔2〕　2009 年 3 月，最高人民法院下发了《关于贯彻实施国家知识产权战略若干问题的意见》中提出："综合运用知识产权司法救济手段，不断增强知识产权司法保护的有效性。……特别是要突出发挥损害赔偿在制裁侵权和救济权利中的作用，坚持全面赔偿原则，依法加大赔偿力度，加重恶意侵权、重复侵权、规模化侵权等严重侵权行为的赔偿责任，努力确保权利人获得足够的充分的损害赔偿，切实保障当事人合法权益的实现。"2009 年 4 月最高人民法院印发《关于当前经济形势下知识产权审判服务大局若干问题的意见》的通知中提出，"增强损害赔偿的补偿、惩罚和威慑效果，降低维权成本，提高侵权代价"。

〔3〕　李希慧："侵犯著作权犯罪中'违法所得'指全部所得"，载《检察日报》2007 年 3 月 30 日。

〔4〕　《人民检察院扣押、冻结涉案款物工作规定》，2010 年 4 月 7 日最高人民检察院第十一届检察委员会第三十三次会议通过，2010 年 5 月 9 日发布。

《关于适用〈全国人民代表大会常务委员会关于惩治侵犯著作权的犯罪的决定〉若干问题的解释》[1]第 2 条，个人违法所得数额，即获利数额。[2]最高人民法院《关于审理非法出版物刑事案件具体应用法律若干问题的解释》[3]第 17 条第 2 款规定，违法所得数额，是指获利数额。可见，最高人民法院这两个司法解释中是以侵权人所得非法获利作为违法所得。根据最高人民法院《关于审理涉及计算机网络著作权纠纷案件适用法律若干问题的解释》[4]第 10 条第 1 款的规定，只有在侵权人所付出的成本无法证明，也就是无法从全部收入中扣除的情况下，才将因侵权行为所得全部收入作为违法所得。[5]

笔者认为，违法所得不应当包括侵权人所投入的成本，这主要是因为，侵权人所投入的成本不应该成为受害人所受到的损失，而且，目前我国的司法实践中也是以侵权人所获得的非法利润作为违法所得的。按照侵权人的违法所得给予赔偿的计算方法实际上是在实际损失难以计算的情况下，推定侵权人因侵权行为所获利益为软件著作权人所受到的损失。

---

〔1〕 最高人民法院《关于适用〈全国人民代表大会常务委员会关于惩治侵犯著作权的犯罪的决定〉若干问题的解释》（法发〔1995〕1 号），最高人民法院 1995 年 1 月 16 日发布，现已失效。

〔2〕 最高人民法院《关于适用〈全国人民代表大会常务委员会关于惩治侵犯著作权的犯罪的决定〉若干问题的解释》第 2 条规定："实施《决定》第一条所列侵犯著作权行为之一，个人违法所得数额（即获利数额，下同）在 2 万元以上，单位违法所得数额在 10 万元以上的，属于"违法所得数额较大"；具有下列情形之一的，属于"有其他严重情节"：（一）因侵犯著作权曾经两次以上被追究行政责任或者民事责任，又侵犯著作权的；（二）个人非法经营数额在 10 万元以上，单位非法经营数额在 50 万元以上的；（三）造成其他严重后果或者具有其他严重情节的。"

〔3〕 最高人民法院《关于审理非法出版物刑事案件具体应用法律若干问题的解释》（法释〔1998〕30 号），1998 年 12 月 11 日最高人民法院审判委员会第 1032 次会议通过，1998 年 12 月 17 日公布，1998 年 12 月 23 日起施行。

〔4〕 最高人民法院《关于审理涉及计算机网络著作权纠纷案件适用法律若干问题的解释》（法释〔2000〕48 号），2000 年 11 月 22 日最高人民法院审判委员会第 1144 次会议通过，2000 年 12 月 19 日公布，自 2000 年 12 月 21 日起施行，现已失效。

〔5〕 最高人民法院《关于审理涉及计算机网络著作权纠纷案件适用法律若干问题的解释》法释〔2000〕48 号第 10 条第 1 款规定："人民法院在确定侵权赔偿数额时，可以根据被侵权人的请求，按照其因侵权行为所受直接经济损失和所失预期应得利益计算赔偿数额；也可以按照侵权人因侵权行为所得利益计算赔偿数额。侵权人不能证明其成本或者必要费用的，其因侵权行为所得收入，即为所得利益。"该条已被最高人民法院《关于修改〈审理涉及计算机网络著作权纠纷案件适用法律若干问题的解释〉的决定》（法释〔2004〕1 号）删除。

（二）非法利润的确定

在现代企业财务制度下，利润是最重要的常用概念之一，指总收益减去经济成本，其包括销售利润、营业利润和净利润等形式。[1]销售利润，是指产品销售收入减去相应的销售成本（包括制造成本和销售费用）、产品销售税金及附加费用后的利润；营业利润，是指产品销售利润减去管理、财务等费用后的利润；净利润，是指营业利润减去增值税等税收后的利润。因此，一般情况下，三者系以下关系：销售利润>营业利润>净利润。按照法律规定，知识产权侵权人获利的计算标准为营业利润。司法实践中，许多权利人难以提供侵权获利的证据，因为获利计算较为麻烦，也不倾向于采用该计算方法，事实上，相对权利人损失，获利的证据表现形式则更多，具体来说，通过对以下证据的分析认定可能提炼出侵权获利数额：

（1）财务账册、会计凭证。财务账册，亦称会计账簿，是指记载和反映公司财产状况和营业状况的各种账簿、文书的总称。我国有关法律、法规明确规定，国家机关、社会团体、企业、事业单位和符合建账条件的个体工商户以及其他经济组织应当依法设置会计账册。[2]会计凭证是指记录经济业务发生或者完成情况的书面证明，是登记账簿的依据。每个企业都必须按一定的程序填制和审核会计凭证，根据审核无误的会计凭证进行账簿登记，如实反映企业的经济业务。《会计法》对会计凭证的种类、取得、审核、更正等内容进行了规定。财务账册、会计凭证是记载权利人获利的直接证据，如能有效利用，则可以大幅度提高侵权人获利的适用比例。在实践中，关于财务账册、会计凭证通常面临三个问题：一是如何获取；二是获取后真实性如何认定；三是如何根据其中记载的内容确定利润数额。对于第一个问题——如何获取，可以通过以下途径解决：一是，法官如果对权利人提供的初步侵权证据有可采性比较强的心证，可以在证据保全的同时对侵权人的财务账册、会计凭证予以保全。二是，对于财务制度完善的上市公司、大公司或者明确有财务账册、会计凭证的被告，法院责令其提供财务账册、会计凭证，拒绝提

---

〔1〕　王文玉、沈琼主编：《微观经济学》，清华大学出版社2017年版，第125页。

〔2〕　《会计法》第3条规定："各单位必须依法设置会计帐簿，并保证其真实、完整。"《会计基础工作规范》第36条规定："各单位应当按照《中华人民共和国会计法》和国家统一会计制度的规定建立会计帐册，进行会计核算，及时提供合法、真实、准确、完整的会计信息。"

供的，法院可以根据《证据规定》第75条，推定权利人的计算方法成立。对于第二个问题——获取后真实性如何认定。对于通过法院证据保全得到的财务账册、会计凭证，权利人一般不会否认其证据效力。即使权利人否认，法院一般也不予支持，真实性可予认定。对于侵权人提供的财务账册、会计凭证，权利人往往在对其有利时认可，对其不利时否认。对该类账册，法院仍不能轻易否认其效力，因为司法中提供造假证据面临的风险较大，一般情况下侵权人铤而走险的概率并不大，如果权利人有异议，其应提供反驳证据或合理性理由，否则，法院仍可认定该证据效力。对于第三个问题——如何根据其中记载的内容确定利润数额。如果双方无异议，自然不存在问题。如果有异议，则法院可以要求侵权人财务人员出庭说明，如果不能达成一致意见，则只能委托会计师事务所等中介机构评估。

（2）工商部门的年检资料及企业年度报告。工商部门的年检资料中有关于销售利润、营业利润、净利润的记载，该资料权利人较易获得，且计算非常方便。需要注意的是，国家工商总局于2014年2月19日发出通知，将于3月1日起正式停止企业年度检验制度，要求各级工商机关抓紧做好企业年度报告公示制度等一系列新制度的实施准备工作。此举意味企业工商年检制度将正式告别历史舞台。根据国务院出台的《注册资本登记制度改革方案》，企业年度报告公示制度正式取代企业年检制度。企业年度报告公示制度，简称企业年报公示，即企业按年度在规定的期限内，通过商事主体登记及信用信息公示平台，向登记机关提交年度报告并向社会公示，由企业自己对年度报告的真实性、合法性负责。

（3）纳税凭据。纳税凭据是纳税人向税务机关提交的有关凭证，既有企业自制用于成本、费用、损失和其他支出核算的会计原始凭证，也有企业发生经营活动和其他事项时，从其他单位、个人取得的用于证明其支出发生的凭证，包括但不限于发票（包括纸质发票和电子发票）、财政票据、完税凭证、收款凭证、分割单等。侵权人的纳税凭据往往存在于税务机关，真实性、合法性没有问题。由于税务部门对纳税数额有审查义务，因此，纳税凭据中记载的应纳税额往往与企业收益关联性较强。但纳税凭证涉及较为复杂的税务专业知识，需要专家辅助人或中介机构的评估才能确定原告的利润。

（4）侵权人公开资料中载明的利润或销售额。侵权人为销售侵权产品或履行法定义务，也会公开部分和侵权利润有关的信息，这些信息的载体往往有：上市公司申报与年报中有关利润的记载；侵权人网站或宣传册、广告中有关利润的记载；侵权人向行业协会提供的资料中有关利润的记载；侵权人在商标认定，荣誉评定，其作为权利人的行政与司法案件中提供的有关其利润的信息。

对于上述侵权人自认的侵权利润，虽非系诉讼中的自认，一般可根据经验法则推定其具有效力，除非侵权人提供有力的反驳证据。

（三）合理适用"违法所得"方法

按照侵权人的违法所得给予赔偿的计算方法合理性在于充分考虑了侵权人的收益，但如果侵权人实施了侵权行为且给软件著作权人造成了一定损失，而侵权人自己并未由此获得任何收益或收益甚少时，赔偿额为零或极少，无异于侵权人没有承担赔偿责任，这显然不利于保护软件著作权人的合法权益。而在实践中，多数情况下违法所得计算方法都被否定，转而采用法定赔偿或实际损失的方法。[1]例如，在北京威速科技有限公司（以下简称威速公司）与浙江互视科技股份有限公司（以下简称浙江互视公司）侵害计算机软件著作权纠纷一案中，北京威速公司主张应根据浙江互视公司的违法所得确定赔偿经济损失额为 850 000 元。但北京威速公司对其该项主张提交的唯一证据为 2017 年 7 月 25 日录制的电话录音，仅凭该录音不足以证明浙江互视公司真实获利事实，在此情形下，原审法院依法适用法定赔偿规定，二审法院予以维持。[2]又如，在张某奎北京五一嘉峪科技有限公司（以下简称五一嘉峪公司）等侵害计算机软件著作权纠纷民事二审案中，五一嘉峪公司主张销售涉案课程的收入为 3792 元，张银奎主张通过点击数量推定销售数据。原审法院认为，五一嘉峪公司提供的课程销售数据系自制证据，张银奎主张通过点击数量推定销售数据，但未举证点击数量就直接等于销售数量，本案五一嘉峪

---

[1]　如在"南京因泰莱电器股份有限公司与西安市远征科技有限公司、西安远征智能软件有限公司、南京友成电力工程有限公司软件著作权侵权纠纷案"中，上诉人不服一审的判赔金额，上诉要求按照被上诉人侵权获利确定赔偿数额，并提供了相应的证据。法院认为"现有证据尚不足以支持因泰莱公司上述主张，一审判决综合考虑涉案软件系嵌入式软件的性质、被控侵权行为性质及后果等确定赔偿数额并无不当。"参见江苏省高级人民法院民事判决书［2008］苏民三终字第 0079 号。类似判决参见"吉林美术出版社与海南出版社有限公司、长春欧亚集团股份有限公司欧亚商都著作权侵权纠纷案"，最高人民法院民事裁定书［2012］民申字第 1150 号。

[2]　参见"北京威速科技有限公司与浙江互视科技股份有限公司侵害计算机软件著作权纠纷案"，最高人民法院［2020］最高法知民终 1477 号民事判决书。

公司的侵权获利无法查明，本案应适用法定赔偿。[1]结合域外司法实践中适用"违法所得"方法计算版权侵权损害赔偿额的经验，我们可以从以下几个角度对"违法所得"方法的适用加以完善，以便在实践中更好地适用该方式来合理计算损害赔偿数额、维护权利人利益。

1. 明确举证责任的分配

根据我国《民事诉讼法》的规定，民事责任的分配方式有"谁主张谁举证"和"举证责任倒置"这两种，而计算机软件著作权侵权案件则适用"谁主张谁举证"的责任分配方式。由于计算机软件著作权侵权具有专业性强、形式隐蔽、证据众多的特点，权利人想通过自己举证来证明自身的损失或者侵权人的违法所得是十分困难的。若将权利人因侵权而遭受到的经济损失、侵权人的违法所得等事实的证明责任加诸权利人，会增加维权成本，关键是这些证据是权利人无法收集的。而且，当前我国社会信用体系构建并不健全，在现实中侵权人隐匿、毁灭证据的情况大量存在，加剧了证据毁损灭失的风险，这在一定程度上大大加剧了权利人举证的难度。[2]

依据侵权人的违法所得确定损害赔偿额时，要做到合理分配举证责任、划分举证范围。毫无疑问，侵权人的违法所得是确定损害赔偿额的重要依据之一。但是，由权利人一方证明侵权人的侵权所得，多数情况下无法实现。美国关于著作权举证责任规定的经验或许给我们提供了一个新的思维路径：减轻权利人的举证压力，不让侵权人置身于举证责任之外。

最高人民法院《关于全国部分法院知识产权审判工作座谈会纪要》（以下简称《纪要》）已经明确提到了侵权人在以侵权人的侵权所得计算损害赔偿额的方法中的举证责任："侵权行为证实后，权利人要求按照侵权人的获利额进行赔偿时，侵权人应当提供其营业额、利润等情况的全部证据，侵权人拒不提供其侵权获利证据的，人民法院可以查封有关账务账册，依法组织审计。"我国可以综合《纪要》和美国版权法或者我国台湾地区关于著作权的相关法规的规定，由权利人举证证明侵权人侵权行为成立和有侵权所得事实的证据，至于侵权所得的具体数额则由侵权人承担举证责任。这种制度设计是

---

〔1〕 参见"张某奎与北京五一嘉峪科技有限公司等侵害计算机软件著作权纠纷案"，最高人民法院〔2021〕最高法知民终1414号民事判决书。

〔2〕 吴云辉："网络游戏著作权侵权损害赔偿问题研究"，江西师范大学2020年硕士学位论文。

充分考虑到当事人对证据的接近程度，以提高举证的可能性。[1]

举证责任的分配对于更好地适用违法所得的方法至关重要。在我国，原告只需证明侵权人所获得的总收入，其举证义务即告完成。至于被告总收入中哪些项目不属于利润部分需要予以扣减，则由被告举证证明。然而，被告的销售记录和相关资料难以为原告所获取和掌握，况且经常存在被告销毁账簿资料的情形，这就导致原告举证上的困难。同时，被告销售总收入中的具体费用构成及其数额是否为或多少为其利润，往往也难以证明，即"难以确定侵权人的利益在多大程度上来自于对原告权利的侵犯"，[2]为此有必要在举证责任分配机制上加以调整。侵权获利的量化所衍生出的诉讼程序上证明责任的分配问题也必须在当事人间清晰阐明。[3]

我国著作权法修改草案第三稿涉及了举证责任的分配问题，但仅是一种举证妨碍证据的引入，所谓举证妨碍制度是指不具有举证责任的一方当事人以作为或者不作为的方式阻碍负有举证责任的当事人进行举证，行为人因此应当为其妨碍举证责任的行为承担一定的法律后果的法律制度。修改草案第3稿中仍未明晰如何分配举证责任。我们可以进一步细化举证规则，在原告证明了侵权人因侵权行为存在违法所得之后，举证责任转移到侵权人，由其证明其违法所得的多少以及与侵权行为是否存在因果关系。

在侵害软件著作权的诉讼纠纷中，通过明确举证责任的分配确定损害赔偿数额应注意几个问题：首先，必须完成最基本的举证义务，坚持证明责任分配的一般规则。其次，明确原告证明了侵权人因侵权行为存在违法所得后举证责任转移到侵权人，不能随意扩大适用。最后，在综合判断所有提供的证据后才可认定赔偿数额。举证责任转移是一种在事实真伪不明的情况下推定赔偿数额的办法，即使这种真伪不明是因侵权人拒绝提供所获利润造成的，权利人主张的赔偿数额最终能否得到证明，还需要经过质证以及结合案件的其他证据予以综合判断才可得出。

---

〔1〕　张春艳："论著作权侵权损害赔偿额确定中举证责任的分配"，载《河南师范大学学报（哲学社会科学版）》2011 年第 6 期。

〔2〕　WIPO, The Enforcement of Intellectual Property Rights, Geneva, World Intellectual Property Organization, 2008, p. 84.

〔3〕　杨涛："完善我国著作权侵权损害赔偿的计算方法——基于比较法视野的研究启示"，载《时代法学》2010 年第 1 期。

2. 引入专家证人制度，合理适用"违法所得"方法

专家证人制度在各个国家和地区尤其是英美法系国家证据法中是不可或缺的重要制度，对于解决技术事实争议具有重要价值。[1]专家证人方式在计算软件著作权侵权违法所得中，也是有效途径之一。我国《民事诉讼法》也规定了"鉴定+专家辅助人"的模式，《民事诉讼法》第76条规定，当事人可以就查明事实的专门性问题向人民法院申请鉴定。当事人申请鉴定的，由双方当事人协商确定具备资格的鉴定人；协商不成的，由人民法院指定。当事人未申请鉴定，人民法院对专门性问题认为需要鉴定的，应当委托具备资格的鉴定人进行鉴定。第79条规定，当事人可以申请人民法院通知有专门知识的人出庭，就鉴定人作出的鉴定意见或者专业问题提出意见。《国家知识产权战略纲要》明确提出，要建立和完善专家证人诉讼制度。相关领域的专家对于相关技术问题的阐述和提供的意见对于计算被控侵权人的违法所得、确定损害赔偿额有一定的参考价值。

北京市高级人民法院《关于确定著作权侵权损害赔偿责任的指导意见》第8条规定，"侵权人的违法所得"包括产品销售利润、营业利润、净利润三种情况。一般情况下，应当以被告营业利润作为赔偿数额。被告侵权情节或者后果严重的，可以产品销售利润作为赔偿数额。侵权情节轻微，且诉讼期间已经主动停止侵权的，可以净利润作为赔偿数额。适用上述方法，应当由原告初步举证证明被告侵权所得，或者阐述合理理由后，由被告举证反驳；被告没有证据，或者证据不足以证明其事实主张的，可以支持原告的主张。在此基础上，我国法院可尝试引入专业评估机制和专业的会计专家，以便从市场价值的角度更好的核算侵权人的违法所得。[2]

（四）合理开支的确定

赔偿数额还应当包括软件著作权人为制止侵权行为所支付的合理开支。从因果关系的角度来剖析，如果开支属于制止侵权行为所必需且在正常合理范围内，那么侵权人就应当赔偿给权利人。例如，在上海天阙网络科技有限公司孙某华等侵害计算机软件著作权纠纷民事二审判决书中，一审法院判决

---

〔1〕 宋健："专家证人制度在知识产权诉讼中的运用及其完善"，载《知识产权》2013年第4期。
〔2〕 尚广振："论'违法所得'在著作权侵权损害赔偿计算中的适用"，载《电子知识产权》2014年第4期。

上海天阃网络科技有限公司（以下简称天阃公司）应于判决生效之日起 10 日内赔偿彤易公司包括合理开支在内的经济损失 50 万元，二审法院维持原判，支持了这个做法；[1]在夏津县正乐食品有限公司青岛五铢钱网络科技有限公司（以下简称五铢钱公司）著作权权属纠纷案中，一审法院认为，五铢钱公司并未提供证据证明其因夏津县正乐食品有限公司侵权所遭受的实际损失，也没有证据证明夏津县正乐食品有限公司因侵权所实际获得的利润，一审法院综合考虑涉案美术作品的类型、知名度，五铢钱公司因本案维权必然支出费用，结合夏津县正乐食品有限公司的主观过错程度、侵权行为性质、使用作品的方式等因素，酌情确定赔偿数额为 20 000 元，二审法院认为并无不当，对此予以确认；[2]在天津市宁河县泽安商贸有限公司与深圳市盟世奇商贸有限公司侵犯著作权纠纷申请再审一案中，二审法院认为，一审法院综合考虑《熊大》卡通形象的知名度、使用时间、商业价值等因素，酌情确定天津市河县泽安商贸有限公司赔偿深圳市盟世奇商贸有限公司经济损失及为制止侵权支出的合理开支共计 10 000 元，并无不当，二审法院予以维持。[3]

案例 9-4 新思科技有限公司与武汉芯动科技有限公司侵害计算机软件著作权纠纷案[4]

本案中，法院认为，关于合理费用部分，最高人民法院《关于审理著作权民事纠纷案件适用法律若干问题的解释》第 26 条规定："著作权法第四十九条第一款规定的制止侵权行为所支付的合理开支，包括权利人或者委托代理人对侵权行为进行调查、取证的合理费用。人民法院根据当事人的诉讼请求和具体案情，可以将符合国家有关部门规定的律师费用计算在赔偿范围内。"本案审理中，新思公司已提交相应票据证明本案律师费为人民币 86 491

---

[1] 参见"上海天阃网络科技有限公司孙金华等侵害计算机软件著作权纠纷案"，最高人民法院 [2021] 最高法知民终 2475 号民事判决书。

[2] 参见"夏津县正乐食品有限公司青岛五铢钱网络科技有限公司著作权权属纠纷案"，德州市中级人民法院 [2021] 鲁 14 民终 2255 号民事判决书。

[3] 参见"天津市宁河县泽安商贸有限公司与深圳市盟世奇商贸有限公司侵犯著作权纠纷案"，天津市高级人民法院 [2015] 津高民三终字第 0018 号民事裁定书。

[4] 参见"新思科技有限公司与武汉芯动科技有限公司侵害计算机软件著作权纠纷案"，最高人民法院 [2020] 最高法知民终 1164 号民事判决书。

元，为包括本案在内的 5 案维权诉讼活动支付了公证费人民币 1 360 元，翻译费人民币 2 400 元，交通、住宿费人民币 35 163.7 元，上述费用均已实际发生，发生时间与包括本案证据保全在内的 5 款软件诉讼维权活动能够相互对应，可以作为本案的合理维权费用的认定依据。

这种合理开支包括软件著作权人为调查侵权行为收集证据所支付的费用，也包括适当的律师费。

1. 律师费。对于合理和必要的律师费的确定，应坚持以下原则：根据案件的专业和复杂程度，参照国家有关部门制定的律师收费标准，系为代理本案诉讼支付的律师费，被告侵权行为成立且承担经济赔偿责任的，参照判决确定的赔偿数额与诉讼请求数额比例确定，被告侵权行为成立但不承担经济赔偿责任的，合理开支中不应包含原告支付的律师费。

2. 公证费。公证费是最为常见的调查取证费用，一般应作为合理开支而予以支持。对于涉外、涉港澳台著作权人及邻接权人的权利证明、授权国内律师代理诉讼的授权委托书等产生的公证、认证费用，应审查该费用是否单独为本案支付。如该公证、认证书用于多个案件的，应酌情分担；如该公证、认证费用等在其他案件中已经获得赔偿的，本案中不再考虑。

3. 鉴定费、审计费、购买侵权产品费用。这些费用一般是为案件审理所需，应予以认定。当然，如果鉴定、申请系单方作出、法院不予认可，则不支持该鉴定、审计费用。

4. 差旅费。差旅费的支出是取证不可或缺的一部分，对于合理部分，比如汽车票、普通火车票应当予以支持；对于高铁票、飞机票，因取证方式较为奢侈，可不予支持或参照普通火车、汽车票予以支持。对于异地公证产生的差旅费用，因异地公证本就不是《公证法》所提倡和必需的公证方式，不应获得支持。

5. 诉讼费。在司法实践中，如果权利人的主张全部获得支持，则根据《诉讼费用缴纳办法》，诉讼费由败诉一方承担。在部分诉讼请求获得支持的情况下，为既保护权利人利益，又避免权利人漫天要价，浙江法院采取以下办法：认定侵权成立，被告即应付 50% 的诉讼费，其余 50% 的诉讼费根据原告主张的赔偿数额获得法院支持的比例予以确定。该种诉讼费分担方式大部分情况下是公平的。但如果确有部分权利人试图以巨额诉讼费的方式拖垮无过错的侵权人，我们认为也可以调整诉讼费比例。

四、参照权利使用费确定

2020 年《著作权法》修改把权利许可使用费增设为确定侵权赔偿额的一种参考方式，即"权利人的实际损失或者侵权人的违法所得难以计算的，可以参照该权利使用费给予赔偿"。著作权许可使用费作为一种侵权后在侵权人与被侵权人之间达成的"协议"，并不违反当事人意思自治原则，[1]在著作权被侵犯的情况下，当实际损失和侵权利润不能确定时，可以推定权利人接受以著作权许可使用费为标准计算赔偿数额，这理应作为一种著作权侵权损害赔偿额的量化方式。我国《专利法》《商标法》中均规定了可以按照许可费的合理倍数确定赔偿额的方法。这种计算方法有其内在的合理性，它以"假想谈判"思想为基础，假想专利权人与侵权人在协商自愿的情形下可能产生的许可费用，以此作为衡量权利人损失的依据，[2]这能够有效防止法定赔偿机制的滥用。在德国，侵犯著作权对被侵权人造成的损失、适当的许可费以及侵权人所获利润是著作权侵权损害赔偿的三种计算方式，著作权人可自由选择其中之一。可以看到，法定赔偿并没有纳入标准范围，同时，由于权利人实际损失和侵权人所获利润往往比较难确定，合理许可使用费是德国实际金额确定过程中最常用的方式。[3]增设权利许可使用费作为赔偿方式的做法是基于现有著作权法有关损害赔偿规定在实践中存在的一些问题所作出的：首先，被侵权人的实际损失往往难以确定，如一部作品未经著作权人许可被放在互联网上随意免费转发，传播点击数量巨大，在这种情况下很难确定著作权人的实际损失。其次，只要求侵权人就其违法所得赔偿权利人，难以弥补权利人的实际损失，也难以震慑侵权盗版行为，如一部制作精良、成本较大的影视作品被侵权，侵权人的违法所得收入很难弥补制片人的实际损失。

2020 年《著作权法》修改把权利使用费确定为侵权赔偿额计算的一种标准，一方面，有助于进一步减少权利人的举证负担，在权利人无法举证自己

---

〔1〕　姜明坤："浅议合理许可使用费方法在著作权侵权损害赔偿中的适用"，载《传播与版权》2017 年第 11 期。

〔2〕　刘远山、余秀宝："著作权侵权损害赔偿要论"，载《行政与法》2011 年第 5 期。

〔3〕　程熙镕、李诗怡、黄文琴："文学作品著作权侵权损害赔偿评估的中外比较研究"，载《中国资产评估》2022 年第 5 期。

遭受的损失或侵权人违法所得的情况下，可以证明相关产品在市场中的版权许可使用价格作为赔偿数额；另一方面，增加权利使用费标准也有助于防止法定赔偿的滥用，如一些职业维权人可能会利用法定赔偿的下限规则，通过购买大量作品进行高额商业维权，以市场价格作为赔偿依据有利于遏制通过商业诉讼进行的权利滥用行为。[1]永川区红河大道金鸟巢歌厅与青岛聚城知识产权代理有限公司侵害作品放映权纠纷案、海克斯康软件技术青岛有限公司福建宝陆汽车部件有限公司等侵害计算机软件著作权纠纷案等案件即为参照权利许可使用费来确定赔偿数额的生动体现。

案例9-5　永川区红河大道金鸟巢歌厅与青岛聚城知识产权代理有限公司侵害作品放映权纠纷案[2]

本案中，一审法院认为，永川区红河大道金鸟巢歌厅（以下简称金鸟巢歌厅）作为卡拉OK经营者，其要正常开展经营活动，必然需要提供海量的视听作品或制品的放映服务，且根据常识，其所需视听作品或制品的数量级通常在上万首甚至10万首以上。中国音像著作权集体管理协会《关于2021年卡拉OK著作权使用费收取标准的公告》显示，重庆市卡拉OK著作权使用费的收取沿用2020年的收费标准，为8.6元/天/终端。综合考虑各种因素，酌情确定金鸟巢歌厅赔偿青岛聚城知识产权代理公司（以下简称青岛聚城公司）经济损失及支出合理费用共计4240元。二审法院认为，一审法院参照中国音像著作权集体管理协会目前授权重庆地区卡拉OK经营者著作权使用费标准，并结合涉案作品数量以及青岛聚城公司一次性取证开支等因素，确定金鸟巢歌厅赔偿青岛聚城公司经济损失及合理费用共计4240元并无不妥，应予以维持。

案例9-6　海克斯康软件技术青岛有限公司福建宝陆汽车部件有限公司等侵害计算机软件著作权纠纷案[3]

本案中，一审法院认为，海克斯康软件技术青岛有限公司（以下简称海

〔1〕 黄薇、王雷鸣主编：《〈中华人民共和国著作权法〉导读与释义》，中国民主法制出版社2021年版，第270页。

〔2〕 参见"永川区红河大道金鸟巢歌厅与青岛聚城知识产权代理有限公司侵害作品放映权纠纷案"，重庆市高级人民法院［2022］渝民终644号民事判决书。

〔3〕 参见"海克斯康软件技术青岛有限公司福建宝陆汽车部件有限公司等侵害计算机软件著作权纠纷案"，最高人民法院［2021］最高法知民终1933号民事判决书。

克斯康公司）主张侵权软件为其全模块软件，但其并未能举证其实际销售的正版全模块软件的市场售价，而是主张以侵权软件包含的 43 个模块的单价累计进行计算。经审查，尽管部分计算机软件的某些模块可以单独销售，但单个模块的销售有其特殊的计价方式，整个软件的功能并非全部单个模块的简单叠加。因此，海克斯康公司主张以各单个模块的销售价格累计来确定其全模块软件的市场价格并不合理。此外，海克斯康公司所提交的证据并不足以证明其所主张的各单个模块的市场售价。普通 "PC-DMISCAD" 与 "PC-DMISCAD++" 的模块数量分别为 11、12 个，海克斯康公司也确认涉案安装有 "PC-DMISCAD" 的三坐标测量机交易总价中，软件的市场价值约 10 万元左右，此两项数据可作为计算本案损害赔偿数额的参考。在此基础上，综合考虑侵权软件含有的模块数量，以及福建宝陆汽车部件有限公司（以下简称福建宝陆公司）安装涉案侵权软件系为替代其已经合法购得的正版软件以优化原正版软件的功能这两项因素，再考虑海克斯康公司为本案维权支出的合理费用，酌定福建宝陆公司赔偿海克斯康公司经济损失及维权合理开支共计 20 万元。

二审法院认为，海克斯康公司并未举证证明其因被诉侵权行为而受到的实际损失或福建宝陆公司因被诉侵权行为的违法所得。原审庭审中，海克斯康公司自述《设备购销合同》《坐标测量机购销合同》的 90 万元、98 万元合同价款中，涉案软件对应的价款是 10 万元左右，即海克斯康公司认可涉案软件正常许可使用费或销售价格约为 10 万元。原审法院根据涉案作品的类型、福建宝陆公司侵权行为的情节和性质，参照涉案软件的正常许可使用费，并综合考虑涉案软件不同版本所包含的模块数量及海克斯康公司的维权费用等因素，酌定赔偿经济损失及维权合理开支共计 20 万元，并无不当，原审判决认定事实清楚，适用法律正确，应予以维持。

五、惩罚性赔偿

惩罚性赔偿，也称示范性赔偿或报复性赔偿，是指加害人向被害人支付超过其财产损害范围的一种金钱赔偿。惩罚性赔偿的功能主要包括补偿受害人遭受的损失、惩罚以及遏制不法行为。惩罚性赔偿责任制度是起源于英美法系中普通法的一种法律救济措施，它的出现是为了弥补补偿性赔偿责任适用不足的问题。[1]

（一）惩罚性赔偿制度的历史

惩罚性赔偿制度可以说是与法律这一制度同时产生的，在罗马法、汉穆拉比法典等古代法律中都能寻找到有关数倍损害赔偿的规定，在我国唐朝的名例律中也能找到"两倍赔偿"的做法，这种数倍赔偿的制度已与现行惩罚性赔偿制度有一定的类似。近代倍数赔偿制度最早出现于英国，在公元 1763 年，惩罚性赔偿金这一概念首先为英国法院所采用，其后影响到了美国法院，并最终造就了英美法中有关"惩罚性赔偿"这一损害赔偿的类型，到 19 世纪中叶，惩罚性赔偿已被法院普遍采纳。

惩罚性赔偿制度实际上很早就被引入我国，早在 1993 年的《消费者权益保护法》中就已经建立了惩罚性赔偿制度；2013 年《商标法》首次在知识产权领域引入了惩罚性赔偿规则（第 63 条第 1 款）；2015 年《种子法》在侵犯植物新品种权案件中引入了惩罚性赔偿规则（第 73 条第 3 款）；2019 年《反不正当竞争法》在侵犯商业秘密案件中引入了惩罚性赔偿规则（第 17 条第 3 款）。《民法典》颁布之后，2020 年《专利法》《著作权法》均引入了惩罚性赔偿规则（《专利法》第 71 条第 1 款、《著作权法》第 54 条第 1 款）。2021 年《种子法》根据《民法典》对惩罚性赔偿的构成要件进行了调整（第 72 条第 3 款）。至此，我国知识产权领域的惩罚性赔偿制度基本建立起来。[2]

（二）我国现行法律中有关惩罚性赔偿的规定

我国于 1993 年颁布的《消费者权益保护法》，首次以特别法的形式确定了惩罚性赔偿制度，这是中国民事责任立法的重大突破。[3]我国计算机软件著作权侵权中的赔偿规则是"填平"原则，即损害赔偿的范围和数额以全部实际损失为标准。由于侵权软件著作权造成的损失难以计算，赔偿数额往往难以确认。这种情况实际上不利于保护权利人的合法权益。而在计算机软件

---

〔1〕 王学峰："论知识产权侵权引入惩罚性赔偿责任制度"，载《北京航空航天大学学报（社会科学版）》2006 年第 1 期。

〔2〕 朱冬："《民法典》第 1185 条（知识产权侵权惩罚性赔偿）评注"，载《知识产权》2022 年第 9 期。

〔3〕 2009 年《消费者权益保护法》第 49 条规定："经营者提供商品或者服务有欺诈行为的，应当按照消费者的要求增加赔偿其受到的损失，增加赔偿的金额为消费者购买商品的价款或者服务的费用的一倍。"

领域，由于侵权人所侵害的，往往不只是计算机软件的源代码，也可能包含对其美术作品、动画作品等其他内容的综合侵害，在这种情况下，采用单纯的填平原则不利于保护软件权利人。

2020 年 5 月 28 日，十三届全国人大三次会议通过的《民法典》正式确定了知识产权侵权惩罚性赔偿制度的一般性条款和基本规则。[1]新修订的《著作权法》也引入了侵权惩罚性赔偿制度，即"对故意侵犯著作权或者与著作权有关的权利，情节严重的，可以在按照上述方法确定数额的 1 倍以上 5 倍以下给予赔偿"。惩罚性赔偿是与传统民法"补偿性赔偿"的填平原则相背离的，惩罚性赔偿制度集补偿权利人的经济损失、惩罚和抑制著作权侵权行为等功能于一身，有利于知识产权的保护。[2]根据《民法典》第 1185 条和《著作权法》第 54 条的规定，著作权的惩罚性赔偿需要侵权人主观方面具有故意，客观方面情节严重，且法院不会主动援引惩罚性条款。原来的《著作权法》对于赔偿额的请求权规定了一定的顺位，即根据权利人的实际损失、侵权人的违法所得、法定赔偿额三者的顺序行使赔偿请求权。《著作权法》第 54 条鉴于司法适用中的困境，让权利人自己选择按照权利人所受到的实际损失或侵权人违法所得行使赔偿请求权，不再就此规定顺位。[3]

（三）惩罚性赔偿制度的功能

赔偿制度不以惩罚行为人为主要目的。实践生活中，惩罚性赔偿制度的产生和发展并没有削弱传统的补偿性赔偿制度，只是在一般损害赔偿制度之外发展了一种例外的赔偿制度。通常认为惩罚性赔偿具有如下三方面的功能：

1. 赔偿功能

惩罚性赔偿依附于补偿性损害赔偿，其并不是独立的请求权。当受害人遭受不法侵害时，对于财产损失、精神痛苦或人身伤害等损害的救济而言，惩罚性赔偿可以发挥一定的独特功能。首先，补偿性赔偿对精神损害并不能提供充足的补偿。精神损害的基本特点在于其不能用金钱价款予以计算，只

---

〔1〕《民法典》第 1185 条规定："故意侵害他人知识产权，情节严重的，被侵权人有权请求相应的惩罚性赔偿。"

〔2〕唐伟："论侵犯著作权的惩罚性赔偿 以《著作权法》第三次修改为中心"，载《电子知识产权》2013 年第 12 期。

〔3〕徐咏军："著作权侵权损害赔偿制度的适用探析"，载《出版与印刷》2021 年第 5 期。

能结合各种参考系数作参考，而这也很难确定一个明确的标准。因此在许多情况下采用惩罚性赔偿来弥补精神损害赔偿的不足是必要的。它使法官和陪审团作出裁判时具有更明确的标准（如按照与补偿性赔偿的比例确定惩罚性赔偿）。早期的普通法采用惩罚性赔偿，主要就是因为受害人遭受了精神痛苦、情感伤害等无形的损害，而这些伤害又没有具体的量化标准，故需要以惩罚性赔偿来弥补损失。1872 年 New Ha mpshire 高级法院将"补偿金"一词用于补偿精神损害甚至荣誉损失。法院确认受害人有一种权利，即要求补偿享受生活的权利以及人格尊严。这表明美国法中惩罚性赔偿的运用确与替代精神损害赔偿有关。其次，侵权行为法尽管可以对人身伤害提供补救，但在许多情况下人身伤害的受损程度和损失数额又是很难证明及量化的。因此，采用补偿性赔偿并不能对受害人的实际损害予以充分补救。而惩罚性赔偿能够更充分地补偿受害人遭受的损害。最后，受害人提起诉讼以后所产生的各种费用，所花费的各种精力，特别是与诉讼有关的费用，也只有通过惩罚性赔偿才能弥补这部分额外损失。很多学者认为，惩罚性赔偿适用的目的就是为了使原告遭受的损失获得完全的补偿，这能对受害人起到较好的安抚作用。我国《民法典》侵权责任编区分了补偿性的损害赔偿和非补偿性的损害赔偿。补偿性的损害赔偿，贯彻了完全赔偿原则。而非补偿性的损害赔偿，则要强化对受害人的保护。[1]

2. 惩罚功能

惩罚性赔偿主要是针对那些具有不法性和道德上应受谴责的行为而适用的，就是要对故意的和恶意的不法行为实施惩罚。这种惩罚与补偿性的损害赔偿有所不同。补偿性赔偿在性质上乃是一种交易，它要求赔偿受害人的全部经济损失，等于以同样的财产交换损失。对不法行为人来说，补偿其故意行为所致的损害也如同一项交易。这样一来，补偿性的赔偿难以对富人起到惩罚作用，甚至使民事赔偿法律为富人所控制。而惩罚性赔偿则通过给不法行为人强加更重的经济负担来制裁不法行为，从而达到惩罚的效果。然而，惩罚性赔偿又不同于行政制裁方式，因为它毕竟属民事责任而不是行政责任的范畴。惩罚性赔偿制度只是给予受害人一种得到补救的权利，而没有给予

---

〔1〕 王利明："我国《民法典》侵权责任编损害赔偿制度的亮点——以损害赔偿为中心的侵权责任形式"，载《政法论丛》2021 年第 5 期。

其处罚他人的权力。受害人是否应当获得赔偿以及获得多大范围的赔偿都应由法院来最终作出决定。[1]

3.遏制功能

遏制是对惩罚性赔偿合理性的传统解释。遏制可以分为一般的遏制和特别的遏制。一般遏制是指通过惩罚性赔偿对加害人以及社会一般人产生遏制作用。特别遏制是指对加害人本身的威吓作用。有人认为惩罚性赔偿的目的在于惩罚过去的过错并"以此作为一个样板遏制未来的过错"。因此"惩罚性"这个词有时也用"示范性"一词来代替，这就概括了惩罚性赔偿的两项功能即惩罚和遏制。在恶性侵权的场合，传统损害赔偿规则无法发挥遏制功能。惩罚性赔偿制度的适用，则可以将恶性侵权者置于一种比未从事侵权行为时更差的境地，实施侵权行为将得不偿失，从而对侵权人产生威吓作用，实现有效遏制恶性侵权发生的目的。[2]从经济学角度分析，有些案件中被告通过不法行为取得的利益非常大，而其对受害者带来的伤害与损失却很难证明，或者说即使能够证明也并不是太多。受害人可能不愿意提起诉讼以获得数额并不是很高的赔偿金，甚至可能由于害怕无法举证证明损害的存在而面临败诉的危险，从而不愿意提起诉讼。在此种情况下，惩罚性赔偿的方式可以促使受害者提起诉讼以获得赔偿金，揭露不法行为并对不法行为予以遏制。[3]

需要指出的是，有关惩罚性赔偿的数额确定，虽然《民法典》采取了"相应的"的表述，但仍然给了法官过大的自由裁量权力，需要通过司法解释或者指导性案例对此作出必要的指引和限制。[4]

（四）惩罚性赔偿制度的适用

对知识产权的损害本质上是一种对知识财产或无形资产的损害。[5]正是由于著作权的无形性和可复制性，使得侵权案件频发，并且侵权人多抱有侥

---

[1]　王利明："惩罚性赔偿研究"，载《中国社会科学》2000年第4期。

[2]　See Mark A. Lemley & Ragesh K. Tangri, "Ending Patent Law's Willfulness Game", 18 *Berkeley Technology Law Journal* 1085, 1123 (2003).

[3]　王利明："惩罚性赔偿研究"，载《中国社会科学》2000年第4期。

[4]　王利明："我国《民法典》侵权责任编损害赔偿制度的亮点——以损害赔偿为中心的侵权责任形式"，载《政法论丛》2021年第5期。

[5]　吴汉东："知识产权损害赔偿的市场价值分析：理论、规则与方法"，载《法学评论》2018年第1期。

幸心理，认为被抓到则拿出所得利益来补偿损失，不被抓到则白获利益。权利人自身难以很好地控制其权利不受他人侵犯，计算机软件著作权侵权也是难以预防。同时，知识产权侵权的方便易行给侵权人带来了高额利润，这是法律界都认同的，而权利人的实际损失数额则通常难以确定，对于未来可得利益更是难以估算，所以对权利人的实际损失的分析和计算可以说是困难重重。对知识产权的保护实质上是对有限垄断的保护，是因为在保持权利人利益与公众利益之间适当平衡的前提下，通过保护来促进科学技术的发展。因而，有条件的对故意侵犯知识产权且情节严重的侵权人适用惩罚性赔偿责任，并不会破坏作为保护知识产权前提的上述平衡。[1]我国引入侵权惩罚性赔偿制度，一方面是根据党中央、国务院相关决策部署，落实 2017 年全国人大常委会著作权法执法检查报告及审议意见提出的要求，解决对侵权行为处罚偏轻的问题；另一方面是旨在加强与其他法律的衔接。对此，《民法典》第 1185 条规定："故意侵害他人知识产权，情节严重的，被侵权人有权请求相应的惩罚性赔偿。"这一举措以民事基本法形式正式确立了知识产权侵权的惩罚性赔偿制度。2020 年《著作权法》修改所引入的侵权惩罚性赔偿制度，不但与《民法典》第 1185 条一脉相承，而且与《商标法》第 63 条、《专利法》第 71 条、《反不正当竞争法》第 17 条相得益彰。自此，我国已建立起体系化的知识产权惩罚性赔偿基本制度，加大了知识产权侵权违法成本，对打击重复侵权、大规模侵权具有强大的威慑作用，对加强知识产权权利人和相关产业的保护具有重大的理论和实践意义。[2]

适用本条需要注意以下几个方面：首先，适用惩罚性赔偿的侵权行为在一般侵权行为的要件基础上还需要满足"故意侵权"和"情节严重"两个要件，如侵权行为持续时间长、规模大、涉及产品种类和数量多或者销售金额巨大的，或者构成重复侵权的，一般可以认为构成"情节严重"。其次，惩罚性赔偿的计算基础为实际损失、违法所得或权利使用费，权利人在主张惩罚性赔偿时，需要举证赔偿计算基础。最后，《民法典》明确规定，惩罚性赔偿的适用应当以当事人的请求为前提。知识产权单行法作为下位法应与上位法的

---

〔1〕 王学峰："论知识产权侵权引入惩罚性赔偿责任制度"，载《北京航空航天大学学报（社会科学版）》2006 年第 1 期。

〔2〕 黄薇、王雷鸣主编：《〈中华人民共和国著作权法〉导读与释义》，中国民主法制出版社2021 年版，第 270 页。

规定保持一致。因此，应当认为各知识产权单行法的规定实际上是赋予当事人请求法院适用惩罚性赔偿的权利。当事人不要求适用惩罚性赔偿时，法院不应主动适用。法院如果认为符合惩罚性赔偿适用条件时，可行使释明权。按照最高人民法院《关于审理侵害知识产权民事案件适用惩罚性赔偿的解释》（以下简称《解释》）第 2 条的规定，知识产权权利人至少应在一审法庭辩论终结前提出适用惩罚性赔偿的请求，并明确赔偿数额、计算方式以及所依据的事实和理由。[1]最后，提高侵权赔偿数额是加大侵权惩处力度的手段之一，但是不能简单地认为赔偿数额越高则知识产权保护力度越大、效果越好，惩罚性赔偿数额必须根据在案证据依法合理确定。为确保正确实施知识产权惩罚性赔偿制度，避免实践中滥用，一是准确把握惩罚性赔偿的构成要件。《解释》对适用惩罚性赔偿的范围、请求内容和时间、主观要件、客观要件、基数计算、倍数确定等作了明确规定，涵盖了惩罚性赔偿适用的全部要件，提供了明确的操作指引，也给当事人以稳定的预期，确保惩罚性赔偿制度在司法实践中用好、用到位，从裁判规则上为防止惩罚性赔偿被滥用提供了保障。二是通过典型案例加强指导。最高人民法院发布了知识产权惩罚性赔偿典型案例，以便进一步准确把握《解释》条文的含义。今后，我们还要在实践中不断总结经验，进一步推动完善惩罚性赔偿制度，切实阻遏严重侵害知识产权的行为。[2]

案例 9-7　宿州市涛盛网络科技有限公司与常某福侵害计算机软件著作权纠纷案[3]

本案中，二审法院认为，惩罚性赔偿是侵权损害赔偿的一种特殊形式，对其适用应当进行一定限制，以防止该制度的滥用。适用惩罚性赔偿应当满足侵权人"故意"和"情节严重"的要件，其中对于"情节严重"的认定，应当主要考虑是否存在以下情节：侵权时间长、规模大、范围广；多次侵权或经行政处罚或法院判决后再次侵权等重复侵权；以侵权为业；对权利人产

---

〔1〕　朱冬："《民法典》第 1185 条（知识产权侵权惩罚性赔偿）评注"，载《知识产权》2022 年第 9 期。

〔2〕　林广海、李剑、秦元明："《关于审理侵害知识产权民事案件适用惩罚性赔偿的解释》的理解和适用"，载《人民司法》2021 年第 10 期。

〔3〕　参见"宿州市涛盛网络科技有限公司常某福侵害计算机软件著作权纠纷民事二审民事判决书"，最高人民法院［2021］最高法知民终 2048 号民事判决书。

生了巨大的损害与消极影响；权利人损失巨大，包括因侵权行为导致权利人知识产权价值大幅降低、权利人商誉受损等情形；侵权人侵权获利巨大等。而本案中，常某福虽具有侵权的主观故意，但现有证据并不能证明其具有上述情形，其侵权情节尚不能达到适用惩罚性赔偿的严重程度，故宿州市涛盛网络科技有限公司（以下简称涛盛公司）主张的惩罚性赔偿不能得到支持。

案例9-8　香格里拉市麦克风娱乐文化有限公司与中国音像著作权集体管理协会侵害作品放映权纠纷案[1]

本案中，关于惩罚性赔偿问题，根据《民法典》第1185条关于"故意侵害他人知识产权，情节严重的，被侵权人有权请求相应的惩罚性赔偿"的规定和《著作权法》第54条第1款以及《解释》第4条第2款第（一）项关于"被告有下列情形的，人民法院可以认定为情节严重：（一）因侵权被行政处罚或者法院裁判承担责任后，再次实施相同或者类似侵权行为"的规定，香格里拉麦克风娱乐文化有限公司（以下简称麦克风公司）经营期间，已经因侵害作品放映权行为被法院裁判承担相应责任，但其在该行为被确认侵权后，未停止侵权，反而再次实施侵权行为，构成情节严重的情形，中国音像著作权集体管理协会所主张的惩罚性赔偿金符合法律规定，一审予以支持。

综合中国音像著作权集体管理协会在庭审中明确其主张惩罚性赔偿金的费用为侵权赔偿金的1倍，故一审确定本案惩罚性赔偿金为27 500元。原审被告对该案件提起了上诉，关于上诉人的侵权行为是否适用惩罚性赔偿问题，二审法院认为：根据目前查明的事实，上诉人除在本案中对中国音像著作权集体管理协会集体管理的作品构成侵权以外，在本案诉讼之前，因同样的侵权行为已经被中国音像著作权集体管理协会起诉，并被判决承担相应的侵权责任，但上诉人不思悔改，再次对中国音像著作权集体管理协会实施本案中的侵权行为，已经构成《解释》第4条第2款第（一）项规定"情节严重"，一审根据《著作权法》第54条第1款规定和中国音像著作权集体管理协会的申请，对上诉人处以经济赔偿金额1倍的惩罚性赔偿符合法律规定，应予维持。

---

[1]　参见"香格里拉市麦克风娱乐文化有限公司与中国音像著作权集体管理协会侵害作品放映权纠纷案"，云南省高级人民法院［2022］云民终952号民事判决书。

案例9-9　阿迪达斯有限公司与阮某强侵害商标权纠纷案[1]

本案中，阿迪达斯公司拥有"adidas"系列商标权，且知名度高。阮某强等人出资注册成立的正邦公司于2015至2017年先后三次被行政部门查获侵犯阿迪达斯公司"adidas"系列商标权的鞋帮产品，并被处以行政处罚，累计侵权产品数量高达17 000余双。阿迪达斯公司提起民事诉讼，请求适用惩罚性赔偿判令阮某强等人赔偿阿迪达斯公司经济损失2 641 695.89元。

浙江省温州市中级人民法院认为，正邦公司主观恶意非常明显，被诉侵权行为持续时间长，后果恶劣，属于情节严重的情形。该院选取189元/双正品鞋单价作为计算依据，采信阿迪达斯公司提供的2017年度会计报表所显示的50.4%的毛利润率，并将正邦公司第3次被查获的6050双鞋帮计算为销售量，又考虑被诉侵权产品均为鞋帮产品，并非成品鞋，尚不能直接用于消费领域，酌情扣减40%，最终以阿迪达斯公司经济损失345 779.28元的3倍确定了1 037 337.84元的赔偿数额。准确计算惩罚性赔偿的基数是适用惩罚性赔偿制度的重要前提。本案中，二审法院对于权利人尽了最大努力所举证据，不轻易否定，而是坚持优势证据标准，合理确定了惩罚性赔偿的基数，同时，本案在适用"依请求原则"、认定"情节严重"方面也具有示范意义。

六、法定赔偿

法定赔偿只是一个学术用语，而非法律用语。我国知识产权侵权损害赔偿计算方法是基于填补损失原则构建起来的，"在补偿法则的指导下，因知识产权权利人未予事先同意或事后无法与侵权人达成合意，故国家为解决纠纷和保护权利，必须制定客观合理的补偿标准，以此作为损害赔偿的基础"。[2]人民法院对侵权行为已查证属实，按权利人的实际损失或侵权人的违法所得这两种方法不能确定赔偿数额的，可以根据侵权行为的情节，判决给予500元以上500万元以下的赔偿。此即法定赔偿的规定。法定赔偿制度的确立，有效地保护了权利人的合法权益，提高了知识产权侵权诉讼的效率，实现了

---

[1]　参见"阿迪达斯有限公司与阮国强侵害商标权纠纷案"，浙江省温州市中级人民法院[2020]浙03民终161号民事判决书。

[2]　唐力、谷佳杰："论知识产权诉讼中损害赔偿数额的确定"，载《法学评论》2014年第2期。

司法公正与司法效率的合理平衡。

（一）法定赔偿的发展历程

我国 1991 年施行的第 1 部《著作权法》并没有规定法定赔偿，而是在 2001 年的《著作权法》修正中将法定赔偿作为著作权侵权损害赔偿计算方式。所谓法定赔偿，是指在权利人的实际损失或侵权人的违法所得难以确定，且不能通过其他方法确定侵权人的赔偿数额时，由人民法院根据当事人的请求或依职权在法定数额幅度或基数额度内确定具体赔偿额的一种赔偿制度。法定赔偿是一种在权利人的实际损失确定方式和侵权人的侵权所得确定方式之外，由法律另行直接规定赔偿额的确定方式。

司法实践的现实需求是催生知识产权法定赔偿制度的主要缘由。[1]由于知识产权具有非物质性的特点，侵害知识产权的行为给权利人造成的损害往往很难查证和计算，但损害赔偿又是知识产权权利人提起诉讼的重要诉求。这就给司法实践带来了极大的困难。于是，有的法院开始在个别案件中探索根据案件的具体情节酌情确定损害赔偿数额。我国最早对法定赔偿制度作出规定的是北京市高级人民法院于 1995 年 6 月 21 日发布的《关于审理计算机软件著作权纠纷案件的几个问题的意见》。该意见在"赔偿的几种方法"中规定"在难以确定权利人的实际损害或侵权者的侵权获益时，侵权人应赔偿5000 至 30 000 元；如侵权人确有证据证明其不知道其行为已构成侵权并且侵权后果不严重的，可酌情将赔偿数额减少到 5000 元以下"。1997 年 2 月 26 日上海市高级人民法院发布的《关于进一步加强知识产权审判工作若干问题的意见》中，也对法定赔偿制度作出了规定，"在难以完全准确确认权利人的实际损失和侵权人的侵权获利的情况下，可以在下列规定范围内确定赔偿金额：侵犯发明专利权、著作权、计算机软件、商标专用权以及不正当竞争的侵权行为人，一般应赔偿被侵权人人民币 1 万元至 30 万元。对于拒不悔改、有侵权前科或造成严重后果的侵权行为人，其赔偿被侵权人的金额可至人民币 50万元"。2000 年 11 月 22 日，在总结地方法院司法实践经验的基础上，最高人民法院在《关于审理涉及计算机网络著作权纠纷案件适用法律问题的解释》中首次规定了"法定赔偿"的内容。即被侵权人损失额不能确定的，人民法

---

〔1〕 袁秀挺、凌宗亮："我国知识产权法定赔偿适用之问题及破解"，载《同济大学学报（社会科学版）》2014 年第 6 期。

院依被侵权人的请求，可以根据侵害情节在人民币 500 元以上 30 万元以下确定赔偿数额，最多不得超过人民币 50 万元，[1]这一司法解释在相当程度上发挥了"准立法"的作用。

在 2001 年《著作权法》修正时，国务院审查《著作权法修正案（草案）》期间，为了解决执法中存在的困难，曾经考虑一方面在著作权法中明确侵权赔偿的原则；另一方面，在根据上述原则难以计算赔偿额的情况下，规定一个法定赔偿额。草案工作稿曾经规定："对侵犯著作权的行为，人民法院应当依权利人的要求，按照权利人的实际损失或者侵权人的非法所得确定赔偿额。""权利人的实际损失和侵权人的非法所得不能确定的，由人民法院根据侵权行为的社会影响、侵权手段和情节、侵权时间和范围、侵权人的主观过错程度确定 50 万元以下的赔偿。"这一规定主要是想为执法机关在不能适用一般原则的情况下，合理确定赔偿额提供一个法律依据。草案工作稿的规定引起了激烈的争论：肯定的意见认为，这样规定可以使执法机关在难以适用一般原则确定赔偿额时，有一个法律依据；反对的意见认为这样规定使执法机关拥有太大的自由裁判权，同时，50 万元的上限也不合理，对于轻微侵权案件可能太多，对于重大侵权案件，尤其是发明专利的侵权案件，又可能太少。在综合考虑各有关方面意见的基础上，国务院提请全国人大常委会审议的著作权法修正案（草案）规定："侵犯著作权或者与著作权有关的权利的，侵权人应当按照权利人的实际损失给予赔偿；实际损失难以计算的，可以按照侵权人的非法所得给予赔偿。赔偿数额还应当包括权利人为制止侵权行为所支付的合理开支。""权利人的实际损失或者侵权人的非法所得不能确定的，由人民法院根据侵权行为社会影响、侵权手段和情节、侵权时间和范围，判决给予 50 万元以下的赔偿。"[2]

规定一个法定赔偿额，当然是有利有弊："利"在于，可以迅速结案，权利人可以受到一定的补偿；"弊"在于，司法机关工作人员可能会滥用自由裁量权，被侵权人和侵权人都可能不积极举证而坐等法院的判决。经过反复研究、讨论，并权衡利弊，认为规定一个法定赔偿额，利大于弊。2001 年《著

---

〔1〕　最高人民法院《关于审理涉及计算机网络著作权纠纷案件适用法律若干问题的解释》（法释〔2006〕11 号），第 10 条第 2 款。

〔2〕　徐玉麟主编：《计算机软件保护条例释义》，中国法制出版社 2002 年版，第 115 页。

作权法》将法定赔偿制度正式纳入法律之中，2001 年《著作权法》第 48 条首开先河，规定权利人的实际损失或者侵权人的违法所得不能确定的，由人民法院根据侵权行为的情节，可以判决 50 万元以下的赔偿。2001 年《计算机软件保护条例》规定的侵犯软件著作权的赔偿数额，依照《著作权法》的规定确定。自此，法定赔偿制度在我国《计算机软件保护条例》中得以确立。

（二）法定赔偿应考虑的情节

根据《著作权法》的规定，法定赔偿由人民法院根据侵权行为的情节，判决给予 500 元以上 500 万元以下的赔偿。有关侵权行为的具体情节，相关法律并没有明确规定，实际上也因案而异。通识认为，侵权行为的性质、采用的手段、时间长短、造成的损害后果大小、为制止侵权而支出的合理费用等都应作为其他侵权情节加以考虑。

侵权行为涉及侵权行为方式、侵权行为持续时间、侵权行为的影响和侵权行为的组织化程度等内容。具体地说，侵权行为的方式可分为直接侵权行为与间接侵权行为、全面侵权行为与部分侵权行为。一般而言，直接侵权行为的危害大于间接侵权行为，全面侵权行为的危害大于部分侵权行为，侵权行为持续时间越长、侵权行为影响面越广，对权利人造成的损害也越大。

具体来说，软件著作权侵权中，侵权行为的情节主要包括：过去曾经侵犯过软件著作权被追究过行政责任或者民事责任，又侵犯软件著作权的；既制作侵权复制品，又销售侵权复制品的；对软件著作权人有恐吓、威胁行为的；对软件著作权的权益造成损害的，例如，因侵权导致软件著作权人的市场受到严重影响甚至破产的。

为在软件著作权侵权案件中依法公平、合理地确定法定赔偿数额，统一执法标准，加强对知识产权的司法保护，人民法院适用法定赔偿方法确定赔偿数额，应当公平合理，根据案件具体情况在判决中分析和阐明权利价值、侵权情节、侵权恶意、侵权损害后果等方面具体情形与确定赔偿数额之间的联系，确保权利人损失获得充分赔偿。同时，适用法定赔偿方法确定的赔偿数额既要保持同类案件之间的赔偿尺度协调，又应考虑不同案件之间的案情差异。

需要说明的是，法定赔偿方法是法律赋予人民法院的自由裁判权，但这种自由裁判权实际上又是有限制的，主要体现在：一是必须是对已查证属实的侵权行为，二是必须是在按前两种方法不能确定赔偿数额的情况下，三是必须充分考虑侵权行为的情节。对于难以证明权利人受损或者侵权人非法获利的具体数额，但有证据证明前述数额确已超过法定赔偿最高限额的，不应适用法定赔偿方法，而应综合全案的证据情况，在法定赔偿最高限额以上合理确定赔偿数额。

案例9-10　北京元图智慧科技有限公司与刘某喜等侵害计算机软件著作权纠纷案[1]

本案中，龙软公司只提出了其所主张的100万元经济损失的估算依据和计算思路，但缺乏相当的精确性和客观性，仅具有一定的参考意义，且本案本身亦难以准确计算或推定出具体侵权比例，在案证据不足以确定龙软公司具体的实际损失或北京元图智慧科技有限公司（以下简称元图公司）、刘某喜、卢某陶、王某、熊某、贲某东的违法所得，故原审法院将基于在案证据和官方网站宣传和标示的相关数据等信息情况，综合考虑侵权人的主观恶意程度、侵权行为的程度和范围等因素，在法定范围内酌定本案损害赔偿金额为50万元。

最高人民法院认为，在双方当事人均未提交证据证明龙软公司因侵权遭受的实际损失、元图公司侵权获利的情形下，原审法院根据本案具体情况，综合考虑计算机软件开发行业特点，刘某喜、卢某陶、王某、熊某、贲某东先后在龙软公司、元图公司的任职情况和侵权主观恶意程度以及龙软公司权利软件销售价格和元图公司官方网站宣传等因素，在法定范围内酌定本案损害赔偿金额为50万元，并无不当，本院予以确认。

案例9-11　北京三鼎梦软件服务有限公司与株式会社光荣特库摩游戏侵害计算机软件著作权纠纷案[2]

本案中，株式会社光荣特库摩游戏（以下简称光荣特库摩游戏）以销售价310元人民币乘以海外销售数量3.89万件，在用所得之积乘以近几年利润率的平均值30%主张赔偿数额，一审法院认为，由于原告并未提供在我国境

［1］　参见"北京元图智慧科技有限公司与刘某喜等侵害计算机软件著作权纠纷案"，最高人民法院［2020］最高法知民终1639号民事判决书。

［2］　参见"北京三鼎梦软件服务有限公司与株式会社光荣特库摩游戏侵害计算机软件著作权纠纷案"，北京市高级人民法院［2018］京民终178号民事判决书。

内实际销售的证据，也未提交充分证据证明被侵权所受到的实际损失或侵权获利情况，本院将根据本案的具体情况，综合考虑涉案作品的创作难度、市场价值、被告侵权的具体方式、侵权范围和主观过错程度等因素予以确定。原告创作的《三国志》游戏软件自1985年问世，历时30年并先后更迭有13个版本。结合［2016］京中信内证经字09197号公证书的记载，截止到2016年2月17日，被告3DM网站上破解版《三国志13》游戏软件的下载数量已逾200万次，一定程度上可以证明该游戏作品的受侵权程度、受欢迎程度和知名度，也说明其具有较高的经济价值。从在案证据看，原告在《三国志13》发行后即发现被告有侵害其著作权的行为，曾先后多次向被告发出警告函，结合被告自然人股东宿某菲在其微博中所发表的言论，可以证明被告的侵权行为具有较长时间的连续性，主观恶意明显，前述因素在确定赔偿数额时均一并予以考虑，根据我国《著作权法》第49条第2款的规定酌定为人民币50万元。

二审法院认为，鉴于光荣特库摩游戏未就权利人的实际损失和侵权人的违法所得提交证据，一审法院在综合考虑涉案游戏创作难度、市场价值、北京三鼎梦软件服务有限公司侵权的具体方式、侵权范围和主观过错程度等因素的基础上确定的赔偿数额尚属合理。判决驳回上诉，维持原判。

案例9-12　浙江南邦科技有限公司与台州朗进缝纫机电有限公司等侵害计算机软件著作权纠纷案[1]

本案中，浙江南邦科技有限公司（以下简称南邦公司）未经朗进公司许可，擅自在相关设备中复制被诉侵权软件并许可他人以销售的形式发行，侵害了台州朗进缝纫机电有限公司（以下简称朗进公司）对涉案软件享有的独占许可实施权，具体为复制权、发行权及获得报酬权，构成侵权，应当承担停止侵害及赔偿损失的民事责任。朗进公司主张适用法定赔偿确定赔偿金额，原审法院综合考虑涉案软件的用途、侵权行为的性质、情节、朗进公司为制止侵权行为支出的合理开支等因素，酌定由南邦公司赔偿朗进公司经济损失及维权合理费用50万元并无不当，二审法院对此予以维持。

---

［1］　参见"浙江南邦科技有限公司与台州朗进缝纫机电有限公司等侵害计算机软件著作权纠纷案"，最高人民法院［2021］最高法知民终890号民事判决书。

（三）健全"法定赔偿"制度

法定赔偿作为无法查清原告实际损失和被告非法获利而采用的一种替代方式，其本质就是赋予法官一定的自由裁量权，在符合利益平衡价值观的前提下尽量使法律事实接近客观事实。然而，在实践中，法定赔偿制度越来越受法官的青睐，有学者采集了 2011～2016 年间的 9057 个知识产权判例样本，其中有 8666 件样本适用法定赔偿标准，占样本总数的 95.68%，其中著作权样本共 5361 件，适用法定赔偿标准的样本 5216 件，占著作权判例样本数的 97.3%。[1]就计算机软件著作权侵权损害赔偿而言，在 92 份案件样本中，法院依据权利人的实际损失确定赔偿额的 3 件，占 3.3%；依据侵权人的违法所得确定赔偿额的 2 件，占 2.2%；采取法定赔偿的 82 件，占 89.1%。[2]司法实务中采用法定赔偿确定赔偿数额的普遍适用，使原本作为一种必要和有益的补充方式的法定赔偿却成了软件著作权侵权损害赔偿数额确定的主要方式。法定赔偿的广泛运用并不代表其制度设计的科学、合理，其仍有诸多需要完善的地方。

1. 通过法律实施细则引导和规范法定赔偿的适用

大量案件没有经过合理计算，仅凭法官根据惯常做法和自由裁量权确定赔偿额，容易出现畸轻畸重、尺度不一、与权利人客观损失和侵权人客观获利差距较大的问题，裁判文书说服力不高，被告往往在赔偿数额上对法院判决持有异议。因而，我国有关法定赔偿适用的法律需要进一步细化，以保证法定赔偿在适用中的合理性。法定赔偿的适用条件既应具有限定性，又应不失灵活性。法定赔偿中具有较多的不确定因素，在适用时应持谨慎态度，为了防止法定赔偿适用的随意性，有必要对法定赔偿的适用范围作出限制。通常只有在权利人的实际损失和侵权人的违法所得难以确定的情况下，才能适用法定赔偿的计算方法。如何认定难以确定，可通过法律解释进行具体化的规定，以便明确当事人尽何种合理的举证努力仍无法得知实际损失时才可算得上"难以确定"。在适用法定赔偿时法院应依当事人请求而决定是否适用，不可主动适用。

法定赔偿在适用上除上述通常情况下的适用条件外，还要保持一定的灵

---

[1]　曹新明："我国知识产权侵权损害赔偿计算标准新设计"，载《现代法学》2019 年第 1 期

[2]　张广良："计算机软件著作权侵权损害赔偿实证研究"，载《人民司法》2014 年第 13 期。

活性，规定某些特殊情形下的法定赔偿适用条件即在双方当事人对适用法定赔偿达成合意或者以其他方式确定损害赔偿数额明显不公时，应适用法定赔偿。另外，为了遵循法律的严谨性，还应规定不可适用法定赔偿的条件，即当事人明确表示不适用法定赔偿时，不可适用法定赔偿。

2. 提高法定赔偿数额的上限

加强知识产权保护，优化营商环境，是完善产权保护制度最重要的内容，也是提高中国经济竞争力最大的激励。2018 年 4 月 10 日，在博鳌亚洲论坛开幕式上，中国国家主席习近平发表重要讲话，特别强调"加强知识产权保护，加大执法力度，把违法成本显著提上去，把法律威慑作用充分发挥出来。"知识产权侵权损害赔偿数额过低，难以有效威慑侵权行为。[1] 因而，实现"把违法成本显著提上去"的目标，可以通过降低维权成本的方式，也可以通过提高侵权损害赔偿数额的方式，但后者效果也许会更好。

我们应该认识到，未来无论是国家、地区还是企业之间，知识产权都将是核心竞争力，知识产权的价值也将愈加重要，其对经济的贡献率亦将愈发突出。我国著作权侵权领域的法定赔偿额上限仅为 50 万元，但一些软件特别是专业性较强的软件开发成本越来越大，收益越来越高，50 万元的赔偿限额已无法有效保护权利人利益。因此，大幅度提高软件著作权等知识产权法定赔偿额的上限就显得十分必要。鉴于法定赔偿额会随着经济的不断发展而发生变化，法律在规定软件著作权法定赔偿的具体数额时，应具有一定的前瞻性，以此维持其稳定性，并明确法定赔偿适用时可量化的参考因素。

此外，完善计算机软件著作权侵权赔偿数额确定，还应赋予权利人选择计算方法的权利。如前所述，软件著作权侵权损害赔偿计算方法存在适用的先后顺序问题。从理论上讲，当实际损失或者侵权获益能够确定时，就不能参照法定赔偿额确定赔偿数额。当确定的侵权获益明显偏低，不能填补权利人的损失时，法律本身没有提供解决方案。如果放松各项计算方法适用顺序的限制，赋予权利人一定的选择权，该问题即可解决。权利人选择计算方法的权利在世界各国和地区中有成熟的立法例，如在美国版权侵权领域，如果版权人认为实际损失和侵权利润难以证明或不能证明时，或者认为根据实际

---

〔1〕 李明德："李明德：知识产权侵权屡禁不止 原因之一是损害赔偿的数额过低"，载《河南科技》2016 年第 8 期。

损失和侵权利润计算赔偿额对自己不利时，可以选择法定赔偿。即便原告在诉讼开始时选择了实际损失或侵权获益，只要在法庭正式判决前，其可以作出变更，选择法定赔偿。[1]从理论上讲，赔偿数额属于事实问题，只要权利人能够举证证明，选择何种计算方法应属原告的权利。尽管应赋予软件著作权人选择计算方法的权利，但权利人的选择权若不受任何限制，任由权利人为之，将对诉讼带来极大的不稳定性，对案件审理和被告的诉讼预期都将造成很大影响。所以，在赋予权利人选择权时，需要对其选择权的行使作出适当限制。具体可从如下两方面予以限制：首先，在计算方法的适用顺序上，实际损失应优先适用。因为其余计算方法均系被侵权人的实际损害难以估算所衍生而来，以加强对被侵权人的保障。因此，填补损失的原则在知识产权侵权领域亦不应随意突破。根据法院查明的事实，侵权人的侵权获益超过权利人的实际损失时，超过部分应当返还给权利人，以防止侵权人获取不当得利。其次，权利人在除实际损失之计算方法外的其他计算方法中行使选择权时，该选择权应在一审法庭辩论终结前固定，且选择权"一次用尽"，避免权利人反复选择带来的不可预见性。[2]事实上，将知识产权法关于损害赔偿计算方法的顺序性规定改为选择性，在新近的修法过程中也体现了出来。[3]

---

〔1〕　李明德：《美国知识产权法》，法律出版社 2014 年版，第 405 页。

〔2〕　余秀宝："知识产权侵权损害赔偿计算方法的整体构建——民法典编纂背景下的思考"，载《法治研究》2018 年第 3 期。

〔3〕　《著作权法（修订草案送审稿）》第 76 条第 1 款规定，侵犯著作权或者相关权的，在计算损害赔偿数额时，权利人可以选择实际损失、侵权人的违法所得、权利交易费用的合理倍数或者 100 万元以下数额请求赔偿。

结 语

　　为提升我国知识产权创造、运用、保护和管理能力，建设创新型国家，实现全面建设小康社会目标，国务院制定发布了《国家知识产权战略纲要》，其中指出："扶持新闻出版、广播影视、文学艺术、文化娱乐、广告设计、工艺美术、计算机软件、信息网络等版权相关产业发展，支持具有鲜明民族特色、时代特点作品的创作，扶持难以参与市场竞争的优秀文化作品的创作。"

　　传统著作权作品一般是供人们阅读和欣赏的，人们更在乎其表达的思想；而计算机软件是一种兼具作品和工具双重属性的新型技术知识体，属于累积性技术创新成果的功能性作品，其根本价值在于其内在的功能性，技术性、实用性是其重要的特征。随着信息产业的蓬勃发展，计算机软件技术在不断发展，同时，计算机软件侵权的方式和手段也在不断变化和发展之中，计算机软件知识产权保护问题日益突出。由于计算机软件自身技术性强，涉及的法律问题比较复杂，对计算机软件的保护在诸多方面与传统的著作权作品不同。如何准确、全面地保护计算机软件，不仅是社会各界关注的问题，更是软件产业发展的关键，亦是知识产权理论研究者面临的重要课题。本书在把握计算机软件著作权保护制度基本理论的基础上，根据《著作权法》及《计算机软件保护条例》的立法意旨，通过中国裁判文书网选取全国各地各级人民法院审理的较为典型的有代表性的或者具有争议性的计算机软件著作权保护案件，对计算机软件著作权保护制度进行了较为深入、系统的实证研究，提出了自己的见解及完善建议。

　　当然，囿于笔者知识积累及研究水平，文中不少结论还较为粗浅，也可能失之偏颇，望各位专家多批评指正。另外，计算机软件著作权保护制度中还有不少问题本书尚未涉及，笔者在今后的教学科研中，会持续关注、研究。我们有理由相信，只要我们的立法机构、司法机关、理论研究者能够通力合作、良性互动，今天的探讨和建议明天就能够成为现实，我国计算机软件著作权保护制度也将会日臻完善，更具可操作性、可适用性，并在促进我国软件产业健康发展、保障我国市场经济秩序有序运行、推进我国知识产权强国建设中发挥重大的作用。正如德国 19 世纪杰出法学家耶林所说：“法不仅仅是思想，还是活的力量。”[1]

---

[1]　[德] 鲁道夫·冯·耶林：《为权利而斗争》，胡宝海译，中国法制出版社 2004 年版，第 1 页。

参考文献

[1] 蔡润博等："办公软件著作权纠纷案解析"，载《科技中国》2021年第7期。

[2] 曹玲玲："计算机软件工程的现代化技术研究"，载《软件》2021年第11期。

[3] 曹新明："关于著作权保护期限的探讨"，载《法学》1991年第4期。

[4] 曹新明："我国知识产权侵权损害赔偿计算标准新设计"，载《现代法学》2019年第1期。

[5] 曹新明："我国著作权归属模式的立法完善"，载《法学》2011年第6期。

[6] 曾世雄：《损害赔偿法原理》，中国政法大学出版社2001年版。

[7] 陈昌柏编著：《国际知识产权贸易》，东南大学出版社2008年版。

[8] 陈芳跃主编：《数理学科导论》，西安电子科技大学出版社2015年版。

[9] 陈杰：《论著作权的正当性》，知识产权出版社2016年版。

[10] 陈廉芳："计算机软件著作权的归属及侵权行为分析"，载《江西图书馆学刊》2008年第1期。

[11] 陈绍玲："著作权侵权行政执法'公共利益'研究"，载《中国版权》2011年第5期。

[12] 陈卓然等：《大学计算机基础教程》，国防工业出版社2013年版。

[13] 程松亮："著作权保护期延长的合理性探究，载《湖北社会科学》2012年第7期。

[14] 崔广平："论合同的形式"，载《当代法学》2002年第2期。

[15] 崔建远："债法总则与中国民法典的制定——兼论赔礼道歉、恢复名誉、消除影响的定位"，载《清华大学学报（哲社版）》2003年第4期。

[16] 方华等主编：《合同范本与实例大全》，广东经济出版社2004年版。

[17] 方木云主编：《软件工程》，清华大学出版社2016年版。

[18] 冯晓青、杨利华："我国《著作权法》与国际知识产权公约的接轨——《著作权法》第一次修改研究"，载《河南省政法管理干部学院学报》2002年第5期。

[19] 冯晓青："论著作权法与公共利益"，载《法学论坛》2004年第3期。

[20] 冯晓青："我国著作权客体制度之重塑：作品内涵、分类及立法创新"，载《苏州大

学学报（法学版）》2022 年第 1 期。

[21] 冯晓青：《知识产权法》，武汉大学出版社 2014 年版。

[22] 冯晓青："著作权保护期限制之理论思考"，载《北京科技大学学报（社会科学版）》2006 年第 3 期。

[23] 冯晓青："著作权法中思想与表达二分法之合并原则及其实证分析"，载《法学论坛》2009 年第 2 期。

[24] 冯晓青："著作权扩张及其缘由透视"，载《政法论坛》2006 年第 6 期。

[25] 高志宏：《知识产权理论·法条·案例》，东南大学出版社 2016 年版。

[26] 何红锋、翁瑞琪、孙小红："软件著作权讲座之六 软件著作权的归属"，载《软件》1995 年第 12 期。

[27] 何红锋、翁瑞琪、孙小红："软件著作权的转移"，载《软件》1996 年第 6 期。

[28] 何越峰："美国计算机程序专利保护的历史演进"，载国家知识产权局条法司编：《专利法研究》，水利水电出版社 2005 年版。

[29] 胡康生主编：《中华人民共和国著作权法释义》，法律出版社 2002 年版。

[30] 胡明玉、叶英萍："法定继承人范围和顺序的立法修正"，载《海南大学学报（人文社会科学版）》2014 年第 2 期。

[31] 黄柏璇、陈福胜："虚拟现实技术下著作权问题的规制逻辑"，载《出版广角》2021 年第 10 期。

[32] 黄勤南、尉晓珂：《计算机软件的知识产权保护》，专利文献出版社 1999 年版。

[33] 黄勤南主编：《新编知识产权法教程》，法律出版社 2003 年版。

[34] 黄晓辉等："云服务器提供者著作权侵权责任及其认定"，载《科技与法律（中英文）》2023 年第 1 期。

[35] 江必新主编：《最高人民法院指导性案例裁判规则理解与适用（合同卷四）》，中国法制出版社 2015 年版。

[36] 江国华：《立法：理想与变革》，山东人民出版社 2007 年版。

[37] 江平、巫昌祯：《民法词典》，北京出版社 1988 年版。

[38] 江平主编：《民法学》，中国政法大学出版社 2007 年版。

[39] 蒋志培编著：《知识产权法律适用与司法解释》，中国法制出版社 2002 年版。

[40] 解亘："著作权共有人的权利行使——评齐良芷、齐良末等诉江苏文艺出版社侵犯著作权纠纷案"，载《交大法学》2015 年第 2 期。

[41] 靳英策："大数据时代下计算机软件技术的应用分析"，载《数字技术与应用》2023 年第 2 期。

[42] 孔祥俊、杨丽："侵权责任要件研究（上）"，载《政法论坛》1993 年第 1 期。

[43] 寇广萍编著：《侵权责任法》，中国政法大学出版社 2017 年版。

［44］ 白中英、戴志涛主编:《计算机组成原理》，科学出版社 2013 年版。

［45］ 李杰、于枫:《大学计算机基础》，中国水利水电出版社 2015 年版。

［46］ 李林启、康东书、郭玲:《计算机软件著作权保护制度研究》，光明日报出版社 2021 年版。

［47］ 李明德:"美国《版权法》对于计算机的保护"，载《科技与法律》2005 年第 1 期。

［48］ 李明德:《美国知识产权法》，法律出版社 2014 年版。

［49］ 李明德:"知识产权侵权屡禁不止原因之一是损害赔偿的数额过低"，载《河南科技》2016 年第 8 期。

［50］ 李维:"浅析新《计算机软件保护条例》中的权利主体"，载《知识产权》2002 年第 2 期。

［51］ 李希慧:"侵犯著作权犯罪中'违法所得'指全部所得"，载《检察日报》2007 年 3 月 30 日。

［52］ 李颖怡:《知识产权法》，中山大学出版社 2013 年版。

［53］ 李雨峰:《中国著作权法:原理与材料》，华中科技大学出版社 2014 年版。

［54］ 李雨峰等:《著作权法》，厦门大学出版社 2006 年版。

［55］ 梁慧星:《民法学说判例与立法研究》，中国政法大学出版社 1993 年版。

［56］ 廖继博:"计算机软件著作权纠纷案件审判中的几个问题——《最高人民法院知识产权法庭裁判要旨（2021）》相关计算机软件著作权案件简要解读"，载《中国版权》2022 年第 3 期。

［57］ 林良倩:"我国著作权法立法应引入二分法原则与合并原则"，载《政法学刊》2010 年第 1 期。

［58］ 刘春田、刘波林:"论职务作品的界定及其权利归属"，载《中国人民大学学报》1990 年第 6 期。

［59］ 刘广三、李晓:"论侵犯著作权罪的司法认定——以'未经著作权人许可'的司法证明问题为主线"，载《刑法论丛》2017 年第 1 期。

［60］ 刘海虹:"开源软件社区贡献者维权的法律问题——以德国'McHardy v. Geniatech'案为视角"，载《科技与法律（中英文）》2023 年第 1 期。

［61］ 刘华、李晓钰:"著作权'宽进严出'保护规则的相对性解析——兼论我国《著作权法》第三条和第二十四条的适用调适"，载《中国出版》2022 第 22 期。

［62］ 刘金霞、温慧卿编著:《新编民法原理与实务》，北京理工大学出版社 2017 年版。

［63］ 刘丽娜:"侵犯知识产权犯罪'违法所得数额'的认定"，载《中国刑事法杂志》2015 年第 2 期。

［64］ 刘万啸:《电子合同效力比较研究》，知识产权出版社 2010 年版。

［65］ 刘旭明、王晋刚:《知识产权风险管理》，知识产权出版社 2014 年版。

［66］刘银良：“著作权归属原则之修订——比较法视野下的化繁为简”，载《政治与法律》2013 年第 11 期。

［67］刘远山、余秀宝：“著作权侵权损害赔偿要论”，载《行政与法》2011 年第 5 期

［68］刘稚主编：《著作权法实务与案例评析》，中国工商出版社 2003 年版。

［69］卢海君：“论思想表达两分法的‘成文’化”，载《中国出版》2010 年第 21 期。

［70］卢海君：“论作品的原创性”，载《法制与社会发展》2010 年第 2 期。

［71］卢海君：“原创性 vs 创造性”，载《电子知识产权》2009 年第 2 期。

［72］鲁力，潘永涓：“论侵犯计算机软件著作权犯罪中的‘以营利为目的’”，载《湖南社会科学》2010 年第 6 期。

［73］马秋枫等：《计算机信息网络的法律问题》，人民邮电出版社 1998 年版。

［74］孟国碧主编：《国际贸易法实验案例教程》，法制出版社 2016 年版。

［75］宁立志：《知识产权法》，武汉大学出版社 2006 年版。

［76］潘灿君：《著作权法》，浙江大学出版社 2013 年版。

［77］彭馨弘：《计算机辅助平面设计》，机械工业出版社 2011 年版。

［78］商建刚、姜琳浩：“计算机软件实质性相似的判断”，载《人民司法》2021 年第 5 期。

［79］尚广振：“论‘违法所得’在著作权侵权损害赔偿计算中的适用”，载《电子知识产权》2014 年第 4 期。

［80］沈仁干：《著作权实用大全》，广西人民出版社 1996 年版。

［81］沈宗灵：《法理学》，北京大学出版社 2014 年版。

［82］时巍、董毅主编：《计算机应用技术项目教程》，冶金工业出版社 2016 年版。

［83］寿步：“合理保护知识产权是中国的必然选择”，载《上海交通大学学报（哲学社会科学版）》2006 年第 2 期。

［84］寿步编著：《计算机软件著作权保护》，清华大学出版社 1997 年版。

［85］寿步：“软件著作权权利论”，载《科技与法律》1993 年第 1 期。

［86］宋歌：“计算机软件法律保护若干问题”，载《合作经济与科技》2005 年第 24 期。

［87］宋哈尔·阿布拉克木：“论计算机软件的知识产权保护”，载《数字技术与应用》2021 年第 9 期。

［88］宋健：“专家证人制度在知识产权诉讼中的运用及其完善”，载《知识产权》2013 年第 4 期。

［89］宋倩：“论游戏作品在著作权法中的类型化——以游戏的本质特征为考量”，载《三峡大学学报（人文社会科学版）》2022 年第 5 期。

［90］宋玉萍：“计算机软件的知识产权保护”，载《河南省政法管理干部学院报》2003 年第 3 期。

［91］ 苏力：《制度是如何形成的》，中山大学出版社 1999 年版。

［92］ 孙启瑞："计算机软件著作权侵权的法律问题研究"，载《经济研究导刊》2021 年第 5 期。

［93］ 孙新强："有关著作权转让的若干问题"，载《山东大学学报（哲学社会科学版）》2000 年第 2 期。

［94］ 汤颖："委托创作合同中计算机软件著作权权利范围界定研究"，载《中国版权》2016 年第 6 期。

［95］ 唐力、谷佳杰："论知识产权诉讼中损害赔偿数额的确定"，载《法学评论》2014 年第 2 期。

［96］ 田成硕："元宇宙时代 AI 生成计算机软件独创性研究"，载《华东科技》2022 年第 9 期。

［97］ 万欢："计算机软件合理使用的问题及完善对策"，载《求知导刊》2015 年第 24 期。

［98］ 王朝辉："计算机软件的开源许可合规分析"，载《电子技术》2023 年第 2 期。

［99］ 张乃根主编：《中国知识产权法》，法律出版社 1999 年版。

［100］ 王洪友主编：《知识产权理论与实务》，知识产权出版社 2016 年版。

［101］ 王利明：《民法学》，复旦大学出版社 2015 年版。

［102］ 王迁、杨馥宇："视频截图的著作权法保护路径探讨"，载《中国出版》2023 年第 3 期。

［103］ 王迁："立法修改视角下的技术措施保护范围"，载《中外法学》2022 年第 3 期。

［104］ 王迁："论著作权保护邢民衔接的正当性"，载《法学》2021 年第 8 期。

［105］ 王迁：《著作权法》，中国人民大学出版社 2015 年版。

［106］ 王文玉、沈琼主编：《微观经济学》，清华大学出版社 2017 年版。

［107］ 王小龙、谢江军："合作开发计算机软件的著作权归属"，载《人民司法》2008 年第 24 期。

［108］ 王玉清、赵承璧：《国际技术贸易》，对外经济贸易大学出版社 2013 年版。

［109］ 王泽鉴：《民法总则》，中国政法大学出版社 2001 年版。

［110］ 王作富主编：《刑法分则实务研究》，中国方正出版社 2007 年版。

［111］ 文佳："浅析软件著作权许可和转让的界定与应用"，载《软件》2022 年第 9 期。

［112］ 吴汉东："计算机软件专利保护问题研究"，载《当代法学》2022 年第 3 期。

［113］ 吴汉东：《知识产权基本问题研究》，中国人民大学出版社 2005 年版。

［114］ 夏露主编：《电子商务法规》，清华大学出版社 2011 年版。

［115］ 肖声高："以 SAS 案为例论计算机程序著作权的保护范围"，载《西安电子科技大学学报（社会科学版）》2013 年第 1 期。

［116］ 谢琼、胡冰倩："计算机软件相关文档构成作品的独创性考量"，载《人民司法》

2022 年第 8 期。

[117] 上海市法学会编：《法律适用手册：知识产权法分册》，上海社会科学院出版社 2009 年版。

[118] 徐聪："著作权侵权作品'接触+实质性相似'标准的合理性反思"，载《私法》2022 年第 3 期。

[119] 徐家力："计算机软件知识产权保护所面临的挑战及对策"，载《信息网络安全》2006 年第 2 期。

[120] 徐珉川："'众创'时代数字内容侵权中的'思想/表达二分'"，载《法学评论》2022 年第 6 期。

[121] 徐玉麟主编：《计算机软件保护条例释义》，中国法制出版社 2002 年版。

[122] 宣喆："论分类保护视角下人工智能创作的著作权合理使用"，载《出版发行研究》2022 年第 3 期。

[123] 薛虹：《数字技术的知识产权保护》，知识产权出版社 2002 年版。

[124] 杨柏勇：《著作权法原理解读与审判实务》，法律出版社 2021 年版。

[125] 杨红军："对我国版权侵权赔偿制度的结构性反思"，载《河南大学学报（社会科学版）》2018 年第 1 期。

[126] 杨述兴："论作品与载体的关系"，载《知识产权》2012 年第 6 期。

[127] 杨涛："完善我国著作权侵权损害赔偿的计算方法——基于比较法视野的研究启示"，载《时代法学》2010 年第 2 期。

[128] 杨心明．当代经济法学，同济大学出版社 2000 年版。

[129] 杨勇："著作权法中损害公共利益的认定研究"，载《中国版权》2016 年第 5 期。

[130] 姚鹤徽、张倩："论网络游戏画面的作品性质"，载《福建江夏学院学报》2021 年第 1 期。

[131] 应明、孙彦：《计算机软件的知识产权保护》，知识产权出版社 2009 年版。

[132] 应明："计算机软件的版权保护问题"，载《电子知识产权》2011 年第 10 期。

[133] 于创新主编：《知识产权实务教程》，知识产权出版社 2005

[134] 余秀宝："知识产权侵权损害赔偿计算方法的整体构建——民法典编纂背景下的思考"，载《法治研究》2018 年第 3 期。

[135] 袁世华、刘远山："我国著作权许可使用报酬法律问题探析"，载《重庆科技学院学报（社会科学版）》2013 年第 11 期。

[136] 袁秀挺、凌宗亮："我国知识产权法定赔偿适用之问题及破解"，载《同济大学学报（社会科学版）》2014 年第 6 期。

[137] 詹启智："著作报酬权的演进方向与实现——《著作权法修订草案送审稿》第 52 条的修改建议"，载《出版发行研究》2014 年第 8 期。

［138］张德成、时风：《计算机应用基础教程》，安徽大学出版社 2015

［139］张冬、刘宇慧："我国传统文化表达著作权主体保护问题探究"，载《大庆师范学院学报》2015 年第 1 期。

［140］张钢成主编：《侵权责任案件裁判方法与规范》，上海译文出版社 2015 年版。

［141］张广良："计算机软件著作权侵权损害赔偿实证研究"，载《人民司法》2014 年第 13 期。

［142］张火春、薛玲："计算机软件著作权归属问题"，载《研究与发展管理》1995 年第 1 期。

［143］张佳华："计算机软件著作权刑事保护视域下'复制'行为的司法认定"，载《浙江工商大学学报》2022 年第 3 期。

［144］张俊发："论著作权权项设置中兜底条款的适用"，载《知识产权》2018 年第 12 期。

［145］张龙："善意使用在合理使用判断中的适用"，载《中国版权》2014 年第 3 期。

［146］张平：《网络法律评论》，法律出版社 2001 年版。

［147］张茹、杨榆、张啸：《数字版权管理》，北京邮电大学出版社 2008 年版。

［148］张文德：《知识产权运用》，知识产权出版社 2015 年版。

［149］张新宝：《侵权责任法原理》，法律出版社 2005 年版。

［150］张玉玉："关于计算机软件著作权保护问题分析"，载《文化学刊》2023 年第 2 期。

［151］赵宾、李林启：《知识产权法》，清华大学出版社 2012 年版。

［152］赵秉志主编：《侵犯著作权犯罪研究》，中国人民大学出版社 2008 年版。

［153］赵力："文本与数据挖掘著作权合理使用的域外实践与借鉴"，载《图书馆》2022 年第 3 期。

［154］赵玺："韩国计算机软件著作权登记保护考察分析"，载《出版参考，2022 年第 10 期。

［155］郑成思：《版权法》，中国人民大学出版社 1990 年版。

［156］郑成思：《计算机、软件与数据的法律保护》，法律出版社 1987 年版。

［157］郑成思："试论我国版权法修订的必要性"，载《著作权》1994 年第 3 期。

［158］郑成思：《知识产权与国际贸易》，人民出版社 1995 年版。

［159］郑国辉主编：《著作权法学》，中国法制出版社 2012 年版。

［160］周根才、高毅龙："知识产权侵权救济中损害赔偿数额的确定"，载《法律适用》2008 年第 12 期。

［161］周江洪："委托合同任意解除的损害赔偿"，载《法学研究》2017 年第 3 期。

［162］周玲玲："合理使用原则在我国立法中的实践应用及发展趋势"，载《科技与法律》2010 年第 4 期。

［163］周晓冰：《著作人格权的保护》，知识产权出版社 2015 年版。

［164］朱和庆：《知识产权司法保护理论与实务》，知识产权出版社 2008 年版。

［165］朱利华："大数据背景下计算机软件技术的应用研究——评《软件技术与程序设计》"，载《现代雷达》2021 年第 10 期。

［166］朱晓娟、戴志强：《人身权法》，清华大学出版社 2006 年版。

［167］朱效亮："论计算机软件著作权使用许可合同"，载《科技与法律》1991 年第 3 期。

［168］朱一青、曾婧："计算机软件著作权交易课税性质判定及其法律意义"，载《重庆大学学报（社会科学版）》2015 年第 6 期。

［169］邹忭、孙彦主编：《案说计算机软件保护条例》，知识产权出版社 2012 年版。

［170］邹忭："世界各国计算机软件版权保护概况"，载《电子知识产权》1992 年第 10 期。

［171］邹菲菲、闫坤、李文宇："数字经济环境下著作权案件的取证与鉴定研究"，载《信息通信技术与政策》2023 第 3 期。

［172］［德］卡尔·拉伦茨：《法学方法论》，陈爱娥译，商务印书馆 2003 年版。

［173］［德］考夫曼：《法律哲学》，刘幸义等译，法律出版社 2004 年版。

［174］［古希腊］亚里士多德：《政治学》，商务出版社 1997 年版。

［175］［美］E. 博登海默：《法理学：法律哲学与法律方法》，邓正来译，中国政法大学出版社 1999 年版。

［176］［美］威廉·M. 兰德斯、理查德·A. 波斯纳：《知识产权法的经济结构》，北京大学出版社 2005 年版。

［177］［美］谢尔登·W. 哈尔彭等：《美国知识产权法原理》，宋慧献译，商务印书馆 2013 年版。

［178］［西班牙］德利娅·利普希克：《著作权与邻接权》，联合国译，中国对外翻译出版公司 2000 年版。

后 记

　　十八届四中全会通过的《中共中央关于全面推进依法治国若干重大问题的决定》，将实现公正司法作为全面推进依法治国总目标之一。党的十九大报告指出，全面依法治国，必须推进公正司法。党的二十大报告进一步指出，公正司法是维护社会公平正义的最后一道防线，要全面推进公正司法。公正是法治的生命线，实现公正司法，体现在司法机关的权力运行过程中，落脚于具体案件的诉讼活动中。正如有学者所指出的，法律的生命不止在于逻辑，更在于经验，计算机软件著作权保护亦然。而经验正体现在一个个具体的案例中，案例既是司法的基本单位，也是普通民众对法律最直接的感知，所有高深的法学理论都可以在现实案例中找到鲜活的对照。本书编者在教学科研中，一直关注计算机软件著作权保护问题，不断收集、整理案例，完善研究思路和提纲，积极开展研究。涓涓细流终将汇成奔涌的江河，在把握《著作权法》《计算机软件保护条例》基本理论的基础上，选取全国各地各级人民法院审理的较为典型的有代表性的或者具有争议性的计算机软件著作权保护纠纷案件，分专题对计算机软件著作权保护展开全方位实证研究，并结合实证资料和数据，对相关制度进行必要的理论反思，最终形成了本书。

　　在本书的编写过程中，参考了大量的文献资料，在此对这些文献资料的作者们表示感谢。我的研究生在资料收集整理、书稿校对等方面做了大量工作，对他们的辛勤付出表示衷心的感谢。中国政法大学出版社丁春晖老师对本书的出版给予了大力支持，在此表示衷心感谢。感谢我的家人，我今天能够取得一点成绩，离不开他们的鼓励与支持。

　　本书由李林启担任主编，康东书、程桦、郭玲担任副主编，初稿完成后，三位副主编参与了部分书稿的统稿，最后由主编统修定稿。本书初稿的编撰具体分工如下（以本书章节先后为序）：

郭　玲（河南师范大学法学院·知识产权学院），编著绪论，第七章；

程　桦（新乡学院经济学院、新乡学院法制办），编著第一章，第三章；

朱亚珍（河南师范大学法学院·知识产权学院），编著第二章；

康东书（河南师范大学法学院·知识产权学院），编著第四章，第五章；

李林启（河南师范大学法学院·知识产权学院）、李　力（新乡市法学会），编著第六章，结语；

李林启（河南师范大学法学院·知识产权学院）、王雅斌（河南师范大学法学院·知识产权学院），编著第八章；

李林启（河南师范大学法学院·知识产权学院）、付琪琪（中国政法大学民商经济法学院），编著第九章。

因时间紧迫、能力所限，本书难免存在不足之处，恳请学界同仁、读者诸君批评指正。

2023 年 4 月 19 日于原阳·盛世佳苑